ジョン・ロジャーズ・コモンズ

制度経済学

●政治経済学におけるその位置

中

宇仁宏幸 Hiroyuki Uni
坂口明義 Akiyoshi Sakaguchi
高橋真悟 Shingo Takahashi
北川亘太 Kota Kitagawa
訳

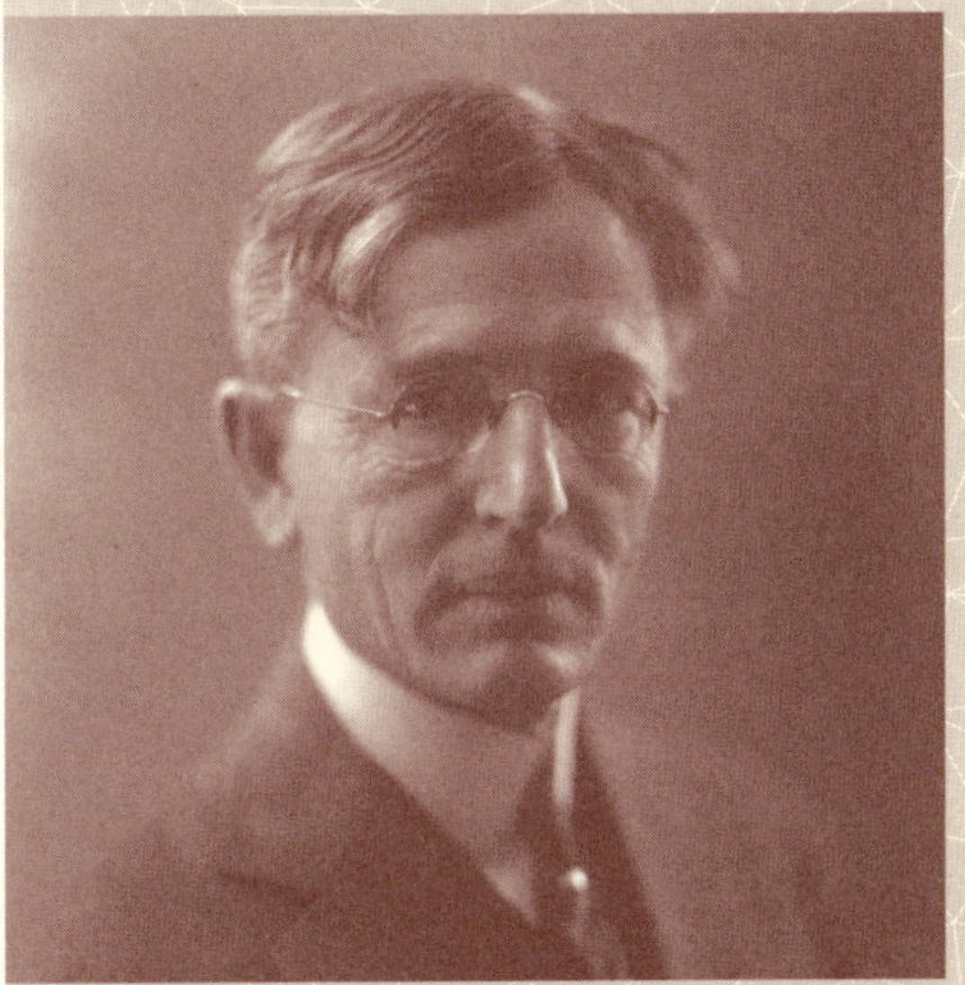

John Rogers Commons
Institutional Economics
Its Place in Political Economy

ナカニシヤ出版

凡　例

1. 本書は、John Rogers Commons, *Institutional Economics : Its Place in Political Economy*, Macmillan, New York, 1934（以下便宜上、これをマクミラン版と呼ぶ）、の全十一章のうち、第8章と第9章第七節までを訳出したものである。原著は、全十一章からなるが、九百頁を超える大著のため、第7章までを上巻、第8章と第9章第七節までを中巻（本書）、第9章第八節・九節と第10・11章を下巻として公刊する。なお、この訳書各巻の分量は、原著で約三百頁に相当する。

2. 原著は一九三四年にMacmillanから公刊されたあと、一九五九年に、University of Wisconsin Pressから、第8章四五七頁までを第一巻、そこから第11章までを第二巻とする二分冊にて再版されている（以下、これをウィスコンシン版と呼ぶ）。このウィスコンシン版はマクミラン版と何ら異同はなく、頁数もまったく同じであるので、マクミラン版をもとに写真製版したものと思われる。またコモンズ研究で知られている、Malcolm Rutherford の序文が新たに付された版が、一九九〇年にTransaction Publishersから刊行されており、何度も再版されている（以下、これをラザフォード版と呼ぶ）。ラザフォード版は、第9章までを第一巻、残り10章と11章を第二巻としている。しかしながら、ラザフォード版は、ラザフォード自身の序文が付されている以外、マクミラン版と何ら異同はなく、頁数もまったく同じであるので、マクミラン版を元に写真製版したものと思われる。したがって、本書においては、もっぱら、マクミラン版を利用した。

3. 翻訳に際しては以下の点に留意した。

（1）ラテン語起源の用語などを除く、原文におけるイタリックはゴシックにした。

（2）先頭の字句が大文字で始まっている用語には傍点を付した。

（3）（　）はそのまま（　）にした。また、読者の理解のために英文を（　）内に表記した箇所がある。

（4）――、コロン、セミコロンは省略し、日本語として読みやすくするための工夫を行なった。

（5）原語に正確に対応する日本語が選別しがたい用語、日本語の表記だけですませると誤解を与えるような用語、原文において用いられている類似の用語と明確に異なる意味で用いられている用語についてはできうる限り、カタカナのルビを振った。

（6）コモンズの翻訳書は、現時点では、『資本主義の法律的基礎』の前半部分、『労働法原理』および『集団的行動の経済学』だけである。彼独自の概念に関わる用語の訳出に際しては、できうる限り既存の研究および邦訳書を参照したが、それらの翻訳がなされた時代的背景やその後の理論研究の進捗などに鑑みて、それらの訳語を継承していない場合がある。また、コモンズの理論における独自性を表現するために、既存の経済学でその使用が一般的なものとなっている用語であっても、独自な訳語を与えている場合がある。たとえば、bargaining transaction の訳語は通例では「売買取引」であるが、本書ではあえて「売買交渉取引」と訳出した。なお、このような事例においては、多くの場合訳語の横にカタカナのルビを振った。

（7）訳註は、短いものの場合は〔　〕にて適宜本文に挿入した。また、解説的な訳註は、原注と別の記号を用いて、頁ごとに挿入した。

（8）コモンズは、ロック、スミス、リカード、マルクスなどの著書から数多くの引用を行なっている。その引用箇所に関しては、適宜既存邦訳を参照し、可能な限り邦訳書の頁も記入した。ただしコモンズが引用に際して意図的に引用文を省略している箇所や自身による独自な挿入を行なっている箇所も多く存在するため、そのような引用箇所などについては、邦訳を改変した。また、本文の訳語と、引用箇所の訳語との整合性を保つために、既存邦訳の訳語を改変した。なお、コモンズが引用文中において独自に挿入している箇所については［　］を用いた。

（9）コモンズは、原注において、しばしば原著の他章を参照するよう促している。そのような言及がなされている原注においては、原著の頁数をイタリック体で示し、訳書の頁数を〔　〕内に表記した。

（10）（9）との関連で、原著との対比を行ないやすいように、訳文の上部に原著の頁数を挿入した。

制度経済学——政治経済学におけるその位置　中　＊　目次

コモンズ　制度経済学——政治経済学におけるその位置　中

第8章　効率性と希少性

第一節　物質と所有権

251

十九世紀を通じて、そしてさらにジョン・ロックまでさかのぼってもなお、富という言葉の二重の意味づけが、対立する経済思想の諸学派の根幹に横たわっている。二重の意味づけとは、物質としての富、および所有権としての富という意味づけのことである。こうした二重の意味づけを、われわれは富の正統派的意味づけと名づけよう。はじめて明快に物質と所有権とを区別したのは、異端派の共産主義者と無政府主義者らであった。しかし、正統派は、富は富の所有権とまったく同じことを意味するとつねに考えていた。標準的な事例は、商品への意味づけであった。すなわち、商品とは所有された物理的物質であった。

二重の意味づけは、所有の慣習的な意味が有体財産であったという事実から生じた。有体財産〔という概念〕は、明らかに拡張され、所有権の対象である有体物に結び付けられている。もし、わたしの子馬が成長すれば、わたしの有体財産は子馬の所有権から、成馬の所有権になる。初期の経済学者たちの富の意味づけのなかには、無体財産や無形財産は含まれていない。彼らは無体財産や無形財産が利益のための債務や機会であるにもかかわらず、それらを商品として扱った。そして、有体財産という観念を扱う場合でさえ、彼らは、物質と物質の所有権との間に区別をもうけることはなかった。

物質と所有権という矛盾する意味づけは、十九世紀の半ばに共産主義者や無政府主義者によって暴かれることとなった。しかし、正統派の経済学者は、のちの心理主義的経済学者も含めて、今日まで正統派的な二重の意味づけを使い続けている。

この二重の意味づけは、アーヴィング・フィッシャーが有名な『資本および収入論』を刊行した一九〇六年に至っても、はっきりと存在していた。しかしながら、フィッシャーは、当時、彼の経済科学の全体系の一部分だけとして、富を「**人間によって所有される、物質的対象**[1]」と定義することによって、商品経済学者の一般的な使用法に従ったのである。彼の分析は、有体財産という用語と必然的に関わる所有権という、これまでの想定にとどまるものではなかった。フィッシャーは、富の二重の意味づけをその矛盾的結論に達するまで前進させた。彼曰く、「この定義によれば、富であるために、ある対象は、二つの条件を満たさなければならない。すなわち、富は物質的でなければならず、かつ**所有されれ**なければならない」。フィッシャー曰く、

> 幾人かの論者は、第三の条件を追加する。すなわち、富は**有用**でなければならないというものである。効用とは、疑いなく富の不可欠の属性であるが、領有《アプロプリエイション》という属性のなかに含まれるような明確な属性ではない。したがって、定義において不要なものである。キャナンのような他の論者たちは、ある対象が富であるためには有用でなければならないと述べるが、それが所有されなければならないということは述べていない。それゆえ、この論者たちは、富を「有用な物質的対象」と定義する。しかしながら、この定義は、あまりにも多くのものを含んでいる。雨、風、雲、メキシコ湾流、天体、とりわけわれわれが光、熱、エネル

ギーの大部分を引き出している太陽は、すべて有用であるが、領有されることはない。それゆえ、それらは、一般的に理解されているような富ではない。

ここには、使用価値と希少性価値という、効用の二つの意味づけがある。希少性価値という意味は、フィッシャーが富の「明確なものではない」意味として排除したものである。なぜなら、希少性価値という意味は、「領有という属性のなかに含まれる」からである。この主張はたしかに間違いではないが、矛盾を招く。所有権の根拠は、ヒュームが指摘したように、希少性である。もし、ある事物が非常に豊富であるため、他の人々や政府の同意なしに誰もがその事物を手に入れることができると考えられるならば、それは誰の所有物でもないということになる。もし供給が制限されていれば、その事物は私有財産、もしくは公共財産となる。太陽は領有されないが、日光の制限された供給は、有利なところに位置した土地、工場、住居を所有することにより領有される。メキシコ湾流は、有限であるが、国際的な合意によって、三マイルの境界線外であれば、あらゆる者が自由に利用することができる。ある国家は、もしその国家の海軍が、他のすべての海軍をメキシコ湾流が流れている海域から追い払うことができるのであれば、メキシコ湾流を所有することができるかもしれない。それゆえ、専有《プロプリエタリィ》的経済学は、希少性の世界的経済学である。もちろん、事物は使用価値をもっていなければならず、その点については、われわれは工学と物理科学に基づく技術的経済学としてすでに定義した。しかし、有用なものが希少ではない場合や、希少になると考えられない場合は、それらは生産されず、所有権をめぐる闘争も生じない

（1）Fisher, Irving, *The Nature of Capital and Income* (1906), p. 3〔邦訳、大日本文明協会訳［1913］『資本及収入論』大日本文明協会、以下、フィッシャー『資本および収入論』と表記〕.

だろう。したがって、それらは、私的にも公的にも所有されないであろう。それゆえ、われわれは、財産価値を希少性価値と同一とみなす。それは、われわれが資産と名づけるものであり、富ではない。一方で、われわれは富を、供給と需要という希少性の次元をまったくもたない使用価値と同一とみなす。以上のことは、われわれが認めるところでは、「効用逓減」という現在の正統的概念と矛盾する。しかし、効用逓減という概念は、富と資産の混同の基礎にあるものである。

フィッシャーは正当にも、物品《アーティクル》が富であるためには、「交換可能」でなければならないと主張する他の著者たちを批判した。なぜなら、これは、公園や国会議事堂、多くのその他の信託された富を排除するからである。「富が所有されるというのは不可欠であるが、絶えず所有者を変えるというのは不可欠ではない」。もちろん、富が所有されるのは、それが希少だからである。所有権の最も重要な本質的要素は、希少性である。そして、社会の集団的行動は、所有権の交換の規則を作り出す。フィッシャー曰く、

> さらにまた、マクラウドのように多くの論者が、株式、債券、その他の財産権のような「非物質的富」を、さらには人的サービスやその他のサービスを富に含める余地をつくるために、「物質的」という修飾語を完全に省略している。財産とサービスは、たしかに富から切り離すことはできないし、富を財産やサービスから切り離すこともできないが、財産とサービスは富ではない。これらすべてを一つの用語の下に包含するためには、ある種の三重計算が必要である。鉄道、鉄道の株式、鉄道旅行は、三つの独立した富の項目ではない。それらはそれぞれ、富、その富への権原、その富のサービスである。(2)

もちろん、フィッシャーは、われわれが指摘する区別を認識している。しかし、以前には、彼は富を、鉄道の

ような、所有されなければならない物質的なものと定義した。その所有権は、権原である。

われわれは、分析をさらに進め、四重計算を行なうことさえできる。われわれは、技術的ゴーイング・プラントとして鉄道を有する。それが使用価値の産出としての富のサービス、すなわち旅行を生む。これが「富」である。われわれは同様に、鉄道の所有権を有する。このビジネス組織が旅行代金を請求し、それによって収入を所有者たちにもたらす。これが資産と収入である。しかしわれわれは、「サービス」という言葉を次のように二重に意味づけている。すなわち、価格とは関係ない使用価値にほかならない、管理取引の**産出**という意味と、サービスに対して支払うことができる人々との売買交渉取引によって引き出される、所有者への貨幣価値の**収入**としての意味である。

これらの意味づけの重要性は、タトルのような経済学者たちへのフィッシャーの批判のなかに現われる。

彼らは、具体的な対象から完全に縁を切ろうと努力してきた。彼らは「富」という語を保持しながら、具体的な対象にではなく、これらの対象の**価値**に適用した。この主張を支えるために、多くのことがいわれるかもしれない。しかし、彼らが問題としているのは、主として言葉のうえだけのことである。すなわち適切な概念を発見するという問題ではなく、概念のために適切な言葉を発見するという問題である。したがって、経済学者の間で普及している用語法から出発するのは賢明ではないように思われる。(3)

（2）　フィッシャー『資本および収入論』p. 4。

（3）　同書、p. 4。

もし二種類の価値、つまり使用価値と希少性価値に関する問題でなければ、そして物質と所有権の相違、富と資産の相違とに基づく**産出**と**収入**の相違に関する問題でなければ、問題は実際に言葉のうえだけのものである。物質の生産技術は、誰がそれを所有するかや誰がそれを享受するかとは関わりなく、単に産出を生み出すだけである。財産権は、産出を収入に転換する。これは、言葉のうえだけの相違ではない。それは、産出と収入の相違であり、産出を増大させる技術的資本と、産出の所有権を獲得して、その需要や供給を制限《リミット》する専有的資本の相違である。もし富の産出（使用価値）が、その富からの収入を含むようにすでに定義されているとすれば、産出を所得にする財産権も算入するのは、もちろん二重計算になる。しかし、それが二重計算になるのは、富かつ資産という富の二重の意味づけがすでに行なわれているからである。

工学的、もしくは技術的経済学の成果はフィッシャーによって示されているが、それは、**産出**と**投入**というよりも**収入**と**所有権**の概念に基づいて示されている。フィッシャー曰く、

> 富はさまざまな種類に分類できるだろう。地球の表面からなる富は**土地**と呼ばれ、土地の上にある固定された構築物は**土地改良**と呼ばれる。そしてその二つはともに、移動不可能な富つまり**不動産**を構成する。移動可能なあらゆる富（人間そのものは除く）をわれわれは**商品**と呼ぶだろう。第三のグループには、人間が含まれるが、それには他の人間に所有される奴隷だけでなく、自分たち自身の主人である自由人も含む。[4]

こうした、人間の労働力という限りで人間を富として分類することは、これまで排除されてきた所有権、自由、収入の問題を含むとはいえ、それは、人間本性を含む自然の諸力の投入からもたらされる使用価値の産出としての富という、エンジニアの概念そのものである。これは、エンジニアが経済学について著述し、哲学的に語ると

きの、やり方である。[5] フィッシャーは、「人間を富のカテゴリーに含める」多数の経済学者を引用する。すなわち、ダヴェナント、ペティ、キュナード、セイ、マカロック、ロッシャー、ウィルステルン、ワルラス、エンゲル、ワイス、ダルグン、オフナー、ニコルソン、パレートである。リカードやカール・マルクスといった、その他の者も加えることができるかもしれない。実際のところ、まさにマルクスこそがこの工学的経済学に古典的結論をもたらしたのである。それは、政治経済学全体の、きわめて正当で必要な一部分である。なぜなら、それは所有権や感覚とは関わらない、生産性と効率性の概念だからである。これらの何人かの経済学者たちは、政治経

255

済学の対立する諸領域、すなわち効率性と希少性とを区別する必要性を明確に認識しておらず、工学的用語である投入と産出という強みを活かせなかった。投入と産出を、ビジネス用語である支出と収入と対比してみたならば、効率性と希少性との区別は明確になっただろう。財産と領有的《プロプリエタリィ》支出や収入を捨象しつつ、全体としてとらえられた社会、これがまさに生産の社会的組織である。この生産の社会的組織での行動主義的言語は命令と服従の管理取引であり、そこでの尺度は投入のマンアワーと産出の使用価値であり、そこでの経済学は効率性であり、そこでの人間は動力機械である。

　フィッシャーは、人間を富として含めることに関する、このような逆説を認識していた。しかし、もし彼が一度に二つの言語で、つまり工学の言語とビジネスの言語とで語っていることに気づくことができたとすれば、彼の弁明は不要であったかもしれない。エンジニアによってビジネス経済学や政治経済学向けに工学の領域が構成

（４）同書、p. 5。

（５）以下を参照せよ。Ingalls, W. R., *Current Economic Affairs*（1924）; Taylor, F. W., *The Principles of Scientific Management*（1911）〔邦訳、上野陽一訳［1969］『科学的管理法』産業能率短期大学出版部〕; Dahlberg, A., *Jobs, Machines and Capitalism*（1932）.

される場合を除いて、工学の領域においては、弁明は不要である。困難が生じるのは、奴隷が解放される場合である。フィッシャー曰く、

> 通常、自由人を富として算入しないことは正しい。たしかに、彼らは、さまざまな理由から、非常に特異な形態の富である。第一に、彼らは、通常の富のようには売買されないからである。第二に、その所有者は通常、彼自身の重要性を、他の誰よりも高く評価しすぎるからである。最後に、この場合、所有者と所有されるものとは同一であるからである[6]。

もし工学的経済に言及するのであれば、人間に対するこのような弁明は不要である。エンジニアは、人間のエネルギーを他の自然の諸力と同じように扱う。それは、マンパワーである。それは、本来のエンジニアに関する限りでは、所有されない。とはいえ、フィッシャーは、次のように続ける。すなわち、人間は、他の富のように、「物質」であり、「所有される」。

> これらの属性は、そしてその属性に依存している他の属性は、人を富として含めることを正当化する。しかし、一般的な用語法にできるだけ譲歩するために、次のような補足的な定義が組み立てられる。（より**狭い**意味での）富によってわれわれが意味するのは、**人によって所有される物質的対象であり、しかもその所有者に対して外的な物質的対象である**。この定義は、明らかに奴隷を含むが、自由人は含んでいない。しかし、この定義は、最初に提示したより広範な定義よりも、適用することが困難である。なぜなら、この定義に従うと、われわれは自由人と奴隷の中間にある以下の人々を恣意的な分類に区分しなければならないからであ

る。その人々とは、召使、契約使用人、長期の徒弟、日雇い労働で雇われる黒人である。……現代社会のほとんどの労働者は、「雇われている」。つまり彼らは、ある程度、そしてある期間、それがたった一時間であったとしても、契約によって縛られており、その限りにおいて自由ではない。要するに、自由のさまざまな度合いと、隷属のさまざまな度合いが存在するのであり、固定的な境界線を引けないのである(7)。

これらの難問は、もし制度経済学が工学的経済学から区別されるならば、不必要になる。制度経済学は人の人に対する関係を扱うが、工学的経済学は人の自然に対する関係を扱う。エンジニアの富の概念は、専有《プロプリエタリィ》的経済への言及をすべて排除している。専有的経済とは、権利、義務、自由、無保護の進化に関する歴史的かつ制度的な経済である。エンジニアの富の概念は、もし富が所有権を含まないのであれば、まったく正しい富の概念である。その物質、労働あるいは産出を誰が所有するかに関係なく、また、**使用価値**が過剰供給され、したがって誰もがそれらを所有したいとは思わなくなるほどに**希少性価値**が減少することとも関係なく、富は単なる使用価値の物理的属性である。エンジニアは、ビジネスマンの指揮下にない単なるエンジニアである限りでは、無限に生産し続ける。今日、エンジニアは、世界中のビジネス組織が、彼の能力を人類の善のために使用することを許さないことに驚くようになってきた。しかし、エンジニアのおかげで生産組織の効率性が高まれば高まるほど、富の生産は**ますます多くなる**と、ビジネスマンは考える。しかし、ビジネスマンは、所有権、収入、需要と供給、もしくは支払能力についての私的な観点から、生産組織の効率性が高まれば高まるほど、専有的価値や資産は**ま**

(6)　フィッシャー『資本および収入論』p. 5。
(7)　同書、pp. 5–6。

すます**少なくなる**とも考える。

工学の観点からみれば、すべての人間関係は管理取引という単一の様相《アスペクト》を帯びる。そこでは、労働者に自由はなく、その関係は、差し当たっては、命令と服従だけである。国のマンパワーの総量は総投入であり、自然の諸力の物理的コントロールの総量は総産出である。しかし、制度的な様相とはその産出の**配分**であり、その事業体《コンサーン》を継続させるための**誘因**である。二つの計測方式が用いられる。それは、エンジニアのマンアワーとビジネスマンのドルである。

このような富の二重の意味づけ、つまり物質の産出という工学の意味（使用価値）と所有権に起因する収入というビジネスの意味（希少性価値）を通じて、われわれは、ビジネス経済と工学的経済の対立が明瞭となった状況に直面することになる。それは、先述した、「サービス」という語の二重の意味づけである。フィッシャーは、サービスを資本や富に由来する「収入」として説明した。「道具は、その使用によって、望ましい事象が促進されるか、望ましくない事象が阻止されるときに、サービスを提供する(8)」。フィッシャー曰く、

「ある製紙業者は、」彼の競争相手から、「彼が自身の工場を閉鎖することを条件として」「かなりの金額を提示された。彼はこれを受け入れ、彼がそのライバルたちと交わした契約は、彼らにとっての一種の財産となった。彼の約束が遂行される**手段**である富は、明らかに彼の所有する人と彼の工場であった。実行されたサービスは、人と工場の両方の無活動であった(9)」。

この二重の意味づけによると、製紙工場は、紙をつくっているときにも、紙をつくっていないときにも、「富のサービス」を生み出す。同じ論法によれば、れんが職人は、れんがを積み上げているときにも、ストライキに

出ているときにも、サービスを行なう。織機を稼働させるのは一つのサービスであり、その操業を停止するのも一つのサービスである。産出を制限《リストリクト》することも一つのサービスであり、産出を増やすことも一つのサービスである。財の希少性を増やすことも一つのサービスであり、財の豊富性を増やすことも一つのサービスである。

　これらの矛盾が生じたのは、産出を収入と、物質を物質の所有権と、効率性を希少性と、富を所有者の資産と明らかに混同したからである。産出は、価格にかかわらず他の人々に提供されるサービスである。収入は、所有者が受け取る価格である。それは、満足のゆく価格を他者が支払うまで交渉《バーゲニング》する、あるいは待《ウェイティング》つという専有《プロプリエタリィ》的過程を通じて、他者に対してサービスを与えないでおく《ウィズホールド》という所有者の権利に基づいている。**収入**は、資産の専有的獲得である。**産出**は富の工学的増大、ないしはクロムウェルのいうコモンウェルスである。産出を制限《リストリクト》することは、サービスではない。それは交渉力《バーゲニング・パワー》である。結果として生じる希少性は、サービスではない。それは、取得の一つの手段である。効率性は、それに対して何も支払われなかったとしても、一つのサービスである。

　富、資本、収入、サービスが、これらの矛盾した意味づけによって定義される場合、その定義に基づいて構築されるのは、疑わしい社会的プログラムだけである。そのような社会的プログラムは、効率性を希少性と、生産を所有権と、産出を産出の制限と、工学的経済をビジネス経済と、私的な収入を社会的産出と、資産を富と混同している。[10]

　とはいえ、私的所有権が社会に対して一つのサービスを提供するという、別の理解《センス》もある。それは、**生産**によ

(8)　同書、p. 336。

(9)　同書、p. 28。

るものではなく、生産の**調整**《レギレーション》によるものである。調整は、共産主義の割当、もしくは資本主義の利己心のいずれかを通じて、何者かによって行なわれるに違いない〔と考えられてきた〕。この二重の意味づけは、ケネーおよびあらゆる正統派経済学者にさかのぼるが、それは効率性と希少性の意味の混同を促進した。エンジニアが、価格の下落に関係なく独立して生産を続けるならば、そのエンジニアをつねにコントロール下においているビジネスマンは、その商品の産出を制限する命令を発し、次いで、もし可能であるならば、価格が下落していない他の商品を生産するよう命令を発する。もし農民が、小麦の価格は下落しているが豚の価格は上がっていることに気づいたならば、彼は自身の労働力を小麦から豚に振り向ける。彼は、豚を生産することによってより大きな需要を満たし、小麦を生産することでより小さな需要を満たす。

これがうまく行なわれたならば、もちろん社会へのサービスとなる。十八世紀の経済学者たちは、私有財産と利己心のみに依拠することによって、**生産調整**はうまく行なわれるだろうと信じていた。しかし、彼らは、利己心を導くために神の恩恵を持ち出す必要があり、また、利己心を無害なものにするためにこの世の豊富性を持ち出さなければならなかった。十九世紀の**唯物論的**経済学は、調整は私有財産と利己心によってうまく行なわれると信じていたが、彼らは、一種の恩恵ある「自然」法、超越的な自然権、あるいはニュートンの均衡法則の類推を持ち出さなければならなかった。もしそれらが十分でなければ、彼らは十八世紀にさかのぼり、神と愛国心に訴えなければならなかった[11]。

しかし、十九世紀と二十世紀になって、それらはいたるところで矛盾した。恐慌、飢饉、および貧窮が、繁栄、豊富性、幸福と同じように自然で神聖なものとなった。それゆえ、彼らと他のすべての人々は、私有財産と利己心を調整するために、神または自然にかえて多くの種類の集団的行動に目を向けた。彼らは、科学者やエンジニアが物理的自然をコントロールするという仕事のなかだけでは成功を収めてきたということに気がついた。集団的行動によって、彼らは人間本性《ヒューマン・ネイチャー》をコントロールする方法を見つけなければならなかった。

とはいえ、**持続的な繁栄**という想定に向けて神または自然によって導かれる理想化された社会と理想化された人間本性を用いて[12]、彼らは、確実で明確な諸事実のなかに、私有財産と利己心による生産の**理想的調整**の原理を読み取った。すなわち、専有者は、次のようなかたちで社会の生産力を配分し、節約することによって、意図することなく一つのサービスを社会に提供する。つまり、専有者は、欲求される水準**よりも少なく**他の物を生産するという犠牲を払ってでも、ある物を欲求される水準**よりも多く生産しない**ようにするのである。

それゆえ、生産することと、一つの社会的サービスとして生産を調整することという、生産の二重の意味づけにある混同は、効率性と希少性の混同である。聡明なビジネスマンや専有者は、需要と供給を釣り合わせるように生産を調整するという意味で「生産的」である。それは主に**価格の変化**によって証明される。しかし科学者やエンジニアは、**価格に関係なく**自然の諸力に対する人間のコントロールを増大させてゆくという意味で生産的である。

われわれがさまざまな種類の取引活動に関するより現代的な用語を用いるのは、供給を拡大すること、および

（10） Commons, John R.,"Political Economy and Business Economy: Comments on Fisher's Capital and Income," *Quar. Jour. of Econ.*, XXII (1907), p. 120以降を参照のこと。フィッシャーは、のちの論文（*Quar. Jour. of Econ.*, XXIII, p. 536）において、彼は市場の評価の原因のみを考慮していると述べている。市場の評価が「まさしく社会にとっての有用性を示すことはまずない」。フィッシャーがいうには、不一致〔の研究〕は「社会の病理学と治療学に属する」。しかし、われわれがいま考察しているのは、治療学の必要性である。

（11） 前述、*p. 13*「ジョン・ロック」〔邦訳、上巻二三頁〕をみよ。

（12） 後述、*p. 719*「理念型」〔邦訳、下巻一九四頁〕、前述、*p. 158*「アダム・スミス」〔邦訳、上巻二四三頁〕をみよ。

供給を〔需要と〕釣り合わせることという生産性の二重の意味づけのゆえである。活動〔の分析〕は、時間、速度、比率、回転率、反復などの〔諸概念の〕導入を必要とする。この点に関して、われわれは、それらを、効率性の原理と希少性の原理として分析する。効率性が意味するのは、管理取引の用語では、**単位当たり投入に対する産出の比率**であり、それは**マンアワー**で計測される。このように効率性が意味するのは、生産された総量に関わらない、自然に対する力の増大である。希少性が意味するのは、売買交渉取引の用語では、**専有的支出の金額**に対する他の人々からの**専有的収入の比率**である。それは、ドルによって計測される。非効率性は、単位当たり投入に対する産出の**より遅い速度**を意味するが、弱い交渉力は、単位当たり支出に対する収入の**より小さな割合**である。

速度、回転率、みえる供給とみえない供給など、**時間的**諸概念の導入によってもたらされるのは、生産から効率性へ、需要と供給から希少性へという用語体系の変化である。この時間的要素の導入は、社会に提供される二種類のサービスの間の違いをより明確にする。効率性は、財の豊富性を高めるか、マンアワー・コストを減らすか、労働時間を減らす傾向にある。希少性は、支払える人に産出を分配し、支払えない人々には産出の分配を留保《ウィズホールド》する。また、希少性は、対等な交渉力をもたない労働者の労働時間を増加させたり、あるいはその労働者への支払いを減少させたりする[13]。

ここでは効率性と希少性は、この二つを区別するために、それぞれ抽象的に取り扱われる。実際には、それらは、制限因子と補助因子の原理に従って、互いに制限しあう[14]。

第二節　実質価値と名目価値

ここまでの議論のねらいは、富の定義の出発点として、財産制度が暗黙裡に商品経済学者のすべての学派に受け入れられていたが、結局、希少性は効率性と混同されていたことを示すことであった。この商品経済学者には客観主義的な古典学派も主観主義的な快楽主義学派も含まれ、それらはマルクスとプルードンの革命学派に帰着した。活動の用語に変換されるとき、財産の概念は売買交渉取引での財産の権利、義務、自由、無保護に変換されるが、それは希少性の意志的《ボリショナル》な同義語である。他方、物質はその管理取引に変換されるが、それは効率性の意志的な同義語である。意志的および唯物論的な類似した混同は、実質価値と名目価値の意味づけにも行きわたっている。あらゆるものが変化しているときに、何が重要であり何が重要でないと思われるか、そして何が事実であるとみなされるのかが、混同されているものを区別することによってわかる。すでに第2章で述べたように、それぞれの経済思想の学派には、現代における後継者がいる。それぞれの学派は全体のうちから一部分を選択し、選択したその部分に基づいて彼らの経済思想の体系を構築した。その際、他の部分を自明であるか重要ではないとみなした。もちろん、政治経済学を学ぶ者すべては、彼自身の頭のなかで、諸学派の歴史的進化を再現する。そして経済理論の歴史の研究は、学問的好奇心〔を満たすこと〕ではなく、われわれ自身の思考の進化を再現することである。

---

(13)　後述、*p. 276*「投入－産出、支出－収入」〔邦訳、中巻四一頁〕、および *p. 294*「循環から反復へ」〔邦訳、中巻六七頁〕をみよ。

(14)　後述、*p. 627*「戦略的取引とルーティン取引」〔邦訳、下巻五七頁〕をみよ。

実際にはあらゆる者が、われわれの文明では重商主義者としてその職業人生を始める。なぜなら、貨幣は、その人が生活を営んでゆくための手段として慣れ親しんだものであり、きわめて重要なものでもあるからである。ある人がより多くの貨幣を獲得すると、彼はより豊かになり、より成功する。そしてある国が他の諸国から獲得することができる貨幣がより多くなり、なおかつその国が他の諸国に支払わなければならない貨幣がより少なくなると、その国はより繁栄するとみなされる。もしその人が成功し、その国が繁栄しているならば、彼は重商主義者であり続ける。そしてすべての価値は貨幣によって計測される。

しかし彼が思慮に富んでいたり失敗したりするならば、またその国が衰退していたり債務を負う諸国がその支払いをできなくなっていたりするならば、彼は次のように問い始める。すなわち貨幣の背後にある実質価値とは何か、また貨幣よりもさらに重要なのは何か、と。そのとき、彼は貨幣を名目価値ないし制度的価値として区別し、何か他のものを真の価値として区別し始める。ここで彼の難問が始まる。すべての個人が実質価値を名目的ないし制度的価値から区別するときに出会うこの難問に、重商主義に随伴したり追随したりしている事実上すべての経済思想の学派はすでに巻き込まれていた。

われわれが実質価値によっていわんとしているのは、いかなる強制ないし詐称も存在しないがゆえに、すべての当事者の間で公正で適正な価値、ということであろうか。もしそうなら、そのとき名目価値は実際の価値であるが、実質価値はあるべき価格である。これが、トマス・アクィナスを指導者とする神学的学派の解答であったのであり、それは現代の制度主義者たちの解答でもある。

それとも、われわれが実質価値によっていわんとしているのは、政府による諸独占も介入もまったく存在しないならば生じるであろう「自然」価値であろうか。つまり労働と資本の完全な自由競争によって固定されるようなすべての価値であろうか。もしそうなら、そのとき名目価値は希少性価値であるが、実質価値は、労働のみが価値の尺度であったならば価格になるであろうものである。これは、アクィナスだけでなく、スミス、リカード、マルクスの解答であった。

われわれが実質価値によっていわんとしているのは、われわれが消費から享受する幸福、あるいは自身が生産において被る苦痛であろうか。もしそうなら、そのとき名目価値は再び実際の貨幣価格であるが、実質価値はわれわれの満足度ないし犠牲度である。これは心理主義学派およびアダム・スミスの解答であった。

われわれが実質価値によっていわんとしているのは、われわれが自らの貨幣によって購入できる諸商品の数量であろうか。もしそうなら、名目価値は貨幣価値であるが、実質価値は貨幣を支払うことによって獲得された諸商品と諸サービスの数量である。これは現代の経済学者たちの意味づけである。

最後に、自らの債務の返済を迫られている人にとっては、あるいはいますぐ食料の購入を迫られている人にとっては、なおかつ自らの債務の返済や食料の購入に十分な貨幣を得るために自らの諸生産物や労働を販売できない人にとっては、名目価値はまさしく実質価値そのものである。これがすべてのビジネス経済における意味づけであり、人々が重商主義者であることの理由である。

名目価値の制度主義的ないし貨幣的意味づけとつねに対比される、実質価値についてのこれらのさまざまな意味づけにわれわれが直面するとき、また商品経済学者たちのさまざまな学派が名目価値についてのこれらの意味づけには同意するが、実質価値の意味づけについては意見を異にすることをわれわれが見出すとき、われわれは、名目価値と実質価値とについてのこれらの意味づけをよりいっそう深く論じなければならないと考える。その検討において、われわれが見出すのは次の二点である。第一に、名目価値によって諸学派が実際にいわんとしていたのは希少性価値である。それは財産制度に依存しており、その制度における尺度は、もう一つの希少性価値の制度の単位である貨幣である。第二に、実質価値によって諸学派がいわんとしていたのは、貨幣そのものを含む、重要であるとみなされる何かである。経済学者たちが、希少性を不変の要素として当然視したうえで、この不変性から何らかの可変性に目を移すとき、彼らはそれを名目価値と名づけたのだった。

難点は、希少性についての慣行的な尺度の不安定性にある。尺度は金や紙幣や信用であるかもしれない。金本位制でのドルは、純度十分の九の二五・八オンス〔の金〕としての使用価値というその物理的次元においては安定化されていたが、そのドルの希少性価値はその平均的購買力であった。現代的な諸指数が発明されたときにはじめて、貨幣の希少性価値の諸変化を計測することができるようになった。貨幣を含む各商品は、変化しつつあるそれ自身の希少性価値を有している。希少性そのものは、いくつかの、ないしすべての売買交渉取引における需求される総量と支配可能な総量との間の社会的関係であり、しかも変化しつつある社会的関係である。需求総量と支配可能総量とは需要と供給として漠然と知られているものである。しかしわれわれは直接に需要と供給を計測する手段をもっていない。われわれにできるのは、取引におけるそれらの結果を計測することだけである。それは熱ないし重さの計測と同じである。われわれは、固定された長さの単位で任意に区切られた水銀柱に対する熱の効果を計測することによって、間接的に熱の変化を計測する。同じようにわれわれは、ドルとセントという単位で任意に区切られた希少な商品一単位に対して支払われる価格に対する効果によって、希少性の変化を計測する。

262

しかし希少性価値の単位そのものは、長さの単位のように固定されてはいない。それは、海面で測るよりも高所において測るとそれほど重くないという重さの単位により近いものであり、それは海面での等価物へと数学的に補正されねばならないものである。このことは貨幣という単位にとっても同じである。貨幣単位の可変性は、ある時点での、例えば一九一三年ないし一九二六年といった時点での、その平均的購買力の想定水準へと補正されねばならないのであり、その場合その希少性価値の変化は、その平均的購買力が想定水準を上回ったり下回ったりする変化とは逆である。このような基礎的水準からみれば、個々の諸商品の相対的希少性の変化はそれらの商品の価格の平均からの「乖離」となる。

それゆえ平均的購買力は、名目価値と実質価値を区別しようとする際に役立つ統計的代用物である。それは単に貨幣の希少性価値の計測単位であり、貨幣の希少性価値はその平均的購買力とは逆に変化する。価格が上昇すれば貨幣単位の価値は下落するのであり、あるいはまた価格が下落すれば貨幣単位の価値は上昇する。基準として用いられるのはまさしくこの平均であり、実質価値という概念ではない。この平均という基準から、個々の価格の乖離が計測される。それは計測の理論であって、実質価値ないし名目価値の理論ではない。

かくして一九一三年の貨幣の平均的購買力を百として、統計学者たちは、変化の**諸原因**がどんなものであったとしても、個々の商品の相対的希少性における後続の諸変化を、平均からのそれらの乖離によって計測する。後続の期間において、例えば、同一の諸商品の価格の平均が一〇パーセント上昇したのであれば、そのことが示しているのは、その他すべての希少性の平均と比較して、貨幣の希少性が九パーセント下落したということである。

平均と乖離という諸指数からなる数学的装置を欠いていたために、初期の経済学者たちは、名目価値だけしか測れない貨幣以上に安定的でありそうなものを追い求めただけでなく、実質価値を計測するうえでより実質的でありそうなものを追い求めた。第一に、初期の経済学者たちは、自然の豊富性と恩恵という自らの諸理論と首尾一貫させるために、希少性を、自然の希少性としてではなく、重商主義政策が課す人為的希少性としてとらえた。重農主義者たちは、諸商品の実質的交換価値を決定するものとして、さまざまな自然の生産力を用いた。アダム・スミスはそれを、富の所有者が自らの貨幣でもって購入できる、あるいは自らの富を貨幣に変換することによって購入できる、平均的な普通労働《コモン・レイバー》の量に置き換えた。平均的な普通労働は、彼にとっては安定的な価値の尺度であるだけでなく、他の人々の労働が自然の諸資源から自分のために調達することのできる、諸商品と諸サービスの実質価値を計測するものでもあった。

スミスの考えは一見したところ、われわれの興味を引く。われわれが、諸々の必需品、便宜品、享楽品を実質的に享受する程度は、われわれにサービスを提供するように他人を支配して命じることのできる労働量に明らかに依存している。しかしその考えは、スミスが主として意図していた人為的希少性と区別するには明らかに不適切であった。独占の所有者は、より多くの貨幣を支配できる限り、より多くの労働を支配できるのである。それは、自身のビジネスが競争的である場合に、彼が支配できる労働よりも多い。

リカードはこれを修正した。実質価値は、われわれが他人を**支配**し命じることのできる労働量ではなく、また商品量でさえなく、諸商品と諸サービスを生産するのに要する労働量であった。他方、彼のいう名目価値は、変動する貨幣価格で生産され購入される商品量であり、あるいは独占や取引制限によって生み出される人為的希少性であった。

このことはいくらか現実的なものとして再びわれわれの興味を引く。価値をもつあらゆるものは労働によって生産される。実際、リカードは、この生産における労働コストに対して価値という名前を与えている。それは唯一の実質価値であると彼は想定した。それは、すべての商品とサービスと同様に、金や銀にも適用され、紙幣と実質貨幣とを区別するのに役立つとともに、人為的希少性を実質価値と区別するのにも役立った。政府によって創造される紙幣が、また人為的取引制限ないし諸特権がいっさい存在しなかったならば、その場合、金属貨幣を含むあらゆるものは、それらの生産に要する労働量に比例するかたちで互いに交換されるであろう。実際、これは、リカードに先立つこと五百年前の、スコラ派の経済学者たちの理論を修正したものであった。諸商品とサービスは、いっさいの人為的取引制限や強制や詐称が存在しなかったならば、労働コストによって計測されるそれらの実質価値に比例して交換されるであろう。より多くの労働（賃金ではなく）を要する商品は、それを生産す

264

るのにより少ない労働で事足りる商品よりも多くの価値を有するのであり、それゆえ等しい労働は等しい労働と交換される。

ここで、リカードは、実質価値の意味づけを労働に対する**支配**から生産の**労働コスト**へと変更することによって、重農主義者やアダム・スミスの誤謬を論破し、また、農業において**自然**は生産的であるという今日まで残存している誤謬を論破した。彼は、自然は製造業や輸送において生産的であるという、関連する誤謬をも暴露した。もちろん、すべての使用価値が労働の産物であるという主張は、富の生産において自然が人を援助するというありふれた前提に反するし、それゆえ自然もまた生産的であるという前提にも反する。われわれはいたるところで自然の諸力が作用しているのを目にする。蒸気機関、滝、土壌の肥沃さ、年数とともにより高価なものとなるワインの熟成等々には自然の諸力が作用している。人と同様に、自然が生産的であるというのは単なる常識にすぎないように思われる。この考えを論破しているという点で、リカードは偉大な経済学者である。そのことは未だ理解さえされていないが。

彼は産出と投入の比率についての解釈を単に逆転させたにすぎない。神学的経済学者たちとでも呼びうる人々は、産出が自然の助けによって増やされるということを支持しているのに対して、リカードをはじめとする効率性経済学者たちとでも呼びうる人々は、人の発明という助けによって自然の抵抗が克服されたゆえに、産出比率が増やされることを支持している。より古い見解は、ジョン・ロック、ケネー、アダム・スミス、マルサスらの神学的仮定にさかのぼる。それは、人間の自然に対する関係についての、リカードの唯物論的仮定とは対照的である。自然は人間にとって有益であり、それゆえ富の生産において人を助けるのであろうか。あるいは自然は人にとって有害であり、それゆえ富の生産において人間に抗うのだろうか。いずれの場合においても自然が与える有益性ないしその抵抗性には差異がある。自然は、いくつかの方向性においては、他の方向性においてよりも、人により多くの利益を与えたり、人により少なく抗ったりする。同一の労働量で、一エーカーの肥沃な耕作地は二十ブッシェルを生み出し、また一エーカーの限界的な耕作地は十ブッシェルしか生み出さない。この場合、神学的経済学者たちは、最初の一エーカーにおいて自然は最劣等の一エーカーの二倍を生産したというだろうが、リカードをはじめとする効率性経済学者たちは、前者の一エーカーにおいて自然の抵抗は限界耕作地一エーカーの二分の一であったというであろう。あるいは、蒸気機関で四日を要する三千マイルを電気通信では一秒以下で伝送するとき、神学的経済学者たちは論理的には、自然が蒸気の力によって人を助ける以上に電気によって人を助けたといわざるをえないであろう。だが効率性経済学者たちは、人が蒸気機関を発明したときよりも、人が電気を発明し使用したときのほうが自然に対する人間の力がより大きいというであろう。それは投入に対する産出の数学的比率についての同様の比較であるが、一方の事例においては、それは、人に対する自然の相異なる便益として解釈されており、もう一方の事例においては人に対する自然の相異なる抵抗を制する人の力として解釈されている。

　リカードがその区別を明確にしたのは、彼が、機械と肥沃度の両方を、資本ないし土地としてではなく人間労働の生産性の増大として分類したときであった[15]。われわれが一部の不毛の土地が生産的ではないというとき、われわれがいわんとしているのは、人はその土地の耕作により作物を生産できないということである。土地は生産
265 的ではない。精神的、肉体的、管理的な人間労働だけが生産的である。そして、人間は、自身の労働がより生産的になるような、自然の場所や原材料の所有権を追い求めている。もし重農学派やアダム・スミスが自然と慈悲深い神とを同一視しているという点で正しかったとするならば、その場合このうえもなく偉大なものは、一部の者に対しては無償で富を分け与えているが、他の者に対してはそのために働くことを強いていることになる。もしリカードが正しかったとするならば、その場合自然とは、人が自身の目的のためにそれを所有しコントロール

しようと努力する物理的諸力である。そして、差異は、神に起因するのではなく、財産制度に起因する。財産制度が一部の所有者に与えているのは、他の人々がもつ限界耕作地を上回る差額的利益を奪われないようにする保護である。人が所有すべく追い求めているのは、自然の生産性ではなく、自然の相異なる抵抗である。これは、カール・マルクスが理解したことであり、彼は地代を、自然の生産性の結果ではなく、私的所有の問題であるとした。

しかしリカードの実質価値の概念は、彼自身によってはすべての細部までは明らかにされなかった。これはマルクスによってなされたのであり、彼はリカードのマンマンス〔一人一か月の労働量〕ないしマンイヤー〔一人一年の労働量〕をマンアワー〔一人一時間の労働量〕に置き換えた。そしてこのことが生産性から効率性への変更をより明らかにした。それ以降、われわれは、共産主義と資本主義との究極的差異が価値の計測単位の選択にあることを理解できる。共産主義は価値をマンアワーによって計測するのであり、それゆえそれは差異のある効率性の理論である。[16] 資本主義は価値をドルによって計測するのであり、それゆえそれは差異のある希少性の理論である。

その区別はすでに言及された富と資産との違いに見出されるかもしれない。ある有名な皮革製造業者は、一九二一年に、自身の生皮となめし皮の価値が平均価格で突然五〇パーセント下落することを経験した。彼は自身の資産における損失を補うために五百万ドルを借り入れねばならなかった。しかし、機械、建築物、生皮、なめし皮および彼のプラントの効率性という形態での彼の富は、量ないし質においてまったく低下していないという逆

(15) リカードについては、後述、*p.* 348〔邦訳、中巻一四七頁〕をみよ。
(16) 共産主義と社会主義との区別については、後述、*p.* 531〔邦訳、中巻四一九頁〕をみよ。

説が残された。リカードやマルクスにとって富の実質価値はそれを生産するのに必要な労働量であった。これは低下しなかった。しかし資産の価値は名目価値である。なぜなら資産の価値は、彼が自らの生皮やなめし皮を販売できるであろう価格で評価される財産の制度〔に基づくもの〕にすぎないからである。

ここでは、当然、名目と実質との区別はなくなってしまっている。富が別の意味において実質的であるように、資産もある意味では実質的なものである。われわれは、現代の統計経済学者たちが用いているような用語を除いて、名目と実質という用語を捨てて、事実に適合させるべく、それにかえて、希少性価値と使用価値という制度的な用語を用いる。使用価値は（肉体的、精神的、管理的）労働によって生み出される富であり、それは、価格の下落にともなって**低減しない**し、また価格の上昇にともなって増大もしない。その可変性は、損耗、減耗、減価、陳腐化、および発明による。しかし希少性価値は、貨幣タームで計測された法的コントロールに支払われる諸価格である。価値そのものは資産であり、また所有権の価値である。それは、使用価値量にドルでの価格を乗じて得られるドルの額である[17]。

この価値についての複合的意味づけは名目的なものでもなければ実質的なものでもない。それは統計学的で会計学的なものである。それは、究極的実体というわれわれの考え方に従えば、実際にあるいは真に価値をもつものは何かという問題には答えていない。それは、使用価値と希少性価値という高い可変性をもつ二つの大きさを、別の高い可変性をもつ大きさである価値と結び付ける慣行的な公式にすぎない。この価値の意味づけはそれゆえ計測という実践にのみかかっており、また計測は究極的なものではない。それは実際に真なるものは何かということについて語っていない。それは、自然に見出される単位ではなく、取引を促すべく集団的行動によって設定される人為的な単位で測られた数字でしかない。

かくしてわれわれは、計測の理論を実体の理論から分離する。以下では、われわれは、共産主義、社会主義、

267

資本主義、アナーキズム、ファシズム、ナチズム、組合主義その他の何であれ、それに関する倫理的諸仮定に従って重要だとわれわれが考えるすべての帰結を、〔価値の〕計測〔方法〕のなかに読み取ることができる。リカードとマルクスは、自分たちが考えたものが実質価値であると思い描いた。しかし、それは、天然資源から使用価値を創り出す際の、人間の能力の効率性における変化を計測するためのマンアワーという単位にすぎなかった。

リカードは、自身の労働の意味づけについて詳細に分析しなかった。労働は、資本家によって売買され、蓄えられ、養われる、馬やエンジンと同様の商品のようにみえる。しかし、マルクスは、労働を社会的労働力として定義しただけではなく、肉体的労働と並んで精神的労働、および管理的労働として定義することによってリカードの説を修正した。ところが、マルクスと彼の後継者たちは、リカードと同様に、肉体的労働を強調し続けた。十九世紀と二十世紀の革命的な諸発明と近年の科学的管理法の隆盛によってはじめて、精神的労働および管理的労働が生産理論において肉体的労働よりも重要な地位を占めるようになった。というのは、現代の科学者やエンジニアの頭のなかで再現される過去数世代の精神的労働なしには、自動機械、製粉工場のような自動化工場、近代的農業機械、さらには持続的な土壌肥沃度はありえないからである。これらは、数世紀にわたる精神的労働の成果である。自然界には存在しない二十万の化学化合物があるといわれている。これらは、肉体的労働以上に、自然の抵抗を克服する精神的労働の産出物である。そして肉体労働者自身も精神的でなければならない。さもないと猿でも彼らの仕事ができる。管理的労働もまた、命令と服従の程度を規定する制度と結び付いた精神的労働である。

社会的マンパワーやマルクスの社会的労働力と名づけられるのは、この肉体的労働、精神的労働、管理的労働

(17)　割引を含む詳細については、後述、*p. 390*、マクラウドと将来性に関する説明〔邦訳、中巻二〇七頁〕をみよ。

の、進化する反復とコーディネーションである。この用語の意図は、精神的能力と管理的能力に、肉体的労働と匹敵する然るべき重要性を与えることである。そして工学的経済を専有的経済から区別することである。それを最初に明確に区別したのは、マルクスであった。マルクスがいったように、生産物の交換価値は、希少性と交渉力によって決まるので、それ〔社会的労働力〕は生産物の交換価値を決定しない。しかし、社会的労働力というこの用語は、社会的使用価値の創造によって自然の抵抗を克服する際に働く結合された《アソシエイテッド》人間のエネルギーを意味する。

こうして、われわれは、人間の能力に関する二つの意味を得る。すなわち、生産力と交渉力である。生産力は、**富**を創造する力である精神的、管理的、および肉体的能力である。交渉力は、富の**所有権**の譲渡のための交渉を引き延ばしながら、生産物または生産を留保《ウィズホールド》するための専有的能力である。生産力は、使用価値を創造し、交渉力は、希少性価値を決定する。両者とも活動中の人間の能力である。そして、社会的には不可分であるが、それらは、分析もしくは分業によって区別することができ、別々に計測することができる。

第三節　平均

まず、すべての使用価値の総量を計測するための単位をどのように構築すべきか。この種の計測単位は何百もある。例えば、小麦のブッシェル、建物のサイズ、衣類の着数、鉄のトン、土地のエーカー、キロワット時など無限にある。しかし、貨幣がすべてのものに通用するのと同じように、すべてのものに共通する一つの単位がある。その単位とは、リカードとマルクスが主張したように、それらを生産するために必要な労働力という単位である。

この単位は数量単位であると同時に時間単位である。この単位はプロセスを測る。この単位は、経済学を「静学」から「動学」へと転換する。リカードは特定の時間単位に固執しなかった。彼はマンイヤー〔一人一年の労働量〕、マンマンス〔一人一か月の労働量〕、およびマンデイ〔一人一日の労働量〕を用いた。マルクスは、この単位をマンアワーとし、それによって、個々の労働者の効率性、もしくは工場や国のなかで組織されたすべての労働の効率性を計測するための科学的管理の単位にいまやなっているものを、はじめて定式化した。

しかし、マルクスのマンアワーは**平均的な**マンアワーであった。平均の使用に関して二つの対立する誤謬がある。それらは、個人主義的誤謬と共産主義的誤謬と呼ぶことができる。経済学においてわれわれは多くの平均を使用するので、この二つの誤謬は検討されるべきである。ドルの価値は、その平均購買力の逆数である。労働の効率性は、その平均生産力である。経済学では平均が必要である。なぜなら、われわれは多数の動きを扱うからであり、平均は普通の日常会話の用法である。しかし、平均というのは、ただ頭のなかに存在する公式にすぎない。平均的な人間や平均的な購買力のようなものは〔現実には〕存在しない。ただ個々の生産者と個々の価格が存在するだけである。したがって、個人主義的誤謬〔に陥った人々〕は平均の使用を完全に拒絶する。なぜなら、〔彼らによれば〕個々の人間と個々の価格だけが真の実在を有するからであり、科学はフィクションを扱わないからである。すなわち科学は、具体的な現実を扱わなければならないからである。

しかし、平均を用いる際に、われわれはその真の実在を主張しているのではない。われわれはただ、それを調査と行動のために知的《メンタル》な公式として使用するにすぎない。その公式としての妥当性は、考察している特定の問題に対するその適合性に依存する。牛と人との平均は、いくつかの目的に対しては有用ではないかもしれない。しかし、人間の平均寿命は生命保険の基礎である。

平均の共産主義的誤謬は、〔個人主義的誤謬と〕正反対である。それは、各個人を全体の分肢に還元することによって個人を完全に抹消する。この誤謬に基づいて、カール・マルクスは、自身の社会的労働力の概念を構築した。個人はそういうものとして消え去り、総社会的労働力の一分肢の倍数または分数として再び現われた。一時間労働する普通労働者は、その総社会的労働力の一分肢である。熟練労働者はこの一分肢の二倍か三倍であり、子供は一分肢の二分の一、女性は男性の三分の二、などである。個人主義的誤謬では、個人だけが真に存在するという理由で平均は拒絶されるが、共産主義的誤謬では、社会的労働力だけが真の実在であるという理由で個人が拒絶される。

しかし、諸個人はたしかに存在するし、彼らは社会的マンパワーとして存在する。これは、われわれが継続的《ゴーイング・》活動体《コンサーン》によって意味するものである。諸個人は、取引の参加者として存在する。管理取引への彼らの参加が「ゴーイング・プラント」であり、彼らの社会的労働力によって使用価値が作り出される。売買交渉取引への彼らの参加が「ゴーイング・ビジネス」であり、世界の社会的マンパワーによって生み出された使用価値の取り分を各人が獲得する。管理取引への彼らの参加の結果は、彼らの結合効率性である。売買交渉取引による生産物の分配は、相対的希少性のコントロールによって決定される。

明らかに、もしわれわれが、ある工場と別の工場の効率性を比較するとすれば、もしくは異時点での同じ工場の効率性の変化や、またはある国と別の国の効率性を比較するとすれば、われわれは知的《メンタル》な単位、すなわち平均的マンアワーを使用しなければならない。そして、もしわれわれが、参加者によって獲得された取り分を比較するとすれば、われわれは別の知的な単位、すなわち貨幣の平均購買力を使用しなければならない。

個人を消し去り、社会的労働力だけを真の実在とするマルクスの共産主義的誤謬を検討すると、マルクスが気づかないうちに**加重平均**を使用していたということをわれわれは発見する。熟練工は三、普通労働者は一、女性
269
は〇・六六、子供は〇・五としてカウントされる。諸個人は実際には消えていない。むしろ加重平均を通じて、諸

個人は相異なる数量的価値を与えられる。共産主義的誤謬では、加重平均が真の実在にされたのである。この種の誤謬に対して、しばしば形而上学、もしくは知的な公式の「物象化」という名前が与えられる。これは、騙されやすい人やピタゴラス信者たちに共通の誤りであり、彼らは数字が真の実在であり、議論を解決すると考えたのである。

加重平均の構築には、より重大な誤謬があるかもしれない。それは、効率性と希少性の混同である。総括《ジェネラル》管理者《マネージャー》が年間二万ドルを受け取るのが当然である理由は、年間千ドルを受け取る彼の速記者の二十倍の重要性があるからなのだろうか。しかし、もしわれわれが平均収入を計算する公式をつくるのであれば、これは適切な重みづけであろう。しかし、もしわれわれが平均的効率性を計算する公式をつくるのであれば、われわれは、支配人が速記者よりも効率的であるのかどうか述べることはできない。彼らは、比較できない異なった種類の仕事を行なっているが、各々は、全体の不可欠な一部分である。われわれは、管理者がより多くの賃金を得ているということを知っているが、その理由は単に、管理者がより希少だからである。もし管理者が速記者と同じぐらい豊富であれば、管理者の賃金はおそらく速記者よりも高くはないだろう。このことは、「ホワイトカラー」労働者に関して、悲惨にも明白となってきている。そして、科学者や発明者の精神的労働は、おそらく他の人々を束にしたよりも大幅に工場の効率性を増大させる機械設備やその配置を考案するにもかかわらず、科学者や発明者は管理者より低い賃金を受け取ることが多い。なぜなら、科学者や発明者は、管理者よりも豊富であるか、より弱い交渉力しかもたないからである。われわれが各人の比較効率性について知っていることのすべては、各人は、特定の事業体もしくは国全体の社会的マンパワーの効率的働きにとって不可欠であるということである。したがって、われわれが各個人を一として数える単純平均を使うとき、修正する必要はあるかもしれないが、誤謬は生じない。実際、諸個人が同じ種類の仕事を行なうときに、他の個人と比較することができる。しかし、異なった種類の仕事を行なうとき、唯一計測可能な相違は、彼らの賃金である。賃金は相対的希少性を測るのであって、相対的効率性を測るのではない。それゆえ、平均マンアワーの単位は、単純平均である。そこでは、各個人は一として数えられる。

　われわれは、種類や質が異なる使用価値を生み出しているさまざまなコンサーンの効率性を比較することはできない。われわれは自動車工場の効率性と、衣服工場の効率性を比較することはできない。われわれは、それらをドルによって比較することができるが、この場合、収益力や交渉力の比較に変わっており、効率性から離れてしまっている。われわれは、同じ種類で同じ質の生産物を生産しているさまざまな工場の効率性を比較することだけができる。また、われわれは、同一の工場の一九二〇年における効率性と一九二九年における効率性とを比較することができる。

　平均を使ったこうした種類の比較の有用性は、われわれの政治経済学の概念それ自体に究極的に依存している。経済学は**過程**《プロセス》であるのか、それとも自らの水準を模索する諸力の**均衡**であるのか。経済学は静学的であるのか、それとも動学的であるのか。もし、経済学が過程であれば、われわれが計測するものは**変化**である。これは、平均や乖離という指数に関する問題である。効率性の変化を計測する場合、**マンアワー**が適切な単位である。相対的希少性の変化を計測する場合、**ドル**が適切な単位である。前者は精神的労働、管理的労働および肉体的労働の平均生産力の変化を示し、後者は貨幣の平均購買力の変化を示す。

　平均マンアワーを計測単位として使うとしても、その公式をどのように生産過程に応用すればよいのか。カール・マルクスは、この技術的社会的過程を分析した最初の人物であった。これは、いまでは**効率性**と呼ばれるものであるが、マルクスはそれを「**剰余価値の創造**」と呼んだ[18]。マルクスは、剰余価値という彼の考えを発展させるために、「不変資本」と「可変資本」という二つの概念を構築したが、それは単なる効率性の概念であること

がわかる。マルクス曰く、

> 一方における生産諸手段と他方における労働力とは、最初の資本価値がその貨幣形態を脱ぎ捨てて、労働過程の諸要因に転化する際にとったさまざまな実存諸形態にすぎない。したがって、資本のうち、生産諸手段すなわち原料、補助材料、および労働手段に転換される部分は、生産過程でその価値の大きさを変えない。それゆえわたしは、これを不変資本部分、または簡単に**不変資本**と名づける。
>
> これに反して、資本のうち、労働力に転換される部分は、生産過程でその価値を変える。この部分は、それ自身の等価物と、これを超える超過分である剰余価値とを再生産するのであり、この剰余価値はそれ自身変動しうるのであって、より大きいこともより小さいこともありうる。資本のこの部分は、一つの不変量から絶えず一つの可変量に転化していく。それゆえわたしはこれを可変資本部分、または簡単に**可変資本**と名づける。労働過程の観点からは、客体的要因および主体的要因として、生産諸手段および労働力として、区別される同じ資本構成諸部分が、価値増殖過程の観点からは、不変資本および可変資本として区別される。(19)

不変と可変という用語によって、マルクスは、古典派経済学者たちの「固定」資本と流動資本のようなものを

(18)　この概念は、第5章、*p.* 175で示した図表5〔邦訳、上巻二七一頁〕では描写していない。この図は、市場における**交換**過程を描写しているのであって、作業場内での**生産**過程を描写しているのではない。

(19)　Marx, Karl, *Capital; a Critique of Political Economy* (tr. 1909, Kerr ed.), I, pp. 232–233〔マルクス・エンゲルス全集刊行委員会訳［1968］『資本論』第一巻第一分冊、大月書店、二七三頁、以下、マルクス『資本論』と表記〕。以下に続く引用もこの英訳書から行なっている。

意味していたと推測すべきではない。「不変」資本によってマルクスがいわんとしていたのは、作業場、工場または農場の産出物への「流動」資本の変換と結び付いた、固定資本の**減価**と**陳腐化であった**。したがって、彼の例示を用いると、機械設備のかたちでの固定資本の総価値は千五十四ドルであるが、ある産出量を生産する際の機械設備の損耗はたった五十四ドルにすぎない。この損耗の価値こそが、マルクスのいう、資本家が産出物を生産する際に前払いする「不変」資本である。このように、生産過程での資本家の前払いが、例えば五百ドルとすると、資本家の前払いは次のように「分割」される。「不変」資本は四百十ドルであり、「可変」資本は九十ドルである。そして、生産過程の終わりに、当初の資本は、五百ドル（C）から五百九十ドル（C^1）へと増大している。この増大分の九十ドルが、「剰余価値」である。

しかし、不変資本（四百十ドル）は、それ自体三つの要素から構成されている。すなわち、三百十二ドルは原料の価値、四十四ドルは補助材料の価値、五十四ドルは先に述べたように、損耗の価値である。われわれはこれらを、原材料と減価償却と名づける。総価値（四百十ドル）は、マルクスのいう「価値の生産のために前払いされた不変資本」である。

使用される機械設備の総価値は千五十四ドルであると仮定され、五十四ドルは生産過程で費消されるので、「機械装置のなかにとどまっている」千ドルの価値が残っている。損耗の価値が「不変」であるのは、それが「固定」されていないからにほかならない。損耗の価値は、原料の価値が循環するのとまったく同様に「循環する《サーキュレート》」。「循環」によって、マルクスは、ケネーと同様に、増減をともなわない「価値」の**移転**を意味している。同様の理由で、原材料（原材料と補助材料）の価値は「不変」資本である。これらの価値の合計（四百十ドル）は、生産過程で作業場を経由するにもかかわらず、変化なしに生産物の価値へ「移転される」。

しかし、労働力に対して支出される九十ドルは、「可変」資本である。それが可変的であるのは、絶えず不変

272

な資本を「可変的大きさ」へと転換する活動力であるからである。マルクスは、この活動的過程を「主体的要因」と呼び、一方で、「生産手段」（原材料および減価償却）を生産過程における「客体的要因」と呼んだ。資本家によって購入される「資本の諸要素」という「観点」からみれば、それらは生産手段と労働力である。「剰余価値を生み出す過程」という観点からみれば、同じ「諸要素」は「不変資本と可変資本」である。

一期間を越えて全社会的過程にまで拡大して考えるならば、マルクスが原材料と減価償却とからなるとした「不変資本」部分は、「残りの機械設備」（彼の例示では千ドル）のすべてを費消し、その価値を社会的生産物の全体に移転する。こうして、いわゆる「固定」資本は、マルクスによって、「損耗」あるいは減価償却という概念を介して、「原材料」と同様の「不変」資本という概念へと還元される。この全社会的過程のなかで、それぞれの**価値**は、増減をともなわずに社会的生産物に移転される。

この社会的過程こそ、近年の経済学者たちに倣って、われわれが社会的技術的回転と名づけているものである。マルクスの理論は明らかにケネーの「循環」概念への回帰に基づいている。この循環概念は、スミスが分業に置き換えることにより、暗黙裡に捨てられたものだった。[20] そして、リカードと同様にマルクスは、「価値」という用語を生産物に体化されている労働力の量と同一とみなした。この体化は、原材料と減価償却の「不変の」価値を生産物の「価値」に「移転する」全社会的過程を通じて行なわれる。われわれは、このマルクスの「価値」という用語の意味を、彼のいう社会的労働力のマンアワーで測った**投入量**と比較した場合の、彼のいう社会的使用価値の**産出量**に変更する。これは効率性という現代的意味に当たる。

明らかにここに、すなわち効率性という概念のなかに、彼の「剰余価値」概念の起源がある。労働によって創

（20）後述、*p. 294*「循環から反復へ」〔邦訳、中巻六七頁〕をみよ。

造されマンアワーによって測られるがゆえに、使用価値の「産出量」が「価値」と名づけられるのであれば、また他方で、生産過程での労働者の生存を可能にするマンアワー・コストであるがゆえに「投入量」が「可変資本の価値」と名づけられるのであれば、産出量と投入量との差は「剰余価値」と名づけられてもよいであろう。なぜならそれは雇用主に属するものであって、労働者に属するものではないからである。

マルクスにとっての一つの問題は、作業場の**外部において**起きている変化をどのようにして考慮するのかである。彼のいう剰余価値創造の過程は、生産が行なわれる作業場、工場ないし農場の内部でのみ生じる。彼は、次のような二つの考察を通じてこれらの外的諸力を考慮している。すなわち**社会的に必要な**労働時間と、不変資本と可変資本との間の**不変の比率**である。

273

彼は「必要労働時間」に二重の意味を与えており、またそれをはっきりと正当化している。[21] 第一に、それは、「剰余価値」を含む全社会的生産物の価値を生産するのに必要な労働時間である。これは、減価償却を通じて、「固定」資本を費消するのに必要な時間を含んでいるであろう。[22] 第二に、それは、「労働者の労働力の価値、つまり労働者の生存手段の価値のみ」を生み出すのに必要な労働時間である。どちらの場合においても「社会的に必要な労働時間」は「社会的諸条件によって制限される」。

これらの、個々の作業場の外部にある社会的諸条件を、われわれは、彼の用語法に従って、次のように三つに区別しても差し支えないであろう。すなわち自然の諸条件の諸変化、発明と陳腐化という諸変化、価格の全般的水準の変化である。

自然の諸条件の諸変化は、彼によれば農業生産における諸変化の事例が典型的である。

その商品の生産に社会的に必要な労働時間が変化したとすれば――そして、例えば同じ分量の綿花でも、不作のときは豊作のときよりもより多くの分量の労働を表わすとすれば――、すべての既存の同等商品への反作用が生じる。なぜなら、その商品はいつでもその種類の個別的見本として通用するにすぎないのであり、その価値は、つねに社会的に必要な労働によって、つまり、つねに現在の社会的諸条件の下でそれを生産するのに必要な労働によって測られる(23)。

これは、彼のいう**不変**資本の価値の変化を意味する。「不変」とは、価値において変化しないということではなく、不変資本が、その時点での価値以上ないし価値以下で生産物へ移転されないということである。マルクス曰く、

一ポンドの綿花の価格が、今日は六ペンスであるが、綿花収穫の不作の結果、明日は一シリングに騰貴すると仮定しよう。価値の高騰後に加工される綿花は六ペンスで買われたが、いまや生産物に一シリングの価値を付け加える。そして、高騰前にすでに紡がれて、おそらくもう糸として市場に流通しているであろう綿花も、同様に、もとの価値の二倍を生産物に付け加える(24)。

(21) マルクス『資本論』p. 240 脚注〔邦訳、二八二頁〕。
(22) 後述、*p.* 598、ベーム＝バヴェルクの「生産期間」〔邦訳、下巻一五頁〕に関する説明をみよ。
(23) マルクス『資本論』pp. 233–234〔邦訳、二七四頁〕。
(24) 同書、p. 233〔邦訳、二七三―二七四頁〕。

綿花の価値が貨幣のかわりにマンアワーで測られる場合でも、上記のことは正しい。不変資本の機能は、物理的自然の変化しやすい諸条件の下で産出物を生産するのに必要な価値に当たるマンアワー数を、原材料の価値と減価償却で費消される価値を通じて生産物に移転することにある。そして「社会的必要」労働とは、限界耕作地において、生産物の最も高価な部分を生産するのに必要な、リカードのいう**最大の**労働コスト（マンアワー）にほかならない。この最大の労働コストは、自由競争過程を通じて、同じ時点の同じ市場において競合しているすべての諸部分に対して、各々のマンアワー・コストに関わりなく、同一の交換価値を与える。それゆえ、全社会的生産過程に、また社会的効率性における諸変化の計測に注意が向けられる場合には、個々の事業所における効率性の差ないし効率性利潤の差は考慮されない。これは、マルクスがリカードの地代論を排除する理由の一つである。マルクスの「社会的必要」労働はリカードのいう限界的労働者であり、その労働コストが限界以上のすべての生産物の交換価値を決定する。(25)

機械設備の発明と陳腐化は、個々の作業場の外部で生じるもう一つの「社会的条件」である。

> 新たな発明の結果、同じ種類の機械設備が労働のより少ない支出でもって生産されうるならば、もとの機械設備は多かれ少なかれ減価し（陳腐化し）、それゆえまた、それに比例してより少ない価値を生産物に移転する。しかし、この場合もまた、価値変動は、その機械が生産手段として機能する生産過程の外部で生じる。この過程内では、その機械は、それがこの過程とは関わりなくもっている価値よりも多くの価値を引き渡すことはありえない。(26)

「過程の外部で」という用語は科学者や発明家たちの「精神的労働」を指しており、またそれをマルクスは

「社会的」労働力の意味に含めているとここではいっているのかもしれない。彼にとって、この精神的労働は、作業場での過程の一部ではなく、発明と陳腐化という全社会的な過程の一部である。そしてそれは、自由競争という媒介を通じて個々の作業場に作用するのである。

最後に、作業場における生産の「過程の外部で」起きることは、全般的な価格の上昇と下落である。これこそが、原材料、資本設備および労働力の生存手段のあらゆる市場価値に多かれ少なかれ影響を与えている「社会的諸条件」である。またここで次のことも明らかになる。マルクスがその他の「社会的諸条件」に関して主張しているように、彼が自らの体系の土台としているのは、不変資本と可変資本の間の**絶対的**差異ではない。それはこの二つの間の「比率」ないし**相対的な**差異であった。すべての貨幣価格と賃金が等しく上昇ないし下落するのであれば、その場合、総産出物を生産するのに必要な社会的労働力の総量と、賃金労働者の生存手段を生産するのに求められる総量との間の**比率**が変化しないことは明白である。

かくして、まったく正しくも、社会的効率性の変化、つまりマルクスのいう「剰余価値」の変化がどの程度であるのかを確かめたいのであれば、特定の価格の変化や全般的な価格変化は除外しなければならない。発明や陳腐化から生じる技術的諸条件の外在的変化について彼がいっていることは、豊作や凶作といった農業の諸条件の変化を含むあらゆる価格変化についても、正しい。**諸比率**は変化していないのである。彼曰く、

275

労働過程の技術的条件が改革され、その結果、以前には十人の労働者がより価値の少ない十個の道具を用い

(25)　後述、*p.* 348「リカードとマルサス」〔邦訳、中巻一四七頁〕もみよ。
(26)　マルクス『資本論』p. 234〔邦訳、二七四—二七五頁〕。

て比較的少量の原料を加工していたところで、いまや、一人の労働者が一台の高価な機械を用いて百倍の原料を加工するとしよう。この場合には、充用された生産諸手段の価値総量で表わされる不変資本［減価償却と原材料］は大いに増大し、労働力に投資された可変資本［生存手段］は大いに減少するであろう。とはいえ、この変動は、不変資本と可変資本との量的関係、すなわち総資本が不変的構成部分と可変的構成部分とに分割される比率を変化させるだけであって、不変と可変の本質的区別にはまったく影響しない[27]。

かくしてマルクスは、効率性の現代的概念にとって、必要な諸要因のすべてを定式化し、必要ではない諸要因を排除した最初の経済学者である。彼の推論が拒絶されたのは、その推論の不正確さのせいではなく彼の社会哲学のせいであり、また、彼がその哲学を擁護するために導入した用語の風変わりな意味づけのせいである。マルクスに追随した共産主義者たちが、ロシアにおいて、「多くの社会的諸条件」を無視して自らの命運を技術の革命に賭けたのは驚くべきことではない。効率性の理論のみを定式化しようとしたのであれば、マルクスが、「多くの社会的諸条件」を排除したのは正しい。つまり、マルクスは、人々の習慣、慣習、国際的複雑化、貨幣と信用、価格の上昇と下落などの「外的」諸要因を含めた万能理論を定式化しようとしたのではない。社会的諸過程における複数の諸要因の一つとして効率性という一つの公式を定式化するというより控えめな次元に限定して、マルクスは一つの原理を定式化したが、それは、工学という「外部の」専門から経済学に取り組み始めることにすぎなかった。しかしこれらのエンジニアたちもまた、自身が自分たちの効率性の諸概念に社会哲学を付け加えようとしたとき、のちにみるように、事実上マルクスと同様の結論に、つまり共産主義に、あるいはファシズムとして知られている裏返された共産主義にたどり着いた。

以下では、われわれは、マルクスの理論を単なる効率性の理論として再構築する。そうすることで、われわれは、彼の理論が政治経済学の理論全体の一部分としての役割を担っていることを見て取れる。

第四節　投入－産出、支出－収入

一九二〇年に、ある衣料工場は一着の標準的な服を製造するのに十マンアワーの現業《オペレーティング》労働を必要としたが、一九二九年には一着当たり五〔マン〕アワーだけを必要とした。効率性が一〇〇パーセント上昇したのである。同じ期間に平均賃金は一時間当たり八十セントから一時間当たり九十セントに上昇し、服の卸売価格は一着当たり三十三ドルから二十四ドルに低下した。効率性はマンアワーによって測られ、労働の希少性と服の希少性はドルによって測られる。

もしわれわれが、ドルの投入と生産物のドルでの価値の産出という意味で投入と産出という用語を用いる場合、間違いなく効率性と希少性との間に混乱が生じるだろう。その場合、投入は労働一時間当たり八十セントか九十セントであろうし、産出は一着当たり三十三ドルか二十四ドルであろう。それゆえわれわれは、ドルによって測られた希少性比率を表わすためには支出と収入という用語を使い、産出と投入はマンアワーによって測られた効率性比率を表わすために使う。**産出**一単位当たりの**投入**は十マンアワーから五マンアワーに減少し、そのことは効率性が一〇〇パーセント上昇したことを示す。雇用主の資産からの労働に対する**支出**は一時間当たり八十セントから九十セントに上昇し、そのことは労働の希少性が一二・五パーセント上昇したことを示す。そして、服の販売からの**収入**は三十三ドルから二十四ドルに減少し、そのことは服の希少性が二四パーセント[a]減少したことを

(27) 同書、p. 234〔邦訳、二七五頁〕。

277

示す。

しかし、こうした効率性と希少性との混乱は、常識的に、効率性を測るためにマンアワーのかわりにドルを用いる場合や、経済学者が無分別に貨幣の「支出」のかわりに貨幣の「投入」を用いる場合にはいつでも生じる。経済学者が効率性の尺度として「貨幣の投入」を用いる理由は、最近では、ジョン・D・ブラックの『生産的経済学』[28]に示されているが、それは、リカードが労働時間を意味するものとしてポンドスターリングを用いたときまでさかのぼる。彼らは、**実際の**貨幣投入を用いたのではなく、貨幣を計算から排除するために、比喩的に安定した貨幣の購買力を用いただけであった。これは、分析の目的と諸要因の分離に関しては十分に適切ではあるが、社会的な誤謬につながる。

ブラックは、「物理的」投入を「価格」投入から区別し、「物理的投入を価格基準に完全に変換してしまえば、それらの投入は一つの数字として結合できる」と主張した。彼は次のように説明している。

> もし、機械を三十二分間使用する価格が〇・六四ドル、労働の三十二分間の価格が〇・五六ドル、六百四十馬力の価格が一・二ドル、小麦百十五ブッシェルの価格が百四十ドル、そして産出が小麦粉二十五バレルであれば、小麦粉一バレル当たりの投入は、百四十二・四ドルを二十五で割った値の五・六五ドルである。こうして、投入データを価格基準に変換するという一つの操作により、物理的投入データがもつ二つの欠点が克服される。[29]

これらの欠点とは、ブラックによれば、以下のようなものである。

第一は、小麦粉二十五バレルを生産するのに使用した三十二分間の機械の使用、三十二分間の人間労働の使用、六百四十馬力の使用、百十五ブッシェルの小麦の使用を足し合わせることの不可能性である。第二に、物理的投入データの欠点は、それら自体には価格変動の効果が含まれていないということである。賃金が高く、機械が安い時期には、いたるところで製造業者は、もし可能であればより少ない労働を用い、機械を労働のかわりに用いる。他方、逆の場合には、労働は多くの作業で機械に取って代わるだろう[30]。

こうした価格による計測に基づいて、ブラックは「産出一単位当たり最小コストの組み合わせ」という公式を構築した。それは、最大効率点である。これらの最小コストは、「産出一単位当たりのセントで測られた」すべての固定的投入と可変的投入の合計が最小になる点で決定される。小麦粉を生産する際の「機械投入の最小コストの組み合わせ」は一ブッシェル当たりの不変価格で測られるが、製粉所の事例[b]においては、小麦の投入が六千七百五十ブッシェルであるときに実現する。この点では、利子、減価償却、税金、修繕、整備のための貨幣投入を含む一ブッシェル当たりの貨幣投入の合計が、生産要素に支払われる不変価格で、最小になる。もし、ある不変価格で測られる建物、労働、原動力、監督、固定的機械、可変的機械などの他の投入要素も考慮される場合においては、小麦一ブッシェル当たりの最小コストの組み合わせは、小麦の投入が九千ブッシェルをいくらか下回

(a) 訳者注：二七パーセントが正しいと思われる。
(28) Black, John D., *Introduction to Production Economics* (1926)〔以下、ブラック『生産的経済学』と表記〕, p. 314以下。
(29) ブラック『生産的経済学』p. 315。
(30) 同書、p. 314。
(b) 訳者注：これは、ブラックが設定した別の数値例に基づく記述であり、右記の引用文の数値例とは関係をもたない。

るときに実現する[31]。

ブラックによるこれらの計算法は、農業事業体《コンサーン》をはじめ、あらゆるコンサーンの私的な経営において、非常に重要であり、有用である。われわれは、これらの計算法を、私的な観点から集団的、社会的観点へと移るために導入される諸々の変更を示すための出発点として用いる。

われわれが導入する最初の変更は、先に検討した物と所有権の区別である。しかし、「物」という用語は、適切ではない。われわれは、それが誰によってもたらされるものであれ、技術的なすべての有用なサービスを一つの名称の下に包括するために、物のかわりに「使用価値」という用語を用いる。このようにして、労働によってもたらされる「人的サービス」は、商品によってもたらされる「物的サービス」と同じく、使用価値である。一方は直接的に、他方は物の介在を通して、どちらも労働によってもたらされる。

「所有権」という用語もまた、集団的行動における所有権のあらゆる移転を含んでいる。これは物の所有権の移転ではなく、労働によって直接的、間接的に高められた使用価値の所有権の移転を意味している。

こうした意味づけは、いかなる主観的、心理的評価からも切り離されている。主観的価値は、個人主義的である。客体的「価値」は、類推だけによる価値である。客体的価値は、何らかの原因から生じる変化に従う関係、もしくはプロセスにすぎない。「客体性」が意味するのは、個人の意志とは独立的に変化する何ものかである。それゆえ、二種類の客体的価値が存在する。すなわち、物理的使用価値と専有的希少性価値である。前者は集団的労働力から生じる。後者は個人に対して作用する集団的力から生じ、われわれはこの集団的力を制度と名づける。こうした制度の一つが貨幣であり、それは、諸個人による債務の創造、譲渡、解消のための集団的道具という意味をもつ。

それゆえ、財産、もしくは所有権は、物、労働、使用価値と同様に客体的である。言い換えると、すべての情感、感覚、意志が排除されている。当分の間われわれは、純粋科学が採用することになっている立場、すなわち純粋知性の立場を採用する。そして、自然の諸活動をコントロールする労働力の集団的行動と、個人の諸活動をコントロールする制度の集団的行動とを、情感や目的を含めずに分析する。

そして、労働コストと専有的コストとの区別〔が必要〕である。後者は、制度的コストと名づけられるかもしれない。この二つは、おなじみの「生産コスト」の二重の意味づけに当たる。その区別をはっきりさせるために、活動を表わす用語に変換することによって、われわれは労働コストについては「投入」という用語を用い、専有的コストについては「支出」という用語を用いる。労働コストは、三種類のものからなる。すなわち、肉体的、精神的、管理的投入である。専有的コストは二種類のものからなる。すなわち、使用価値の所有権の譲渡と、譲渡手段である貨幣の所有権の譲渡である[32]。

この分析は、使用価値の三重の関係に帰着する。それは産出を意味するかもしれないし、支出あるいは収入を意味するかもしれない。**産出**としては、使用価値は労働の投入に関連した有用性の技術的性質である。それゆえ、それは「社会」にとっての富の創造を意味する。**支出**としては、使用価値は、それを生産した労働者によってであれ、労働者からその所有権を取得した者によってであれ、法的コントロールの**譲渡**である。ここでは、それは譲渡による、その個人にとっての資産の減少を意味する。**収入**としては、使用価値は、労働者**から**であれ、それを譲渡した前の所有者からであれ、所有権の取得を意味する。もしくは雇用主や商人からの労働者**による**所有権の取得を意味する。それゆえ、それは取得による、個人にとっての資産の増加を意味する。

(31)　同書、pp. 391-392。
(32)　次章、「将来性」を参照せよ。

一つの制度である貨幣は、技術的な意味で生産的ではないので、個人間の貨幣関係は二種類にすぎない。つまり、**支出**すなわち譲渡と、**収入**すなわち取得である。そして、現代社会は、大部分が貨幣信用経済であるので、われわれは専有的コストを貨幣コストと同一視することに慣れている。貨幣コストがつねに譲渡コストであり、どんな使用価値の所有権の譲渡であっても性質が違わないと思い込んでいる場合に、この同一視という省略が行なわれるのかもしれない。

その区別は、前述の衣服工場の例で示されるかもしれない。一着の服を製造する**労働コスト**は十マンアワーから五マンアワーへと減少した。すなわち五〇パーセントの減少である。われわれはそれを、労働産出（使用価値）一単位当たりの労働投入の減少と名づける。しかし、平均的マンアワーの労働への支払いでみると、雇用主にとっての**貨幣コスト**は八十セントから九十セントに上昇した。すなわち、一二・五パーセントの上昇である。これをわれわれは、労働の産出の所有権と引き換えられる貨幣支出と呼ぶ。そこでは、生産力と交渉力との違いが問題となる。上昇した生産力は、一マンアワー当たりの**富**（使用価値）の**支出**を二倍にしたが、上昇した労働者の交渉力は労働**収入**を一時間当たり十セント上昇させ、雇用主の**資産**を同じ十セントだけ減少させた。もし効率性がドルで測られるのであれば、賃金を切り下げる雇用主は賃金を上昇させる雇用主よりも効率的である。それは、産出一単位当たりの労働投入量を減らすために機械とより優れた組織を導入するとき、経営者がより効率的であるのと、ちょうど同じである。

こうして効率性は、ドルによって測られる場合に、二重の意味をもつ。それは、賃金を低下させるという意味と、商品を生産するために必要な労働量を減少させるという意味である。最初のものは、相対的希少性を活用する交渉力である。もう一つは、相対的効率性を活用する生産力である。どちらも生産「コスト」であるが、それらは二つの異なった種類のコストである。われわれは、一方を、売買交渉取引によって決定され貨幣によって測られる専有的コスト、あるいは支出として識別する。他方は、コストとしてではなく投入として識別され、管理取引によって決定されマンアワーによって測られる。

よく似た矛盾が、雇用主のビジネスの販売面に存在する。もし効率性がドルで測られるとすれば、高い価格で販売することができる雇用主は、低い価格で販売する雇用主よりも効率的である。それは、労働一単位当たりの産出を増加させるときに、より効率的なのとちょうど同じである。価格の上昇は、独占的あるいは人為的希少性〔によるもの〕であるかもしれない。それは、リカードが「名目」価値と呼んだものである。しかし、労働一単位当たりの産出を増加させることは、リカードの「実質」価値を減少させることである。われわれはいまや、次の

280

ようにいうべきである。ビジネスマンが販売価格を上昇させることは彼の資産を増加させるが、彼のゴーイング・プラントの産出を増加させることは富の生産率を上昇させる、と。そして、その区別はいまや、フォアマンが裁判所の判決における混乱についての有名な分析で行なったように[33]、効率性利潤と希少性利潤との間で行なうこともできる。効率性利潤は、**労働一単位当たり**の産出率を増大させることによって得られる。それは、**産出一単位当たり**の労働投入量を減少させることと同じである[34]。しかし、希少性利潤は、受け取られる価格を上昇させたり、支払われる価格や賃金を低下させたりすることによって得られる。

それゆえ、生産力と交渉力あるいは購買力との間には類似性は存在しない。類似性は、両者が同じ単位、すなわちドルで測られる場合に現われる。それらは、自然に対する人間の関係と人間に対する人間の関係とが異なっ

(33) Foreman, C. J., *Efficiency and Scarcity Profit: on Economic and Legal Analysis of the Residual Surplus* (1930).

(34) これは、労働投入の**量**を増加させることによる産出率の上昇から区別されなければならない。後述、*p. 284*、生産、生産性、効率性に関する説明〔邦訳、中巻五三頁〕をみよ。

ているのと同じく、異なっている。その違いは、計測の単位によって確かめられるだろう。もし量がマンアワーによって測ることができるとすれば、それは自然に対する力である。もしドルによってであれば、それは人間に対する力である。用語法は、この違いに適合するように構築されなければならない。投入－産出は、人間の自然に対する力を意味する。支出－収入は、他人に対する力を意味する。それは、工学的経済と専有的経済との違いを生み出すものである。投入－産出は、物理学と工学に由来する用語である。支出－収入は、資産である所有権の減少や増加に当てられた用語である。これらすべての用語は、コストや価値といった日常用語においては混同されている。

対比的な用語である投入と産出は、それらが物理学と工学に由来するという点で適切である。それは、投入としての一種の「エネルギー」の量を表わし、別の種類のエネルギーの量すなわち産出に変換される。しかしここで、科学者、エンジニア、経済学者それぞれが用いる投入と産出という用語の三つの意味を区別しなければならない。

物理学者は、全宇宙でのエネルギーの保存に関心をもつ。エネルギーのある形態は、他の形態とはいえ等量の形態に変換される。それは、電気として、引力として、化学作用として、食料や衣料として、生きた人体として、あるいは、他の形態のエネルギーのなかへと消えつつある死んだ人体として現われる。失われたり、無駄にされたりするものは何もない。実際、多くの場合、科学者は反復される投入と産出のさまざまな形態におけるエネルギーの同等性を説明できる。つまり、一秒当たり蒸気圧の一馬力の投入は、五百五十ポンドの重量を一秒当たり一フィート上昇させるという産出に等しく、これを投入とすれば、一秒当たり七百四十六ワットの電力の産出に等しい。それをさらに投入とすれば、一秒当たり百七十八カロリーの熱の産出と等しい。このようにして、人体における化学的投入と産出の同等性さえいえる。これらの同等性を、われわれは科学の理念的な効率性と名づけてもよい。なぜなら、もしエネルギー保存の法則が正しいとすれば、失われるものは何もなく、全エネルギーはある形態から別の形態への変化のなかで説明されるからである。

しかし、科学者から区別されるエンジニアにとっては、大部分のエネルギーは失われ、無駄にされる。彼は、無用なものではない有用なエネルギー（使用価値）に関心をもつ。彼は実務的効率性で満足する。というのは、彼は人間のコントロールを宇宙の働きに導入するからである。蒸気エンジンの最大の効率性は、石炭に含まれる潜在的カロリーの約一〇パーセントであるといわれている。複合濃縮蒸気エンジンの最大の効率性は、カロリーの二五パーセントである。ガソリンエンジンや石油エンジンの最大の効率性は、シリンダーの内部に放出される熱エネルギーの四〇パーセント程度である。効率性が最大の発電機は、入力される機械的エネルギーの九〇パーセントを電気的エネルギーとして産出する。太陽は、収穫期の間に、一エーカー当たりで一万五千トンを一フィート持ち上げるのにほぼ等しいエネルギーの量を放出する。しかし、人力は、小麦五十ブッシェルのなかに蓄えられたエネルギーのうちから、〇・一フィートトン〔〇・一トンの物体を一フィート持ち上げるときに消費されるエネルギー量〕だけを得るにすぎない。人力の効率性は七万五千分の一にすぎないのである。科学者は熱、電気、振動、雑草、わら、小麦などに含まれる一万五千フィートトンのエネルギーを説明しようと試みる。しかし、農業エンジニアは、もし彼が穀物を一エーカー当たり三十ブッシェルから四十ブッシェルへと増やすことができれば満足する。彼は有用な仕事に関心をもつのであり、無用な仕事にではない。

それは、エンジニアが欲するものに依存する。もし彼が雑音を欲すれば、彼は可能な限り多量の雑音を生み出すモーターや装置を作成し、他のすべての産出が無駄にされる。もし彼がミシンを動かしたいと欲すれば、雑音や摩擦となるエネルギーは無駄にされる。これはわれわれが、工学的経済と使用価値によって意味するものである。使用価値は、受動的な何かではない。それはできる限り無駄を省きたいという人間の目的のために、人間の知性によって方向づけられた自然のエネルギーの活動の結果である。

しかし、経済学者は投入と産出の意味をさらにもっと狭める。なぜなら、彼は人間のエネルギーに関心をもつからである。エンジニアのいう物理的投入物は、経済学者にとっては、人間のエネルギーの産出物となる。それらは、人間のエネルギーを建物、土地の肥沃度、化合物に変換する自然の力である。エンジニアは、彼が投入としてどのような種類のエネルギーを用いるかには関心がない。彼は、どんな種類であろうと、他のエネルギーと比べて使用価値を創造するのにより効率的な種類のものを用いる。彼はまた、労働、原料やエネルギーに支払われた価格にも関心をもたない。そのことは、ビジネスマンを困惑させる。もし、技術の現状において、蒸気力のほうが労働力よりも効率的であれば、エンジニアは蒸気力を使用する。どちらも機械であり、それゆえわれわれは、エンジニアにとっての労働の機械理論と名づけてもよい。それは、商人にとっての労働の商品理論とは区別される。労働の商品理論は、労働の希少性や豊富性のために支払われなければならない価格に関心をもつ。これは、古典派の経済理論であった。労働の機械理論は、労働を他の機械と比較して、効率性の大小に関心をもつ。これは、エンジニアのフレデリック・テイラーの理論である。しかし、経済学者の労働理論は、ゴーイング・コンサーンの管理取引、売買交渉取引、割当取引への、市民としての個人の関与に関心をもつ。人間労働は、商品や機械としてではなく、人間として、すなわち権利、義務、自由および無保護をもつ市民として現われる。[35]

そして、エンジニアとは異なり、経済学者は、ただ一種類のエネルギー、すなわちマンアワーの投入によって測られる人間のエネルギーだけを取り上げ、他の種類のすべてのエネルギーの投入を人間のエネルギーの産出物に変換する。人間と自然とのこのような区別は、物理的経済学者によって無視される。物理的経済学者は、次のような結合を自身の目的にとって有用であるとみているかもしれないが、資本財、土地、人間主体の諸貨幣価格を一つの同質な投入のなかに結合してしまう。[36] そこでは、資本財の投入は、道具、機械、建物、道路、生産途中

283

の原料、燃料、飼料、馬、牛、穀物、組織および貨幣を使用するために支払われた価格で表わされる。土地の投入は、人為的および自然的穀物、森林、牧草地、建物敷地、線路敷設権、鉱山、採石場、水、石油およびガスを使用するために支払われた地代で表わされる。人間主体の投入は、肉体的、精神的、管理的活動に支払われた賃金と給料で表わされる。もちろん、これらは、すべてが生産の貨幣コスト、すなわちいわゆる貨幣的「投入」に還元されるときに可能となった歴史的な区別であり、分類である。この分類は、右記のように、貨幣以外の用語で分類を行なうエンジニアとは対照的である。エンジニアもビジネスマンも、人間の力と機械の力とを区別しない。どちらの産出物も、一種の機械の産出物である。

リカードとカール・マルクスが最初にその区別を行なった。それは彼らが、労働者を、財産権をもった市民とみなしたからではなく、彼らが実質価値を名目価値から区別しようとしたからである。それゆえ、共産主義者を除けば、彼らに追随する者はいなかった。しかしながら、もしわれわれが彼らの理論を実質価値の理論ではなく、単なる計測の理論としてとらえるならば、彼らは効率性の計測を定式化したといえる。経済学者の効率性の原理は、労働投入に対する労働産出の比率である。この原理が適用される活動は何十億もの管理取引である。それは、組織を通じて、また連動《コンサーテッド》した行動を通じて、富（使用価値）が生産されるマンアワー当たりの比率を作り出す。すべての管理取引とすべての富の生産との間にあるすべての関係のこの総計に対して、マルクスは社会的労働力

（35） 雇い主と調停を行ない失業保険協定を締結した労働組合のリーダーは、次のように述べた。わが労働組合の構成員は、いまや全産業の「市民」であると感じており、彼らの雇い主以上に、産業の効率性と持続的な発展に関心をもっている、と。ジョン・R・コモンズの次の文献も参照せよ。"Constitutional Government in Industry," *Review of Reviews*（1903）.

（36） ブラック『生産的経済学』pp. 383-467をみよ。

と社会的使用価値という名称を与えた。社会的使用価値は総産出であるが、社会的労働力、もっと正確にいえば社会的人間労働力は、精神的、管理的、肉体的労働を含む総投入である。それは、国民的効率性の尺度である。それゆえ、例えば、われわれは以下のように大まかな推測をする。過去百二十年の間にアメリカの全人口は十七倍に増加し、〔一人一日当たり〕平均労働時間は十二時間から九時間に減少し、その結果としてマンアワーでは十倍に増加したが、富（使用価値）の総生産は五十倍に増加した。もしそうであれば、マンアワーで測られる国民的効率性は約五倍に増加したことになる。おそらく、一八一〇年の生産の率と比べて、一九三〇年においては、一マンアワー当たり五倍の使用価値（富）が生産された。この推計値は、社会的労働力〔量〕に対する、使用価値の産出〔量〕の比率である。

これはたしかに控えめな推計であるが、一つの推測にすぎない。最初は、綿繰り機のような物理的発明が生じた。それは、労働者の産出を千五百倍に増加させた。それから、水力、蒸気力、電気、ガソリンの使用といった、エネルギーが発明された。最後に、科学的管理という人的、心理学的な発明があった。百二十年の間、それらはたしかに労働のマンアワー効率性を五倍以上に増やした。過去三十年の間でさえ、機械の力と労務管理の使用によって、平均マンアワー効率性は二倍、もしかすると三倍になったに違いない。

いまや、われわれはさらなる発見をする。すなわち、社会的観点と個人的観点の違いである。使用価値は、**富**の社会的概念である。希少性価値は、**資産**の個人的概念である。皮革製造企業は、価格が五〇パーセント下落したあとでも、皮と皮革というかたちで、価格下落前と同じ量の社会的使用価値を有していた。しかし、普及した価格で売られた場合、半分の貨幣しかこの企業には入ってこないだろう。このように、使用価値は社会的富であり、希少性価値は価格であり、経済学者の価値は、ビジネスマンの資産、すなわち使用価値と希少性価値の複合体である。われわれが「金持ち」について話すとき、われわれは本能的にこの違いが存在すると感じるが、その違いをこれまた本能的に混同する。彼が金持ちなのは、社会にとって有用な物理的なものを大量に所有しているからであろうか。それとも、社会から他のものを大量に取得することができるからであろうか。われわれは、もし彼が他のものを取得することができる場合には金持ちと呼ぶが、もし、彼が国富の大部分をもっていたとしても、それによって何かを多く買えそうにない場合は、貧乏と呼ぶ。この富の二重の意味づけは、われわれが富を生産するのに必要とされる社会的マンパワーによって富を測る場合と、資産を貨幣によって測る場合とで区別される。資産は希少性、富は豊富性である。

これが、われわれが資本主義によって意味しているものである。資本主義は、他人のための使用価値を創造するプロセスと、希少性価値を創造するためにその供給を制限《リストリクト》するプロセスからなる二重のプロセスである。それゆえ、資本主義は、マルクスの共産主義とは違い[37]、二つの計測単位を必要とする。すなわち、マンアワーとドルである。前者は、創造された使用価値の量を測り、後者は、その希少性価値を測る。前者は富を測り、後者は資産を測る。資本主義は、生産社会であるとともに、掠奪《アクィジティブ》社会でもある。ドルが計測単位として使用されるときには掠奪的にみえるが、資本主義は単に掠奪的であるだけではない[38]。労働時間が使用されるときには生産的であり、ドルが使用されるときには掠奪的である。

このことはわれわれに、生産、生産性、効率性の意味における違いを再考することを要請する。生産は、古典派経済学者やその追随者によって使用されたように、需要と比べたときの生産された量に関係がある。この意味

（37）レーニンとスターリンの共産主義は、売買交渉の道具としてではなく、割当の道具として、貨幣を用いた。彼らが自由な購買と販売を認める限りでは、貨幣は売買交渉の道具となる。

（38）Tawney, R. H., *The Acquisitive Society*（1920）を参照せよ。

は「生産的」、「不生産的」という彼らの用語にみられる。しかし、生産性と効率性は、生産された総量、もしくは需要された量とは関係なく、生産の**率**に関係している。より正確にいえば、効率性は生産の速さである。その計測は、マンアワー当たり産出率、すなわち「マンアワー・コスト」による。一方、生産性はマンアワー数をこの比率に乗じたものである。同じ効率性をもった二つの工場で説明すると、千人の従業員を有する工場の「生産性」は、百人の従業員を有するもう一つの工場の生産性の十倍である(39)。

ここで生じる問題は、ドルによる計測をマンアワーによる計測に変換するという問題である。われわれは再び平均を扱う。販売、購買、資金調達にではなく、生産、輸送、配達に従事するすべての肉体的、精神的、管理的労働の平均時間当たり賃金は、その時点のマンアワー単位である。別の時点の平均賃金の変化を取り除くことによって、この平均マンアワーは不変の計測単位となる。それゆえ、もし平均賃金が一時間当たり九十セントで、その後、一時間当たり一ドルに変化すれば、マンアワー数は賃金の変化を取り除くことによって確かめられる。これは、単純平均である。なぜならわれわれは、機械オペレーターの効率性を監督のそれと区別することができないからである。すべての労働者は必要である。それぞれは、コンサーン全体の一部である。

「生産」の意味は、かつては供給と需要の専有的経済に関係しており、それは初期の経済学者が生産的労働を不生産的労働から区別したときの意味であった。生産的労働は、彼らにとって、販売または交換のために生産することであった。ここに効率性と希少性の混同がある。しかし、効率性の意味は、工学的経済に関係する。エンジニアは、生産された量に関心をもたない。彼は、生産の**率**に関心をもつ。しかし、ビジネスマンは、生産された**量**に関心をもつ。自身のエンジニアには生産の速さを上昇させることに専念させつつ、ビジネスマンは、価格が下落すると予想されるときには生産を制限《リストリクト》し、価格が上昇すると予想されるときには生産を増加させる。生産の速さは、もちろん、エンジニアの問題である。彼は価格に関心をもたない。エンジニアは、投入に対する産出の比率に関心をもち、ビジネスマンは支出に対する収入の比率、すなわち取得《アクィジション》の速さに関心をもつ。投入に対する産出の比率は、効率性、もしくは生産性である。支出に対する収入の比率は価格であり、それは、市場から産出物を引き出す注文の速度と比べたときの、市場に産出物が提供される速度によって決まる。エンジニアがマンパワーの投入率と比べて産出率を増やせば増やすほど、ますます自然に対する彼の支配が大きくなる。ビジネスマンが支出の速度と比べて収入の速度を増やせば増やすほど、需要と比べて彼の生産はますます小さくなり、他人に対する彼の支配は大きくなる。人間の自然に対する力は生産性であり、マンアワーによって測られる。人間の産出物は、富（使用価値）の増大である。人間の他人に対する力は、ドル（希少性価値）によって測られる。それは需求量に比べたときの生産量であり、産出の制限は価格、価値、資産の増加である。

効率性の尺度として、リカードのマンパワーを捨てドルをかわりに用いることを経済学者に可能にしたのは、この生産と生産性の混同であった。これは、生産力と交渉力の混同でもある。低価格で買い高価格で売ることは、効率性の定義となった。しかし実は、それは交渉力の定義である。交渉力は、市場での労働と商品の相対的希少性や豊富性を活用することで成り立つ。生産力は、農場や工場での自然の諸力に対する人間の相対的力を活用することで成り立つ。もし、両者に「効率性」という用語を当てはめようとすれば、どちらの種類の効率性が意味されているのかとつねに問われるだろう。マンアワーによって測られる自然に対する力なのか、それともドルによって測られる他人に対する力なのか。投入と産出の工学的経済なのか、それとも支出と収入の専有的経済なの

---

(39)　これは、Spillman, W. T., *Farm Science* (1918) とTaylor, H. C., *Outlines of Agricultural Economics* (1925), p. 133以下によってなされた「能力、効率性、生産性」の区別と同一である。しかし、「投入」については人間のエネルギーの投入に限定されており、他のエネルギーの投入は人間のエネルギーの純産出に変換されている。

か。生産における効率性なのか、それとも交渉における有効性なのか。

古典派経済学者は、希少性と財産を当然視した。利益の出る価格で需求されるものを、過剰に生産するほど愚かな者は誰もいない。その結果、「生産」という用語は、生産することと、生産を留保《ウィズホールド》することという相反的な意味をもった。これは、利益を生み出す二つの方法を混同している。すなわち、産出と比べてマンアワーの投入を減らすことによって得られる効率性利潤と、支出と比べて収入を増やすことによって得られる希少性利潤とを混同している。そして、さらなる混同は、**財**あるいは富の生産と、**価値**あるいは資産の「生産」との混同である。われわれが「工学的経済学」と「ビジネス経済学」という用語を区別するのは、まさにこの生産の二重の意味づけを考慮するためである。工学的経済は、市場でのその貨幣価値にかかわらず産出を増やす。ビジネス経済は、その貨幣価値を維持し、あるいは増やすために、生産量を制限《リストリクト》し調節《レギレート》する。これら二つの混同は、物と所有権という富の二重の意味づけから生じた。

このように、古典派経済学者は、産出を収入から、もしくは支出を投入から区別しなかった。この区別は、コストと価値の二重の意味づけのなかに隠された。彼らは、当然、ある人の産出は彼の収入であると想定した。たとえ彼らがその区別を理解していたとしても、彼らはそれを利用しなかっただろう。産出と収入との混同の背後には、人間の自由と所有権に関する倫理的仮定があった。ブラック曰く、「その用語の普通の意味で、**人間の努力は、他の誰かによって所有されることはできない**[40]」。この仮定は、近代社会にとってまったく正しい。しかし、核心は、ここでさえ、人間の努力の**産出物**は、賃金システムの下で、他の誰かによって所有されるという問題である。労働の産出物は、雇用主の資産に付け加えられた使用価値である。それは、口頭契約の教義に基づいて雇用主に帰属する。この教義は、雇用主によるその取得のなかに、雇用主によって労働者が負わされている債務を読み取る。生じることは、二面的である。すなわち、物理的過程と専有的過程とで生じる。物理的過程とは、所

287

有権や資産とは関わりのない、労働力の投入と産出である。専有的過程ではまず、〔賃金の支払いとして〕雇用主の資産からの貨幣価値の支出がなされる。この支出は、労働者にとっての貨幣収入となる。すなわち労働者の資産を増やす。次に、産出物の所有権が雇用主に移転されたのちに、〔その産出物を購入するため〕労働者の資産からの貨幣価値の支出がなされる。それは雇用主にとって、彼の資産を増加させる収入になる。

物理的経済学者が、工学的経済学と専有的経済学とを区別せず、それゆえ産出が収入であることを当然視した理由は、先に述べたように、彼らの独特の前提のうちに見出される。その前提とは、使用価値の産出が自分の収入になると人が期待しない限り、誰も進んで働かないという前提である。これは、彼らが孤立したロビンソン・クルーソーから出発する場合には、自明なこととみなされうるだろう。ロビンソン・クルーソーの産出は、もちろん彼の収入である。なぜなら、取引の介入はまったくないからである。しかし、ロビンソンとフライデーが働くとき、あるいは何百万人が働くときには、産出は収入ではない。それは、誰がその産出を所有するのかに依存する。奴隷の産出物は、その奴隷の所有者の収入である。労働者の産出物は、その労働者の雇用主の収入である。労働者の投入物は、マンパワーである。彼の産出物は、使用価値である。雇用主の貨幣支出と、それに等しい労働者の収入は、貨幣賃金である。使用価値と貨幣の間に必然的で自然な結び付きはない。それらは、二つの異なる計測システムによって測られる。それらは、変換不能である。産出は投入に対して反対方向にも変わり、産出としての使用価値の、投入としてのマンアワーに対する比率は、効率性の尺度である。しかし、一方の貨幣収入は、他方の貨幣支出と同じである。一方（効率性）は、使用価値（富）が増大する可変的な速度である。他方（希少性）は、使用価値の単位に支払われる可変的な価格である。

（40）ブラック『生産的経済学』p. 447。

「支出」と「収入」という用語が適切である理由は、希少性が支出によって増やされ収入によって減らされるプロセスを説明するために適しているからである。それは、商品と貨幣の区別を必要とする。もし、所有者が手持ちの商品のストックをもち、その一部を彼の顧客に引き渡すとすれば、その引き渡された部分の貨幣価値は彼の商品支出である。それは、手持ちのストックの量、すなわち在庫の量を減少させ、それゆえ彼にとっての希少性を増加させる。しかし、もし彼が卸売業者や製造業者から委託販売品を購入するとすれば、受け取る量は彼の商品収入である。それは手持ちのストックを増やし、彼にとっての豊富性を増加させる。

貨幣の支出と収入の場合もまた同様である。彼は利用可能な貨幣量を現金や銀行の預金のかたちでもっている。もし彼が卸売業者にこの貨幣の一部を支払えば、それは貨幣支出であり、彼にとっての利用可能な貨幣量を減らすことになる。しかし、彼が彼の顧客から貨幣支払いを受け取り、それを銀行に預金するとき、彼は貨幣収入を受け取る。それは銀行にある彼の利用可能な貨幣量を増やす。

このように、支出と収入という用語は、個人にとっての財や貨幣の可変的な希少性に関係する。それらの用語の意味は、専有《プロプリエタリィ》的である。収入は、所有されている量を増やし、支出は、所有されている量を減らす。それゆえ、「コスト」という曖昧な言葉は、貨幣や商品の、その貨幣価値での専有的支出として識別されるべきである。支出によって、所有されている資産の価値が減少する。そして、収入は、獲得された貨幣、あるいは獲得された商品の貨幣価値という適切な二重の意味づけを得る。収入によって、所有されている資産の価値が増加する。支出に対する収入の比率は、資産の取得の速さである。

結果として、経済学者がすべての投入を貨幣投入に還元するとき、彼らは次のような混同した結論に達する。つまり、最小コスト、すなわち最大の効率性は、利子、労働、減価償却、税金、修繕、原料などのさまざまな要素の最小貨幣コストであるという混同した結論である[41]。この混同は、すべてを貨幣で測るという常識による日常的な混同であり、次のような弁明に照らして仕方のないものである。経済学は未だその理論のなかに、カール・マルクスと科学的管理法が用いたマンアワーによる計測を取り入れておらず、さらに、経済学は支出と収入という専有的、ビジネス的概念とは対照的な投入と産出というエンジニア的概念を把握するのに十分な時間をもてておらず、それゆえ、経済学は富を資産から完全に区別していない。その区別は、百年以上前にリカードによって明確にはっきりと指摘されたが、一八四五年以降のジョン・スチュアート・ミルに従った経済学者たちは、リカードの価値の労働力尺度をこっそりと放棄し、価値の貨幣的尺度に置き換えた。そのとき、共産主義的経済学者と区別された正統派経済学者は、最大の効率性を生産の最小貨幣コストとして定義する、広く普及した間違った信念を受け入れたのである。しかし、実は、最大の効率性は最小のマンアワー・コストである。最小の貨幣コストは、収入一単位当たりの最小支出である。他方、最小のマンアワー・コストは、産出一単位当たりの最小の労働投入である。

これは、標準的な服をつくるのに必要な現業労働の平均時間数を一着当たり約十時間から一着当たり約五時間に減らした衣服工場に立ち戻ることでさらに例証されるだろう。**労働コスト**は、マンアワー・コストという意味で、五〇パーセント減らされたとわれわれはいえる。裏返せば、これは、工場の効率性が一〇〇パーセント上昇したというのと同じである。

同じことを述べる他の言い方がある。以前は、一時間の平均的労働は一着の服の十分の一を製造したが、現在それは、一着の服の五分の一を製造する。その上昇は、一〇〇パーセントである。もしくは、以前は、五時間の労働が一着の服の五〇パーセントを生産したのに、現在は五時間の労働が一着の服の一〇〇パーセントを生産す

289

(41)　同書、pp. 391–392を参照せよ。

る。これは、五時間で生産される服の一〇〇パーセントの増加であり、それは効率性が一〇〇パーセント上昇したのと同じである。一つの言い方は、他の言い方の裏返しであるが、それは効率性が比率であるので可能である。もし一着当たりの労働時間が五〇パーセント減ったとすれば、労働一時間当たりの服は一〇〇パーセント増える。それを表現するどちらの言い方も、効率性が一〇〇パーセント上昇したというのと同じである。

ここでは、貨幣、あるいは賃金、利潤、価格、貨幣コスト、もしくは貨幣収入については、何も述べられていない。これらは、物の相対的希少性に関するビジネス上の問題である。しかし、われわれはいま、異なる生産方法の相対的効率性の問題と、働くことに関する労働の異なる自発的意志《ウィリングネス》の問題という、生産者の技術的問題だけを考えている。ドルは、ビジネスマンが希少性を計測する単位である。マンアワーは、生産者が効率性を計測する単位である。われわれは、投入マンアワー**当たり**の生産物の産出によって、効率性を測る。われわれは、ドルで支払われた価格もしくは賃金によって、希少性を測る。われわれは、価格や賃金によって効率性を測ることもできないし、マンアワーによって希少性を測ることもできない。

これは、生産者と販売者との間、製造者と商人との間にある明白な違いである。生産者、あるいは「製造者」は、それ自体では技術者、エンジニア、管理者、労働者である。製造者の問題は、投入マンアワー当たりの産出をいかに増やすか、すなわち工業や農業の効率性（投入に対する産出の**比率**）をいかに増やすかである。しかし、彼が販売者になったとき、彼は商人、すなわちビジネスマンになる。そのときビジネスマンの問題は、価格と賃金である。すなわち、彼が売るものに対して受け取る価格をいかに増やすか、もしくは彼が買ったものに対して支払わなければならない価格と賃金をいかに減らすかである。ビジネスマンは、効率性と希少性、どちらの方法でも利潤を得ることができる。もし、単に生産者として、管理者と労働者が一時間の労働投入当たりの財の産出を増やすことができるとすれば、彼らは成功した生産者、すなわち成功した効率性の専門家である。しかし、もし単に販売者、購買者として、雇用主がより高い価格を受け取ることによって、あるいは、より低い価格や賃金を支払うことによって彼のドルの純収入を増やすとすれば、彼は成功したビジネスマン、すなわち成功した希少性の専門家である。

しかしながら、その二つは、同じビジネスコントロールの下にある。どちらの機能において、このビジネスコントロールは、より大きな利潤を生むように誘導されるのだろうか。それは、生産者としてだろうか、あるいは買い手、売り手としてだろうか。

しかし、この問題を考える前に、われわれは生産者と効率性とを、ビジネスと希少性とから区別することに関して、さらに議論しなければならない。現代の効率性の大きな上昇は、機械による労働の代替から生じたとよくいわれ、機械が労働に取って代わったとよくいわれる。しかし、一時的な場合と、価格低下が利潤を減少させた場合とを除いて、機械が労働を代替したり、機械が労働に取って代わったことはない。起きたことは、直接的労働が間接的労働に転換されたことである。百年前には、農家自身を含む十家族を支えるのに、九農家が必要であった。いまでは、農家自身を含む十家族を三農家が支えている。農業の効率性は、百年でおそらく三倍に上昇した。起きたことは、六農家が**直接的な**農産物生産から、**間接的な**農産物生産に移ったということである。彼らはいまや、石炭、鉄、木材、肥料、鉄道、幹線道路、蒸気船、農業機械、倉庫への財の配達などを生産している。これらはすべて、間接的に農産物を生産している。つまり、起きたことは、以前は九家族が**直接的**な農産物生産に、そして一家族が**間接的**生産に従事していたのに対し、いまでは、三家族だけが直接的な生産に従事し、七家族が間接的な農産物生産に従事している。農業の効率性は、直接的労働の産出によって測るべきではなく、直接的労働と間接的労働両方の産出によって測るべきである。農業の増加した効率性が全国民の産出を増加させるために労働を解放したのとちょうど同じように、全国民は農業の効率性の上昇に貢献したのである。

しかし、この測定法は国民全体に適用されるものであり、何らかの特定の農場に適用されるものではない。その特定の農場は、機械工場から自分たちの農業機械を購入するとしよう。この機械工場は、他の所有者から機械の原材料を購入し、その機械を製造し輸送するために、労働を使うとしよう。この特定の農場主が購入したものは、前方の諸産業で「蓄えられて」彼に供給される、間接的労働の特定の量である。そして、彼の小麦を収穫するために、この蓄えられた労働は、全国民の間接的労働のうちの**彼の取り分**《シェア》として、彼自身の直接的労働と一緒に用いられる[42]。

291

この農場の機械、肥料やその他の土地改良のなかに蓄えられた間接的労働は、使用や陳腐化によって減価し、新しくより効率的な機械、肥料や土地改良によって置き換えられなければならない。それが平均して五年で消耗したり、陳腐化したりする場合、彼は毎年、彼が他の諸産業から獲得した蓄えられた労働の総量の五分の一、すなわち二〇パーセントを用いていると計算しなければならない。それゆえ、どれくらいの労働を彼が実際に使うかを理解するためには、彼は、自身の農業機械、肥料、土地改良のなかに蓄えられた労働のマンアワー数の五分の一を、一年当たりの直接的労働のマンアワー数に加えなければならない。

この区別に適した一組の用語は、「現業労働」とカール・マルクスの「体化された労働」である。体化された労働の、この農場主による使用量は、彼の農業機械、肥料、土地改良の減価と陳腐化に等しい。もしそれらが平均して一年に二〇パーセント減価するとすれば、彼は手持ちの体化された労働の二〇パーセントを毎年用いることになる。小麦を収穫するのに、どれくらいの労働を彼が実際に用いたかを理解するために、彼は直接的労働もしくは現業労働の時間数に、この間接的労働もしくは体化された労働の時間数を加えなければならない。それは、毎年、彼が収穫した小麦に充てられ、彼自身の直接的労働に加えられる全国民の**総間接的労働のうちの彼の取り分**《シェア》である。

292

明らかに、農場や衣服工場の効率性上昇の計算は、もしわれわれがそれを現業労働によってのみ測るのであれば、誇張される。これは、よくある誤りである。われわれの分母、すなわち労働の投入量は、直接的労働すなわち現業労働だけでなく、間接的労働すなわち体化された労働を投入量として含めるかたちで、増やされなければならない。

　増大した機械の使用を考慮に入れるので、この計算では、効率性の明白な上昇は小さくなる。ある衣服工場の効率性が一〇〇パーセント上昇したという先述の計算は、直接的労働もしくは**現業**労働にのみ基づいて行なわれたものであった。効率性の上昇は、実際にはそれよりも小さい。なぜなら、追加された機械のかたちで新しく付け加えられた**体化された**労働の減価と陳腐化が計算に含まれていなかったからである。もしそれが含まれていたとすれば、直接的労働と間接的労働**両方**の効率性増加は一〇〇パーセント以下であっただろう。もし**直接的現業**労働のマンアワー当たりの産出が、機械に体化された間接労働が導入されたために一〇〇パーセント増えたとすれば、それは**現業労働**の効率性がそれだけ上昇したことを意味しない。なぜなら、機械をつくるのに必要な労働の総計を勘定に入れていないからである。われわれは、小麦の直接的収穫において用いられる機械や農機具を製造することにより、以前は収穫に充てられていた労働のいくらかが機械の製造という間接的生産に振り向けられるということを認めなければならない。

　体化された労働によるこの間接的生産は、技術的資本の過程と名づけられるかもしれない。そうした資本の量は、マンアワーによって測られるべきであり、そして、それを現業マンアワーに加えることによって、減価と陳腐化の**間接費**《オーバーヘッド》として割り当てられるべきである。

---

(42) 後述、*p. 560*「マージン」での「原材料」についての説明〔邦訳、中巻四六二頁〕をみよ。

われわれは、ドルで測られるビジネス資本と区別するために、マンアワーで計算されるこの種の資本を技術的資本と名づける。それは、「機械資本」と「在庫」と名づけるほうがより適切であるが、技術的資本のほうが古典派経済学者の資本概念に近い。

ビジネス資本は、工場、農場や設備の市場価値であると、ときには考えられるが、これは、価格、利潤や賃金の変化とともに変化する。ビジネス資本は、ときには投資額であるが、これは期待利潤と期待レントに依存しながら、株式、債券、地価の市場価値とともに変化する。ビジネス資本は、われわれが金融マージンと名づける利子と利潤を稼ぐ[43]。しかし、技術的資本は、何も稼がない。それは**産出**であり、**収入ではない**。ビジネス資本の価値は**将来の**価格と産出量に依存し、これはドルで測られるさまざまな産出物の期待された希少性を意味する。しかし、技術的資本の総量は、過去と現在の、体化された労働と現業労働からなる全労働の量と効率性とに依存する。そして技術的資本の総量はマンアワーで測られる。

それゆえ、われわれは、二つの異なった種類の「間接費」を有する。すなわち、「固定経費」として知られる利子と税金のようなビジネス的間接費と、減価と陳腐化として知られる体化されたマンアワーの技術的間接費の二つを有する。どちらの間接費も、国民の労働力がすべての産業において直接的労働から間接的労働へ移動するにつれて、すなわち現業労働から体化された労働へ移動するにつれて、非常に重要になっている。

また、この二つとも、同じビジネスコントロールの下にある。企業を導くために、利己心においてビジネスマンを方向づけるとすれば、公共政策はどのような方向を示しているのか。ビジネス資本を拡大する方向か、それとも、技術的資本を拡大する方向か。これは、利子と慣習的な利潤という固定的な額を拡大する方向か、減価と陳腐化という固定的な額を拡大する方向かを意味する。

さらに、重要性が増している別の種類の間接《オーバーヘッド》的労働がある。それは「ホワイトカラー」という間接費《オーバーヘッド》である。

これは、体化された間接費ではなく、現業的な間接費と名づけられるかもしれない。産業の効率性を維持し拡大するために必要なすべての科学者、エンジニア、マネージャー、事務員、会計士、デザイナー、監督、職長は、単に経営と名づけられるマンパワーの一部である。経営の重要性が高まることは、肉体的労働から事務的、管理的労働への移動が増加していることを意味する。

これらは確実に労働の効率性を上昇させるが、上昇している労働の効率性について語るときにいつもなされるようにもしそれらが計算の外におかれるのであれば、二つの誤りが生まれる。肉体的労働自体の効率性を上昇させるのは、単に肉体的労働だけではない。精神的、管理的、肉体的労働はともに、効率性を上昇させる。そして、それらは、ともに数えられなければならない。さもなければ、労働が肉体的労働から管理的、精神的労働へとシフトしたときに、効率性上昇の計算が誇張されてしまう。効率性の上昇を測る「平均」マンアワーとは、それが現業労働であれ、現業的な間接的労働であれ、体化された間接的労働であれ、すべての肉体的、精神的、管理的労働の平均である。

そして、平均を計算する際に、すべての個人は、総支配人であれ、使い走りであれ、また、男であれ、女であれ、子供であれ、一人として数えられる。この事実は、すでに述べたように、われわれは、総支配人が使い走りよりもより効率的であるかどうかについては何もいえないということによる。われわれは、彼がより高い賃金を得ていることを知っているが、それは総支配人がより希少だからであり、彼らがより効率的だからではない。もし、総支配人が使い走りのように豊富であれば、総支配人の賃金はおそらく高くはないだろう。この豊富性の増

(43)　後述、*p.* 574「金融マージン」〔邦訳、中巻四八〇頁〕をみよ。レントを除く理由については、後述、*p.* 348「リカードとマルサス」〔邦訳、中巻一四七頁〕をみよ。

大は、今日の「知識人」の状況である。そしてそれはおそらく、ファシズムとナチズムの台頭の最大の要因である。もし、知識人とホワイトカラー労働者が、肉体的労働者よりも低い賃金しか得ていないとすれば、それは彼らが効率的ではなくなったからではなく、彼らがより豊富になったからである。われわれが彼らの比較効率性に関して知っていることは、それぞれがコンサーン全体の効率的な働きに必要であるということだけである。(44)

　これらの説明をふまえて、われわれは直接的な現業肉体的労働のみで計算された場合には、効率性を一〇〇パーセント上昇させた衣服工場に立ち戻る。しかし、現業労働と経営〔に関わる労働〕の両方、および減価と陳腐化をこうむる体化された労働も含めて効率性を計算する場合、その企業の効率性は一〇〇パーセントではなく七五パーセント上昇したと推定する。言い換えると、一着の服をつくるのに必要なマンアワー数は、十対五ではなく、十対七・五の割合で減る。このように、すべての種類の平均労働のマンアワー当たり産出の七五パーセントの増加は、服一単位当たり時間数の五〇パーセントの減少ではなく、三三・三三パーセントの減少である。(c) どちらの計算によっても、効率性は一〇〇パーセントではなく七五パーセント上昇した。

　これらの計算において、産出物の**質**の向上は、産出**量**の拡大と等しいと考えられている。というのは、質は、しばしばマンアワーで計算することができるからである。もし質がマンアワーの増加**なしに**向上するとすれば、効率性がそれだけ上昇している。もし、質を向上させるためにそれに対応するマンアワーの増加が要求されるとすれば、効率性は上昇していない。「標準的」な服は、質が変化しない服である。その他すべての衣服と質のあらゆる向上は、マンアワーに関して、標準的な服と等しくなるところまでその企業の会計士によって減少させられてきた。このように、質を量に還元することによって、全体として企業の効率性は七五パーセント上昇した、または逆に、産出の標準的単位当たりマンアワーは三三・三三パーセント減らされた(d)と計算される。

効率性が七五パーセント上昇したとき、その企業では二つのことが生じた。服の価格は下がったが、生産者が得る効率性の利得を奪ってしまうほどではなかった。出来高払い制度によってすでに作業スピードが高まっていたので、労働者の肉体的スピードは増加したわけではない。つまり、効率性の上昇は、もっぱらより多くのより良い機械と経営に由来した。しかし、そこで起きた第二のこととは、労働時間がかなり短縮され、時間当たり賃金が大きく上昇し、さらに企業の利潤も明白に増加したということである。効率性が七五パーセント上昇したとき、仮に価格が三三パーセント低下したとすれば[e]、効率性の上昇から得られる利得のすべては服の**買い手**が獲得するだろう。そして生産者たちは、労働時間の短縮も賃上げも利潤の増加も得られないだろうし、効率性の上昇がもたらす投資の増加による利子の増加も得られないだろう[45]。

第五節　循環から反復へ

ケネーから、二十世紀に至る経済理論は、大部分、ケネーの商品と貨幣の循環という類推によって支配されていた。十九世紀後半には、回転《ターンオーバー》という類推が優勢になり始めた。前者は「流れ」の類推であり、後者は「車輪」の類推である。車輪の類推は、循環の類推がもつ諸側面の一つをもっている。すなわち、比較的定常的な総数量は、車輪の大きさによって表わされる。しかし、車輪を動かしたり、減速させたり、停止させたりする別の

---

(44) この主題について、Clark, J. M., *Overhead Costs: Social Control of Business*（1923）を参照せよ。
（c）訳者注：一÷一・七五＝〇・五七一四であるので、四二・八六パーセント（＝一－〇・五七一四）が正しいと思われる。
（d）訳者注：四二・八六パーセントが正しいと思われる。
（e）訳者注：四二パーセントが正しいと思われる。
(45) 後述、*p. 789*「価格」〔邦訳、下巻二九五頁〕をみよ。

種類の数量が付け加わる。つまり、循環の速度を変化させる動的エネルギーが付け加わる。物理的類推を除外すると、回転によって意味されるのは、**諸取引の反復率**である。

この公式を構築するためには、実際には始まりも終わりもないプロセスの始まりと終わりという人為的概念が必要とされる。そして、変化はするが、ある期間においては維持される総量、つまり車輪の大きさという人為的概念も必要とされる。また、ある期間において、その総和が総量と同じになる、かなりの諸部分の反復という人為的概念も必要とされる。有用な物理的類推を用いれば、それは、「速度《ベロシティ》」、あるいは「回転《ターンオーバー》」率であるが、人類推を用いなければ、それは、反復《リピティション》率、あるいは再現《リカレンス》率である。

上記の公式は、自然の「コピー」ではない。この公式は、自然やビジネスをコントロールするために役立つように、統計的な想像によって作り出された人為的構築物にすぎない。この点で、回転率、より的確にいえば反復率は、経済的メカニズムの古い物理的類推のほとんどすべてを実際に掘り崩してきた。この古い物理的類推とは、均衡、フロー、傾向、循環といった類推であり、これらの時間的要素は計測不可能である。また反復率という概念は、プロセス、趨勢、周期、変化率、速度、ラグ、予測に関する数学的諸理論への道を準備してきた。その諸理論に基づいて、個人的行動や諸個人が連動した行動は、プロセスをいくぶんかコントロールできるだろう。実際、この反復率という概念は、商品経済学者や快楽主義経済学者によって用いられたすべての用語の古い意味をほとんど消し去ってきた。ビジネスの実務的遂行のなかで生まれた反復率の概念は、経済学者の理論的分析によって発展させられた。

回転という用語は、はじめは小売業で用いられていたものであるように思われる。小売業では、回転率は、売上額が商品在庫の平均的総額と等しくなるのに必要とされる平均的期間として計算される。在庫額はビジネス「資本」の一部であり、販売額は期間中の総収入である。もし、原材料と資本設備を含む総資本価値の回転率が

296

年間五回転であれば、その資本は、回転率が年間一回転でしかない競争相手の資本よりも五倍稼ぐことができる。その結果、彼はより低い価格か、より高い利潤で売ることができる。この考えは、近年、労働の回転に応用されているが、ここでのわれわれの主要な関心は専有的《プロプリエタリィ》回転、および産業的回転へのその応用である。回転率は、反復速度である。

専有的回転とは、所有に関する諸権利が移転される率である。比較的一定の銀行預金量、例えば三百億ドルが、一年間で例えば七千五百億ドル(f)に相当する所有権の移転を達成したとすれば、この預金総額は二十五日間で一回転していることになる。それは、平均して、預金通貨の総量が、商品や証券の所有権の移転のための支払いにおいて、年間約十二回(g)、預金者に引き出されているということを示している。しかし、この公式なしに考えると、貨幣量は、循環のようにつねに同一であり続けるようにみえるだろう。こうした、専有的回転率、もしくは取引の反復率は、資産の回転として識別されるだろう。それは、ドルで計測され、希少性価値の回転である。

他方、技術的回転または産業的回転は、マンアワーで計測される。われわれが先に、百二十年間で五倍と見積もった全国民の効率性の増大は、発明と経営によってもたらされた。これらの発明の大部分は、多くの資本機械設備を必要とする。これらの機械設備の中間財としての製造は、多くの労働をともなう。これは、最終消費者が増加した消費財の量を得る前に行なわれる。したがって、減価と陳腐化という古い現象が、新たな重要性をもって現われている。富の総量は、最大で年間四パーセントで増大するようにみえるが、それは、減価と陳腐化で置き換えられる新しい機械を含んでいる。古いものが消え、新しいものに取って代わられる率が産業的回転であり、

(f)　訳者注：四千三百八十億ドル（＝三百億ドル×（三百六十五日÷二十五日）が正しいと思われる。
(g)　訳者注：十四・六回（＝三百六十五÷二十五）が正しいと思われる。

これはベーム＝バヴェルクのいう「平均生産期間」と同じである。ミッチェルは次のように推計している。「アメリカの国民が働くときに用いる人工設備は、アメリカの勤労者の三〜四年間の努力に等しい価値を有している」[46]。他の国では、その推計値は、六年あるいは七年と大きいので、さらに、われわれは機械設備だけでなく、最終消費者への引き渡しの時点までの諸原材料を含めるので、物的回転率に関するわれわれの推計値は、今後の研究を待たずにいうとすれば、五年である。

言い換えれば、もしマンアワーで測った産出の物的回転が、五年間で一回であるとすれば、ドルで測った所有権の専有的回転は五年間で約七十回転である。売買交渉取引の専有的速度は、技術的速度の七十倍である。法的コントロールは、財が生産されるのよりも七十倍速く移転される。

この産業的回転および専有的回転という二つの公式こそが、ゴーイング・プラントとゴーイング・ビジネスという二つの側面をもった、ゴーイング・コンサーンの概念を実行可能なものにする。ゴーイング・プラントとは、生産に必要なマンアワーによって計測される、固定資本と在庫の総体である。諸部分は、異なった回転率で変化しているにもかかわらず、ゴーイング・プラントは比較的不変であり続ける。ゴーイング・ビジネスとは、貨幣によって計測できる資本資産の総体である。諸部分は、購買と販売によって絶えず変化しているにもかかわらず、ゴーイング・ビジネスは比較的不変であり続ける。制限因子と補助因子[47]の原理によって結び付けられたゴーイング・プラントとゴーイング・ビジネスとの相互関係、および専有的回転と産業的回転の相互関係が、ゴーイング・コンサーンである。

「内部経済」と「外部経済」という用語は、ゴーイング・コンサーンのこれら二つの側面を区別するためにしばしば使用される[48]。しかし、「内部」経済は、使用価値を生産する管理取引の工学的経済であることがわかる。外部経済は、資産の総価値を維持し、もし可能であれば、それを増大させる売買交渉取引の専有的経済となる。

この二つは相互に依存しているが、効率性と希少性が異なるのと同じく、両者は異なる。

回転の類推の他の応用例は、使用価値という意味の起源のなかにみることができる。以前は、使用価値は物理的な財の使用から生じる幸福を意味しており、それゆえ計測不能であり経済学者によって排除されたものだった。しかし、幸福は、ある人の所有物全体の享受と、砂糖やパンといった所有物の一部の享受という二つの意味をもっていた。ある人の幸福の全体は、所有物の豊富性とともに増大するが、砂糖やパンからもたらされる部分的幸福は、実際には、砂糖やパンの豊富性とともに減少するだろう。したがって、全体を意味していた使用価値という言葉は、逓減的効用と名づけられた後者の意味をもつようになった。そして、全体は、逓減的部分を変化させたり置き換えたりすることがもし可能であれば、それによって比較的不変のまま保たれる。

全体の部分に対するこうした関係を理解できないことによって、当初、心理主義派への批判は、増大する豊富性にともなう効用逓減という原理の否定に至った。なぜなら、幸福は明らかに、豊富性とともに増大するからである。回転の類推は、この矛盾を調停する。全体としての幸福は豊富性とともに増大する一方、さまざまな種類の幸福はそれ自身の豊富性とともに逓減する。したがって、幸福は異なった再現率で反復している[49]。十九世紀の半ばになってはじめて、この部分と全体の関係が快楽主義経済学者によって発見された。それは、回転の類推の

（46）Mitchell, W. C., *Business Cycles: the Problem and Its Setting*（1928）, p. 98.〔邦訳、春日井薫訳［1961］『景気循環——問題とその設定』文雅堂書店、一三五頁〕

（47）後述、*p.* 627「戦略的取引とルーティン取引」〔邦訳、下巻五七頁〕をみよ。

（48）Foreman, C. J., *Efficiency and Scarcity Profit: on Economic and Legal Analysis of the Residual Surplus*（1931）、p. 100以下をみよ。

（49）プレーン（Plehn, Carl C.）は、「再現法則」について「繰り返し消費される受領物としての収入概念」に適用可能であると述べている。*Amer. Econ. Rev.*, XIV（1924）I-2を参照。

298

特殊なケースである。[50]

しかし、効用逓減の発見は、使用価値のもう一つの二重の意味づけにつながった。あらゆる商品は、それが土地、機械、労働であれ、あるいは食物であれ、豊富性の増大にともなう効用逓減の原理に従う。商品はまた、磨耗、減価、陳腐化、および消費による使用価値逓減にも従う。その二つの違いは明白にすべきであるが、各々が貨幣で計測される場合には、その違いは曖昧となる。したがって、使用価値、あるいは富という用語は、生産の物理的過程と獲得の売買交渉過程という二重の意味を与えられた。一方はマンアワーによって計測される物理的回転であり、他方はドルによって計測される専有的回転である。

意味の混同は、使用価値と希少性価値とがどちらも買い手の欲望に依存しているという明白な事実により、いっそう隠された。欲望を満足させない使用価値は、無益である。そしてまた、欲望されるよりも豊富に生産された場合も無益である。したがって、「欲望」という言葉それ自体、われわれが文明価値および希少性価値として区別する二重の意味をもっている。弓と矢は、娯楽を除けば、もはや使用価値をもっていない。爆発物や銃が、そのかわりとなる。〔張り骨で膨らませた〕フープスカートは、もはや使用価値をもたない。ぴったり体に合うスカートがそのかわりとなる。われわれは、発明とスタイルという二つの意味の下で、これらの文明価値の変化を陳腐化として識別する。これらの変化は、競争という諸力によって作用する。発明は、より大きな効率性や変化によって、古いものを時代遅れにする新しい使用価値を創造する。それらは文明の変化であり、文明は、全体としてとらえられた慣習総体の名称にすぎない。われわれは、これらを文明価値と名づける。なぜなら、それらは心理主義的基礎をもち、文明の変化とは古いものの陳腐化であり新しい使用価値の発明であるからである。

文明の全体的変化を作り出すこれらの慣習の変化は、数世紀にわたって持続した旧来の慣習とは異なるものである。これらの慣習の変化は、突然で包括的であるかもしれない。アンドリュー・カーネギーは、百万ドルの高炉を、その建設ののち六か月以内に解体したといわれている。これは、鉄鉱石を銑鉄として冷却する前に仕上げ鋼にする連続的プロセスという新しい発明を導入する目的によりなされた。それまでの慣習は六か月以内に陳腐化し、彼の競争者たちは新しい慣習を取り入れるよう強いられるか、その産業分野から駆逐された。

　使用価値は、陳腐化に加えて減価によっても減少するが、希少性価値は豊富性によって減少する。減価は、使用価値の性質により、さまざまな名称をとる。それは、機械の磨耗、土壌の肥沃度や他の自然資源の枯渇や消耗である。これらは、使用価値の「費消《ユージング・アップ》」であり、マンパワーによって取り替えられなければならない。そして、減価、陳腐化、および再生こそ、技術的回転の意味である。

299
　われわれは、通例通りに平均を扱っている。回転率や回転速度は、コンサーン全体もしくは国民全体の平均的な率である。それゆえ、全体の平均率を、それを構成する多くのさまざまな部分の別々の回転率に分けることができる。これを識別するために用いられる古典的で一般的な用語は、流動資本と固定資本である。流動資本は原材料であり、一部には未完成品も含み、また、最終消費者の手に届いて流通をやめるまでの完成品も含まれる。固定資本は、土地の肥沃度、建物、機械、幹線道路、橋などである。

　しかし、こうした区別は、そのプロセスに正確には適合していない。固定資本が何であれ、そんなものは存在しない。すべては循環している。ただし、異なった回転率で循環している。石炭置き場にある多量の石炭は、さしあたり「固定されている」。固定資本の回転率は、そのコンサーンにおける固定資本の大きさやその使用量に応じて、産出によって減少し、投入によって増大する。例えば、回転率は、一年に十二回、もしくは月に一回である。流動資本に含まれる他のすべての在庫も同様である。しかし、建物や機械は、減価や陳腐化によって、一

（50）前述、*p. 201*「アダム・スミス」〔邦訳、上巻三〇八頁〕をみよ。

年、十年、二十年、または三十年で取り替える必要がある。建物や機械装置の回転率が三十年に一回であれば、年間三パーセントである。その他の固定資本も同様である。工場の固定資本の平均回転率は、陳腐化や減価を通じて、例えば十二年に一回、あるいは年間八パーセントである。

減価と陳腐化のこうした重要な事実こそが、固定資本と流動資本という通俗的区別のなかに、すなわち古い経済学者によってつくられた区別のなかに隠された。農民によって運営され、その会員に低料金を課金することで栄えた多くの協同電話会社は、その会社の紛らわしい「固定」資本が減価と陳腐化のために取り替えられなければならなくなったとき、突然破産した。十年で取り替えられなければならない舗装道路をつくるためにしばしば国は三十年債を発行するが、十年後、別の三十年債を、十年の回転のために発行しなければならない。結局、道路は、そのコストの三倍もの大きさの借金を背負うことになる。また、しばしば会社はその会社の資産が減価し、陳腐化している間も高い配当金を支払っていた。そして、儲かるといわれるビジネスを拡大するための新たな資本という誤った誘惑の下で、債券、もしくは新株を発行した。

このようなすべての事例において会社がしてきたことは、一般に「資本から配当金を支払うこと」としてよく知られている。それは、より正確にいうと、新しい発明の導入によって効率性を維持したり拡大したりするかわりに、配当金を支払うことである。もし工場の平均回転率が、エンジニアによって十年間であると探り出されたとすれば、工場の総価値の一〇パーセントを毎年、何らかの方法で配当金から差し引かねばならない。そうでなければ、配当金が総売上高から支払われるかわりに、「資本から支払われる」ことになる。鉄道と公益事業に関する公的規制の重大な帰結は、「資本から配当金を支払う」このような行為を禁止したことであった。これは、「巨額融資」として知られる詐欺の一つであるが、固定設備の急速な回転をみるかわりに、「固定された資本」ととらえる通俗的幻想を、金融業者が利用しているにすぎない。

300

他方で、現代の巨大企業の著しい利点は、事業収益が過大であるときに過大な配当支払いを取締役会が拒否できることに加えて、「減価償却引当金」の積み立てができることである。さらに減価償却引当金に加えて、「内部剰余金」を増やすために、収入金の年間配当ではなく「株式による配当」を行なうこともできる。われわれは、近年のこうした現象を利益保護という名称で考察する。[51]

このように、「固定資本」の回転は、減価と陳腐化の率と等しい。近代的な機械の際立った速度と、とりわけ新しい発明による陳腐化にともなって、機械に投下された労働のマンアワーは急速に費消される。したがって、効率性の増大は、それが現業労働のマンアワーによってのみ計測されるときには、誇張される。先述した衣服工場の例では、**現業**労働の効率性は十年間で一〇〇パーセント増えた。逆にいえば、労働投入は五〇パーセント減った。どちらの主張も誇張されている。新型の機械や改良された機械が導入された。その誇張の程度は、固定資本のマンアワーの大きさと固定資本の減価および陳腐化の率に依存する。われわれはこのマンアワーの大きさとその減価率を、カール・マルクスに従い、「体化された間接費」と名づけた。これは、マンアワーで計測される。

こうして、回転の類推に基づいて、われわれは、マルクスがマンアワーによって計測した「不変」資本と「可変」資本をゴーイング・プラントへと変換する。ゴーイング・プラントの大きさは、繰り返される可変的な労働の投入と富の産出である。マルクスの「可変資本」は、労働投入と労働産出との可変的な単なる比率になる。そしてこの比率は、工場の変動する効率性である。「固定」資本と流動資本（原材料）は、宇宙の物理的エネルギーを、有用な産出物へと変換する活動における平均回転率という単一の概念に統合される。工場の変動する効

(51)　後述、*p*. 582「利潤クッション」〔邦訳、中巻四九二頁〕をみよ。

率性とは、固定資本と原材料を使い切るまでの平均期間にわたる現業労働と体化された労働との合計投入量と比較したときの総産出量である。

このように、われわれは富が増大するプロセスを資産が増大するプロセスから区別することができ、また、計測することができる。富は、投入に対する産出の比率が上昇することによって増大する。資産は、支出に対する収入の比率が上昇することによって増大する。もし富の産出である衣服の数がマンアワー当たり七五パーセント上昇したとすれば、この上昇は、その形態の富が上昇する**比率**である。

ある農家の、刈り取り機能、脱穀機能、袋詰機能を兼備したコンバイン機のコストは、マンアワーで計測すれば、以前のばらばらの馬、刈り取り機、脱穀機よりも低い。しかし、〔コンバイン機の導入によって〕二人の男が、以前二十人でしていたときよりも、一時間当たりでより多くの小麦を生産できるようになる。効率性は、現在のマンパワーを、蓄積された過去の精神的、肉体的労働によって減少させる。しかし、特許が期限切れになったのち、精神的力の所有権を継承する相続人はいない。その結果、技術的資本の大きさを計測するのに必要なマンアワーは、その技術的資本の生産に実際に使用されたマンアワーだけである。

富の回転と資産の回転との区別を重要なものにするのは、これらの取引につきまとう幻惑と幻想である。この区別は、資本という言葉の二重の意味づけを含んでいる。すなわち、技術的意味と専有的意味である。前者はかつてより資本と名づけられており、後者は資本化である。だが、資本化は、ビジネスマンによって資本と名づけられている。これは、資産という意味で資本である。他方は、富という意味で資本である。前者は希少性価値であり、もしくは期待された**収入**である。後者は使用価値であり、もしくは期待された**産出**である。混乱は、ドルという一つの計測単位を用いることから生じる。ドルは、ビジネスマンの資本である資産（希少性価値）の大きさを計測する。他方、ドルは、資本の社会的意味での大きさである富（使用価値）を計測するために使われることもある。固定資本も流動資本もともに、マンアワーで計測されるときは、富である。投入に対する産出の速度の増加は、効率性の増加である。固定資本も流動資本もともに、ドルによって計測されるときは、資産であり負債である。支出に対する収入の速度の増加は、ビジネス企業の資産の付加率の増加である。

302

第六節　能力と機会

1. 物理的所有と法的所有

こうしてわれわれは、能力《アビリティ》と機会《オポチュニティ》の相違に到達した。能力とは、行為の潜在力《キャパシティ》である。機会とは限られた数の諸代替案であり、行為する際に、これらの諸代替案の間で選択が行なわれる。しかし、能力は、自然を支配する力と他者を支配する力という二つの方向で作用する。この二つの力は、生産力と交渉力として区別できる。それゆえ、その間で選択が行なわれる限られた数の諸代替案には、自然的な諸機会と専有的な諸機会がある。

この相違は明らかであるにもかかわらず、経済理論においては、富の二重の意味づけにより、隠蔽されている。われわれが述べてきたように、富の二重の意味とは、物質的なものとその所有権である。そのために、所有権《オーナーシップ》という用語は、物理的所有《ポゼッション》と法的所有《ポゼッション》という二重の意味が与えられている。この二重の意味は、J・D・ブラックによって次のように用いられている。

> われわれの欲望の多くは、物それ自体の属性よりもむしろ、物の**所有権**と明確に結び付いている。多くの場合、財がわれわれの欲望を適切に満たす前に、所有権が必要である。衣服や歯ブラシや愛玩用子犬の場合に、このことに異議を唱える者は誰もいないだろう。土地、馬、自動車、本、絵画、楽器にとっても大部分は当

てはまる。したがって、所有は、欲望を満たす力を決定する第四の環境条件[52]としてみなさなければならない。同様の分類は、物質的な財と同様に、サービスにも当てはめることができる。[53]

　ここで、所有権と所有という言葉は、以下のように区別して使われている。生産や消費において自ら使用するために自然物を保持するという物理的意味と、それとは経済的に正反対の、次のような専有的意味である。すなわち、専有的意味は他者を排除する権利であり、他者が欲しているが彼がもっていないものを与えないでおく《ウィズホールド》権利である。[54] われわれは、ひそかに通りを歩いたり、隣人の田畑に侵入したりして、生産や消費に必要な物を拾い上げることはできない。われわれは、その持ち主と合意に達しなければならない。それゆえ、所有の二重の意味づけは、経済学で用いられているように、物理的コントロールと法的コントロールである。物理的所有が獲得される前に、法的所有が交渉されなければならない。

　これらのことは、物理的経済学者と快楽主義経済学者の見落としであったように思われる。彼らはつねに、法的所有ではなく、物理的所有のことを語っていた。これは、物および所有権として、富を二重に意味づけたことに関係していた。しかし、もし経済学者が前もって法的所有を獲得することなしに生産や消費を行なおうとすれ
303
ば、彼は監獄行きだろう。もしわれわれが前もって法的所有を獲得していたのであれば、物理的所有によって、富の生産や消費を増大させる機会をもつ。法的所有によって、われわれは他者を排除する力と、所有権の移転のために交渉する力をもつ。物理的所有とは保持する《ホールド》ことであり、法的所有とは、保持する《ホールド》権利、もしくは留保する《ウィズホールド》権利をもつことである。一方は、自然の諸力の間で選択する機会である。他方は、買い手間、もしくは売り手間で選択する機会である。

　実際、われわれはこの区別に基づいて物と所有権とを区別するだけでなく、富と資産とを、さらに財産と財産

権とを区別している。富とは、精神的、管理的、肉体的能力によって、さもなければ無用な自然の原材料に付け加えられた使用価値である。しかし、もし自然物が、空気のようにきわめて豊富であるため請うことなくそれらを手に入れることができるとすれば、それらはもちろん、いかなる希少性価値ももたない。自身の財産として、それらの排他的所有を主張するほど愚かな者は誰もいない。空気は、自然物すべてのなかで最も有用であるが、その豊富性のためにいかなる価値ももたない。それゆえ、誰も空気の排他的所有を主張しない。しかし、もし、北方における人工的に暖められた空気や、南方における人工的に冷却された空気や、無線通信のための電波の波長のように、空気が希少なものとなれば、対立する所有権の主張が生じるだろう。連邦通信委員会は、限られた波長を、限られた期間において、個人に排他的な使用権を割り当てるために設立された。波長は富であるが、その法的所有は資産である。

このように、われわれは財産《プロパティ》と財産権《プロパティライト》とを区別する。財産とは、希少か希少であると思われる自然物を自分で使用するための、あるいは価格を支払った他人が使用するための排他的コントロールの主張《クレーム》である。しかし、財産権とは、排他的使用をめぐる対立を生み出すのに十分なほど希少であると思われる何ものかの使用において、個人に他者を排除する権利を割り当てる、政府や他のコンサーンの集団的活動である。したがって、財産は、何であれ希少なものに対する主張であるだけでなく、主張の対立でもある。しかし、財産権は、対立を調整する

---

(52) 彼のその他の三つの環境条件は、形態（実体も含む）、場所および時間である。

(53) ブラック『生産的経済学』*p.* 29、後述、*p.* 378のメンガー、および類似した二重の意味づけ〔邦訳、中巻一九〇頁〕についても参照せよ。

(54) **所有権**《オーナーシップ》と、**所有**《ポゼッション》との間の技術的な**法的**差異は、ここで考察された経済的意味づけにおいては重要ではない。所有権と所有のいずれもが、持ち主や所有者の同意なしに財産に、他者が入り込む（つまり、使用する）ことを排除する権利を意味している。この法的差異を考慮して、われわれはより包括的な用語である、「法的コントロール」を用いる。これは法的所有権と法的所有のどちらも意味している。

連動《コンサーテッド》した行動である。

もちろん、われわれはここで、分析と正当化とを区別する。分析とは、希少性、財産、および財産権の間の関係である。財産権の正当化とは、それらを維持または変化させるための、先立つ根拠である。この正当化に、われわれはいま関心がない。そして分析は、「所有」の二重の意味づけを示すことを意図している。その物理的意味においては、所有とは、自然の諸力を支配する力である。その専有的意味においては、所有とは、ある個人が
304
自己使用のために要求するものを他者から留保することをその個人に認める、集団的力である。所有は、前者の意味では効率性の前提条件であり、後者の意味では交渉力の前提条件である。(55)

2. 選択

しかし、どちらの場合においても能力は選択に変わり、そして、選択は希少な諸機会の間の選択である。物理的意味においては、選択は自然的な諸機会、すなわち物的、物理的な諸機会の間の選択である。専有的意味においては、選択は、買い手間、売り手間、借り手間、貸し手間、被用者間、使用者間、家主間、借り主間などでの選択である。それは、所有権の譲渡をめぐる選択であり、その獲得をめぐる選択である。物理的意味においては、選択は、自然の諸力に対する力の増大に関わる。専有的意味においては、選択は、他者に対する力の増大に関わる。前者は相対的効率性であり後者は相対的希少性である。

所有の物理的意味においては、自然の諸機会の間の選択によって、富が生産されたり消費されたりする。ブラックによると「選択すること」とは、「生産の形態」である。ブラックのこの言い方によると、彼のいう生産の意味のなかには、消費が正しく含まれている。ただし、その場合、選択という言葉によってわれわれが意味するのは選択の**行為**であり、行為に帰着する選択肢の主観的な価値づけだけではない。彼曰く、

305

食べることを始める前に、何を食べるのかに関する**決定**や**選択**がなされなければならない。……この選択は、商品生産やサービス生産に使用する諸財または諸サービスの間でなされるかもしれない。……これら進行中の生産については、何の疑問もないだろう。しかし、自分のための食料、衣服、娯楽を選択することも、たしかに生産である。[56]

もしわれわれが、どのようにして、選択するという行為が富をもたらすのかと問うならば、われわれは、諸代替案間の選択の意味をより詳細に考察しなければならない。それは、精神的、管理的、肉体的能力というマンパワーをわれわれが使用する方向と力の選択である。この意味で、あらゆる選択は、自然の物に基づく行為の特性において三重である。それは、次の公式からわかるように、選択のまったく同一の瞬間での、履行、回避および自制である。[57]

一つの方向、ACにおいては、マンパワー、もしくは自然の諸力をコントロールする能力は、他の方向、ABよりも大きいと考えられるかもしれない〔図「選択の公式」参照〕。しかし、AC方向においては、ある人の能力を発揮するのに有用ではないと考えられる。それゆえ、選択は次の二つの代替案の間で行なわれる。ある代替案の拒否を、われわれは回避と名づける。そして、別の代替案の選択を、われわれは履行と名づける。

(55) 財産と財産権の相違は、マクラウドの著作から引き出される。後述、*p. 397*〔邦訳、中巻二一五頁〕をみよ。
(56) ブラック『生産的経済学』p. 41。
(57) Commons, John R., *Legal Foundations of Capitalism* (1924), p. 69 を参照〔新田隆信ほか訳［1964］『資本主義の法律的基礎』上巻、コロナ社、八八頁、以下、コモンズ『資本主義の法律的基礎』と表記〕。

選択の公式

	マンパワー		
A	履行	自制	B
	回避		C

危機の時代、もしくは激しいスピードアップの時代にのみ、履行は、その方向の点で総マンパワーと等しくなる。実際の履行力と潜在的な履行力の間の差を、われわれは自制と名づける。したがって、それぞれの選択は、諸代替案の二重の選択である。すなわち自制と、回避された次善の代替案との両方によって制限された履行の選択である。履行とは、現時点で利用可能な代替的諸要素のうちの一つを動かす現実の努力である。回避とは、意図された目的にとって効率的とは考えられない代替的要素の拒否である。自制とは、履行が行なわれる程度のことである。履行は、最大限の能力で行なわれるのではなく、意志によって抑制される。なぜなら、あまりに多くのエネルギーの発揮は、その目的を覆してしまうと考えられるからである。

このように、すべての選択は三重の限界をもっている。第一に、潜在力、つまり**実行可能**な能力であり、それは、管理的能力であれ肉体的能力であれ、精神的な洞察力によって誘導される。第二に、力の程度の大小をめぐる選択である。その場合、履行〔において用いられる力の程度〕は、その方向において実行可能な能力よりも小さくなる。第三に、他の諸方向を回避して、ある方向で履行することとの選択である。

このように、人間の能力の単なる物理的次元に限定したとしても、われわれは、意志《ウィル》による意志的《ポリショナル》な誘導を有している。それゆえに、選択は生産的なのである。われわれは、それを行為における意志と名づける。それは、実際の履行において用いられる人間力の程度を選択することによって、あるいは、必要以上に力を使うことを自制することによって、あるいは、他の諸方向での力の使用を回避することによって、自然のエネルギーが作用する方向をコントロールすることである。このように、選択することとは履行、自制および回避であるがゆえに、選択

306

することは生産的なのである。

富の生産における管理取引の指針としての制限因子と補助因子の原理に重要性を与えるのが、この選択行為の分析である。もし賢明な判断力をもっていれば、われわれは、決定を行なう時と場所で、制限因子だと考えられている因子に基づいて、自制によって制限された履行を選択し、さしあたり諸補助因子[58]を回避する。ただし、のちには、補助因子は制限因子として選択されるかもしれない。われわれが自然的な諸機会の選択、あるいは富の生産として識別するのは、自然の諸力に含まれる諸制限因子と諸補助因子の間のこうした選択プロセスである。

しかしながら、ブラックがそうしたように、理性的、慣習的、および偶発的な選択を区別しなければならない[59]。実際になされた選択は、現実の制限因子ではないかもしれない。その場合、努力は無駄になる。理性的あるいは科学的選択がなされる程度を、慣習的、偶発的選択に対立するものとして、われわれは適時性と呼ぶ。それは、精神的、管理的能力の領域である。それは人によって大きく異なっており、単なる肉体労働において最低の程度に達する。適時性《タイムリィネス》とは、人間の能力を発揮する選択が次の点において効果的である程度である。すなわち、可変的な制限因子が、適切な時、適切な場所、適切な形態、適切な量で選択されるという点においてである。

このように、自然の物的諸力を人間が選択する際の三つの制限因子は、マンパワー、機会、および適時性である。マンパワーとは、精神的、管理的および肉体的能力のことである。機会とは、自然の諸力のなかの諸々の制限因子、および補助因子である。適時性とは、人間のエネルギーの適切な時、場所、形態、量、および程度での履行、自制、回避のことである。こうした選択の工学的プロセスはもっぱら管理取引において扱われるが、その

(58) 後述、*p. 627*「戦略的取引とルーティン取引」〔邦訳、下巻五七頁〕をみよ。
(59) ブラック『生産的経済学』p. 41。

典型は、物理的所有だけを考慮に入れるロビンソン・クルーソーである。達成可能な最大の効率性という観点から計測された結果として、能力、自然の利用可能な諸機会、および適時性に関する最良の判断という三つの既存の限界内でのマンアワーの最小の投入、あるいは使用価値の最大の産出が選択される。われわれが効率性と名づけるのは、自然の諸力のコントロールに関するこのような諸次元の選択の帰結である。

しかし、まったく奇妙にも、選択の同じ諸次元が、経済的力の領域において、すなわち所有の専有的意味である相対的希少性の領域においても見出される。この領域において、交渉力の諸次元もまた、履行、回避、自制である。われわれは、これらを経済的機会、もしくは専有的機会と名づける。なぜなら、機会をもたらすのは相対的希少性であるからである。だが、〔先述した〕その他のものは、物理的機会である。そこでは、相対的効率性が機会をもたらす。能力と選択は意志的側面を表わすが、同じものの客体的側面を表わすのが機会である。機会の選択の分析は、それが明白であるために考察する必要がないとつねに思われているにもかかわらず、経済理論の内部で徐々に行なわれるようになってきた。われわれは、その発展の段階を跡づけてみよう。なぜなら、機会の選択こそが、価値の法的意味であるからである。これは、生産コストという〔価値の〕物理的概念や快楽と苦痛という快楽主義的概念とも対立するものである。

3. 機会

(1) サービスコストと製品コスト

シーニアの節欲理論についてのベーム＝バヴェルクの批判は、[60]「効用《ユーティリティ》コスト」と「機会《オポチュニティ》コスト」という近年の教義の始まりである。後者は、われわれのみるところ、サービスの適正なコストという法的教義と同じである。ベーム＝バヴェルクは、物的サービスから引き出された快楽、すなわち「効用コスト」という快楽主義的言語を用いている。それを、われわれは容易に、「機会コスト」という貨幣の専有的言語に転換することができる。

彼は、幸福《ウェルビーイング》の二つの種類の喪失を区別している。一つは「正の《ポジティブ》」種類の喪失であり、そこでは「われわれは、正の損害、苦痛、障害を被っている」。もう一つは「負の《ネガティブ》」種類の喪失であり、そこでは、「他の状態ではわれわれが得ていたであろう幸福または満足を得られない」。この代替的状態の回避が、彼のいう効用コストである。

コストを計測するこれら二つの方法は、累積的ではない。前者は、後者に付け加えることができない。それらは、二者択一的である。ベーム＝バヴェルク曰く、「今日の経済生活においては、われわれは、自分たちの仕事を有益な方向に向ける無限の可能性をもっているので」、労働の苦痛の観点での犠牲の計測は、「ほとんどまったく生じない」。現代では、「われわれは、仕事の苦痛によってではなく、われわれが放棄した利益または利点によって非常に多くのケースを推計している[61]」。

こうして彼は自身の経済哲学を、節欲と希少性に基づくシーニアの苦痛の経済学から、より大きい快楽とより小さい快楽との間での選択に基づく快楽と豊富性の経済学へと転換する。この原理の普遍性は、議論の余地がない。われわれは、（のちに考察される修正を含めて）より大きな快楽を選択し、より小さな快楽を拒否する。われわれは、快楽の剰余を獲得するのである。

(60) Böhm-Bawerk, E. von, *Capital and Interest: a Critical History of Economic Theory* (1884, tr. by W. H. Smart, 1890), p. 275以下〔以下、ベーム＝バヴェルク『資本と利子』と表記〕。
(61) ベーム＝バヴェルク『資本と利子』p. 284。

この放棄された利点に関して、ベーム＝バヴェルクは、「負のコスト」、すなわち「効用コスト」という逆説的な名称を与えた。一方で、アダム・スミスやシーニアの犠牲、苦痛、骨折りに対して、彼は「正のコスト」という名称を与えた。しかしながら、「正」と「負」という用語には、ここでは数学的な正と負の意味とは異なった意味が与えられている。その理由は、ここで意図されている意味は明らかに、代替的な快楽の間での選択という意志的意味だからである。われわれは、回避された代替的快楽の「効用コスト」という彼の用語を、数学的な「正のコスト」や古典派の正の苦痛とは対照させて用いる。正のコストや正の苦痛が**純収入**の観念につながるのは、快楽の正の「収入」が、苦痛の正の「支出」と対比されるときである。しかし、効用コストの概念が**剰余**の観念につながるのは、回避されたより小さな快楽が、獲得されたより大きな快楽と比較されるときである。

これは、われわれが、ベーム＝バヴェルクの物と快楽の自然的経済から貨幣的共同体の専有的経済へと視線を移すと、よりいっそうわかりやすくなるだろう。専有的経済では、すべてのものが、誰かによって所有される。そして、個人が自然へのアクセス権を得る前に、彼は所有者たちと交渉しなければならない。このようにして、われわれは、心理主義的用語である「効用コスト」を金銭的用語である「機会コスト」に変換する。ここでは、活動は、物理的ではなく、むしろ行動主義的である。それは、法的コントロールの移転に同意することで、交渉を終える行為のことである[62]。機会コストは、販売のための豊富な諸機会の選択から生じる。例えば、われわれの売買交渉取引の公式[63]では、売り手Sは、二人の競合している買い手に対して販売するという二つの機会をすでにもっている。彼は、一度の取引で双方に売ることはできない。なぜなら、それぞれの取引では、一つの商品をそれが大量か少量かにかかわらず、販売しようとしているからである。それゆえ、彼は、二人の買い手の間で選択しなければならない。買い手Bは百ドルを提示するが、買い手B^1はただ九十ドルを提示する。もし、売り手Sが買い手Bを説いて百ドル以上支払う気にさせることができないとすれば、Sは、彼の商品を百ドルで売ることに

309

同意することで、B[1]から提示された九十ドルを拒否することとなる。この九十ドルは、Sに対する機会コストである。そして、その意味は、「負」であり、逆説的でさえある。なぜなら、それは、支出という正の意味でのコストではなく、貨幣で購入可能な豊富に存在する財の供給のうち、彼が回避したより少ない取り分という、別の意味でのコストだからである。

しかし、Sにとっての正のコスト、例えば八十ドルがある。買い手として、彼はそれを、**先立つ**取引において売り手に支払っている。このように、「機会コスト」と、「正のコスト」は累積的ではない。それらは、実際には、**正の支出**と**代替的収入**との違いである。買い手B[1]は商品を販売するためにSに開かれたすべての専有的機会のうち**次善の**機会を表わし、一方、買い手Bはそのときに利用可能な専有的機会のうち**最善の**機会を表わす。この理由のために、われわれは、それを機会コストと名づけるのである。

こうして、われわれは、普段はなされていないが、なされるべき、「剰余」と「純収入」との間の区別に到達した。**純収入**は、Sの粗収入（Bから受け取った百ドル）と、Sの粗支出（先立つ売り手に支払った八十ドル）との差である。それは**二つの**取引における差であり、この場合では、二十ドルである。しかし、剰余は、この場合、**一つ**の取引における二つの**粗収入**の差である。つまり、SがBによって提示された百ドルの収入と、B[1]から提示されたより少ない九十ドルの収入との差分である。この場合、**剰余**は、十ドルである。剰余と純収入は足すと三十ドルになってしまうが、それらは累積的でない。それらは、コストによって価値を測る方法と機会の選択によって価値を測る方法という二つの方法である。

(62)　前述、*p. 90*「折衝心理学」〔邦訳、上巻一四〇頁〕をみよ。
(63)　前述、*p. 59*〔邦訳、上巻九五頁〕をみよ。

「剰余」の場合では、剰余収入は、十ドルの「不労」収入、もしくは「準レント」である。それは、**同じ市場**の**同じ時点**での二人の所有者、BとB^1という人格のうちに表わされる二つの専有的機会の間の、コストなしの単なる選択の自由から生じる。しかし、純収入は、**異なった時点での二つの市場の**、正の支出八十ドルと正の収入百ドルの差の二十ドルである。言い換えれば、剰余は**一つ**の取引において販売するための二つの機会の差であるが、純収入は**二つ**の取引における正の支出と正の収入の差分である。

純収入よりもむしろこの剰余の大きさに基づいて、そして、正のコストよりもむしろ機会コストとしての剰余の計測に基づいて、裁判所は、のちにみるように、適正なサービスコストという彼らの概念を構築する。それは、数理経済学者が、統計の理論的使用のなかで理解し始めた区別でもある。[64]

しかしながら、この区別を保持するために、正のコストを表わし、それをサービスの機会主義的コストから区別する用語をつくる必要があるだろう。われわれは、正のコストを「製品コスト《コスト・オブ・プロダクト》」として識別する。他方、機会主義的概念のほうを、「サービスコスト《コスト・オブ・サービス》」と呼ぶ。製品コストは、財または快楽の正の**収入**と引き換えに行なわれる貨幣または苦痛の正の**支出**という、コストの古典的観念または苦痛的観念である。しかし、サービスコストは、回避された意志的な**代替的収入**である。なぜなら、個人は有限であり、一度に両方の収入を得ることはできないので、より大きいほうを選択するからである。このように、製品コストは**支出**であり、サービスコストは**代替的収入**である。あらゆるビジネスは、代替的収入、すなわちサービスコスト原理に基づいて行なわれている。そして、製品コストとは、売り手がもし可能なら取得したいと考えている「マークアップ」のなかの、単なる一要素にすぎない。

われわれは、機会コストというこうした観念の最初の定式化をD・I・グリーンとH・J・ダヴェンポートに負っている。[65]ダヴェンポートによると、グリーンは「教義を明確に定式化した最初の人物であった」が、彼は

「その教義を体系的に適用した最初の人物」ではなかった。ダヴェンポートは、その体系的な適用を、古典派および快楽主義学派の主要な理論家の詳細な考察を通して行なった。それは、彼の著書『価値と分配』のなかで言及されている。彼が見出したことは、ベーム＝バヴェルクおよびオーストリア学派はこの原理を認識していたが、「ためらいもなく」この原理を信奉しなかったということである。そしてこの教義は、何人かの後代の経済学者によって「転換コスト」、「準レント」、とりわけアルフレッド・マーシャルの「代替」コストといった名称で述べられたり、暗示されたりした。

われわれは、ダヴェンポートの徹底的な分析と彼による古い理論との対比に従って、それを先述した取引の公式に還元し、それに「機会コスト」「分配コスト」「分配シェア」という彼の名称を与える。これらの用語は、あらゆる売買交渉取引において生じる選択という能動的プロセスをきわめて正確に描写する。各売り手が選択するものは、貨幣のかたちで彼に提示される社会の総産出量の取り分の諸代替案のなかで最も大きなものである。これは、売り手の「分配シェア」と名づけられるものであり、売り手が受け取る取り分である。しかしながら、選択を行なう際、彼は、貨幣の形態で次善の買い手によって彼に提示された、社会の総産出量の次に大きい取り分を拒否する。これは「分配コスト」であり、代替コスト、転換コストという概念や、グリーンやダヴェンポートのいう機会コストの概念とほとんど同一である。「分配シェア」は、彼が実際に「貨幣収入」という購買力として受け取る社会的産出の取り分への要求である。機会コストとは、彼が拒絶する次善の取り分への要求である。

（64）The Rawleigh Foundation より一九三二年十二月に出版された、Ellis, L. S., *The Tariff on Sugar* のなかの W. A. Morton の付録を参照せよ。

（65）Green, D. I., "Pain Cost and Opportunity Cost," *Quarterly Journal of Economics*, VIII（1894）, p. 218 ; Davenport, H. J., *Value and Distribution: a Critical and Constructive Study*（1908）〔以下、ダヴェンポート『価値と分配』と表記〕; *The Economics of Enterprise*（1913）。

より大きな取り分を得るためにより小さな取り分を受け取らないという意志的意味において、この要求は「コスト」となる。より大きな取り分とより小さな取り分との差が準レント、剰余、不労所得であり、それは、コストをかけずに単なる選択によって得られるが、彼の純収入を増大させる構成要素の一つとして役立つ。

311

(2) サービス価値と製品価値

しかし、もし個人が、二つの粗収入のうち**より大きい**ほうを選択する機会をもつことによって彼の純収入を増やす剰余を得ることができるとすれば、彼はまた、二つの粗支出のうち**より小さい**ほうを選択する機会をもつことによって、彼の純収入を増やすことができないだろうか。われわれは、こうした分析の始まりを、ヘンリー・C・ケアリーの一八三七年から一八四七年にかけての著作のなかに見出す。彼の分析は、一八五〇年にバスティアによって、用語や例証への謝辞なしに借用され、広められた[66]。ケアリーとバスティアが実際に行なったことは、アダム・スミスの「節約された労働」という概念にまで戻ることであった。スミスは、この概念を「労働コスト」および「支配労働[67]」と同一であるとした。彼らは、スミスの「節約された労働」という概念を、リカードのコストとレントの教義を打倒するために用いた。しかし、ケアリーは、保護関税を擁護するためにそれを用いたのに対し、バスティアは、無政府主義者プルードンを論駁し、自由貿易を擁護するためにそれを用いた。

ケアリーとバスティアは、「節約された労働」の彼らの意味づけを特徴づけるために、「サービス価値《バリュー・オブ・サービス》」という用語を用いた。アメリカの裁判所は、自分たちの価値理論をビジネスマンの慣習から引き出しているのであるが、裁判所とビジネスマンの価値理論の検討に基づくと、われわれはこのサービス価値がまさしく裁判所とビジネスマンの「価値」の意味であることを見出す。つまり、価値の法的、資本主義的理論は、**節約された労働の理論**である。それゆえ、価値の法的、資本主義的理論は、古典派または正統派経済学者の「正の」コスト論や価値論のなかには見出されないし、ましてやその共産主義的、無政府主義的、快楽主義的、異端派的な後継者や反対者の諸理論のなかにも見出されない。

しかしながら、「節約された労働」は貨幣や貨幣価値の人格化であり、法的、資本主義的理論は、貨幣価値の理論である。ケアリーとバスティアは、彼らの節約された労働という概念をつかむために貨幣を排除したが、それにもかかわらず彼らもまた、節約された労働を節約された貨幣に変換した。したがって、彼らの理論の起源を詳細に説明するに当たり、われわれは、価値の法的、資本主義的理論を詳細に説明する。しかしながら、われわれが見出すのは、ケアリーとバスティアの理論はわれわれの取引の公式に埋め込まれているということである。そこではそれは、明らかに、機会の選択に関する意志的理論である。

バスティアは、ケアリーと同様に、ベーム＝バヴェルクの社会哲学とは反対の社会哲学から出発している。つまり**最も報酬の多いもの**を選択し、それゆえ犠牲の苦痛は無視するという諸機会がもつ**豊富性**から出発するのではなく、**最も負担が少ないもの**を選択し、貨幣であれ快楽であれ正の収入を無視するという諸機会がもつ**希少性**から、それゆえ犠牲の苦痛から、バスティアは出発している。これは、彼が正しく述べているように、希少性の

---

(66) Carey, H. C., *Principles of Political Economy* (1837); *The Past, the Present and the Future* (1847); Bastiat Frédéric, *Harmonies économiques* (1850)〔土子金四郎訳［1888］『経済調和論』哲学書院、以下、バスティア『経済調和論』と表記〕、引用は、*Harmonies of Political Economy* (tr. by P. J. Stirling, 1860) より。ケアリーの主張する優先順位についてはケアリーの *Principles of Social Science* (1858) I, iii を参照。引用は、1868年版から行なった。ケアリーの主張は、Gide, Charles and Rist, Charles, *History of Economic Doctrines* (1913 tr.), p. 327〔以下、ジード・リスト『経済思想史』と表記〕、および Haney, L. H., *Histry of Economic Thought* (1911, 1930), p. 304〔邦訳、大野信三訳［1923］『経済思想史』而立社、以下、ヘネー『経済思想史』と表記〕で確認される。

(67) 前述、*p. 170*、スミスについての説明〔邦訳、上巻二六一頁〕をみよ。

普遍的な法則から生じる。つまり、需求が供給を超えれば供給を生み出すために労働が必要とされるという法則である。〔バスティアによれば〕労働は不愉快なものであるため、それを交換で獲得する買い手にとっての製品価値は、その製品を生産するときの**それ自体の労働コスト**と比例するのではない。もし彼がそれを他人から獲得するかわりにそれを自分自身で生産していたとすれば、**負担しなければならないであろうコスト**と比例するのである。312 その製品の価値は、このようにアダム・スミスの**節約された**労働によって計測されるのであり、リカードの労働**コスト**によって計測されるのではない。彼はそれを労働のかたちで述べているが、貨幣のかたちで述べることもできる。バスティア曰く、

「価値は、」リカードおよび、のちのマルクスとプルードンの労働コストの教義が述べるような「サービスを提供する者によって**実行される**労働に必然的に比例するものではない」。価値は、「サービスを受ける者にとって**節約される**労働に比例するといえるであろう。こうした価値の一般的法則は、私が知る限りでは理論家によっては観察されてこなかったが、それにもかかわらず、実際には広く普及している……。この法則は、**サービスを提供する**人の努力よりも、**サービスを受ける**人にとって節約される努力のなかに、より強い原理と基礎をもつ[68]」。

それゆえ、バスティアの「主観的価値」は「負の」価値、もしくは逆説的ではあるが、不効《ディスユーティリティ》用価値と名づけられよう。不効用価値とは、より苦痛の大きい代替案を**回避する**という自分にとっての**価値**であり、これはベーム＝バヴェルクの負のコスト、もしくは「効用コスト」が、快楽のより小さな代替案を**諦める**という自分にとっての**コスト**であったのと同じである。貨幣に変換すると、これは、技術的には、**不機《ディスオポチュニティ》会価値**であり、

サービス価値という法的概念（これはケアリーとバスティアの概念でもある）に相当する。

これは、「不快価値」というよく知られた意味と同じである。不快価値は、ある人が所有していた財産の価値を減らす不快を他の人に除去してもらうために、その人が支払う価格である。この用語は、グッド・ウィル価値の請求に対する反論として、法的な承認を獲得してきた(69)。

われわれがこれまでにみてきた理論的な用語である不機会価値や広く知られた不快価値は、価値の負の意味づけというよりもむしろ、価値の「分配的」意味づけである。これは、より少ない支出を選択する機会を得ることによって他人へのより多くの支出を回避するという、自分にとっての価値である。この機会のために支払いが必要である場合、これは不快価値である。この状況は、売買交渉取引の公式においてみられるであろう（前述、*p. 59*〔邦訳、上巻九五頁〕）。

313

われわれの公式においては、買い手BまたはB^1は二つの代替案をもつ。彼は商品をSから百十ドルで、またはS^1から百二十ドルで買うことができる。買い手として、彼は自身に課される不愉快な二つの代替案から彼自身にとっての利点を探しながら、より不愉快の小さなほうを選択し、Sに百十ドルを支払う。この差によって不快価値が計測される。百十ドルで売るこの売り手は、それゆえ、彼〔その買い手〕にサービスを行なう。そのサービスとは、百二十ドルを支払うという次善の代替案もしくは不快から彼を**救う**というサービスである。このサービスの大きさが、このようにして「救われた」**剰余**の十ドルであり、それは彼の純収入を増やすことにつながる。この十ドルは、もし彼がSに出会わなければS^1に支払ったであろう不快価値である。後者の場合、「不労所得」

(68) バスティア『経済調和論』p. 114。
(69) コモンズ『資本主義の法律的基礎』p. 202〔邦訳、二六一頁〕、および Consolidated Gas Co. v. N. Y.,157 Fed.（1907）, p. 849を参照のこと。

ではなく不労「節約」であり、「準レント」である。これは、代替的な二つの正のコストのうちより小さいほうを選択するという、コストがかからない自由から生じるものである。この正のコストは、次のように法制度によって彼に課されるものである。つまり、法制度によって、彼は、自身が必要とするが、他人によって供給が制限されなおかつ所有されている商品の代金を支払うよう強制される。

裁判所が構築した「サービス価値」と「不快価値」という概念は、二つの悪からよりましなほうを選ぶという概念に基づいている。しかし、別の場合にみられるように、価値には、期待される貨幣収入という**正の**価値と、より大きな貨幣支出をともなう代替案を避けるという分配的価値もしくは**負の**価値という二つの意味があるので、われわれは再度、その区別を保つために、対となる用語を必要とする。それは、「製品価値《バリュー・オブ・プロダクト》」と「サービス価値《バリュー・オブ・サービス》」である。製品価値とは、価値の古典的かつ快楽主義的な観念である。それは、財に対する正の支出ないしは苦痛と引き換えに受け取る、貨幣の期待される正の収入ないしは快楽である。しかし、サービス価値は、**回避された**より大きな支出という意志的な代替案であるか、それを避けることができなかった場合の不快価値である。なぜなら、その個人は限界を有するものであり、一度に両方の支出に耐えることはできないのでよりましなほうを選択するからであり、あるいは、もし彼が代替案を有していなければ、不快価値を支払うからである。それゆえ、製品価値は収入に関連するものであるが、サービス価値はより大きな代替的支出に関連するものである。製品価値は、**純収入**の一要素であり、他の要素は生産物のコストである。しかし、サービス価値は、もう一つの意志的な**剰余**であり、他の剰余はサービスコストであり、その両方ともが純収入を増やす。

サービス価値というこの概念は、経済理論においては新しいものではなかった。それは国際貿易における「比較生産費」というリカードの教義の新たな名前であり、その教義の新たな応用である。リカード曰く、「ある国における商品の相対的な価値を調整するルールと同一のルールが、二つ以上の国の間で交換される商品の相対的

314

価値を規制することはない」[70]。ケアリーは、リカードのこれらの「二つのルール」に立脚し、それらをもとにしながら、リカードとバスティアの自由貿易の理論とは対立する自身の保護関税の理論を組み上げた。ケアリーは次のようにいう。アメリカのような一つの国においては、労働の正の量が、リカードが考えたように、相対的価値の尺度であろう。なぜなら、あらゆる労働は「自然のサービスを支配するための等しい力」をもつからである。「ニューヨークやフィラデルフィアにおける二人の大工の生産物は、二人のれんが職人の生産物と一般的に交換可能である」。そうすると、フランス、イギリスやインドの異なる地域における異なる労働者がつくった生産物もまた、その国のなかでは、労働時間に比例する率でほぼ同等とみなされ、交換されるであろう。

しかし、このことは外国貿易においては当てはまらない。「ボストンにおける労働者の時間は、ピッツバーグ、シンシナティやセントルイスの労働者の時間と、価値においてほぼ同じであるが、パリやル・アーブルにおける労働者の時間と比べる場合については同じことが当てはまらないであろう。……イタリアの人々が一年分の骨折り仕事で提供するものは、イングランドの人々が半年間で獲得するものより少ない」[71]。ここでケアリーが述べていることは、リカードの比較生産費の教義であった。

けれども、自由貿易を支持するリカードが考えたように、外国貿易は利益をもたらす。なぜなら、それぞれの国は、自国の労働がより効率的であるものを輸出し、自国の労働がより効率的でないものを輸入するからである。その結果、その国は、自国の高コストの生産物に必要とされる自国の労働のより多くの量を**節約する**。そして、その国は、節約されたその労働を、輸出向けの自国の低コストの生産物に充てることができる。この教義からほ

（70）『リカード全集』（マカロック編、一八八八年）p. 75。

（71） Carey, H. C., *Principles of Social Science* (1868), I, p. 155。

んの一歩進むと、ケアリーが述べたように、次のことがいえる。外国人によってもたらされるサービスの価値を測る尺度は、「節約された」自国の労働という代替的な量である。この量は、もし貿易が行なわれなければ、輸入財を生産するために必要とされた量である[72]。二つの労働コストからより小さなものを選択するというこの考え方こそが、ケアリーとバスティアが国内および外国貿易の両方において適用可能な、価値の普遍的な法則へと拡張したものである。そして、この考え方が、価値の尺度としての正の労働コストというリカードとマルクスの教義を価値の尺度としてのリカードの比較労働コストへと変化させ、また、価値の尺度としてのスミスの「節約された労働」へと変化させた。この考え方に、回避された**より大きな**代替的労働コストによって計測される「サービス価値」という名称を与えることによって、彼らは、それ自体の労働コストによって計測される「製品価値」にかえて、この考え方が普遍性をもつ重要なものであることを示した。リカードはこの考え方を外国貿易においてのみ考察したのであるが、ケアリーとバスティアは、古典的、共産主義的な正の労働コストからより小さな代替的コストの競争的選択へと、価値の概念全体を変化させた。

　機会コストという対をなす教義をあまりに見事に発展させたダヴェンポートが、この不機会価値の教義を発展させなかったことは、いくぶん奇妙なことである。その理由はおそらく、多くの経済学者と同様に、彼がケアリーとバスティアを見当違いの奇人として片づけてしまい、それゆえ、自身の注意を古典派経済学者と快楽主義経済学者に注いだからであろう。彼は、不機会価値という概念を「競争」として無視した。しかし、その他の価値もまた同様に、競争から生起するのである。ダヴェンポートは、あらゆる経済学者によってすぐさま受け入れられた、ケアリーによってなされたある貢献を活用した。その貢献とはすなわち、古い経済学者の「生産費」を「再生産費」に置き換えることであった[73]。しかし、ケアリーはこれに特別な注意を払わなかったのである。実際のところ、ケアリーの「再生産の労働コスト」はまったく新しい概念であり、単にリカードとマルクスの「生産の労働コスト」に相当するものではなく、むしろそれと相反するものである。これは労働コストの理論とはまったく異なるものであり、二つの代替的な労働コストのうち低いほうを選択するための機会についての一般理論であった。しかし、この理論は、アダム・スミスが労働コストと節約された労働との相違に注意を払わなかったのと同じように、ほとんどの場合、その相違に注目されることなく、経済学者と裁判所によって受け入れられてきた。とはいえ、一般的に用いられるものとして、この理論は、代替案に関する理念的な意志的概念となった。これは、自由な競争が行なわれている場合に形成される**であろうと予想される**価格に関する「理念型」として、想像のなかで構築される。[74] この構築は、リカードによって明らかに主張されたような、先行する生産の正の労働コストとは関係なく行なわれる。しかしながら、この普遍性は、疑う余地がなく、また、経済理論の究極的な単位、つまり売買交渉取引の公式に還元されるときに即座に現われる。売買交渉取引では、四人の競合する参加者が選択を試みる。四人の参加者は、二つの粗収入のうち大きいほうを選択する売り手としてのみならず、二つの粗支出のうち小さいほうを選択する買い手として行動する。

このことは、ダヴェンポートが不機会価値を見落とした別の理由を示唆する。その理由とは、彼が**粗収入**《グロスインカム》と**純収入**《ネットインカム》の区別を用いることに、繰り返し失敗してきたことである。もし純収入の二つの構成要素、すなわち粗収入と粗支出とがつねに念頭におかれているならば、二つの粗収入のうち大きいほうを選択するという概念と同時に、二つの粗支出のうち小さなほうを選択するという概念が要請されるであろう。実際、彼は、以下のことを、

(72) ケアリーは、彼の初期の理論を形づくる際には、自由貿易主義者であった。しかし、その後、彼は、この価値の教義が、安価な外国労働に対抗する保護関税を支持することに気がついた。

(73) ダヴェンポート『価値と分配』p. 322。

(74) 後述、*p. 719*「理念型」〔邦訳、下巻一九四頁〕をみよ。

注意を喚起するための挿話というかたちで説明した。機会コスト、つまり複数の粗収入からの選択は、われわれが職業コストと名づけることができるものからの選択と混同してはならない、つまり二つの異なる職業で示されるような**二つの純収入**からの選択と混同してはならないということを彼は明確にした。ダヴェンポート曰く、「機会コストの教義は、正しく理解すると、根本的には、いくつかの代替的な職業や活動において収益がどれくらい実現されうるのかという問いに焦点を当てるのではなく、当該の職業や活動の持続を保証するために……その職業や活動においてどれくらいの収益を実現しなければならないかという問いだけに焦点を当てている」(75)。言い換えると、この選択とは、職業を変えるという選択ではなく、同一のコンサーンをひいきにする買い手の間の選択である。より高い価格を支払う買い手が売り手によって選択され、また、選択されなかった買い手〔が提示した価格〕によって、売り手にとっての機会コスト、もしくはサービスコストが計測される。しかし、どういうわけか、この見方においては、同一の人によってなされる二系列の諸選択のうちの片方が見落とされている。買い手としての取引においては、この人の選択は二人の売り手の間で行なわれる。この二人の売り手は、原材料の売り手や労働の売り手である。より低い価格で買い手に販売する売り手が選択される。その状況において、買い手によって**回避された**売り手〔が提示した価格〕によって、不機会価値、もしくはサービス価値が計測される。

ダヴェンポートは、これを競争の自明な事実として軽視したように思われる。買い手は、競合する売り手たちによって提示される、より低い価格をまさしく選択する。これを、ダヴェンポートは「競争」と呼ぶ。しかし、売り手も同様に、競合する買い手によって提示されるより高い価格を選択する。これもまた競争である。ダヴェンポートによれば、機会の選択は、競争と混同すべきではないという。その理由は、彼が売り手を競争者とみなしているからである。けれども、これらの買い手もまた、その公式からわかるであろうが、競争者なのである。競争は、売り手同士の張り合いであるとともに、買い手同士の張り合いでもある。このとき、売り手が二人の買い手間で選択しているのと同様に、買い手は二人の売り手間で選択しているのである。競争と機会はこの取引の両方の側で生じる。

さらなる説明が、適正なサービスコストと適正なサービス価値についての裁判所の判決に関する研究によって示されるであろう。これらの概念のいずれもが裁判所の判決にみられ、その判決に関する研究は、先に述べたように以下のことを明らかにする。裁判所の判決は、正の生産コストと正の製品価値についての、リカードと古典派経済学者の考えを採用しない。なぜなら、それらは、不公正競争や差別の申し立てによる公共的関心をともなわない場合では、私的な事柄であると考えられているからである。この公共の福祉に関わる争点の重要性を知るために、裁判所は、同様の市場において他人によって受容された代替的な価格、または支払われた代替的な価格を計測するという比較手法に頼る。同様の環境における供給、需要、慣習、人々の通常の実践といった実在する諸条件の下で、もし買い手と売り手が同様の代替案を自由に選ぶことができるのであれば、この代替的な価格は売り手と買い手に対して開かれた適正な代替案であることが示されるであろう。経済学の専門用語で説明すると、これはリカードの比較生産費であり、ケアリーの再生産コストとサービス価値、もしくはより技術的な不機会価値であり、ダヴェンポートの機会コストもしくはサービスコストでもある。法的な議論の場においては、競争的かつ分配的な概念であるサービス価値は、同様に競争的かつ分配的概念であるサービスコストと同じくらい頻繁に議論される。(76)

サービス価値という概念の見落としに関するさらにもっともらしい説明は、ケアリーとバスティアがその概念

(75)　ダヴェンポート『価値と分配』pp. 92–93。

(76)　この法的教義の歴史的発展については、後述、*p.* 773「希少性、豊富性、安定化」〔邦訳、下巻二七二頁〕をみよ。

にばからしい意味を与えたという説明である。その用語は、彼らにとって、リカード以来古くから知られていたがリカードの普通の教義とはまったく相いれないものであった。サービス価値という用語は、バスティアの場合、資本主義の酷使された頭脳の周囲に、ケアリーの場合、保護主義の周囲に新たな後光を投げかけるものとして、突然に発見されたものである。これらのばからしさの源泉を発見するために、われわれは、代替案の選択という意志的な概念が適正かつ適切に意味するものは何かについて、検討することが必要である。

(3) 手の届かない代替案——自由意志と自由選択

バスティアがサービス価値という彼の概念を説明したとき、彼は、地代、利子、私有財産を激しく非難していたプルードンを「原生林や、弊害の多い沼地がみえるところ」に連れて行った[77]。彼がプルードンに対していうには、「ここでは、土地はまさに最初の開拓者が出会うようなものである。好きなだけ土地を取りなさい。……それを自ら耕作しなさい。その土地を用いてあなたが産出したものは、すべてあなたのものです。ただし、わたしは次のような一つの条件だけを定める。あなたは、自分が社会の犠牲者であるというが、その社会を、あなたは頼れないだろう。……〔沼地ではなく、社会で働く〕労働者は」、彼が続けていうには、十五日分の仕事からある量の財を得る。それは、彼が「〔労働者として雇われる〕以前には六百日分の仕事で生産するのにも困難を感じる」量の財である[78]。それゆえ六百日分の仕事は、地主と資本家が労働者に食料というかたちで提供した「サービス価値」である。正の労働コストまたは**生産**の価値は、十五日分の労働である。これが、リカードとプルードンの価値の観念であった。しかし、「社会」がもたらしたより低い**再生産**コストのおかげで、沼地というもともとの状態と比べると労働が**節約され**、五百八十五日分の労働の剰余が生まれた。労働者が負担するのは**生産**コストではなく、**再生産**コストである。この差に当たる五百八十五日分の労働は、労働者にとっては、「社会」の代表

318

者としての地主と資本家によってもたらされたサービス価値である。このサービス価値の報酬として、もちろん、地代、利子、利潤が〔地主と資本家に〕支払われるが、〔五百八十五日分の労働に比べると〕それはわずかな支払いである、とバスティアはプルードンにいう。

同様に、鉄道料金規制の初期段階においては、鉄道会社の法的代表者は農民を七十五年前に連れて行き、次のように主張した。つまり、鉄道によってもたらされるサービス価値とは、**もし線路がなければ**小麦を輸送するときに砂利道を馬車で通らなければならないために、農民が負担したであろうコストである。これは、一トン一マイル当たり少なくとも五十セントであると推定される一方で、鉄道会社は一トン一マイル当たり約三セントしか課金しない。鉄道会社から農民に提供するサービス価値はそれゆえ五十セントであり、鉄道会社は取るに足らない三セントしか課金しないので、農民は四十七セントを剰余として得ている。それゆえ、仮に鉄道料金が引き下げられるならばそれは不当であると、鉄道会社は主張した。

以下のような場合の、ビジネスマンたちの直感的な議論も同様である。それは、ビジネスマンが、働き口を〔労働者に〕提供するという彼らのサービス価値を労働者に説明する場合、もしくは、価格引き下げのかわりに「サービス」を強調することによって彼らのサービス価値を消費者に宣伝する場合である。

このような議論は都合の良いものであるが、誤謬に陥る傾向にある。その誤謬は、**同時には存在しない代替案という誤謬**または**手の届かない選択肢という誤謬**と名づけることができる。それは実際、人間意志に関する一つの誤謬である。意志はここといまに縛られている。バスティアの〔事例における〕労働者は、**現在の**食料のコス

(77) バスティア『経済調和論』第1巻、p. 201。ケアリーは、リカードの地代論を反証するために、類似した説明を用いた。
(78) 同書、pp. 201–202。

トと何千年前のコストとの間での選択をしない。鉄道の〔事例における〕農民は、**現在の**鉄道による輸送と五十年前の砂利道による輸送との間での選択をしない。これは、彼の小麦を馬やトラックを用いて市場に運搬するという手の届かない選択肢と鉄道との間での選択であろう。ここには「選択の余地はない」。彼は、空間的に手の届く代替案と手の届かない代替案との間の選択をしないし、ましてや、過去の時点で消失してしまった代替案といまここにある代替案との間の選択をしない。彼は、同じ時と同じ場所において手の届く、二つの厄介な代替案のなかから選択する。次善の代替案が理不尽なほど厄介であるならば、彼は不運にみまわれたというほかない。しかし、仮にそうであるとすると、常識に照らして衝撃を受けるものであったとしても、それがこの状況における実際のサービス価値なのである。

　このような事例において、「適正な」サービス価値になるはずの「倫理的型」は、想像のなかでのみ構築されるものとしてとどまっている[79]。そして、これは、代替的な、ただし想像上の鉄道による、既存の状況の下での想像上の「再生産コスト」である。したがって、すぐさま、バスティアの主張と同じように鉄道会社の主張のばからしさが見破られた。このばからしさは、われわれは手の届かない代替案を選択しないという常識的な見解に基づく。これは、自由選択にかわる、自由意志のばからしさである。適正さは想像上のものであるかもしれないが、想像上のものはつねに起点にすぎない。適正さを見極めるには幅広い調査が必要であろう[80]。

　まさにこれらの、手の届かない代替案、そして同時には存在しない代替案という誤謬が、ケアリーとバスティアに「楽観主義」学派の名を与えたのである。彼らが楽観主義者であった理由は、限定された人間意志を扱わなかったからである。バスティアの手の届かない代替案よりも妥当なものは、手の届く代替案についての彼の別の説明であった。その価値の理論から、裁判所は自身の適正価値の理論を導き出したのである。バスティア曰く、わたしは海岸を歩き、偶然にも立派なダイヤモンドをみつけた。それゆえ、わたしは大きな**価値**を所有する機会にめぐまれた。なぜだろう。わたしはいままさに人類に大きな利益を与えようとしているからなのか。わたしは長い時間と労力を要する仕事に自身をささげてきたからなのか。どちらでもない。では、なぜ、ダイヤモンドはそれほどまで大きな価値をもっているのか。間違いなく、わたしがこのダイヤモンドを譲渡する人は、わたしがその人に大きなサービスを提供したと考えるからである。あらゆる大きい価値は、多くの裕福な人々がそれを欲し、そしてわたしだけがそれを提供することができることからくる。彼の判断の基礎は反駁されるかもしれない。実際そうである。その判断はプライドか虚栄心に基づいているかもしれない。これもまた確かであろう。しかし、その判断は、にもかかわらず、それに基づいて行動したいと思う人によって形成されてきた。そして、それはわたしの議論にとって十分である。[81]

ここで、われわれの専門用語が適用できる。価値を決定するのに三つの方法がある。

（1）ダイヤモンドの価値は売り手にとっての「生産物の価値」であり、これは、需要と供給のあらゆる状況の下で、彼が買い手に実際に売ることのできる価格である。売り手にとっての「製品コスト」は、ダイヤモンドを見つけるというわずかな労働であった。差異が売り手にとっての純収入である。これは、「正の」コストを差

（79）後述、*p. 719*〔邦訳、下巻一九四頁〕をみよ。

（80）サービスコストとサービス価値というこれらの教義をめぐる過去四十年間の論争については、とくに、Ripley, W. Z., *Railroads: Rates and Regulation*（1905）, p.167；Sharfman, I. L., *Railway Regulation*（1915）；*The American Railway Problem*（1921）；*The Interstate Commerce Commission*（2 vols., 1931）；Glaeser, M. G., *Outlines of Public Utility Economics*（1927）を参照。これらの書籍の索引を参考にせよ。

（81）バスティア『経済調和論』第1巻、pp. 113–114。

320

し引いた「正の」価値という意味で、ダイヤモンドの価値を示すための古典的かつ正統な方法である。これは、**純収入**という概念である。

（2）しかし、**売り手**にとっての「サービスコスト」または「機会コスト」は、次のような**より低い**価格であった。それは、次なる裕福な人が支払いを申し込むが、売り手はより良い代替案を有しているがゆえにそれを拒否する価格である。その差は、売り手にとっての**剰余**である。これは、ベーム＝バヴェルク、グリーン、ダヴェンポートが価値を説明した方法である。

（3）その一方で、**買い手**にとっての「サービス価値」または「不機会価値」は、**より高い**価格であった。それは、ダイヤモンドの発見者がより低い価格で売ることによって高い出費から買い手を「救わ」なかった場合に、買い手がやむをえず支払ったであろう価格である。二つの間の差は**剰余**であり、今度は買い手にとっての剰余である。これはケアリーとバスティアが価値を説明した方法である。

　バスティアの分析を彼の次の段階に進めると、「不効用価値」がある。これは、ダイヤモンドの発見者にとっての「正の」コストがダイヤモンドを見つけるためのわずかな労働であった場合に、ダイヤモンドを採掘するためのより大きな労働コストによって計測される価値である。これは、バスティアが暗喩的にではあるが、真面目にいったように、自然のもつたくさんの「無償のサービス」の一つとして、**海岸**から彼に与えられた「サービスの価値」である。この価値は、採掘するという多大なる労働コストを**節約させる**というかたちで彼に与えられた。もしくは、ベーム＝バヴェルクに当てはめると、ダイヤモンドの買い手は、食料の同等の消費から得られるよりも大きな満足（収入）をダイヤモンドから間違いなく得ている。拒否された食料の「効用」は、代替的な食料のかわりにダイヤモンドを享受することを選択するという彼にとっての「効用コスト」である。

　手の届かない選択肢、または同時には存在しない代替案という誤謬は、サービスの価値についての同種のもう一つの誤謬を示唆する。最も厄介でない代替案を選択するときに、個人は、「次に悪い」代替案だけでなく、すべてのなかで次に悪いものから「最も悪い」ものまでを含めた**すべての代替案**を拒否しているといわれている。したがって、彼にとってのサービスの価値は、回避された代替案すべての**合計**である。この合計はもちろん、ことによると無限にまで高まるかもしれない。

この誤謬は、**無限の代替案の誤謬**と名づけられるであろう。無限の存在者《インファイナイト・ビーイング》〔すなわち神〕のみが、あらゆる可能な代替案を同じ時間と空間において享受することができる。しかし、それなら無限の存在者は選択などしないであろう。彼は、時間や空間に関係なくそれらの代替案を一度にすべて取り上げる。経済学者による自由市場についての周知の分析は、この誤謬を是正するであろう。

まさに、手の届かない代替案、同時には存在しない代替案、および無限の代替案という三つの誤謬こそが、ケアリーとバスティアの「楽観主義」学派のばからしさである。とはいえ、経済学者の想定する市場における有限の人間《ファイナイト・ビーイング》に適用されれば、彼らの発見は、ダヴェンポートの発見のように、経済理論に対する注目すべき貢献になる。経済学者の想定する存在者である有限の人間は、選択の瞬間において、世界にある無限の可能性のうちからただ一つに限定して判断する。彼は、何が最善と次善であり、何が最悪と「より悪い」ものなのかについて誤るかもしれない。それは、彼の失敗である。いずれにせよ、彼は一度に一つのものしか選択できない。ただし、その一つのものの大きさは、彼が裕福ならば大きいかもしれないし、彼が貧乏ならば小さいかもしれない。彼は同じ時間と空間において両方の代替案をとることはできない。

こうして、彼は、選択の窮地に追い込まれる。選択の行動に先立つ精神的プロセスにおいて、つまりわれわれのいう折衝心理学において、彼は遠く離れた選択肢すべてをすでに切り捨てており、「二つの最善」であると思われる二つのもの、もしくは「より悪いなかでの最もましなもの」の二つに彼の選択を狭めている。そしてもしそのプロセスが本能的であるならば、上記のことはよりいっそう当てはまる。これらのうち一つだけを、彼は自身の限られた資源をもって手に入れることができる。こうして、考えることによってではなく行動することによって究極の窮地は解決され、折衝は完了する。ここでいう行動することとは、選択するという行為である。これは、先立つ「精神的行動」、または「選択」の心理学から区別されなければならない。われわれが行動主義的観点から履行、回避、自制に分解してきたのは、選択するという実際の行動である。

選択における活動上の優位性を測るものは、彼が自制した次善の**収入**、つまりそれゆえに選択を強制されるという彼にとっての「コスト」であるか、あるいは、彼が回避した次に悪い**支出**、つまり次に悪い代替的な支出を回避する機会という彼にとっての「価値」である。経済学におけるこの有限な選択は、二つの手の届く代替案のうち、より良いほうの行動主義的選択である。これら二つのうち一つを回避または自制することによって、彼は、全体としての世界に他のすべてを残してきたのである。

反対の誤謬が、シーニアの節欲理論に対するベーム＝バヴェルクの批判において生じている。ベーム＝バヴェルクは、現代の状況下での諸機会がもつ豊富性〔に焦点を絞る〕という彼の理論ゆえに、経済的考察から苦痛と犠牲を排除するに至った。したがって、われわれは苦痛のなかから選択せず、快楽のなかから選択する。それゆえ、彼にとって、すべてのコストが効用コストであった。つまり回避された次善の代替的**収入**である。しかし、彼が行なったのは、正の苦痛と正のコストを**現実に**取り除くことではない。彼が行なったのは、ありふれた手法を用いてそれらを不変のものと仮定することによって、**仮想的に**それらを排除することであった。それは、バスティアが、正の快楽と正の収入を不変であると仮定することによって、現実にではなく仮想的にそれらを取り除いたことと同様である。この見落としは、われわれの理解では、純収入が二つの変数、つまり粗収入と粗支出の結果であると認識しなかったことからきている。**支出**を不変のものとして仮定することによって、ベーム＝バ

322

ヴェルクにとっての変数は、効用の快楽または粗収入であった。しかし、**収入**を不変のものとして仮定することによって、バスティアにとっての変数は不効用または粗支出であった。

同様のことがダヴェンポートの機会コストについて明らかに当てはまる。彼は支出または苦痛を不変のものとして仮想的に取り除いた。したがって、彼の選択は代替的な収入からの選択であった。

しかし、仮想的排除というこのプロセスは、現実的排除という実験的方法のかわりになる精神的な手法でしかない。〔所有権の〕いずれの移転においても、実際に存在するものはある人にとっての変化する粗収入であり、それは、もう一方の者にとっては同額の粗支出である。なぜなら、その所有権がただ単に移転されるだけだからである。しかし、取引は二つの移転である。これらのうち一つが不変であるとして仮想的に排除されるとき、もう一方は変数になる。**販売**の反復において、粗貨幣**収入**こそが変数としてみなされる。**購買**の反復において、粗貨幣**支出**こそが変数としてみなされる。しかし、純収入の現実的諸次元を生じさせるのは、二つの取引における二つの変数の結合である。

ここで、われわれは、代替案の選択に関わる三つ目の概念を再び思い起こす。それはつまり、先に述べたように、二つの純収入の間の選択である。この機会の純収入概念は粗収入概念から大きく異なっている。機会コストは、二人の買い手によって提示される二つの**粗収入**からの、売り手のただ一つの選択に関することである。しかし、**純**収入からの選択は、買い手でも売り手でもある人の**二つの**選択である。それは、買い手としての二つの粗支出からの選択であり、なおかつ売り手としての二つの収入からの選択である。この理由から、われわれは、この純収入の選択には、「機会コスト」にかえて**職業《オキュペイション》コスト**の名を当てたのである。売ることによって粗収入を獲得し、買うことによって粗支出を被る人の状況を想起しよう。彼は明らかに、一つの仕事という立場を占める《オキュパイ》人であり、または、材料や労働を購買し、製品を販売するあらゆる関係のなかにあるゴーイング・コンサーン全体の立場を占めることさえある。社会的メカニズムにおけるこの立場は彼の職業であり、したがって、「職業コスト」は**二つの職業の間の選択**に違いない。そこでは、選択者は、より小さな純収入の職業をあきらめ、より大きな純収入の職業を選択する。彼は複数の職業のなかから選択する。それは、彼の生産物の複数の買い手のなかからの選択ではなく、また労働と原材料の複数の売り手のなかからの選択でもない。彼は自身の職業を変更するのであり、彼の顧客、労働者もしくは原材料を変えるのではない。

　この概念は、以下のような経済的状況については、十分に妥当している。それは、一人の人がある仕事を辞め、別の仕事に就く場合、もしくは、企業全体が、例えば自転車の製造といったある職業をあきらめ、例えば自動車の製造といった別の職業に移る場合である。とはいえ、これは、彼が同じ職業のままでいるときに起こることを覆い隠してしまう。そこで起こることは、交渉という社会的現象であり、売り手と買い手という社会的関係である。判決にまで持ち込まれる争点のほとんどは、この社会的関係に基づく。こうして、「職業コスト」は、提供されたサービスに対する社会的コストとして支払われる粗収入を覆い隠してしまうし、他人に提供するサービスの粗支出も覆い隠してしまう。したがって、これは、効用コスト、機会コスト、またはサービスコストという法的概念の分析を不可能にし、同様に、不効用価値、不機会価値、またはバスティアと裁判所のサービス価値の分析を不可能にする。約定利率や約定賃貸料の場合にみられるように、正のコストが契約によって取り除かれたために粗収入と純収入が偶然に等しくなった場合にのみ、粗収入は純収入とたまたま一致する。したがって、この場合において、職業コストは、われわれが機会コストと定義したものとたまたま一致する。しかし、粗収入と粗支出という二つの変数が純収入を決定する仕事やゴーイング・コンサーンのすべてにおいては、理論においても販売と購買は分離されなければならない。というのは、実務においても分離されているからである。[82]

　ここでようやく、われわれは、ベーム＝バヴェルクとダヴェンポートが彼らの機会の理論を未完成なままにしていた理由を要約することができる。**分配的コスト**（効用コストまたは機会コスト）を用いることによって正のコスト（苦痛または貨幣支出）を排除したが、彼らは正の価値（快楽または貨幣収入）を排除できなかったし、それゆえ、**分配的価値**（不効用価値または不機会価値）に手を出さなかった。その理由は、純収入としての価値と粗収入としての価値を区別することに、彼らは失敗したからである。

すでに示唆したことであるが、不機会価値の概念が、ケアリーとバスティアによって掘り起こされたようには〔ベーム＝バヴェルクとダヴェンポートによって〕掘り起こされてこなかったことに関する二つの理由が、この見落としの背景にある。一つは、人間は豊富性の快楽経済において暮らし、それゆえ苦痛のなかから選択しないという楽観主義的な仮定である。もう一つは、人間が他の人々に及ぼす影響を考慮することなく、可能な最大の純収入を追求するという古典派理論の個人主義的仮定である。前者は、苦痛が同等であり、それゆえ無視できるほどであるという仮定によって、正のコストを排除した。後者は、純収入の個人主義的なとらえ方において正のコストを隠蔽した。しかし、われわれが個人にかえて取引の社会的概念から始めるならば、それらは隠されることなく、また、説得、強制、交渉力などの社会的関係が開示されるに至る。

これが、機会と職業とを区別する意味である。職業の考えにかわる機会の考えは、ここで定義したように、粗収入と粗支出という隠された概念を前面に押し出す。これは、利益の相反という隠された争点を明らかにし、その結果として、利益の適正な調和をもたらすための裁判所または同様の仲裁機関の必要性を浮き彫りにする。個人の概念は、ある人が彼の私的職業から得る**純収入**の概念である。これは、個人的な事柄であり、他の個人とのいかなる対立も、彼らを仲裁するいかなる仲裁機関も、公的利益に関わるいかなる争点も含まない。

---

(82)　後述、*p.* 526「利潤マージン」〔邦訳、中巻四一一頁〕をみよ。

しかし、取引の概念は、二人にとって、粗支出と等しい粗収入であり、ここには利益の対立がある。**一つの取引**において、売り手にとっての粗収入は買い手にとっての粗支出である。それに対して、純収入または純損失は、二つの取引に関わる**一人の個人**にとっての、単に一方〔の取引額〕が他方〔の取引額〕を超えたときの超過分にすぎない。同等の用語が価値とコストとして表現されるときに、同じことが当てはまる。売り手にとっての正の価値、つまり粗収入は、彼が販売したときに受け取る価格である。同様に、その取引における買い手にとっての正のコスト、つまり粗支出は、彼が支払う同じ大きさの価格である。それゆえ、粗収入の増加は売り手にとっては利得であり、買い手にとってはそれと同等の損失である。利益の対立は、いかなる価格においてもなくならない。これが、利益の対立を調停するために交渉、妥協、そして国家の介入が行なわれる理由である。

しかし、**純収入**の上昇は、購買と販売におけるこの利益の対立を隠してしまう。購買と販売は、商品とサービスの社会的産出物の取り分に関する法的コントロールを移転するという法的事実である。そのようなものとして、それは、折衝、複数の他者によって行なわれる購入注文や入札の選択、供給と需要の部分的または完全なコントロール、誘導、説得、強制、威圧など、要するに、売買交渉《バーゲニング》を含む。財の「循環」、収入の「フロー」、「交換」といった、ケネーの時代から経済理論において使用されるなじみ深い用語は、その用語の示すとおり、物理学と工学からの類推に由来する。これらの用語は、売買交渉という経済的行動および利益の対立を覆い隠した。この隠蔽は、気づかれていない。その理由は、一つには、所有権の移転がモノの引き渡しから区別されていないからである。もう一つは、純収入という個人主義的な考えから出発することによって、純収入が決定される売買契約《バーゲン》が問題として浮上しないからである。

しかし、自己中心的な個人にかえて取引の繰り返しから出発することによって、つまり、絶え間なく繰り返される粗収入と粗支出という考えから出発することによって、売買交渉取引、管理取引および割当取引が、さらに

325 利益の内在的相反が前面に押し出され、いくぶんか計測することが可能になる。他方、売り手と買い手**両方について**の個人主義的な考えを意味する複数の純収入からの選択という考えは、相反する利益を調和させうる、もしくはさせないかもしれない売買交渉の活動を覆い隠す。それに対して、「機会コスト」または「サービスコスト」、ならびに「不機会価値」または「サービス価値」によって計測される、複数の粗収入または複数の粗支出の**いずれか**のなかから選択するという考え方は、売買交渉取引それ自体において、ある人によって別の人から引き出される利得と損失の算定基準〔を提示するもの〕である。利益の対立は、管理取引と割当取引においても存在する。なぜなら、これらの取引において、希少性の原理が部分的に作用するからである。

　売買交渉の活動についての先述した分析は、グッド・ウィルと競争の意味をより十分に区別することを可能にする。それぞれが選択の自由をもっている自発的買い手と自発的売り手の価格概念に到達するために、売買交渉取引からあらゆる虚偽的広告、詐欺、縁故主義、独占、強制が剥ぎ取られるならば、われわれは、グッド・ウィルと公正な競争という二つの概念に到達する。顧客のグッド・ウィルは、自由な買い手の次のような自発的意志である。それは、買い手が同様のサービスに対して、他の所で支払うであろう価格と**同じかそれよりも高い**価格、つまり「公正な価格」を支払うという意志である。しかし、自由競争〔で現われる自発的意志〕は、その買い手が同様のサービスに対して他の所で支払うであろう価格と**同じかそれよりも低い**価格しか支払わない、つまり破壊的な価格や倒産セールさえも含む「見切り価格《カット・プライス》」しか支払わないという、その買い手の自発的意志である。ここで、諸個人相互のやり取りにおける彼らの利得と損失の大きさと社会的帰結は、次第に公的な重要性をもつ懸案事項になっていく。

　したがって、われわれは次のように問う。生産費という古典派的考えにかえて機会の選択というこれらの考えの到来をもたらした歴史的状況とは何であったのか。この問いは、十九世紀前半において生じた、個人から社会へという、注目に値する一方で、当時は異端であった移行〔の分析〕へとわれわれを導く。

(4) 分業から労働のアソシエーションと公共目的へ

一八四〇年代の十年間において、「労働のアソシエーション」は、「構想中」のものであった。われわれは、他の著書で、この十年とそれに先立つ十年は、「アメリカの歴史のなかで熱気に包まれた期間」であると述べた。あらゆる経済学者、改革者、実務家は「アソシエーション」を考慮に入れ始めた[83]。その定式化は、それぞれの創始者がもつ異なる性向に従って、異なる名称と形をとった。彼らのほとんどにとって、それはコーポレーションと名づけられた。無政府主義者にとって、それは「相互主義《ミュチュアリズム》」であった。ロバート・オーウェンやカール・マルクスにとって、それは社会主義または共産主義であった。オーギュスト・コントにとって、それは「社会学」であった。実務的なビジネスマンにとって、それは結社の自由であった。労働者にとって、それは労働組合主義であった。ケアリーとバスティアにとって、それは「労働のアソシエーション」であった。上記のすべての者にとって、それは政府から区別される「社会」であった。諸個人の集合体ではなく、社会が富を生産した。

この点で、この時代は、アダム・スミスが、政府の重商主義のかわりとした分業に対する反作用の時代であるだけではない。個人をコントロールする結社とアソシエーションのあらゆる形態に対してアダム・スミスがもった敵意に対する、反作用の時代でもあった。スミスの分業は、各個人を独立した人に、また唯一の生産者にした。他方で、彼のアソシエーション概念は、ベンサムの概念のように、ある人の生産物を他人たちの生産物に単に**付加して**、次いでその生産物を他人と交換するという概念であった。しかし、協同《コオペレイティブ》的な社会という新たなアソシエーション主義はいまや富を生産し、その後、諸個人はその富を所有し、かつお互いに移転する。

これら、新たに定式化された社会の概念からは、単純素朴な考えと魔法のような誤謬が生じた。ケアリーとバ

326

スティアは、彼らの社会概念を石器時代から現代までの社会的サービスの限りない歴史的累積とみなした。この累積は、土地、固定的な土地改良、および機械の形態における価値の累積と同じである。しかし不思議なことに、彼らにとって、社会とは、この富の歴史的累積すべてを所有する資本家と地主のことであった。とはいえ、彼らが主張するように、この価値の社会的累積のすべては、それを所有していない今日の労働者が自由に利用できるものであった。それゆえ、この社会的累積は、もしそれがなければ、諸個人が過去の歴史において繰り返してきたような、現在の必需品と贅沢品を手に入れるために実行せざるをえなかったであろう労働から、今日の労働者を「救う」のである。彼らがそれを、社会的富、社会的価値、サービス価値のどの名称で呼ぶかは些細なことである。なぜなら、この価値は、リカードとマルクスのいう価値のように、そのなかに歴史的に体化された労働力の総量だからである[84]。社会的価値の累積によるこの現在の労働の節約は、ほとんど無限大であった。これに関して、バスティアは、先述した沼地の事例においてその累積価値を、農作物を生産するために必要な現在の現業労働を合計した量の六十倍であると見積もった。現世代の有限な人間が誰でもできることという観点からすると、これは実に無限大であった。われわれは、先に個人の観点から手の届かない選択肢または同時には存在しない選択肢の誤謬と名づけたのと同様に、これを社会的価値の無限の累積の誤謬と名づける。

この誤謬を用いて、ケアリーは、リカードのいう不労所得としての地代とマルサスのいう悲観的な人口法則に対する反証を成し遂げた。人口は、農業の生産性の高い土地から低い限界地へと拡大するのではなく、生産性の

(83) Commons and associates, *History of Labour in the United States*〔以下、コモンズ他『合衆国労働史』と表記〕, *I*, p. 493以下、および Commons, John R., "Horace Greeley and the Working Class Origins of the Republican Party," *Pol. Sci. Quar.*, XXIV (1909), p. 225を参照せよ。

(84) 社会的という概念について最近なされた類似した定式化については、Anderson, B. M., *Social Value, a Study in Economic Theory, Critical and Constructive* (1911); *The Value of Money* (1917) を参照。

低い土地から高い限界地へと拡大する。つまり、開拓地は、あまり肥沃ではないが旧式な農具でも耕作しやすい丘の上から始まり、次いで巨大な資本設備を必要とするより肥沃な土地へと拡大する。過去の社会的労働力によって作り出されたこの資本設備は、例えば、排水、幹線道路、森林の除去や深耕のための設備である。これは、自然を超えて増強された力をもつ、社会的に作り出された物理的資本の累積である。このような肥沃な土地どれ一つをとっても、開拓者一個人では、その土地の現在における耕作状況にまで**再生産する**ことはおそらく不可能である。なぜなら、そうするためには、彼は一人で、自身の先祖が通過してきた歴史的段階を現在に至るまで体験しなければならないからである。リカードのいう不労所得としての地代の増加は、それがどれほど大きかったとしても、人類の歴史において所有者の土地をその現在の収穫にまで高めるために社会によって費やされてきた価値と同等ではない。それゆえ、ケアリーとバスティアの推論は、マルクスの推論と同様に、地代、利子、利潤の間の区別を除去する。社会的生産物についてのこれらの機能的諸部分はそれぞれ、そしてそれらを合計したとしても、社会が、土地と資本の現在価値に歴史的に投資してきたものに対する公正な収益よりも明らかに小さい(85)。

しかし、富の社会的累積という物理的概念によって、ケアリーとバスティアは、私有財産に彼らが与えた新たな意味について矛盾を抱えることになった。ジョン・ロックとアダム・スミスは、自身が生産してきたものの所有者としての個人という概念を用いることによってこのような矛盾を免れている。また、マルクスは共有財産という彼の考え方によってこのような矛盾を免れている。ケアリーとバスティアによれば、個人的専有者は、彼が生産したものではなく、社会が生産してきたものを所有する。これはロックとスミスの場合とは異なっていた。ロックとスミスの場合、諸個人は各々が以前に生産してきたものを他の個人と交換するのみで、社会の全生産物は個人の生産物を単に足し合わせたものにすぎなかった。

327

明らかに、ケアリーとバスティアは、労働のアソシエーションという新たに発見された原理を単純素朴に使用しすぎていた。正確にいうと、彼らはカール・マルクスの手中に陥っていたのである。彼らの議論は、社会主義者、無政府主義者、共産主義者の時流にのった攻撃に抗して、地代、利子、利潤として現在の専有者が獲得したものを何であれ正当化するという以上の目的をもった、誤った特殊な弁論であった。新たに出現しつつあった社会主義者、無政府主義者、共産主義者も、個人的生産にかえて、ケアリーとバスティアと同じ社会的生産に自身の議論の基礎をおいていた[86]。

リカードの時代からの現代経済学は、一八四〇年代の社会理論からより強い刺激を受けて、次のような問題の対処にますます忙しくなっていった。それは、有限数の諸個人と諸コンサーンが社会的産出に提供する限定量のサービスを計測するという問題、ならびに、そのサービスの価値と、個人がそのサービスに対して社会から現在あるいは将来に繰り延べて受け取る報酬とを比較するという問題である。一八四〇年代のアソシエーションに関する誤謬を暴くための精神的道具は、いくつかの新しい概念と実践のなかに見出される[87]。例えば、富の累積にかえてアイデアの累積を用いること、過去になされたあらゆるサービスからの無限の総累積にかえて単一のコンサーンに対する補償されないサービスの**純**累積を示す会計記録を使用すること[88]、富の蓄積にかえて減価償却による富の**回転**を用いることである[89]。

---

(85) ケアリー、バスティア、そして先行する経済学者たちのいずれもが都市の地代論をもたなかったことに、留意すべきである。都市の地代論は、のちに機会コストの理論の一つの応用として現われた。後述、*p. 805*「課税のポリスパワー」〔邦訳、下巻三二九頁〕をみよ。

(86) ケアリーとバスティアに対して以下の者によってなされた他のコメントを参照のこと。ベーム＝バヴェルク『資本と利子』、ジード・リスト『経済思想史』、ヘネー『経済思想史』（一九三三年の改訂版）、Scott, W. A., *The Development of Economics* (1933)。

(87) 後述、*p. 649*「ヴェブレン」〔邦訳、下巻八九頁〕をみよ。

(88) コモンズ『資本主義の法律的基礎』p. 203〔邦訳、二六二頁〕。

ケアリーとバスティアは、現世代の人々が過去のサービスに対して支払う価格として、リカードの**生産費**のかわりに**再生産費**を用いることによって自らを守った。私有財産の誤った正当化という目的を別にすれば、彼らは、過去の社会的サービスの無限の累積は土地と資本設備のあらゆる現在価値のなかに埋め込まれているという考えをもつことができなかった。この過去のサービスは、減価償却、損耗、陳腐化によって消失していく。そこに、新たなサービスと改良が古いサービスの上に再び現われる。それらは、富の累積に基づくのではなく、富の生産における効率性の急速な上昇をともなう、アイデアの反復と累積に基づくのである。その結果、われわれの売買交渉取引の公式を参照すると、蓄積されたいかなる富の現在価値も、その富を再生産するための現在のコスト 328 （百十ドル）を超過しえない。その理由は明らかに、過去から蓄積されたいかなる富に対する買い手も、生産時点でのその特定の労働コストがどれほど大きかろうと小さかろうと、競合する売り手からそれと同等のものを現在の再生産費（百十ドル）で購入するという代替案を**現在**もっているからである。これは、ケアリーとバスティアのサービス価値（または不機会価値）の基準線である。また、これによって、より低い現在の生産費で販売する代替的な生産者にアクセスすることを通じた労働の**節約量**が計測される。このより低い生産費の理由は、この生産者が社会的富の歴史的増加を利用するからではなく、社会的効率性の歴史的増加を利用するからである。

それゆえ、ケアリーの**再生産**費は、彼とバスティアを、前述した彼の議論がもつ誤謬から救い出す。その議論とは、所有者自身ではなく社会が生産したものの所有権という考え方による私有財産の倫理的正当化であった。この議論は、共同所有制度の支持者たちに対する彼の応答であり、またこの支持者たちがリカードの**生産費**を用いることに対して必要な修正であった。その理由は、社会が生産してきたものを私的に所有することを非難するために、この支持者たちは生産費という概念を用いてきたからである。しかし、ケアリーにとって、私的所有者は現在の再生産費よりも大きい社会的富を獲得しないし、またそれよりも小さな社会的富を支払いもしない。こ

329

のことは、賃金に加えて、地代、利子、利潤にも同じく適用された。

そのため、自由で、平等で、かつ迅速な競争という彼らの仮定に基づくと、売り手によって課される価格と買い手によって支払われるそれと同じ価格の間の均衡点は、再生産費にあることは明らかである。それゆえ、均衡についてのこれらの仮定に基づくと、ベーム＝バヴェルク、グリーン、ダヴェンポートによってのちに提示された機会コストの教義は売り手の観点からみたものであるが、買い手の観点からみたケアリーとバスティアの不機会価値の教義とまったく同一である。明らかに、われわれの売買交渉取引の公式において、機会コストは買い手の百と〔別の〕買い手の九十の差によって計測され、また不機会価値は売り手の百十と〔別の〕売り手の百二十の差によって計測される。とはいえ、百十が再生産費であるならば、そして自由、平等、迅速な競争がその再生産費にまで価格を引き下げるならば、売り手にとっての機会コストは九十と百十の差によって計測され、買い手にとっての不機会価値は百二十と百十の差によって計測される。いずれもこの取引によって百十を獲得するが、この利得は、苦痛と快楽の経済学の計測不可能な心理主義的利得ではない。これは次善の売り手によって要求される代替的価格（百二十）、または次善の買い手によって提示される代替的価格（九十）にかえて、再生産費を選択するという計測可能な経済的利得である。

とはいえ、均衡の教義の基礎にある三つの仮定、つまり自由、平等、迅速性が退けられるならば、われわれは、われわれの公式が、強要の限度についての法的教義にまさに当てはまることを見出すであろう。[90] われわれは、どうしてそうなるかを、ケアリーとダヴェンポートの理論と、「新古典派」の最高の唱導者、または均衡経済学者

(89)　前述、*p. 294*「循環から反復へ」〔邦訳、中巻六七頁〕をみよ。

(90)　後述、*p. 331*「強要の限度」〔邦訳、中巻一一一頁〕をみよ。

であるアルフレッド・マーシャルの理論とを対比することによって理解することができる。

（5）代替の法則

二つの概念、つまり機会コストまたはサービスコスト、および不機会価値またはサービス価値が、自由競争の仮定の下ではそれらの違いを留意することなく相互に用いられうることは、マーシャルが「偉大なる代替の法則」と呼ぶものから理解されるであろう。マーシャルは、しばしば、この法則は「競争の行動に関わる」と述べた[91]。彼は、彼の代替の原理の二つの側面、つまり「**所与の出費**をもって**より素晴らしい結果**を得ること、もしくは**より小さな出費**をもって**同等の結果**を得ること」について述べた。前者は、われわれの理解では売り手の観点をとっており、またそれはダヴェンポートの機会コストである。後者は買い手の観点をとっており、またそれはケアリーとバスティアの不機会価値である。

マーシャルは、前者と後者を同等のものとして用いる。彼曰く、ビジネスマンは「**同じ結果**を得るために利用されうるさまざまな生産要素の、効率性と供給価格を継続的に比較している。そうする目的は、任意の**所与の経費**と比較して最大の収入をもたらすであろう、生産要素の組み合わせを探し出すことである。言い換えれば、彼は絶えず代替の法則に支配されているのである[92]」。

これはダヴェンポートの機会価値である。そこでは**経費は不変であり**、収入は変化する。

しかし、マーシャルは続ける。「利用されるそれらの要素の供給価格の合計は、概して、それらと代替可能であった他のいかなる諸要素一式の供給価格の合計よりも小さくなる。生産者にとってそうではないと思われる場合には必ず、彼らは、通常、**より小さな出費の方法**に代替しようと努力するだろう[93]」。

これは、ケアリーとバスティアの不機会価値または「再生産費」である。そこでは、**収入は不変であり**、経費は変化する。

このことから、マーシャルの「代替の法則」は、リカードの「**生産費**」に対比されたケアリーの「**再生産費**」にほかならないということがわかる。H・G・ブラウンは、[94] ダヴェンポートの機会コストおよびケアリーの不機 330 会価値を、両方とも「再生産費」と同等のものであるとして、同一とみなした。ただし、再生産費の概念は、ダヴェンポートからではなくケアリーからもたらされたものである。

マーシャルの代替の法則についてのこのような二重の意味づけに固執することは、過剰なまでのあら探しであるかのようにみえるかもしれないが、われわれが個人主義的観点から社会的な観点に移行しようとしている場合、また否応なく社会的観点に立たねばならない裁判所の価値理論へと移行しようとしている場合、われわれの主張はあら探しではない。マーシャルは個々の起業家およびその起業家の**純収入**を考えているのであり、そこには利害の対立はいっさい存在しない。しかし、裁判所は、原告であれ被告であれ、ある個人を、同じような状況におかれているすべての個人の間で慣習となっているものと比較している。判事や仲裁人は、すべての当事者が法の前で平等に取り扱われる場合に、どちらかの当事者に役立つ**であろう適正な**代替案とは何かを追い求める。[95] これ

(91) Marshall, A. C. *Principles of Economics*（一八九一年刊行の第二版から引用。一八三〇年刊行の第八版でも大きくは変わっていない）, pp. 401–402, 414–415, 554–559〔第八版の邦訳、永沢越郎訳［一九八五］『経済学原理』岩波ブックセンター、第三分冊、二七、四六—四九、一一八—一一九頁、以下、マーシャル『経済学原理』と表記〕.

(92) マーシャル『経済学原理』p. 414〔邦訳、第三分冊、一一八—一一九頁〕。

(93) 同書、p. 554。ゴシック体は引用者による〔邦訳、第三分冊、二七頁〕。

(94) 後述、*p. 805*「課税のポリスパワー」〔邦訳、下巻三一九頁〕をみよ。

(95) 後述、*p. 719*「理念型」〔邦訳、下巻一九四頁〕をみよ。

は、その時と場所で慣習となっているものの調査を要請する。適正なサービス価値とは、同じ状況におかれている別の**買い手たち**が、なされたサービスに対して支払うであろうものである。それに対して、適正なサービスコストとは、同じ状況におかれている別の**売り手たち**が、なされたサービスの報酬として受け取るであろうものである。**自由**競争、および効用ないし収益性についての均衡マージンというマーシャルの問題設定は、しかしながら現実の実践においては有害であるか、不当であるか、もしくは差別的であって、**公正な**競争、**平等な**機会、**適正**価値という問題設定に取って代わられる。この点に関して、その時と場所における慣習と機会のすべては、次のようなことを求める個々の原告や被告の慣習および機会と比較される。つまり、彼らは、判事や仲裁人というかたちでの社会に対して、他の当事者やすべての当事者たちの意志に反して自らの意志を執行するのに役立つような、集団的な威力をもたらすことを求めている。

また、マーシャルが述べているような、すでに経済学者たちによって特定されている、競争に対する明白な諸関係についての細かすぎる主張に、われわれが取りかかったようにみえるかもしれない。しかし、代替案のこのような選択があらゆる事例においてもたらすまさに根本的な変化に着目するならば、われわれの主張は細かすぎる主張ではない。それらの事例においては、均衡理論とは反対に、競争は全面的に自由で、平等で、即時的なものではない。またさらには、これらの機会概念が、正の生産費という古典派の考えおよび正の苦痛と快楽という快楽主義学派の考えから、代替案の選択という意志的な考えへの移行を示すものであるということに着目するならば、われわれの主張は細かすぎる主張ではない。利害が対立する大部分の事例を制度的観点からとらえる者の典型である弁護士は、感情も「原理」も求めない。彼はあらゆることを金銭で見積もることに集中する。彼が求めるのは、相手方の当事者の行為のせいで自らの顧客が直面していることの、次善の代替案とは何か、である。そしてその損害は感情に基づいて（「心の慰め」という内なる法を除いて）算定されるべきではなく、代替案と

331

なる金銭で見積もることによって算定されるべきである。そのためには、社会がそのすべての構成員に対して平等に与えると想定される諸機会を享受することに関して、彼自身の顧客を、その相手方と金銭的に対等な状態に引き上げることが必要となろう。非制度主義者たちの作業仮説が仮定するように、もし競争が、つねに申し分なく自由であるならば、その場合、競争と機会の選択との間に重要な違いはまったく存在しないであろう。しかし弁護士は、経済学者たちよりも「機会主義的」であり、また経済学者ほど「原理的」ではないけれども、そのために人々のすべての階級が不平等であるという経験に日々接している。彼は、他の諸個人が所有し、コントロールし、あるいは留保《ウィズホールド》している社会的諸機会との関係のなかで個人の経験を直接的に取り扱っており、そのような世界では再生産費での均衡などまったく存在しない。なぜならひとえに、競争の完全な自由も、完全な平等も、あるいは完全な即時性も存在しないからである。したがって、われわれは次に、人々が直面しているより現実主義的な代替案を考えねばならない。これらをわれわれは強要の限度と名づける。

(6) 強要の限度

ここでわれわれは売買交渉取引の第三の次元に接近するのであり、それをわれわれは、再生産費にかえて交渉力《バーゲニング・パワー》と名づける。われわれの公式においては、売り手Sが買い手Bに対して百二十ドル以上の支払いを無理強いできないことは明白である。なぜならこの限界点以上では競争相手S^1が売り手としての位置を占めるからである。買い手Bもまた売り手Sに対して九十ドル以下で承諾することを無理強いできない。なぜならこの限界点以下では競争相手B^1がSから購入するだろうからである。これらの限度、つまり百二十ドルと九十ドルを、この想定上の取引にとっての強要の限度と名づけても差し支えないであろう。その状況下ではそれらは、SとBが**自由**ではあるが、**不平等な**機会を有する限度である。

われわれはこれらの限度をことさら大きな幅をもって設定した。**再生産**費での均衡へとコストと価値をともに導く、自由で、平等な、即時的な競争という条件で考えることに慣れた人々にとっては、この大きな幅は、ばからしいことにみえるかもしれない。しかしこれらの非常に大きい幅をもつ限度はまさしく中世に現われていた希少性の状況であった。その時代には、公開市場、ギルド、主権者たちは、自ら交易を規制するルールを採用していた。そして、それらは、現代のルール形成の試みが取り扱おうとしている、能力をさほどもたない交渉者たちが存在する状況の多くについての典型であり続けている。そこには、手の届く諸代替案によって決定されているこれらの強制の限度内の、どこで価格は決定されるのかという問題がある。もし売り手Sがより強力な交渉者であり、供給に限りのある商品をコントロールしており、しかも、売り手Sは買い手Bよりも売買を長く留保できるほどの豊富な資源をもっているのであれば、その場合、売り手Sは、次に強力な競争相手であるS_1がBに提示している、自由な機会の限度〔百二十ドル〕まで達する高い価格を買い手Bに強いることができる。逆に、もし買い手Bがより強力な交渉者であり、Sが有する販売の必要性ほどには購入の必要性を有していないのであれば、その場合、買い手Bは限度まで価格を引き下げることをSに強いることができる。その限度とは、SがB_1に対して売るという自由な代替案が示す九十ドルである。これらの強要の限度の間にあるどこかで、つまり百二十ドルと九十ドルの間のどこかで、売り手Sと買い手Bとが合意する実際の価格が見出されるであろう。それが自由競
332 争と平等な機会との相違なのである。

ここで連動《コンサーテッド》した行動の増大と利潤マージンの減少という現代の経済がもつ二つの特性ゆえに、次の二つの問題が前面に現われる。これらの問題は過去三十年ないし四十年の間に非常に多様なかたちで裁判所に持ち込まれ、裁判所にはない調査権限をもつ委員会の創設を要請した。これらの問題とは、適正な差別なのか、それとも不適正な差別なのかという問題であり、自由な、または公正な競争なのか、また適正な価格なのかといった問題であ

る。その問題はわれわれの売買交渉取引の公式から例証されるかもしれない。

これらの問題のそれぞれは説得と強要の折衝心理学と関係があり、またそれらは強要が始まり説得が終わる点を調査することでもある。われわれの公式では、もし会社ＳがＢに百ドルで、またＢ[1]には九十ドルで売るならば、その場合低いほうの九十ドルという価格が適正なサービスコストであったのかどうかという問題が生じる。したがってＳがＢから獲得した十ドルの剰余は、ＢよりもＢ[1]を利する不適正な差別なのかという問題が生じる。いずれにしても生じるのは、古典派経済学の生産費という問題でもなく、あるいはケアリーとバスティアの再生産費という問題でもない。あるいは、もし買い手ＢがＳに百十ドルを、またＳの競争相手であるＳ[1]に百二十ドルを支払うならば、百二十ドルが適正なサービス価値であるのかどうかが争点となる。したがって百十ドルが、Ｓよりもその競争相手であるＳ[1]を利する十ドルの差別であるのかどうかが争点となる。われわれはのちに、差別および適正なサービス価値ないしサービスコストというこの経済的倫理的争点が一九〇一年までアメリカ最高裁判所による解決へ至らなかったことをみるであろう。(96) それは、経済的には、適正な強要の限度を確かめるという争点である。同様の争点は、あらゆる労働取引に関して、また借り手に課せられる利子率に関してなど、頻繁に現われる。この争点についての調査は、考慮されるべき要素の一つとして、正の生産費を調べるという形態をとるかもしれないが、社会的問題となるのは適正な差別と不適正な差別である。

また、自由で公正な競争という別の争点に関していうと、われわれの公式からすれば、それは、適正な差別と不適正な差別という争点から不可分であることがわかるであろう。どちらか一方の争点の変化は、もう一つの争点の変化を引き起こす。これら二つの争点は、**商慣習法**とコモン・ローにおいては数百年前から存在するが、そ

(96)　後述、*p. 773*「希少性、豊富性、安定化」〔邦訳、下巻二七三頁〕をみよ。

れらは、巨大株式会社と利潤マージン幅の狭まりとが現われた現代において、きわめて重要な社会的争点となっている。仮に、われわれの公式において、自身の生産物を百二十ドルで売りたい売り手S^1が、自らの競争相手Sは不公正に百十ドルに値下げしているとクレームをいったとしよう。あるいはまた、九十ドルしか支払う余裕のない買い手B^1が、自分の競争相手であるBはB^1の労働者や幹部を百ドルを支払って引き抜いたことについて、苦情を申し出たとしよう。いずれの場合においても、提起されている争点は、自由競争が公正な競争であるかどうかである。売り手競争における争点は百十ドルないし百二十ドルが売り手にとっての適正なサービスコストであるかどうかであり、買い手競争における争点は百ドルないし九十ドルが買い手にとっての適正なサービス価値であるかどうかである。生産費も再販価格も、証拠となる材料として以外では、問題にはならない。というのも問題となっている社会的争点は、この取引において、競争者たちがお互いに対して公正に活動しているかどうかだからである。

いずれの場合においても、すでに述べたように、適正な価格についての第三の問題が存在し、それゆえ、ここで、説得と強要の折衝心理学が現われる。快楽主義経済学者たちは、この折衝心理学を、苦痛と快楽という彼らの教義の特殊事例として、取り込むかもしれない。だが、その違いは非常に大きいので、快楽主義的概念は意味をもたない。この折衝心理学はドルで計測されねばならない種類の心理学である。説得と強要の間に明確な線を引かなければならないし、金銭に見積もってこの線を引く裁判所の努力もまた、適正価値の問題である。自発的な買い手と自発的な売り手の間で同意された価値としての適正さの基準から始めて、双方が相手を強要してないゆえにそれぞれが相手を説得したといいうる点を確定しなければならない。そのような事例において、社会的観点をとる裁判所によって実際に決定されるのは、それぞれの適正なサービスコストと適正なサービス価値によって正当化される社会的生産物の取り分と比べて、一方の個人がより多く獲得しているかどうか、また他方の個人がより少なく獲得しているのかどうかということである。もし一方がこのように正当化される以上に多くの取り分を獲得しているならば、その場合、彼は他方を強要しており、他方は強要されている。一方の**支出**はもちろん他方の**収入**と等しい。それは古典派経済学の決まり文句である。しかし社会的問題は、一方がより多くの取り分をあきらめているかどうか、また、したがって他方が社会的生産物の「適正な」取り分以上に多くを受け取っているのかどうかである。もしそれぞれが自身の適正なサービスコストと自身の適正なサービス価値によって正当化された取り分を獲得しているのであれば、彼の正のコストないし彼自身にとっての正の所得がいかに多くとも、価格は人を納得させるものであり、価値は適正である。

　説得と強要との間にあるこの点を確定し計測することが、困難かつ複雑であることは認めなければならない。また、この点の確定と測定は部分的には感覚と情感に左右されるが、主には交渉力の歴史的発展に左右されることも認めなければならない。それゆえこの点の確定と測定は重要なのである。なぜなら、どのような判定になるかによって、何億ドルにも値する社会的生産物が、ある個人や階級から他の個人や階級へと、法的見解を介して移転されるからである。実際、適正価値というこの問題に関する一つの判定に基づいて、百億ドルが、高い貨物運賃や乗客運賃というかたちで鉄道会社へ向かうべきなのか、それとも低い貨物運賃や乗客運賃というかたちで何百万の人々へと向かうべきなのかが決定されてきた。

　コストと価値がもつさまざまな意味づけを区別するために、われわれは機会コストおよび不機会価値という用語を用いてきたが、それらは単に、売買交渉取引にともなう折衝でおなじみの事柄を示すための技術的な用語にすぎない。例えば、五千ドルの給与を受け取っているある大学教授が、別の研究機関から九千ドルを提案されて、自分を雇用している大学を相手に五千ドルという自分の給料の増額について交渉を始めているとしよう。そして彼は五千ドルで大学に残ることを決意するとしよう、その場合、大学に残ることは彼にとって損失ではないだろうか。それによって彼は四千ドルの損失を被っているが、それは彼の**支出**コストが四千ドル増大したからではなく、彼が大学に残ることを選択したことによって**代替的な**四千ドルという収入を失ったからである。

しかし大学に対する彼のサービス価値とは何であるのか。彼のサービスにどのくらいの値打ちがあるのか。彼が他のところで獲得できたであろうものと比較する以外に、誰にもそれはわからない。その大学は、次の代替的な買い手が九千ドルの値打ちがあると思っているサービスを、五千ドルで得ている。これらは、交渉における「議論の裏づけ《トーキング・ポイント》」にすぎないといわれるかもしれない。なぜなら、貨幣以外の考察も、議論の裏づけとして存在するからである。だが「議論の裏づけ」は折衝心理学の神髄に関わることである。もし、通常の売買交渉取引の事例のように、議論の裏づけが貨幣のほかに存在しないならば、その場合、われわれは単純に貨幣だけについて考察し、それによってサービスコストとサービス価値を計測する。その教授には九千ドルの「値打ち」がある。というのも彼は、別のところでは九千ドルの「値打ち」のあるサービスを大学に与えているからである。そしてその大学はある剰余を獲得している。なぜならその大学はそのサービス価値より四千ドル少なく彼に支払っているからである。九千ドルは、**大学にとって**、不機会価値、ないし彼のサービス価値である。その教授が共同体、ないし社会にとってより多くの値打ちがあるかどうかは、別問題である。これが**適正な**サービス価値の問題である。

他方で、その教授は大学に対して四千ドルを寄付している。なぜなら大学にとどまることを選択することによって、彼はそうした代替的な所得額を犠牲にしているからである。九千ドルは、彼にとって、機会コストないし彼が与えるサービスの、彼にとってのコストである。

別の例示が考えられるかもしれない。ある賃金労働者は即金払いの必要に迫られているが、彼がもっているのは二週間後に支払われるはずの二十ドルの期待賃金だけである。彼は給与買い取り業者宛てに自らの賃金の譲渡

335

証書をつくり、この業者は十八ドルを彼に支払う。彼が実際にこの金貸しに対して支払っているのは二ドルであり、それは賃金の支払いの二週間前に十八ドルを使うためである。その二ドルは二週間当たりで一一パーセント、あるいは一か月当たりでは四〇パーセントの利率に等しい。年率で計算すると、彼は一年当たり二四〇〜二八〇パーセントの率で利息を支払っている。

小金を借りる人々についての、このような経験およびこれに類似した経験を根拠に、**適正な**サービス価値の問題が生じた。これらの経験から案出されたのが、いわゆる一律の「少額貸付法」である。この法律は、総額三百ドル以下の未払い額に対して、一か月当たり三・五パーセント、一年当たり四二パーセントの利息を請求する権限を付与された認可会社を創り出し、また、その利率を超えるいかなる利率の少額貸付も違法であるとした。この法律は多数の州で採用された。それは、困窮して小金を借りる人々にローン会社が与える**適正な**サービス価値に関するそれらの州の標準であった。ここにはまさしく、社会の代弁者である立法者が適正であるとみなす代替案を、困窮する借り手に対して提示しようとする組織された社会がある。

しかし、第一印象では、諸州は高利の利率を公認したようにみえる。しかし、通常の法定利率で商業銀行から借りることができないこのような借り手階級が、この法律制定以前に当時利用可能であった代替案のみを考慮するならば、一か月当たり三・五パーセントの利率は、実質的に以前の代替案より低い利率であった。先に引用した実例では、二週間で十八ドルを使うために二ドルを支払っていたが、一か月当たり三・五パーセントの利払いでは、約三十二セントの支払いでよくなったのである。

この例は、また、不機会価値の特殊ケースである。つまり、代替的なより高い支出を回避する機会をもつことの、この人にとっての価値を示す。三・五パーセントの利率は、銀行に受け入れられる高い信用力をもっている人が商業銀行に支払う利率と比較すれば、高く、高利であるけれども、それでもまったく信用力がなくなおかつ困窮した環境にいる人にとっては、三・五パーセントの利率は明らかに、その次に悪い代替的な利率よりも低い。彼は、以前の経済的環境にそのままでいるよりも、暮らし向きがよくなる。また一か月当たり三・五パーセントの利率でも彼の犠牲は実に大きいけれども、それは一か月当たり一〇パーセント、二〇パーセント、四〇パーセントよりはまだましなのである[97]。

われわれはここで、機会、競争、価格のこのような相互依存関係について、さらなる例を示すには及ばない。その公式は普遍的であり、すべての事例に当てはまる。それらの相互依存関係は、大きな多様性と複雑性をもって繰り返される。なぜならその三つの要素はどれもが、無数の取引において大いに可変的であるからである。しかしながらその公式が、取引の道しるべを与える。われわれは、古典派および快楽主義学派の経済学者たちが使った仮説的な物語という方法により、その公式のほうへと話を進めてゆこう。

(7) クルーソーからゴーイング・コンサーンへ

ベーム＝バヴェルクの仮説的物語から始めよう。そこではロビンソン・クルーソーが一人で島にいると想定されている。これは仮想的に社会を排除するのに十分ふさわしい方法である。クルーソーは食べるために働かねばならない。食べることは効用であり、また魚にかえてウサギを選択することはより高い効用の選択であり、このウサギは、それに先立つより少ない効用を、つまり魚を犠牲にしている[98]。魚を回避することはウサギを選択することの効用コストであり、またその差が剰余効用である。

これをケアリーとバスティアの議論に変換してみよう。クルーソーはウサギを得なければならない。なぜならそこには魚がいないからである。彼は罠を仕掛けたり、追い立てたりしてウサギを獲ることができる。彼はより容易な方法として罠を仕掛けることを選択する。彼は追い立てるという労働を「節約する」。この回避された労働の大きさは、彼にとって、ウサギに罠を仕掛けるというより容易な労働の不効用価値であり、また罠を仕掛けることと追い立てることとの差が、「節約された」純粋な剰余労働である。

しかしその島には二人の人間、つまりクルーソーとフライデーがいると想定してみよう。二人とも、他方と取引をするか、それとも自分自身の独立した労働で暮らしていくかしかなく、それ以外のいかなる代替的な機会をも有していないとしよう。また、権利を強制したり、自由を擁護したりするいかなる統治機関も存在しない。それぞれが自分自身の力を頼みにしており、またそれぞれが自分自身の生産物として保有しているものはどれも他方が必要としているものである。

二種類の強要が想定され、それをわれわれは威圧と強要とに区別する。両方の当事者たちは暴力に訴える。強者は弱者から強奪する。これが威圧である。その後、強者は暴力なしで、暴力の脅しでもって、弱者から強奪し続ける。威圧は暴力であるだけでなく、暴力の脅しでもある。暴力は代替案であり、誘因である。威圧された個人は二つの代替案を提示され、厄介さがより少ないものを選択する。われわれは、彼が「まったく選択肢をもっていない」というかもしれない。しかし彼はそれをもっている。彼はより苦痛の少ない労働を選択しているのである。回避されたより大きな痛みをもたらす暴力は、彼にとって、クルーソーが彼に対してより苦痛の少ない隷

（97）少額貸付法については、Ryan, F. W., *Usury and Usury Loan*（1924）; King, W. L., *The Small Loan Situation in New Jersey in 1920*, published by New Jersey Industrial Lenders Association, Trenton, N. J.（1929）; Fisher, C. O., "Small Loans Problem: Connecticut Experience," *American Economic Review.*, XIX（1929）, 181; *Personal Finance News*, published by the American Association of Personal Finance Companies, Washington, D. C.; Towsend, Genevieve, *Consumer Loans in Wisconsin*（1932）をみよ。

（98）ベーム＝バヴェルク『資本と利子』p. 278以下、および『資本の積極理論』（*The Positive Theory of Capital*, tr. by Smart, 1891）第3巻、価値に関する箇所をみよ。

属を提示することによって与えるサービスの価値である。フライデーは剰余を獲得しており、暮らし向きはよくなっているのである。

しかし当事者それぞれは身体的に他方と等しいと想定してみよう。つまり二人のクルーソーがいると想定しよう。この平等化の想定によって、暴力と暴力の脅しは無効になる。それぞれは他方が生産し保有するものを望んだり、求めたりする。それぞれは他方に対して与えないで《ウィズホールド》おく身体的力を同じ程度に有している。それぞれはい
337
まや他方に対して相異なる一連の諸代替案を提起する。その諸代替案はいまや暴力の威圧ではなく、彼は求めているが他方がそれを与えないでおくものを我慢するという希少性である。

しかし希少性の力は、威圧の力と同様に、不均等かもしれない。これをわれわれは強要と名づける。それは対立する当事者たちがもつ相対的な欲望と諸資源とに依存している。しかし、諸資源は対応する欲望を充足する手段以外の何物でもないので、また欲望の充足は時間の流れのなかで諸資源を枯渇させるので、交換比率を決定するそれぞれの力は、他方が降参するのを待つ彼らの相対的な力に依存している。より多くの資源やより少ない欲望をもつ者は、他方よりも長く待つことができる。彼は、自身により多くの待つ力を与える、より多くの豊富性の力をもっている。また、他方のより多くの量のサービスとの交換という点で、彼は最終的には自分自身の生産物により高い価値を与えることができる。こうして他方に対して与えないで《ウィズホールド》おく身体的力が同等であるならば、またいかなる代替的な機会も存在しないならば、その場合、交換における価値は、所有物の相対的希少性によって、および待つというそれとは逆の経済的力によって決定される。しかし、いずれの場合も、交換が最終的になされるとき、それぞれが他方に与えるサービスの価値は、彼が自身の放棄したものを他方に譲ることによって実際に被っている苦痛と比べてより大きい、被ったかもしれなかった苦痛である。彼が回避しているこのより大きな苦痛は、一方が他方に与えているサービスの価値である。それはリカードの比較生産費であり、ケアリーとバ

338

スティアのサービス価値である。

しかし最後に、欲望と比べたときの資源は等しく、それぞれは同等の待つ力を有していると想定してみよう。この場合では、平等化によって威圧という身体的力が無効になったのと同様に、平等化によって希少性という経済的力が無効になる。それぞれはわれわれが「説得」と名づける道徳的力に頼らなければならない。それぞれは他方に対して他方が自由に拒否できるサービスを提示しなければならないし、またその結果、それぞれは自分たちが選択の自由をもっていることに訴えて他方を説き伏せねばならない。つまりそれぞれは「相手の好意《グッド・ウィル》」に頼らねばならないし、説得に頼らねばならないのであって、彼らは法学の「理念型」に、すなわち「自発的買い手と自発的売り手」の「合意《ミーティング・オブ・マインド》」に到達したのである。

しかしクルーソーとフライデーの説得力が同等ではないと想定してみよう。一方は他方よりも優れたセールスマンである。詐欺、虚偽表示、無知、愚鈍に関するさらなる不平等もある。これらもまたおそらくは、ギリシャ人がギリシャ人に出会うときに、あるいはユダヤ人がスコットランド人に出会うときに生じると想定されるように〔「両雄並び立たず」ということわざが示すように〕、平等化によって排除されうる。

こうしてわれわれは、〔平等化による〕排除を通じて、心理学における四つの段階を分析してきた。第一は自然の威力に対する人間の関係の段階であり、そこでは効用コストと不効用価値という用語が技術的には妥当であるように思われる。第二は人間に対する人間の関係の段階であり、そこでは機会と不機会という用語が適切であるように思われる。しかしこれには人間の能力についての三つの異なった段階、すなわち身体的威力、経済的力、道徳的力が必要である。われわれは第一のものを威圧、第二のものを強要、第三のものを説得と名づける。威圧は身体的威力の直接的な、あるいは脅迫的な無理強いである。強要は、与えないでおく《ウィズホールド》という経済的力の間接的強要である。説得は誘引という道徳的力である。

これらの力それぞれは、想定された平等化によって次々と排除されると想定されている。というのもそれらは、平等化の想定によって均衡に達すると想定されるときには、威力、力、あるいは強要として現われないからである。

しかしこの理念的平等化を行なうためには、われわれは自身の島〔クルーソーが住んでいた絶海の孤島〕を離れて、再び最初から議論を始めなければならない。多くの人々がクルーソーとフライデーを取り囲んでおり、そして、ある統治機関が彼らを統治していると想定してみよう。身体的威圧はいまや想定によってではなく、統治機関によって平等化されている。フライデーはクルーソーの従僕かもしれないが、それは、クルーソーが身体的、経済的、あるいは道徳的に優れているからではなく、国家がフライデーに服従を強いているからである。また国家はクルーソーを、彼自身の根拠に乏しい力の優位への依存から解放するとともに、第三者がフライデーに対して代替的な機会を提示することを防止するからである。クルーソーが説得したり、強要したり、むち打ったりするのかどうかは問題にならない。というのもフライデーは、市民ではなくモノだからであり、彼らの間にある唯一の関係は命令と服従という管理取引であって、購買と販売という売買交渉取引ではないからである。

しかし国家がフライデーに人権と財産権を授けていると想定してみよう。つまり、アメリカ合衆国憲法修正第十三条と修正第十四条が成立していると想定してみよう。その場合、彼は市民に転じる。国家が授けたものは、経済的にみれば、サービスと生産物を与えないでおく《ウィズホールド》という対等な身体的力である。身体的威力は、仮定上、市民権の平等と法の下の平等によって排除される。私的な暴力および暴力による脅しは禁じられ、そして、主権だけが脅し、身体的威圧を行使する。いまや、それぞれは、他方が降参するまで待つという経済的強要に頼らねばならない。

しかし国家は経済的強要に関する平等を強制できない。国家ができる最善のことは、上限と下限を設定するこ

339

とである。経済的平等を強制するには、欲望の平等、苦痛の平等、そしてモノの価値に関する意見の平等でさえも、強制することが必要となるであろう。おそらく、国家は、ソヴィエトがそうしているように、私的な売買交渉にかえて共産主義的割当を通じて、諸資源の平等な分配を授けるかもしれない。しかし諸資源は、想定上の計算貨幣によって計測されて数字上平等にされるかもしれないが、それでもなおそれらは心理的には平等ではないであろう。というのも、モノは質と量において平等であると想定されているが、諸個人の欲望と嫌悪の違いは、モノの価値における違いへとただちに帰着するであろうからである。

国家はまた、私的な売買交渉を公認するとしても、説得を平等化することもできない。説得とは、ある者の他の者に対する威圧や強要をともなわない心理的力であり、これによってそれぞれは有利な交換比率でサービスを提供するように他の者を誘導するのである。欲望と嫌悪が行為を誘導する力の程度が〔人によって〕異なっているように、説得が行為を誘導する力の程度も〔人によって〕異なっている。実際、願望、嫌悪、セールスマン精神におけるこれらの差異こそが、個性を構成しているのである。これらの差異を平等化するかわりに、また平等化を回避しながら個性の範囲を広げるべく、国家は強要ないし詐欺の上限と下限を設定するかもしれない。そして、この限度を超えて経済的力を個性のかわりに用いることは許されなくなる。もし国家が、個性による説得と経済的力による強要との間にこれらの限度を設定しないのであれば、その場合、民間の諸アソシエーションが、ビジネス倫理、労働組合倫理、職業倫理、商業仲裁ないし労働仲裁などといった名の下でそれらを設定しようとする。[99] もし裁判所がこれらのルールを採用し、義務化するならば、その場合、慣習はコモン・ローとなる。

したがって、われわれの議論はいまや、売買交渉取引に関わる裁判官および仲裁人の心理へ移る。このことは

(99) 後述、*p. 874*「個性と集団的行動」〔邦訳、下巻四一七頁〕をみよ。

必然的に、先述のような仮定に基づく特徴にかわって、歴史的特徴をともなう。利害の対立から生じる争いの判決は、正義を獲得するためよりも、むしろ無政府状態や暴力を回避するために、したがって取引を継続させるために、迅速に行なわれねばならない。歴史的にも、論理的にも、正義は後知恵である。したがって裁判官の心理は、ベンサムがブラックストーンに異議を申し立てたように、幸福や正義よりもむしろ、支配的慣習と現在の実用性に従う。

歴史的には十七世紀は、イングランドにおいて、裁判官を国王の支配から離すための闘争の時代であり、この闘争は一六八九年〔の名誉革命〕で勝利した。この闘争の目的は、国王や廷臣の私的見地とみなされていた意見に抗して、裁判官が、当時コモンウェルスとして知られていた公的見地に自らの意見を基礎づける自由を得るためであった。その時代以降、イングランドとアメリカにおいて、裁判所は、われわれが検討してきた経済学者たちの理論と同様の社会的見地を代表している。その見地こそが、諸個人や諸階級へと向かう社会的生産物の取り分は、諸個人を誘導するための社会的コストとして、これらの個人や階級が総生産額に対して行なった貢献に比例しているかどうかというリカード以来の経済学的問題を提起している。言い換えれば、それは私的富がコモンウェルスへの私的貢献に比例しているかどうかということである。

しかしながら、社会的富のこのような分配は、諸個人の取引に固有な利害対立から主に生じる判決で取り上げ

340

られる。この判決は、個人の財産、自由、人格という前提要件に基づいている。したがって裁判所と仲裁人たちは、必然的に諸個人が獲得する**純**収入を無視する。つまり、強要という争点が生じた場合、その争いのある取引において獲得された**粗**収入や強制された**粗**支出が似通った取引での慣例と類似しているかどうかを確認するという比較による方法を、裁判所と仲裁人たちは必ず採用する。ここから生まれるのは、比較コストおよび比較価値の原理であり、それをわれわれは不機会価値と機会コストとして識別したのだった。私的な計測方法とは区別さ

れる社会的な計測方法がひとたび理解されるならば、不機会価値と機会コストがもつ逆説的な側面は消える。この計測方法は、慣例的で、支配的で、したがって適正なものを客観的に確認するための社会的方法を使った推論の方法でもある。それは、諸個人の幸福と苦痛についての心理主義的経済学者たちの観念に基づく方法を使うものではなく、また倫理と正義についての無政府主義者たちの観念に基づく方法を使うものではなく、さらにビジネスマンの純収入を使うものでもない。

イングランドとアメリカにおける裁判所の状況が多かれ少なかれ示しているように、裁判所が自らの意見に理由を付与することを求められていると感じたならば、彼らの心理は、次のような知的水準に達する。つまり、その知的水準において裁判所は、当該訴訟に適用可能な公共の福祉の原理であると裁判所が本能的かつ直観的に感じるものを、理論的に説明し、正当化し、社会化する。こうして下級裁判所は、込み入った社会的諸問題を考える必要性から解放される。というのも、それらの裁判所は単に明確に示されている判例と権威に従うことを求められているだけであり、あるいは疑義が生じるときには上級裁判所へ提言することを求められるだけだからである。アメリカではこれはさらに進んだ。例えば諸々の州議会や連邦議会によるすべての立法は、どのような法律が公共の利害にかなっているかどうかについての、最高裁判所に対する仮の提案である。おそらく最高裁判所は、その法律が公共の利害にかなっていると信じるように導かれるとしても、それらは仮の提案にすぎない。これは次のような理由による。すなわち、たとえ裁判所が、立法府によってつくられた法律がより上位の憲法と対立しているかどうかのみを判定するよう求められるとしても、成文憲法は大いに弾力的であるからであり、場合によっては、文言の意味づけの変更によってすぐさま変更されるかもしれないし、実際にしばしば変更されてきたからである。

裁判所のこの発生論的かつ制度的な心理からいくつかの普遍化、諸原理、ないし格率が生み出され、多くの試

341

行錯誤を経て、より上位の法の精神によって最終的に定式化された。この定式化によって、それ以前の何世紀もの間の直観的な判決に一貫性と調和がもたらされ、争いが生じたときにそれをただちに解決できるようになったと信じられている。これらの定式化された原理のうち最も一般性をもつものは、自発的買い手と自発的売り手の合意《ミーティング・オブ・マインド》として自由な売買《フリー・バーゲン》を説明する原理である。この原理の定式化は、買い手と売り手という構図での非常に多種の争いにおいて、公的利害と私的利害とを調停すると信じられている。自発的意志についてのこれらの諸条件は、また、慣例的で支配的であるものとの比較によって定義される。しかし、総じてそれらは、威圧、強要、非倫理的な説得であると一般に信じられているものを適正に排除することを意味している[100]。

この推論様式をわれわれの取引の公式に適用すると、もし売り手Sが買い手Bに百ドルで販売し、同様の商品をB^1に九十ドルで販売するならば、われわれは、それが不平等な機会、不平等な自由、ないし差別であるという推測に至る。これは社会的有意性をもつかもしれないし、あるいはもたないかもしれないが、それはこの行為が慣例的である否かにかかっている。もしそれが慣例的であるとみなされるのであれば、この行為には、平等な機会という意味が与えられる。

同じく、もし、彼の競争相手S^1が百二十ドルで販売している一方で、Sが百ドルで販売するのであれば、われわれはそれが不当競争であるという推測に至るかもしれない。その社会的有意性は、またもや慣例的であるとみなされていることにかかっている。もしこの行為が慣例的であるとみなされるのであれば、それは公正な競争という経済学的名称を得る。

これら二つの例示において、われわれは平等な機会と不平等な機会という二つの用語に到達する。平等な機会とは適正なサービス価値ないし適正なサービスコストのことであり、他方で不平等な機会とは不適正なサービスコストやサービス価値のことである。

また最終的に、もしSが、それが最善の代替的機会であるという理由でBに対して百二十ドルの支払いを強制することによって利益を得るならば、あるいは、Bが、それが最善の代替案であるという理由でSに対して九十ドルの受け取りを強制することによって利益を得るならば、われわれは、ここには強要の証拠があると推測するかもしれない。ここでもまた、その社会的有意性は、支配的で慣習的取引であるとみなされていることとの比較にかかっているのである。

さらに、売買交渉取引についてのわれわれの公式には、三つの可変的次元が存在することがわかるであろう。われわれは、これらの諸次元が、適正さの問題に関する判決を出すために裁判所が参照するすべての経済的争点を包含していることをみなければならない。これらの次元とは、第一に差別、もしくは平等な機会、不平等な機会という争点であり、第二に自由競争および公正な競争という争点であり、第三に交渉力の平等性ないし不平等性という争点である。

またさらに、あらゆる取引において、四人の参加者のうち誰でもが、これらの三つの争点の一つないし全部を取り上げることができるということもわかるであろう。われわれの売り手Sは差別ないし無理強いを根拠にBを相手取って訴訟を起こすかもしれないし、不公正競争を根拠にS_1を相手取って訴訟を起こすかもしれないのであり、その如何は、取引の三つの可変的次元のうちどれか一つを明白に侵害している程度にかかっている。

また、もし、これらの三つの争点のうちのどれか一つについてある判決が出されたならば、それは他の二つの争点の経済的重要度を変えるということもわかるであろう。公正な競争に関する判決は差別と価格の双方を修正

(100)　一九〇〇年のガルシャ対シャーマン事件の判決、ウィスコンシン州判例集、一〇五巻、p. 263、およびコモンズ『資本主義の法律的基礎』p. 57〔邦訳、七四頁〕を参照。

するであろうし、またそういったことは他の争点に関する判決についてもいえる。典型的な取引に対する四人の当事者間のこうした機能的関係は、ならびに価値の三つの次元の間でのこうした機能的関係は、われわれが、後論において、仮説的な物語から現実の歴史へと移行するときにも現われるであろう[101]。

(8) 交渉力[102]

交渉力《バーゲニング・パワー》は、連動《コンサーテッド》した経済行動に法的裏づけが付与されてはじめて、経済理論の明確な主題として現われる。連動した行動の二つの主要な方法は、法人による方法と規制による方法である。法人的形態において、諸個人は、法的に株主を拘束する取り決め《バーゲン》をする権限を取締役会や経営者たちに与える。〔そこでは〕個人的な交渉《バーゲニング》は排除されている。他方、規制による方法においては、個人であれ法人《コーポレーション》であれ、関係者たちはルール、法あるいは規制に服するのであり、それらが、その個人ないし法人の交渉力の限度を決定する。個人的な交渉は存続するが、それは制限される。

個人主義的、共産主義的、無政府主義的経済学者たちの前提には、これらの交渉力という前提は含まれていない。アダム・スミスの経済理論の基礎は、自由、平等、財産に対する個人の法的権利であるが、彼は、連動した行動の上記の二つの形態に激しく反対した。彼は、連動した行動に対抗するものとして、理神論的で半ば機械論的な競争を対置した[103]。この競争は、諸個人の交渉において彼らをコントロールする。彼が強硬に批判した「団体《コーポレーション》」とは規制的な類い[104]のものであった。例えばその構成員の個々の取り決めに限度を課すギルドがそうであった。また政府が諸個人や諸階級に授ける重商主義的な関税、補助金や貿易特権もまた、規制的な類いのものであった。それらは、外国との競争の脅威の及ばないところへ特権的な諸個人を引き上げることによって、市民の個人的な交渉力ないし連動した国内的交渉力を高めた。この、スミスの個人主義的かつ機械論的な前提は、古典派および心理主義的経済学者たちを支配した。それらは無政府主義者たちによって極端なまでに押し進められた。そして、それらは共産主義的経済学者たちによって完全に廃止された。共産主義的経済学者たちの前提においては、個人的な交渉と連動した交渉の双方は、国家による割当に置き換えられることにより、排除された。国家による割当は、交渉とは正反対のものであった。

343

　これらの個人主義的、無政府主義的、共産主義的教義がはびこっていた間は、個人と社会との間にあるこの媒介的プロセスについての科学的理論、つまり諸個人の連動した交渉力についての科学的理論はまったく存在しえなかった。そのような行動はすべて、個人主義者たちおよび無政府主義者たちによって独占であると非難され、共産主義者たちによって単なる一時しのぎにすぎないと非難された。

　しかしその一方で、スミス、マルクス、あるいはプルードンは予見しなかったし、彼らよりのちの経済学者たちや裁判所は注目しなかったが、一八五〇年代の十年間に、イングランドとアメリカの双方において、自由、平等、財産に加えて、新しい法的権利つまり結社《アソシエーション》に関する普遍的権利が諸議会によって認められたのだった。諸団体《コーポレーション》は、アダム・スミスや反独占主義者たちが要求したようには、禁止されなかった。それらは、議会の特別立法によって創設されるのではなく、一般的な会社《コーポレーション》法によって普遍化された。同じころ、イングランド

(101) 後述、*p*. 773「希少性、豊富性、安定化」〔邦訳、下巻二七三頁〕をみよ。

(102) 以下の記述の一部は、『社会科学百科事典』の許可を得て引用した。

(103) Knight, F. H., "Historical and Theoretical Issues in the Problem of Modern Capitalism," *Journal of Economic and Business History* (Nov, 1928), p. 121を参照。

(104) 後述、*p*. 883では、シンジケート資本主義と呼ばれる〔邦訳、下巻四三〇頁〕。

とアメリカにおいて、諸労働組織は協同的《コーポラティヴ》生産ないし社会主義の観念を廃棄して、集団的交渉の考え方を採用した。

先に述べた結社の権利は、法人化することを選択するすべての人々の平等な権利となった。それはこの権利が彼らの交渉力を高めたからではなく、それが有限責任の約束でもって資本を引き付けることによって彼らの生産力を高めたからである。そして労働組合は、二十ないし三十年後に、新たな交渉力を獲得することが認められるまでは、存立にも苦しんだ。ほぼ同じころ、諸法人もまた、連動した行動によって、同様の交渉力を獲得したことがわかった。こうして、われわれは、アメリカの十九世紀末に、つまり法人と労働組合の双方に反トラスト法が適用される時期に到達する。

これらの法の下で、精力的に起訴が行なわれた時期ののち、裁判所は連動した行動についてのこれらの〈古い〉とらえ方を徹底的に廃止することに努力するなかで、これらの古いとらえ方が財産と自由のまさしく基礎に打撃を与えていることに、最終的に気づいたのである。この基礎とは、他人が必要とするが所有していないものを他人に対して与えないでおく《ウィズホールド》という権利である。それゆえ、十七世紀中にコモン・ローにおいて生じた同様の変化を再現するかたちで、一九一一年に、[105]「適正な取引制限」という言葉が判例に取り入れられた。適正さという概念の一九一一年の再生に続いて、一九二〇年には、U・S・スチール株式会社を相手取った解散訴訟において、[106]その会社は適正な取引制限のみを実施していたことが認められて、交渉力についての認知は法にまで達したのだった。

この認知は価格維持に関する訴訟においては、より特殊な裁決となった。価格維持訴訟では、もし価格維持の禁止がその実際的な限度まで行なわれたならば現われるかもしれないあらゆる買い手に対して、その商品を配送することを会社は強いられることになると認められた。そしてこのことは会社から自由を奪い、また政府による価格固定をもたらすであろう、ということが認められた。(107) 政府による価格固定は公益事業の事例において行なわれてきた。料金が法によって固定されたとき、義務としてのサービス供給もまた命令されたのである。しかし価格維持訴訟においては、サービスを与えないでおくという権利は、取引としての適正な制限に限定されることによって、限度が設定された。同様の発見はその前に労働者の訴訟でなされていた。そこでは、労働者たちが、たとえ労働契約を結んでいたとしても、自分たちのサービスを与えないことを、特殊業務に関する行政命令によって禁じられることは、合衆国憲法修正第十三条によって保障されている個人の自由の否認であるということが認められた。(108) 営利企業もまた、諸商品を配送する契約を結んでいたならば、そのような憲法違反をともなわずに、特別な業務を強いられるかもしれない。しかしそれらの営利企業は、公益事業を除いては、そのような契約を合法的に強いられることはありえない。こうして、最終的に諸商品やサービスを与えないでおくという法的力が法によって承認されたことで、取引の適正な制限は、法において一つの地位を獲得した。この取引制限は裁判所の適正さの観念には従うものであるが、反トラスト法とは対立するものである。そしてそれと同等の交渉力、ないし無形資産が、経済学においても一つの地位を獲得するようになる。なぜなら取引制限は交渉力であり、そ

(105) 一九一一年のニュージャージー・スタンダード石油会社ほか対連邦政府事件の判決、合衆国判例集二二一巻、p. 1および一九一一年の連邦政府対アメリカタバコ会社事件の判決、合衆国判例集二二一巻、p. 106。

(106) 一九二〇年の連邦政府対U・S・スチール株式会社事件の判決、合衆国判例集、二五一巻、p. 417。

(107) 一九一五年のグレート・アトランティック・アンド・パシフィック・ティー社対クリーム・オブ・ウィート会社事件の判決、連邦下級裁判所判例集二二四巻、p. 566および一九一九年の連邦政府対コルゲート社事件の判決、合衆国判例集、二五〇巻、p. 300および一九二二年の連邦取引委員会対ビーチ・ナッツ・パッキング社事件の判決、合衆国判例集、二五七巻、p. 441。

(108) これらの事例は、Witte, E. E., *The Government in Labor Disputes*（1932）によってあますところなく論じられている。

して、適正な取引制限は適正な交渉力だからである。

法学と経済学の領域に適正な交渉力のプロセスを位置づける期間として識別されるこの過去三十年の移行期間中に、そのプロセスそのものは、産業の安定化、価格の安定化、秩序ある販売《マーケティング》、雇用や生産の安定化という名の下で、大衆的魅力を獲得した。そのような安定化の諸計画《スキーム》は、無限定な個人的交渉に対して制限を求める願望を引き付けた。「安定化」および「秩序ある販売」という用語が言外に意味しているのは、労働経済学において「競争的領域における交渉力の平等化」としてかつて知られていたことが言外に意味していたことと同じである。この事例では、その目的は、競争している雇用主と労働者の個人的交渉が賃金の引き下げや労働時間の増大をもたらすことを阻止することにあった。このような個人的交渉は、高い賃金を支払っていたり、一日当たりより少ない時間しか働いていなかったりする、彼らの競争相手に不利益をもたらす。実際、この事例では、管理取引に対して諸々のルールや規制を設定するのは、個人的であれ集団的であれ売買交渉取引である。このような管理取引は、「科学的管理法」という、新しい規律の特別な主題となっていた。

ビジネス倫理という名称で、〔以上のような考察を〕実業界に拡大した場合、価格切り下げにより顧客を奪ったり、賃金引き上げにより労働者を奪ったりするような競争相手たちの個人的交渉を、この新たに認められた交渉力を使って阻止することが目的となる。国民の購買力と労働力の供給はともに制限されているということが、いまや信じられるようになってきている。この信念について初期の経済学者たちは熟考しなかった。したがって、「共生《リブ・アンド・レット・リブ》」という新たな倫理的教義が示しているのは、次のことである。その制限された購買力や制限された労働力の適正な取り分のみを獲得することが、適切な手続きである。つまり、顧客や労働者を、より低い価格やより高い賃金により競争相手から引き離すために個人的交渉者たちが競いあう行為は、適切な手続きとはいえない。この適正な手続きは、安定化とその適正な売買制限なくしてはなされえない。この、適正な交渉力の理論へと至る確かな道筋は、先に引用したU・S・スチール解散訴訟や価格維持訴訟における諸判決によって準備された。

それゆえ、合衆国における今日の実践的理論は、個人的競争、個人的財産、個人的交渉の自由、自由競争のメカニズムという古い理論でもなければ、交渉を禁じる共産主義の理論でもない。今日の実践的理論は適正な交渉力の諸理論である。これらの理論は、経済学者たちや裁判所にとっては、次の四つのグループに分けられる。第一は個人的交渉での差別あるいは機会の不平等、第二は自由競争にかかわる公正な競争、第三は標準的ないし自然的競争価格にかかわる適正な価格、第四は労働者と雇用主、農場主と資本家等々の間での交渉力のような、多種の交渉力の平等ないし不平等な取り扱いである。

この適正な交渉力の教義の歴史的拡大に関する以下のスケッチには、適正さがもつこれらの経済的側面それぞれを示す類似例と参照例が含まれているであろう。この多種の交渉力を分類することで、その歴史的発展を明示できれば十分である。労働組織は真っ先に、集団的行動によって適正な交渉力というこの最新の教義のほうへ動き出した。なぜならそれらの組織は真っ先に、仕事の数が限られていることに、またその結果としての差別や破壊的競争に危機感を感じていたからである。鉄道やその他の公益事業は、その次に、法による強制によって、その教義の影響下に入った。なぜなら彼らのサービスの供給は明らかに限られていたからであり、それらの事業が巨大な法人形態をとっているがゆえに、それらの事業は運送者と乗客との個人的取り決めに関して自分たち自身のルールを設定することができたからである。製造業はその次にその理論に包含され、製造業において、争点は先に引用された訴訟のなかで最高潮に達した。そのとき、すべての産業と最も広く関わる連邦準備法の下で、銀行信用のために請求される価格〔つまり金利〕と信用供給量とを規制することを通じて、銀行業がこの〔適正な交渉力の教義の歴史的拡大〕プロセスに組み込まれた。連邦準備法は、十二の準備銀行が主導する八千の銀行の連動した行動を正統化したのである。そのとき農民は、協同組合の意味を協同組合的生産から協同組合的販売へと拡大することを通じて、自分たち自身の集団的交渉力を用いて世界の購買力のより大きな取り分を獲得するための闘争の過程にあった。最後に、連邦政府は、自らの全国産業復興法を通じて、また農業調整法を通じて、大統領指揮下の法律や規制でもって集団的行動による適正さの教義を、事実上すべての製造業者および農業経営者に対して大規模に拡張した。

程度は異なるが、これらの事例のすべてにおいてみられるのは、次のような歴史的移行である。すなわち、過去において経済学者や裁判所が大いに厚遇していた富の生産を増大するための連動した行動から、過去において彼らが大いに冷遇していた富の生産を制限するための連動した行動への移行である。というのも、それは生産力から交渉力への移行であり、交渉力は法によって正統化されたとき、適正な取引制限となるからである。われわれは法人と労働組合の事例でこの移行に言及した。同様のプロセスは、先に言及した科学的農業の改善から交渉力の改善への、農民の協同組合の意味の変更にも認められる。連邦準備制度は「ビジネスと通商の調和」を目的として一九一三年に創設されたが、一九一九年から一九二一年にかけて、加盟銀行の私的取引における自由な信用供与が悲惨な状態をもたらすことが立証され、一九二二年に、加盟銀行のこの自由に対する制限へと移行した。[109]

交渉力への歴史的移行は、企業統合、合併、持ち株会社という法人形態に向けてだけでなく、購買、販売、貸し付け、雇用、競争の排除についての個人的かつ法人的取り決めのための最大ないし最小標準を固定するという規制的形態に向けてもいっそう進行したことにも、われわれはすでに言及した。このようにみてみると、合衆国において、自由貿易という古典派経済学の教義からの最初の断絶は、製造業者たちの国内的交渉力を高めた一八四二年の保護関税にあった。これと首尾一貫するかたちで、八十年後の移民制限は、組織労働と未組織労働双方

347
の交渉力を著しく高めた。
これらの諸事例において、交渉力への歴史的移行は積極的な政府の活動であった。他の諸事例では、連邦準備制度、競争的産業の安定化政策、ないし農民協同組合や労働組合の集団的交渉のように、交渉力への歴史的移行は消極的な政府の活動であった。つまり、交渉力が適正であり無差別的であるとみなされる場合は、その交渉力によって行なわれる事柄をそのまま許可するという消極的活動である。他方で、不適正であり、国民にとって有害であるとみなされる交渉力については積極的に制限する活動もあった。政府の許可という消極的な事例では、私的な連動した行動のうちで有効とされたのは、利潤剥奪、市場からの排除、雇用喪失等々といった経済的制裁に限られた。これらの経済的制裁は、抜け駆けを試みようとしたり、勝手に活動しようとしたりする反抗的な人々を抑制するために用いられた。
これらの経済的制裁を課す許可は、「競争に応じる」ことが違法であるとみなされるべきではないという条件の下で、一九一四年の連邦取引委員会法において認められた。この、競争に応じることの許可、さらに競争に応じろと威嚇することの許可の下で、ある競争者が活動している場合、彼の非従属的な活動は彼にとって経済的にさらにいっそう破壊的なものとなりかねない。それは、この競争者が、他の競争者たちが遵守している諸実践や価格に準拠する場合と比べればわかる。右記の条件に従えば、すべての弱小競争者にとって、「リーダーに従うこと」は不適正な取引制限ではない。そのリーダーとは、名声を通じて、あるいは弱小競争者が生き残れる水準以下に価格を切り下げうる経済力を通じて、リーダーシップを獲得している人物である。こうして集団的交渉力がもつ経済的な強制的制裁は、たとえ法人形態の助けを借りずとも、単に安定化形態の助けを借りるだけでます

⑽⑼　後述、*p. 590*「世界支払共同体」〔邦訳、下巻三頁〕をみよ。

ます有効となる。

それらの交渉力の強化に付随して生じるその他の諸実践とは、新たな、そしてより正確な、統計的予測の方法〔の採用〕である。その方法によって諸個人は、競争者たちと連動して、よりいっそうすばやく供給を留保《ウィズホールド》するかもしれないし、生産を拡大するかもしれない。交渉力原理がより広範に一般的に受容されたことは、高い保護関税に対する抵抗がほぼすべて消滅したことに見て取れる。またそれは助け合い《ログ・ローリング》が普遍的になったことに見て取れる。この助け合いによって、農場主は、自分たちの交渉力が強く保護されることと引き換えに、製造業者たちの交渉力が強く保護されることを認めたのである。同様に、天然資源の保全は、新たな興味深い事例を示している。その事例では、新たな耕作用地や新たな鉱山と油井の開発が天然資源の所有者たちの交渉力を低下させた。

その他の事例にも言及してよいであろう。経済的強要という制裁をともなう連動した交渉力は顕著に高まり、物理的威圧をともなうかつてのひどく恐れられていた政治力よりも、包括的になり世界規模になった。なぜなら、この連動した交渉力は、実際に国家をコントロールしているからである。実際、国家は、自らの直接的活動によって、あるいは連動した行動を国家自ら許可することによって、この交渉力の道具の一つとなっている。この政治的道具の使用を通じて、交渉力を求める闘いはその最高点に到達している。自由競争およびレッセ・フェールの経済諸理論は、自由、平等、利己心、個人財産という前提から、そしてまた競争のメカニズムから、演繹的に練り上げられた。しかし、それらの理論は、あらゆる状況でのこのような交渉力の適正な使用というプラグマティックな諸理論に道を譲るのである。この交渉力は、諸個人、諸階級、あるいは諸国によって、平等に、あるいは不平等に共有されている。

348

連動した交渉力に関するこの諸理論は、不公正な差別、不公正な競争、不適正な価格、製造業者、農民、労働者、商人、銀行家などのアソシエーションがもつ交渉力の不平等な取り扱いといった、経済的、法的、倫理的諸問題に向けられている。価格、価値、実践および取引についての経済的、法的、倫理的諸理論に関して、近年、上級裁判所はかつてなく注目しているが、その注目の大部分を占めているのは、交渉力の新たな優位性がもたらすこれらの争点の出現である[110]。

第七節　リカードとマルサス

スミス以降、マルサスとリカードの登場とともに、十九世紀の経済科学の意見対立が始まった。それは、希少性と効率性との今日の区別で決着している。マルサスとリカードは親しい友人であったが、彼らはすべての点で異なっていた。十九世紀の政治経済学は、ワーテルローの戦いに続く不況と失業の時代における彼らの対話と出版物から発展した。

マルサスは頭の混乱した人物であると評され、リカードは経済学の最も偉大な論理学者と評された。しかしマルサスが混乱していたのは、彼が高度に複雑で矛盾したテーマを政治経済学に見出していたからである。リカードが論理的であったのは、彼が諸々の複雑性を回避し、非常に単純な単一の原理を想定したからであり、彼はその原理からあらゆることを引き出したのだった。実際には彼の原理は単純ではなかった。それは物と所有権との矛盾を含んでいた。古典派経済学、共産主義経済学、組合主義経済学、単一課税経済学、これらはすべて論理的には、この矛盾から派生した。難問は、いかにしてマルサスの複雑性とリカードの論理とを単純化された方法で

(110)　交渉力理論を構築した最初の労作は John Davidson, *Bargain Theory of Wages*（1898）である。さらなる発展は、歴史学派や制度学派の経済学者たちの諸理論に見出される。コモンズ『資本主義の法律的基礎』をみよ。

結び付けるかという方法上の難問である。それぞれは新たな洞察力をもった天才であった。しかし、それぞれの洞察は、彼らが慣習的に前提していた異なった社会諸哲学によってその素地を与えられていた。マルサスは福音派の牧師であり、彼の時代の貧困や失業に心を痛めていた人道主義者であった。リカードは株式取引で自らの才気を発揮して大金持ちの資本家となった。マルサスは有神論者、リカードは唯物論者であり、彼らは同じものを反対の角度からみた。

彼らの違いは彼らの地代理論に端を発しており、またその違いは彼らの労働、需要・供給、失業の諸理論にまで及んだ。それぞれは自身の地代理論をほぼ同時期に発見したが、マルサスはそれを一八一五年に公刊し、リカードはそれとは対立する見解を一八一七年に公刊した。これに対してマルサスは一八二一年に自身の『経済学原理』でもって応えた。それぞれが論争的にその問題を議論した証拠は、一八一六年から一八二三年にかけての、リカードからマルサスへの手紙のなかに現われている(111)。

彼らの地代理論は、マルサスが差分的豊富性理論、リカードが差分的希少性理論というように区別されるかもしれない。結局、それらは、まったく同じものであることがわかる。しかし、彼らは需要と供給について対立的な見解をとっている。その見解の対立は今日まで存続している。リカードの理論は、カール・マルクスおよびエンジニアのフレデリック・テイラーの手を経たあと、科学的管理という効率性理論となって現われ、ヘンリー・ジョージの手を経て土地単一課税論となって現われた。マルサスの地代論は、心理主義的経済学者たちの手を経たあと、J・B・クラークの種別的生産性理論となって現われた。

マルサスの地代論はスミスとケネーの諸理論に触発されて生まれた。マルサスがいうように、彼らは地代に独占という特性を与えたのだった(112)。しかしマルサスは、農業と地主階級の利益のために小麦の保護関税を維持することに関心をもった。対してリカードは、生産における賃金コストを製造業者が削減するために小麦の自由な輸

350

入に関心をもった。

したがってマルサスは三種類の独占を区別した。まず、特許のような人為的独占、次いでフランスのある種のブドウ農園のような自然で「完全な」独占、最後に地代に対して「公正に適用可能な」部分的独占がそれである(113)。

土地の希少性は、マルサスによると、農産物の高価格を説明するのに十分ではない。この高価格は人口原理に基づいて説明されるべきである。土地の肥沃度は、その土地で雇用されている人々の維持に必要とされる以上に、諸々の生活必需品を生み出す。そしてこれらの必需品は、彼の人口理論に基づくと、「生産された必需品の量に比例して需要者数を高める」という、独特な性質を有している。

そして、肥沃度がもつこの性質は、あらゆる人為的独占や完全に自然な独占の性質とは次の点で異なっている。これらの諸独占は、自身の需要を創り出さないが、土地の肥沃度はその需要を創り出す。そして、〔人為的独占や自然な独占の場合〕独占者たちが受け取る諸価格は豊富性とともに逓減し、希少性とともに増大する。なぜなら

(111) Malthus, T., *An Inquiry into the Nature and Progress of Rent and the Principles by Which It Is Regulated* (1815)〔未邦訳、以下、マルサス『地代論』と表記〕: *Principles of Political Economy Considered with a View to Their Practical Application* (1821)〔邦訳、小林時三郎訳〔一九六八〕『経済学原理』岩波文庫、以下、マルサス『経済学原理』と表記〕: *Letters of David Ricardo to Thomas Robert Malthus* (1810–23 ; ed. by Bonar, J., 1887)〔邦訳、中野正訳〔一九四二〕『リカードのマルサスへの手紙』岩波書店、以下、ボナー編『リカードのマルサスへの手紙』と表記。ただし、本邦訳書は訳文が古いため、引用はスラッファ編『リカード全集』雄松堂から行なう〕: *The Works of David Ricardo* (ed. by McCulloch, J. R.)〔以下、マカロック編『リカード全集』と表記、ただし、邦訳書がないため、引用はスラッファ編『リカード全集』雄松堂から行なう〕。

(112) マルサス『地代論』pp. 3–7、15–16、20。

(113) 同書、p. 8。彼の『経済学原理』p. 110以下〔邦訳、上、一八九頁以下〕でも繰り返されている。

「需要は、生産そのものとは無関係であり、それから独立している」からである。しかし「諸々の完全な必需品の事例では、需要あるいは需要者数の存在と増大は、諸々の必需品そのものの存在と増大に依存するはずである」。こうして食料や他の必需品における、生産コストを上回る高価格の原因は、「それらの希少性よりもむしろ、それらの豊富性に見出されるべきであり」、またしたがってその原因は「人為的独占……や自然な……独占が引き起こす高価格とは本質的に異なっている」。人為的独占や自然的独占による高価格はそれらの必需品の豊富性よりもむしろそれらの希少性に見出されるべきである。

このすばらしい区別をもって、マルサスは次のように自問する。独占、名目価値、あるいは単なる移転ではなく、地代こそが、「土壌のほとんど計り知れない性質を示す明確な指標ではないのか。この性質は、神が人にお与えになった性質であり、土壌を働かせるのに必要な人数以上の人を支えることができるという性質である[114]」。マルサスは第三の特殊な性質を認めたが、それもまた彼の人口理論から引き出された。より肥沃な土地の「比較希少性」あるいは「部分的独占」がそれである。これは、より肥沃度の低い土地へと耕作を向かわせる、人口の拡大から生じる。

「肥沃な土地が豊富にある間は……」、彼曰く、「誰もがもちろん領主に地代を支払わない。しかし……土壌とその状態の多様性は必ずやすべての諸国に存在するに違いない……最大の自然的肥沃度をもつ土地において、そして最大に有利な状況において、資本を用いる量を超えて資本が蓄積されると、それは必ずや利潤を低めるに違いない。他方で生存できる人数を超えて増大するという人口の傾向は、一定の時間の経過後、労賃を低めるに違いない」。その結果として「生産に関わる出費はこうして減少することとなるが、農産物の価値、つまり、その労働量、およびそれが支配することのできる穀物以外の他の労働生産物の量は、減少す

351

るのではなく増大するであろう[115]」。

このように、最後に耕作地とされた部分の土地では、たとえ利潤と賃金が低くとも、地代はまったく支払われないであろう。しかし、食料価格は、交換において労働が「支配する」力で測ると増大するので、またこの価格は豊かな土地の耕作者たちによって受け取られるので、豊かな土地の耕作者たちは領主に地代を払うか、あるいは「単なる農民」でいることをやめて、「決して珍しくはない兼業」である農民兼地主になるだろう。

しかし地代の名の下で地主たちが受け取るこれらの「部分的独占物」でさえ、完全な独占の事例でそうであるように、「単なる名目［希少性］価値でもなければ、一群の人々から他の人々へ不必要かつ不当に移転された価値でもない」。それらの独占物は「国民財産の全価値のうちの実質的かつ本質的部分である。それはまた、地主であれ、国王であれ、耕作者であれ、誰かが所有している土地に関するあるがままの自然法によって定められたものである[116]」。

こうしてマルサスは、人為的独占と自然で完全な独占を希少性の原理に基づいて説明する一方で、地代という部分的独占を差分的豊富性に基づいて説明した。差分的豊富性は土壌の肥沃度にのみ適用された。土壌の肥沃度は人口を創り出すが、独占はそうではない。彼の人口原理は、耕作の収穫がより低い限界地へと向かう圧力によって食料の高価格を説明するうえで役立っている。しかし限界的な土地よりも優れた土地における地代を説明

(114) マルサス『地代論』pp. 12–16。
(115) 同書、pp. 17–18。
(116) 同書、pp. 18–20。

するものは、神の恩恵であった。

　リカードはマルサスの地代論を一読するやいなや、マルサスに次のような手紙を書いた。

「私はまた地代はけっして富の創造ではなく、つねにすでに創造された富の一部であり、必然的に資本の利潤を犠牲として享受されるものであると思います。しかし、そのために公共の利害にとってさほど有益ではありません。……地代はつねに資本の利潤から差し引かれるのですから、穀物の自由貿易を主張する人々の議論はその本来の力をそのまま維持することになります[117]」。そして再度彼は次のように書いている。「地代がいつも富の移転であってけっして創造ではないという事実を変更するものではない点、です。そのわけは、それは地代として地主に支払われるまえに資本の利潤の一部を成していたはずで、ただいっそう貧弱な土地が耕作圏内に取りこまれたという理由でその一部が地主の手に渡されるようになるにすぎないからです[118]」。

　このように、マルサスは、農業における収穫逓減という事実を利用して、領主の利害と、より多くの人口を維持するという公共の利害とを同一とみなしたが、このことに関してリカードは、のち（一八一七年）に次のように綴っている。

352

地主の利益は、つねに、消費者および製造業者のそれに相反している。……地主を除くすべての階級は、穀物の価格の増加によって損害を受けるであろう。地主と公衆との間の取引関係は、売手と買手との両者が等しく利益を得ると言いうるような商取引と異なって、損失はすべて一方の側に、そして利得はすべて他方の側に集まるのである[119]。

その一方でリカードは、自らとマルサスとの間にあるこの違いに適合するような、価値と地代の理論の構築に着手した。彼は「地代」の新たな定義を考案しなければならなかった。彼は、土壌の枯渇しうる性質と、「本源的で不滅の」性質とを区別した。**枯渇しうる**諸性質は、マルサスの想定したような、人間に対する神の無料の贈り物では**なかった**。それらは土地の改良を行なうのと同種の労働によって復元されねばならない。枯渇しえない諸性質はフランスのブドウ農園のようなものに存在すると思われるものであり、その農園の肥沃度は復元されねばならないけれども、その農園に降り注ぐ陽光、地勢、立地条件は枯渇しえない。これらの枯渇しえない諸性質に対してのみ、地代の理論は適用されるべきである。つまりまさしくそれらの性質こそがマルサスのいう「部分的独占」であると考えられるべきなのである。二人の違いは、マルサスが地代を神によってつくられた肥沃度に対する支払いであると考えたのに対して、リカードは人間のつくった肥沃度を考察し、それへの報酬は利潤と利子であると考えたことである。しかし、リカードの地代は、人間がつくったもの〔への報酬〕ではなかった。

したがって、リカードによれば、マルサスは自身の価値論において誤っていた。彼の価値論は実際、消費者の欲望に価値の源泉を求める「世間一般の」考えであった。しかしリカードはいまや価値の源泉を、労働の努力においている。それゆえ、マルサスは、価値を交換によって得る貨幣、あるいは労働を**支配**する力によって計測したけれども、リカードは、価値を生産物を生産するなかで**体化された**労働コストの総量であると考えた。マルサスの地代は貨幣量ないし**支配する**労働量で計測された。対してリカードの地代は、生産に**要する**総労働量によっ

---

(117) ボナー編『リカードのマルサスへの手紙』p. 59、マカロック編『リカード全集』p. 243〔邦訳、スラッファ編『リカード全集』第6巻（書簡集一八一〇―一八一五年）一九九―二〇〇頁〕。
(118) ボナー編『リカードのマルサスへの手紙』p. 155〔邦訳、第7巻（書簡集一八一六―一八一八年）三三二頁〕。
(119) マカロック編『リカード全集』pp. 202–203〔邦訳、第1巻（『経済学および課税の原理』）三八五頁〕。

て計測された。リカード曰く、世間一般の考えは、価値を富ないし富裕と混同しており、また次のような矛盾ももたらした。

「諸商品、すなわち人間生活の必需品、便宜品、および享楽品の分量を減少させることによって、富は増加しうるであろう」という矛盾である。だがもしあなたが「効用の二倍量……アダム・スミスのいわゆる使用価値の二倍量を得ている」としても、あなたは、その生産に求められる労働量がまったく増えなければ「価値の量は二倍にならない」。そして彼は続けて次のように述べる。「一国の富は二つの方法で増加しうることがわかるであろう。すなわち、それは収入のより大なる部分を生産的労働の維持に使用することによって増加しうる。この方法は、単に商品の総体の分量を増加させるばかりでなく、その価値をも増加させる。あるいはまた、一国の富は、労働の追加量を少しも雇用しないで、[労働の]同一量をより生産的にすることによって増加しうる。この方法は、商品の量を増加させるが、その価値を増加させないであろう[120]」。

リカードが、一方における「価値」と、他方における「効用」、「使用価値」、「富」、ないし「富裕」との間で行なった区別は、幾人かの経済学者を悩ませてきた。その結果「価値と富裕」に関する彼の章は混乱しているとみなされてきた。しかし、マカロックはその区別を、経済科学に対するリカードの最大の貢献であるとみなした。われわれは、その区別が一般的にも認知されていると考えている。それは実際には、コモンウェルスに対置される私的資産としての富ないし富裕と、交換によって労働を支配する力ではなく生産の労働コストとしての価値との間の区別である。マカロック曰く、その発見は、以前はまったく覆い隠されて不可解な謎であったものにあふれんばかりの光を照らした……。ロックとスミスの諸研究が富の生産に対して行なったことを、リカードの研究は、その価値と分配に対して行なったのである。(121)

354

リカードがこの分析において突き止めようとしたのは、使用価値および希少性価値の複合《マルチプル》〔乗じた値〕としての価値の意味づけであった。しかし、価値はかねてより消費者の欲望を意味していたのに対して、リカードの希少性価値は、生産における労働の力への自然の抵抗であった。彼がアダム・スミスの意味づけであると考えていた「使用における価値《バリュー・イン・ユース》」は、効用を意味した。したがってその意味は、国民のための富または富裕の豊富性であった。つまり、人が使用価値を倍増すると、人は生活必需品や便宜品の量を倍増するからである。したがって二百万ブッシェルの小麦が百万ブッシェルの使用価値の量を倍加するように、使用価値は物理的量に応じて直接変動する。使用価値は必需品および便宜品を意味しており、それらは国民の富ないし富裕を構成している。

しかしリカードによる二百万ブッシェルの小麦の「価値」は、同一の労働量でそれを生産するならば、同じままである。もしそうであるなら、その場合一ブッシェルの**価値**は二分の一に下落する。なぜならそれは、それを生産するのに半分の労働しか必要としないからである。したがってそれは、価値が変化しなかった別のものの二分の一としか交換されない。その交換価値は、その使用価値が同一であるにもかかわらず二分の一に下落したのであり、あるいは逆にその使用価値は、その交換価値が同一であるにもかかわらず倍増したのであった。それゆ

(120) 同書、pp. 166–169、「価値と富、それらの特徴」に関する章〔邦訳、第1巻（『経済学および課税の原理』）三一七―三二三頁〕。
(121) マカロック編『リカード全集』への彼による序文、pp. xxiv–xxv。

えリカードの「価値」は、使用価値だけでもなければ交換価値だけでもない。それは、ブッシェルで計測される使用価値量に、労働力で計測される一単位当たりの交換価値を**乗じた**値である。

リカードの交換価値概念は、マルサスのそれとは反対に、人間の労働に対する自然の抵抗という彼の概念から生じた。彼はこの着想をマルサスその人から得たが、彼はマルサスの過剰人口理論を論理的に完成し、自然の哲学を豊富性から貧弱性に変更した。ここでは明らかにマルサスは頭が混乱していた。なぜなら彼は神の恩恵を地代と一致させようとしていたからである。しかしリカードは論理的であった。なぜなら彼は唯物論者であり、希少性を人間の努力に対する自然の抵抗と同一とみなしたからである。

リカードが述べたように、われわれは次のようにいえる。自然の抵抗力が弱いところにおいてよりも、それが強いところにおいては、より多くの労働力が必要とされる、あるいはマルクスによると、より多くの「体化された」労働力が必要とされる。また、次のようにもいえる。労働の生産性は自然の抵抗力とは逆に変化する。もしその生産性が倍増するならば、それは、自然の抵抗が二分の一に減少したことを意味する。その場合、リカードがいったように、次のことも等しく真実であるといえる。すなわち交換価値は労働の生産性とは**逆に**変化する、あるいはそれは自然の抵抗と**比例して**変化する。

その結果、リカードは、使用価値量に交換価値を**乗じた**値としての自身の価値概念と、労働力量に自然の抵抗を**乗じた**値としての自身の労働概念とを並置した。後者は、彼が実際に述べているように、労働力量に労働生産性の**逆数**を**乗じた**値でもある。それゆえ、例えば百万ないし二百万ブッシェルの小麦といった総生産物の「価値」は、その使用価値〔量〕に交換価値を**乗じた**値として（ここで、リカードは、消費者の欲求や需要と供給に関するすべての問題は省略している）、あるいはまた労働者数にそれらの労働力に対する自然の抵抗を**乗じた**値として規定される。この自然の抵抗の尺度は、この抵抗を克服するのに必要とされる**労働時間**となる。というの

355

も所与の労働力〔による産出量〕は、所与の生産物を生産するのに必要とされる時間と逆に変化するからである。

このようにリカードは価値の概念を創案したが、消費者の欲望と商品の需要・供給を脇においている彼の価値概念は、明らかに価値概念ではない。それは効率性の理論である。というのも効率性は、マンアワーで測った労働力の投入量に対する使用価値の産出量の比率であるからである。[122] 効率性はそれゆえ、リカードにとって、希少性の擬人化であった。スミスとマルサスは、豊富性の世界における罪に対する罰として課せられる労働の苦痛として希少性を擬人化したが、リカードは希少性の世界における労働力に対する自然の抵抗として希少性を擬人化したのだった。この二つの擬人化は正反対である。力が増えるにつれて苦痛は減る。もし天然資源が、収穫がより低い限界地へ向かう人口圧力のために希少であるならば、その場合自然の抵抗に打ち勝つのは労働力であって、労働の苦痛ではない。この労働力は、罪のために神に支払われる代価ではなく、希少性のために自然に支払われる代価である。それゆえに、自然の抵抗を克服するのに必要とされる労働力の量が、商品の「自然」価格であった。自然は、水や空気の場合は、ほとんど、あるいはまったく抵抗を示さないが、小麦や金の場合はより大きな抵抗を示す。これらの労働力に対する相対的な抵抗が、リカードの「自然」交換価値であった。

リカードは、スミスと同様に、そしてマルサスとは異なって、重商主義を否定しなければならなかった。重商主義は、貨幣と、独占と取引制限という人為的な希少性とに基づく政策であった。それゆえ、この人為的な希少性にかえて彼は、スミスのように自然の希少性を用いたが、スミスとは異なり、スミスのいう人間の罪深さを自然の希少性に置き換えた。コントによる科学の系譜学によれば、リカードは、神学的科学の段階から形而上学的科学の段階へと、あるいは、いうなれば擬人化から唯物論へと進んだ。

(122) 前述、*p. 276*「投入－産出、支出－収入」〔邦訳、中巻四一頁〕をみよ。

以上、二種類の希少性の擬人化について述べた。マルサスが追従したスミスは**購買され**うる労働の苦痛の量を考えたが、リカードは生産物を**生産する**のに必要とされる労働力の量を考えた。しかしながら、それぞれはいずれも「人為的」価格にかわる「自然」価格とみなされた。しかし価格は一**単位当たりの**価格であり、**価値**は生産物の全単位の価格の合計であるから、当然の結果として、リカードにとって、「価値の量」は、使用価値の量と単位当たりの労働力という二つの次元の複合であった。後者が彼のいう労働価格であった。これら二つを乗じた値が価値であった。

その結果、「生産性が倍増する」とき、それが意味しているのは「使用価値（幸福、富裕）の量が倍加する」ということである。しかし労働力は以前と同じままである。これを貨幣を用いて述べよう。もし小麦の量が十億ブッシェルから二十億ブッシェルに増えると、世界の富、富裕、あるいは幸福は、商品量に応じて倍増する。しかし、もし労働生産性が倍増したという理由で、その価格が一ブッシェル当たり一ドルから五十セントへと下落するならば、その場合「価値の量」は以前のままである。これは、消費者にとっては富裕、あるいは富の増大であるが、生産者にとっては価値の増大ではない。

しかしリカードは、相対的な希少性を計測する貨幣を排除し、さらにそれを相対的な抵抗を計測する労働力に置き換えることによって、希少性と効率性とを混同した。また事実上、自然と交換されるものとして価格を擬人化した。ところが実は価格は人と交換されるものなのである。

それでも、リカードの発見がマカロックの熱狂をかき立てたことに不思議はない。それは実際、経済学が神学的および形而上学的段階にあったその当時においては革命的なことだったのである。リカードの、生産における労働力の等価物としての希少性の擬人化は、重商主義からくる誤りやマルサスを論駁することに役立っていた。重商主義は、交換において支配されうる労働の苦痛とは逆のものとして価値を擬人化していた。

このような希少性の考えは、重商主義の独占と結び付いていたのだった。リカードは、ローダーデールやマルサスのような人々の著作に同様の考えを見出した。リカードによれば、ローダーデールは、もし水が希少になり、ある個人によって排他的に所有されるならば、そのときは水が価値をもつようになるのであなたは彼の富裕を増加させるだろう、と述べた。そしてもし富が個人の富裕の集計であるならば、あなたも、同じ手段によって富を増やすであろう、と述べた。[123] これこそがまさに重商主義の誤謬であり、リカードは、われわれが示したように、独占による希少性と自然の希少性を区別することによってそれに応えた。独占は人為的な希少性であるが、天然資源の希少性は自然なものであった。独占の場合、個々の独占者は同じ供給でより高い価格を請求し、それによって豊かになるだろうが、しかし他の者は貧しくなるだろう。なぜなら、「すべての人は、かつては無料で手に入れていた水を手に入れるというだけの目的のために、自分たちが所有するものの一部を放棄し「なければならない」」からである。[124] 同様に、独占にはよらない一般的な水の希少性の場合では、すべての個人は暮らし向きが悪くなるであろう。この場合でも、彼らは水を調達することに自らの労働の一部を充てる必要があり、それゆえに彼らは、他の商品を以前より少なくしか生産できなくなるであろう。「ここには富裕の分配格差があるだけではなく、実際に富の喪失があるだろう」[125]。つまり、一般的希少性の場合、水の**価値**は**大きく**なるだろう。なぜなら水を手に入れるために、より多くの労働が必要とされるからである。そして、共同体の**富**は**少なく**なるだろ

(123) リカードは、ローダーデールが公共の富を豊富性の等価物とし、私的な富を希少性の等価物とした、と誤解していた。Lauderdale, J. M., *Inquiry into the Nature and Origin of Public Wealth*（1804; citation to 1819 ed.), p. 7 n., p. 14を参照せよ。

(124) マカロック編『リカード全集』p. 167〔邦訳、第1巻（『経済学および課税の原理』）、三一八頁〕。

(125) 同書、p. 167〔邦訳、第1巻（『経済学および課税の原理』）、三一八頁〕。

う。なぜなら、より少ない量の使用価値がより多くの量の労働によって生産されるからである。これが、マカロックを夢中にさせた「あふれんばかりの光」であった。

357

このように、「価値と富裕」の章でのリカードの混乱といわれているものが二つの源泉から生じているということを、われわれは確認できる。第一は、リカードが貨幣と希少性を労働力として擬人化したことである。効率性という労働力の現実的な意味づけは行なわれなかった。リカードの混乱といわれているものの第二の源泉は、リカードの効用の意味の背後に、のちにいう効用逓減という意味を読み取ることにある。ところが実は、彼とスミスが効用という語によって意味づけたのは、トンやブッシェルのような物理的な単位で測られる対象の物理的ないし技術的な質のことであり、それゆえ効用は、需要の減少あるいは供給の増大に応じて単位当たりで逓減することはない[126]。ベーム＝バヴェルクが「物質的サービス（*Nutzleistungen*）[127]」と名づけた、この使用価値としての効用の意味とは、富裕ないし富である。それはまた、もちろん、価値においては逓減するが、しかしその減少は物理的な「減価」として識別される物理的な劣化や消耗なのであって、主観的な「効用の逓減」ではないのである。

しかし、先に言及したように、この物理的な「使用価値」には、主観的な意味もまた存在している。すなわち「生活の必需品、便宜品、享楽品」である。しかし、われわれは、この種の意味を、リカードやスミスに倣って、文明価値あるいは文化価値と名づけた。なぜならそれは供給や需要に応じて変化するのではなく、矢からダイナマイトへの変化、馬から自動車への変化のような、文明の変化に応じて変化するからである。

この、使用価値としての効用の意味を、ベンサムは幸福と同一視していた。幸福は、ベンサムにおいてさえ、供給の増加や需要の減少に応じた効用逓減という意味を獲得していなかったのである。効用の量の増加は、幸福の量の増加であった。それゆえ、スミス、ベンサム、そしてリカードの効用の意味はある種の文明価値だったの

358

であり、それは発明によって増加し、陳腐化によって減少する。したがって効用の増加は、富裕、富、そして幸福の増加とまったく同じである。これが、リカードが以下のように述べるときの彼の意味づけである。もしあなたが効用の量を倍増すれば、すなわち富裕あるいは富の量は倍増する。これはベンサムのいう幸福の量の倍増とまったく同じであった。この意味での効用を、われわれは使用価値として識別しておいた。使用価値はまた、量の増加に応じて単位当たりの逓減が起こらないので、豊富性価値としても識別されるだろう。

　リカードは明らかに、効用のこの文明的概念（スミスの「使用における価値」あるいは「豊富性価値」）を主観的な評価として考えていた。彼は、「生活の必需品、便宜品、享楽品からなる」富裕は主観的であり、ゆえに計測することはできないとするスミスに賛成した。リカードによれば、「必需品と便宜品のある一組は、別の組との比較ができない。使用における価値は、知られているいかなる基準によっても測ることはできない。それはさまざまな人々によってさまざまに測られるのである(128)」。

　しかし、リカードにとって、すべての使用価値を一つの共通の尺度に還元する方法があった。それは、人為的な希少性を測るものとしての貨幣ではなかった。それは、自然の希少性を測るものとしての労働力であった。しかし、この隠喩的な計測単位が導入されるとき、測られるものは富裕や富ではない。それは価値なのである。そして交換価値は自然との交換となり、交換される量を生産するために要する労働力とは、逆向きに変化する。

　実際の商業で用いられるようなより単純な方法、そして擬人化や隠喩ではない方法は、一等級あるいは二等級

(126) 前述、*p.* 175「心理主義的平行論」〔邦訳、上巻二七一頁、図表2〕をみよ。
(127) ベーム＝バヴェルク『資本と利子』p. 223。
(128) マカロック編『リカード全集』p. 260〔邦訳、第1巻（『経済学および課税の原理』）、四九四頁〕。

の小麦一ブッシェルというような、物理的な単位と技術的な質による使用価値の計測である。常識人であるリカードとすべての物理的経済学者が使用価値を客体的に計測するこの常識的な方法を用いず、かわりに労働力や労働の苦痛あるいは貨幣にさえ頼ったことは、(129)奇妙にみえるかもしれない。計測の物理的単位は身近に、どこにでもみられた。しかし彼らはあまりにも深遠であろうとした。彼らは理性の時代の形而上学に悩まされていたに違いない。その形而上学は、原因と計測を区別しなかった。労働力はもちろん、一つの原因である。使用価値はその効果である。しかしそれぞれはそれ自体の計測体系を有し、そして効果（使用価値、産出）の尺度と原因（労働力、投入）の尺度との間の比率は、価値の尺度ではなく、効率性の尺度なのである。科学的管理の登場によってリカードの形而上学が取り除かれるまでには、ほぼ一世紀を要した。

　しかし彼の時代にとっては、リカードの洞察は新しい洞察であった。彼は、それ以前の経済学者のいう自然の豊富性価値と、労働に対するマルサス的な自然の抵抗という希少性価値との間に差異を見出した。価値の意味づけにおいてリカードがなした変更は、もちろん革命的であった。それは労働と生産性の意味を変えただけではなく、政治経済学において使われる用語のすべてを変えたのだった。あるいはむしろ、それはすべての用語に二重の意味をもたせてしまい、今日までそれが残存しているのである。

　それは第一に、自然の意味を変えた。マルサスは過剰人口の教義によってこの変化の口火を切った。しかし彼はその教義を一貫したかたちで展開しなかった。なぜならマルサスは、彼の地代論において、自然の恩恵と豊富性の神学的な教義の名残をとどめていたからである。しかしリカードは唯物論者であり、悲観論者であり、そして演繹的な経済学者だった。リカードは自然の貧弱性を論理的に展開した。それゆえに今日まで生き残っている地代の二重の意味づけが生じた。リカードは土壌の肥沃度を排除したが、それはマルサス理論の本質的な部分であった。マルサスは、限界的な肥沃度と比べて、労働のマンアワー当たりで大きい産出をもたらすというより生産的な肥沃度に着目した。しかしリカードは、限界地と比べて、より少ない労働投入を必要とするというより生産的な、肥沃度ではないものに着目した。

第二の主要な相違は、地代論の相違から生じる。それは、供給、需要、市場の意味づけにおける相違である。リカードは、一八一四年に、マルサスに宛てた手紙で次のように書いた。「私たちは、「需要」という言葉に同じ意味を与えていないと、私は思っています。もし穀物の価格が上昇すれば、おそらく（あなたは）、その原因が需要の増加にあると考えるでしょう」。マルサスは実際、そのように考えた。なぜなら、彼は、その原因が人口の増加にあると考えたからである。「私なら、その原因が競争の増大にあると考えるでしょう」とリカードは述べた。ここで、「競争の増大」とは、労働生産性の上昇を意味している。

より小さい量を買うのに、より大きい量を買ったときよりもはるかに多くの貨幣が必要になるとしても、もし消費される量が減るならば、これを需要が増大したということはできないと思います。かりにイギリスでブドウ酒に対する需要が一八一三年と一八一四年にはいくらであったかと尋ねられ、前の年には五千樽を輸入し、後の年には四千五百樽を輸入したと答えねばならないとすると、われわれはみな一八一三年度の需要のほうが大きかったという点で一致するのではないでしょうか。それでも四千五百樽に対して倍額の貨幣が支払われるということは事実であるかもしれません[130]。

(129) 後述、*p. 510*「貨幣と価値の取引システム」〔邦訳、中巻三八八頁〕をみよ。

(130) ボナー編『リカードのマルサスへの手紙』p. 42〔邦訳、第６巻（書簡集一八一〇―一八一五年）一五〇頁〕。

これは、もちろん、マルサスとリカードとの間の相違であった。それは、生産と売買交渉との間の相違であった。価値は、マルサスにとって、売買交渉によって決定される希少性価値であった。その究極の誘因は消費者の需要であり、その尺度は価格であった。しかし、リカードにとって、売買交渉によって決定され貨幣によって測られる希少性価値は、「名目価値」にすぎなかった。「実質価値」は、生産され市場に出されるワインの「大樽」に含まれる労働コストによって測られた、使用価値の量であった。リカードにとって、ワインに対して支払われるより高い価格は名目価格であり、そこでは希少性価値は「名目」価値に等しかった。マルサスは、需要と供給によって決定される価格そのものに関心をもち、数量は価格に従うだろうと考えていた。しかし、リカードは、数量と、数量の労働コストとに関心をもち、価格がどうなるのかには関心をもたなかった。リカードにとって、四千五百樽から五千樽へのワイン（の使用価値）の増加は、価格が二ドルから一ドルに下落するかもしれないにもかかわらず、富と富裕の増加である。しかし、マルサスにとって、値下がりは富の**減少**であった。なぜなら、
360
富を生産するための**誘因**がそれによって弱まってしまうからである。

相違は、富を生み出す力と富の生産を誘引する力との間の相違に帰着する。リカード曰く、

> われわれは有効需要が、購買する力と意志との二つの要素から成っているという点でも意見の一致をみていますが、わたしはこの力があるところに意志が欠けていることはまずないと思います。というのは蓄積の欲求は消費しようとする欲求とまったく同じほど有効に需要を引き起こすからで、それはただ需要が向かう対象を変えるだけでしょう。もしあなたが、人間は資本の増大につれて消費に対しても蓄積に対しても無関心になるものだとお考えになるのでしたら、一国民についていうと供給は決して需要を超えることはできないというミル氏の思想に反対なさるのは正当です[131]。

ここでリカードが言及したジェームズ・ミルは、有効需要を創出するのは、消費でも貨幣でもなく、生産であるというスミスの考え方を発展させた。このスミスの考え方は、非逓減的な使用価値に由来する。[132] リカード曰く、

人間の欲望や嗜好に、諸々の効果を帰する点でわたしはあなたよりもはるかに先へいっています、それは無限だと信じます。人間にただ購買手段を与えてみてください。そうすれば彼らの欲望は飽くことを知らないでしょう。ミル氏の理論はこの仮定のうえに立てられています。[133]

しかし、マルサスにとって、欲望は限られていた。彼曰く、「富が欲望を作り出す」というのは、「疑いのない事実である。しかし、欲望が富を作り出すというのは、さらに重要な事実である」。[134]

このように、マルサスとリカードとの間の相違は、増加する人口の増大する欲望（それによって希少性価値が維持される）と、すべての生産者の上昇する生産性（それによってすべての使用価値の量が増加する）との間の相違である。

需要と供給についての、これら二つの概念との間の論争は、ナポレオン戦争後に起こった広範囲に及ぶ不況、失業、価格の下落にともなって生じ、マルサスとリカードとの間でこの議論を引き起こした。マルサスは、国富

(131) 同書、pp. 43-44〔邦訳、第6巻（書簡集一八一〇―一八一五年）一五五頁〕。
(132) ジェームズ・ミル『商業の擁護』(Mill, James, *Commerce Defended*, 1807)、前述、*p. 158*「アダム・スミス」をみよ。
(133) ボナー編『リカードのマルサスへの手紙』p. 49〔邦訳、第6巻（書簡集一八一〇―一八一五年）一七一頁〕。
(134) マルサス『経済学原理』p. 363〔邦訳、下巻三三四頁〕。

361

を増大させるために現実の需要を必要とした。たとえこの需要が、貨幣の所有から生じようと、労働力の所有、人口の増加、地代の所有から生じようと、さらには地主の購買力を上昇させ、それゆえ地主による労働に対する需要を増加させる穀物への保護関税から生じようとも、そうであった。この需要なしには、生産されるものは何もなく、彼は、現存する不況や失業の原因が需要の低下や消費者の購買力の低下にあると考えた。

それゆえ、マルサスは、**利潤**の低下には気を留めなかった。彼は価格の下落に気をもんだ。もし利潤が高すぎれば、現在の需要と比べて多すぎるものが生産されるだろう。競争を増大させ、価格を下落させる生産の増加ではなく、価格を維持する消費の増加が必要である。それゆえ、マルサスは、税金の引き上げと〔それを源資とする〕失業対策としての公共事業の増加による消費の増加を提案した。しかし、リカードは、「わたしが異議を唱えるのはこの教義に対してであり、わたしは断固として反対します」と書いている[135]。

消費を増加させるためにマルサスが提案したものは、税金の引き上げ、小麦への関税の引き上げ、公共事業の拡大、富裕な人々による彼らの私有地への支出の拡大であった。それらはすべて、「不生産的な消費」である。なぜならそれは、市場に出されて価格を下げる商品を生産しないからである。

百年後のもう一つの世界戦争ののち、ハーディング大統領によって招集され、フーバー長官の下で開催された全米失業会議によって提起された救済策と、マルサスの提案は同じものであった。全米失業会議は、民間雇用の沈滞を取り除くために、失業が発生している時期に公共事業を増やすことを奨励した[136]。ハーディングの会議は、リカード経済学に対立するマルサス経済学であった。マルサスは自らの提案を「不生産的消費」と呼んだが、彼は全米失業会議が公共事業によって意味したものと同じものを考えていた。それは、販売されない生産物をつくる。それは、「不生産的」である。なぜなら、市場に出される生産物をつくらず、したがって民間の雇用主が受け取る価格を下落させることによって現在の失業を増やさないからである。

362

リカードもまた、国富を増加させるために現実の需要を必要としたが、彼の需要は、マルサスとは違い、より低い価格水準で資本家が生産を増加させることから生じなければならない。そしてこの増加は、資本家がそのより低い水準で利潤を生み出せないときには、妨げられる。したがって、現存する失業の理由は、需要の減少によって引き起こされた価格の下落ではなく、高い地代、高い税金、高い賃金である。高い賃金は、労働者の強硬さによって引き起こされる。「労働者は、彼らの労働に対して法外な報酬を得ており、彼らは必ずやこの国の不生産的な消費者になる」。もし、賃金が引き下げられるとしても、「生産される商品の数量の減少はほとんどないだろう。分配が異なるだけである。より多くが資本家に分配され、より少なく労働者に分配される(137)」。

このように、マルサスとリカードは、失業対策として、通常、資本家によって提案される二つの主張を述べた。関税の引き上げと公的雇用の増加は、マルサスに由来する。税金と賃金の引き下げは、リカードに由来する。

マルサスとリカードは、同じ効率性比率を表わす正反対の用語で議論を始め、彼らはそれを需要と供給についての正反対の概念に変換し、そして、国富に関する正反対の概念へ、さらに失業と過剰生産に対する対策に関する正反対の概念へと変換した。マルサスにとって、生産に対する需要を増加させ、それゆえ国富を増加させるのは、購買力の豊富性であった。しかし、この購買力は、地主と富裕な納税者によって留保《ウィズホールド》されていた。彼らは、自分たちの私有地を改良すべきであったし、公共施設をつくるべきであった。それらは、価格を下落させる

(135)　ボナー編『リカードのマルサスへの手紙』p. 186〔邦訳、第9巻（書簡集一八二一年七月—一八二三年）一八頁〕。

(136)　*United States Monthly Labor Review*, Nov. 1921, pp. 129–132 ; *Report of the President's Conference on Unemployment*, pp. 89–107, Superintendent of Documents, Government Printing Office（1921）.

(137)　ボナー編『リカードのマルサスへの手紙』p. 189〔邦訳、第9巻（書簡集一八二一年七月—一八二三年）二六—二七頁〕。

ことなしに労働需要を生み出すであろう。

しかし、リカードにとって、労働需要を生み出すのは生産力であり、生産の誘因は、高い地代、高い税金、高い賃金によって、資本家には与えられていなかった《ウィズホールド》。

マルサスにとっては、需要が限られているために、一般的過剰生産、低価格、失業が存在した。リカードにとっては、需要に対する制限はなかった。しかし過剰生産の出現は、低価格、高賃金、高税金、高地代のために資本家が利潤を稼ぐことができないことを意味した。

こうして、マルサスや他の人々は、富と富裕の意味を、消費者の欲望と需要に依存する希少性価値のなかに見出した。一方で、リカードは、富と富裕の意味を、生産者によって供給される使用価値の総量のなかに見出した。しかし、需要と供給についての二つの意味づけには矛盾があることがわかる。それは今日まで続いている。マルサス的な意味での需要の増大は、**より高い価格**、より高い税金、より高い関税、より高い賃金、より高い地代であり、それらはすべて、より大きい購買力によるより大きな富の消費を意味した。リカード的な意味での需要の増大は、労働者を雇用するように資本家を促すための、より低い価格、より低い税金、より低い関税、より低い賃金、より低い地代、より高い利潤での、生産の**より大きな数量**を意味する。この二つの意味づけは、百年以上にわたって繰り返されてきた袋小路に到達した。それは、失業対策として「の二つの提案である」、消費者に分配される国富のより大きな**シェア**と、資本家に分配される利潤のためのより大きなマージンとの間の矛盾である。[138]

この需要と供給についての二重の意味づけは、最終的に市場と交換についての二重の意味づけとなった。リカードは、販売《マーケティング》と交換を生産の過程であると考えた。マルサスは、それらを売買交渉過程であると考えた。もし販売と交換が生産の過程であれば、それは最終消費者のための労働過程である。もしそれが売買交渉過程であれば、それはより低い価格で購入し、より高い価格で販売するための専有的過程である。しかし、マルサスとリカードの両者は、価値尺度としての貨幣を排除し、価値尺度としての労働に置き換えた。それゆえ、ホランダーが支配労働と体化された労働として正しく区別したような「労働」の二つの意味づけを、マルサスとリカードはもたなければならなかった[139]。

しかし、ホランダーの区別の背後には、物理的引き渡しが行なわれる生産的過程としての市場と、売買交渉が行なわれる希少性過程としての市場という、市場の意味の区別がある。ホランダーは、リカードが、使用《バリュー・イン》価値《ユース》の意味のなかに希少性を含めたと考えたようである[140]。しかし、この解釈は、オーストリアの快楽主義経済学者以前には存在しなかった効用逓減の考え方を、リカードのなかに読み取るものである。スミス、マルサス、ベンサムも、そしてリカードも、使用価値を効用逓減や希少性に結び付けなかった。使用価値は、彼らにとって、トンやブッシェルによって物理的に測られる富裕の豊富性を意味し、さらにその心理的平行物である幸福を意味した。もしそうであれば、スミスとマルサスの「支配労働」は、〔その商品と交換に〕支配される労働を尺度として用いた、売買交渉過程における希少性の擬人化された尺度であった。しかし、リカードとマルクスの「体化された労働」は、自然の抵抗を克服するための労働の生産力における希少性の擬人化された尺度であった。

マルサスが「支配労働」という概念に関してスミスに従ったという事実は、需求量と支配可能量との間の希少性比率がもつ二つの側面によって説明される。ただし、スミスは「支配労働」概念の意味を労働の苦痛で基礎づ

(138)　後述、*p.* 526「利潤マージン」〔邦訳、中巻四一一頁〕をみよ。

(139)　Hollander, J.H., "The Development of Ricardo's Theory of Value", *Quar. Jour. Econ.*, XVIII (1904), p. 455以下〔以下、ホランダー「リカード価値論の発展」と表記〕。

(140)　ホランダー「リカード価値論の発展」pp. 458-459。

けたが、マルサスは消費者の需要で基礎づけた。価値が希少性価値を意味する場合、価値は需求量（需要）と支配可能量（供給）との間の社会的関係である。[141] これは二つの量の**比率**として説明することが可能である。この希少性比率は、需要面または供給面のいずれかの変化によって変わりうる。スミスは、リカードと同様に、需要を制限のないものとして仮定し、それゆえ、スミスの考える希少性の根拠、調整因子《レギュレーター》、尺度は、希少性の**供給**面を制限する労働の苦痛であった。しかし、マルサスは、需要は、既存の食料供給によって、または土地ないし貨幣の所有によって生活を支える需要者の数によって制限されると主張した。それゆえ、彼は、希少性の**需要**面に自身の注意を向けた。したがって、マルサス〔の希少性〕の根拠、調整因子、尺度は、消費者の「意志と力」であった。それらは、需要を増やしたり減らしたりするものである。このように、需要と供給の間の希少性比率という同じものについて、スミスの希少性価値の調整因子がその供給面の変化によって作用する一方で、マルサスの調整因子はその需要面の変化によって作用する。

スミスもマルサスも、同じ希少性関係における制限因子《リミッティング・ファクター》は何であるかにも注意を向けた。マルサスにとって、希少性価値の根拠は、供給を増やすための消費者の需要である。その一方で、スミスにとって、それは供給を制限する労働の苦痛であった。マルサスにとって、価値の調整因子は、人の意志によって集団的に、異なる職業の間で労働に対する需要を適切に配分することであった。スミスにとって、価値の調整は、諸個人によって分散的に、諸職業の間で労働の苦痛を自動的に配分することであった。マルサスとスミスの両方にとって、希少性価値の擬人化された尺度は、商品または貨幣によって**購買**可能となる労働の総量であった。それゆえ、希少性の根拠が、スミスのように生産者の労働の苦痛であろうと、マルサスのように消費者の制限された需要であろうと、交渉力の特殊な事例である「支配労働」は、スミスとマルサスにとって、希少性価値の尺度になった。

しかし、リカードが考察した希少性価値の根拠は、消費者の需要ではなかった。彼にとって、消費者の需要は制限のないものであった。彼の〔希少性価値の〕根拠は自然の抵抗であり、この抵抗は、それを克服するために必要となる労働の量と等しいものであった。それゆえ「体化された労働」は「自然的」希少性価値の彼の尺度となった。しかし、体化された労働の量は、労働の生産性に反比例して変化する。したがって、リカードにとっての使用価値の量は労働の生産性によって規定され、希少性価値の度合いは労働の生産性に反比例して変化する。労働は使用価値を生産するが、労働の不本意《アンウィリングネス》さは希少性価値を根拠づける。これは、希少性の二重の擬人化をともなった、市場の二重の意味である。販売《マーケティング》が売買交渉であるならば、支配労働が希少性の尺度である。もし販売が生産であるならば、体化された労働が効率性の尺度である。

リカードにとって、またのちのマルクスにとってもそうであるように、市場は生産の全過程の一部であり、売買交渉《バーゲニング》の過程ではなかった。市場は労働過程のなかにあった。この労働過程は、原材料を採取し、それを新たな形態に製造し、輸送し、他の物の物理的配送と引き換えに卸売業者に物理的に引き渡し、最終的には完成品が食料雑貨店の売り子によって最終消費者に物理的に引き渡されるまでのすべてのことを含んでいた。最終消費者自身は、見返りとして自らの商品またはサービスを物理的に生産し、または引き渡す別の労働者である。貨幣も
365
また、物理的に引き渡されるこれらの物理的商品の一つであり、それらと異なるものではない。

より現代的な専門用語において、この、輸送としての、販売《マーケティング》の意味は、労働による「場所の効用」の創出であり、労働による「形態の効用」の創出と異なるものではない。しかし、この意味において、効用は、物理的な使用価値である。労働は、実際には何も「創出」しない。これは、自然によって与えられた基本資源の形態と場所を、使用価値に変化させることにすぎない。それゆえ、販売と交換は、最終消費者への最終引き渡しという

(141)　後述、*p.* 378「メンガー」〔邦訳、中巻一九一頁〕をみよ。

地点に至るまで、物の使用価値を高める労働過程である。このように、使用価値を生産する過程の一部として考察された販売メカニズムの技術的過程を、われわれは販売の技術として識別する。〔販売メカニズムについての〕他の意味は、売買交渉の制度である。これらの意味〔の違い〕は、管理取引と売買交渉取引との違いである。

というのは、売買交渉は、引き渡しと交換の物理的過程ではないからである。売買交渉は、価格と量に関する折衝というビジネスの過程である。そのあとで、この価格と量が、労働過程によって物理的に引き渡されることとなる。売買交渉というこのビジネスの過程のなかで引き渡されるモノは、物理的商品ではなく、所有権という法的権利である。それゆえ、われわれは、労働による物理的な引き渡しと売買交渉による法的引き渡しとを区別してきた。そして、市場と交換の二重の意味は、〔一つは〕使用価値を引き渡し交換するための労働過程であり、〔もう一つは〕希少性価値に関して合意して、その価値で所有権を引き渡すための売買交渉過程である。

販売と交換のこの二重の意味は、マルサスとリカードの違いの根源にある。これは、実践的な諸帰結をともないつつ、現代経済学のなかにも未だ存続している。一方は、市場の技術であり、他方は、市場における価格づけと価値づけである。これは、使用価値と希少性価値との違いであることがわかる。この二重の意味づけはマルクスとプルードンの論争にも影響しており、協同組合的販売《コオペラティブ・マーケティング》についての過去数百年の議論にも二重の意味づけを与えている。協同組合的販売の技術的意味づけにおいては、その目的は、協同組合的に所有される販売機構によって仲買人たちを**排除すること**である。売買交渉的な意味づけでは、協同とは、仲買人たちを排除することではなく、彼らを**集団的交渉**のなかに組み入れることである。農民の「協同組合」は、協同組合的販売と集団的交渉とを区別する過程を経由しており、そのことは、ちょうど八十年前の労働者協同組合と同様である。そのとき、労働者協同組合は、資本家を排除することを意図した社会主義的な協同組合的生産と販売から、それよりも革命的ではない、賃金、〔労働〕時間、〔労働〕条件についての資本家との集団的交渉へと突然に変化した。いま、農民は、〔八十年前の労働者とは〕異なる立場にある。なぜなら、農民は、保管のための倉庫を必要とし、したがって彼らは仲買人を実際に排除したからである。しかし、これら二つの過程は区別することができる。リカードとマルクスが使用した第一の意味では、販売と交換という用語は、物理的引き渡しと物理的交換という富の生産の最後の段階を指し示した。この最後の段階は、使用価値の量を増加させることによって富の量を増加させる。スミス、マルサス、プルードンが使用した第二の意味では、販売とは、価格に関して合意することによる売買交渉の最初の段階であった。この最初の段階は、合意によって富の所有権を変化させる。

第八節　マルクスとプルードン

すでにみたように、リカードが諸々の言葉に与えた二重の意味のすべては、貨幣の購買力の安定性という彼の仮定に依存している。彼の叙述のすべては貨幣タームで述べられているが、それが可能となった理由は、彼が、それぞれの特殊な商品に対する貨幣の購買力は安定的であると仮定することによって、貨幣を事実上捨象していることにある。このように、彼が実際に行なったことは、価値の理論ではなく、効率性の理論を構築することであった。彼の計測単位は、比喩的にポンドで示されているとはいえ、マンパワーという単位であった。リカードのマンデイ〔一人一日当たり労働量〕、マンマンス〔一人一月当たり労働量〕、マンイヤー〔一人一年当たり労働量〕を、マンアワー〔一人一時間当たり労働量〕に置き換えたのはマルクスである。マルクスもまた、価値の理論と自称するものを構築したが、これも効率性の理論であった。

他方で、リカードの労働価値説は古典派経済学から次第に姿を消していった。例外は、マカロックの尽力で彼の死後の一八八六年に出版された『経済学および課税の原理』の最終版である。[142] 実際には、ジョン・ステュアート・ミルが一八四八年に、労働コストを貨幣コストにさりげなく置き換えたときに、労働価値説は葬られた。ただし、ミルは自分が行なったことを十分には理解していなかった[143]。しかし、そのうちに、労働価値説は、マルクスのおかげで、華々しい復活を遂げた。マルクスは正当にも、自らを真のリカード主義者であると公言した。逆立ちしたヘーゲル哲学者[144]であるマルクスから、われわれは、まったくのビジネスマンであったリカードの混乱した用語の最良の解釈を引き出す。

　マルクスは、もう一人のヘーゲル主義者であるプルードンとの論争のなかで、自らの分析を作り上げた。この論争によってはじめて、リカードの労働価値説は無政府主義と共産主義に分岐した。この論争の前はもちろんのこと、論争のあとの一八五〇年代においてさえ、無政府主義と共産主義はともに、社会主義という同じものとしてみられていた。この論争は、マルクスが、プルードンの考え方を「ユートピア社会主義」と規定し、マルクス自身の考え方を「科学的社会主義」と規定することで終わった。しかし、両者とも、ユートピア的であり、どちらも科学的ではなかった[145]。それぞれの考え方はヘーゲル的形而上学であった。

　ヘーゲル的方法は、観察で得られた変化する諸事実に適合するような、仮説、探求、実験、検証という科学的方法ではない。ヘーゲル的方法は、将来において現実化するとあらかじめ定められた大きな観念から始めて、次にこの大きな観念に不可避的につながる小さな諸観念に、大きな観念を分解するという哲学的方法である。この弁証法は二つの側面をもつ。一つはプルードンが支持した分析的側面であり、もう一つはマルクスが支持した発生論的側面である。これらは世界についての同じ観念の二つのバージョンである。分析的なものとは、命題、反対命題、綜合という精神的なプロセスである。発生論的なものとは、原始的共産主義という命題から、十八世紀の個人主義という反対命題を経て、未来の共産主義という不可避的綜合へ至る文明化の歴史的な変動《スウィング》である。これはもちろん、世界精神というヘーゲルの観念を転倒させたものである。ヘーゲルの「精神」は将来のドイツ

世界帝国に結実するが、マルクスの唯物論は将来の世界共産主義に結実する。(146)

しかし、スミスとリカードと同様に、プルードンは、自分自身のために使用価値を生産する個人という観念から出発した。この個人は、そのうちに他の個人に目を向け、自分自身にとっては必要のない**剰余**の交換を提案する。このようにプルードンは自分自身のための生産を、他者への販売《マーケティング》から分離し、使用価値を希少性価値の反対物、および矛盾物にする。こうして、彼の用語である**経済の諸矛盾**は彼の哲学の基礎である。プルードンの「効用価値」はスミスとリカードの物理的使用価値であり、それは豊富性に応じて**増加**し、労働によって生産される。プルードン曰く、この効用価値は「自然的なものであれ産業的なものであれ、すべての生産物がもつ、人間の生存に役立つという能力」である。したがって、それはベンサムのいう幸福に等しいものである。プルードンの交換価値は希少性価値であり、豊富性に応じて**減少**する。プルードン曰く、交換価値は、同じ生産物がもつ、「互いに交換される傾向がある」という「能力」である。したがって、この能力は、売買交渉過程にある二つの

---

(142) J・R・マカロックは一八一八年にリカードの注解を始め、『経済学および課税の原理』の最終版は一八八六年に出版された。

(143) Mill, J. S., *Principles of Political Economy with Some of Their Applications to Social Philosophy* (1848, 1897)〔邦訳、末永茂喜訳［一九五九］『経済学原理』岩波文庫〕.

(144) シドニー・フック（Hook, Sidney）は、彼の近著、*Towards the Understanding of Karl Marx, a Revolutionary Interpretation*（1933）において、プラグマティズムの現代的教義を、マルクスのなかに読み取っている。これは好著である。しかし、マルクスは行動においては「プラグマティック」であったが、理論においてはヘーゲル主義者であった。

(145) Marx, K., and Engels, F., *The Communist Manifesto*（1840）〔邦訳、大内兵衛、向坂逸郎訳［一九七一］『共産党宣言』岩波文庫〕を参照。

(146) ヘーゲルの形而上学については、『ブリタニカ百科事典』第一四版の「ヘーゲル哲学」の項を参照。ヘーゲル「左派」については、『社会科学百科事典』の第6巻、pp. 21-22の「L・A・フォイエルバッハ」の項を参照。

368

使用価値の相対的希少性に依存する。このように、彼の使用価値は命題であり、彼の希少性価値は反対命題である。この二つの統合をもたらす綜合は、プルードンが「構成された価値《コンスティチューテッド》」と呼んだものであり、それは彼が「意見《オピニオン》」と呼んだものによって決定される。しかし、「意見」によってプルードンが実際に意味したものは、**自由な**売買交渉取引において価格、数量および引き渡し時期について合意するための折衝的心理学とわれわれが呼ぶものである。

　この売買交渉取引は、政府によるあらゆる物理的強要と「財産」によるあらゆる経済的強要から解放されるべきものであった。そして、財産それ自体が政府によってつくられたものであるので、プルードンは、財産を破壊するために政府を破壊する。プルードンによれば「財産は盗みである」。なぜなら、それは、経済的強要の支えとなる物理的威圧の力であるからである。価格と数量に関する交渉の合意が、交渉者たちの自由で平等な「意見」のみによって形成されるためには、財産のこのような強要は排除されなければならない。

　その結果、プルードンとマルクスとの間の違いは、売買交渉と割当との間の違いにあった。プルードンは政府を排除することによって、自由で平等な売買交渉を得ようとした。マルクスは売買交渉を排除することによって、完全な割当を得ようとした。

　プルードンのいう自由で平等な売買交渉とは、英米のコモン・ローが目指す「適正価値」という概念に類似したものにすぎない。彼の「構成された価値」は、裁判所のいう適正価値である。なぜなら、それは「自発的買い手と自発的売り手」とによって合意された評価であるからである。しかし、コモン・ローの歴史的な諸理念に詳しくなかったプルードンは、適正価値を「綜合的価値」や「構成された価値」としてヘーゲル化した。「構成された価値」は、もし当事者たちが完全に自由であるならば、使用価値と希少性価値との対立を調停するものである。[147]

369

しかし自発的買い手と自発的売り手という基礎において、この二つの価値を調停するために、プルードンは、買い手と売り手双方から盗むために財産権を強制する国家権力を破壊しなければならない。この盗みは、売買交渉取引において、当事者の**労働**以外から引き出される貨幣所得のあらゆる形態として現われる。例えば、利子、利潤、地代、資本家が課す高価格、および過剰な給与である。これらが財産であり、盗みである。

そして、「盗み」という財産の意味づけのなかに、プルードンは、人が自らの労働によって所有することになる個人的財産を含めていないということに着目しなければならない。また他人が自らの労働によって所有することになった財産に関して、その他人との自由な折衝によって、ある人が所有することになる個人的財産も含めていない。彼はこの種の財産を廃止しようとしたのではなく、この種の財産は、政府が廃止された場合も残ると考えた。つまり、無政府主義は、最も極端なかたちでの、奪うことのできない財産、交換可能な財産、そして**個人的な**財産を、それが労働に基づき、また交渉の自由と平等に基づくという条件下で認める。著名なロシアのアナーキストのクロポトキンは無政府主義の理念を、アイオワの農場と地方定期市に見出した(148)。これはプルードンについてもいえる。彼にとっては、地代、利潤（利子を含む）および賃金という経済学者がつくった区分は意味をもたない。それは、アイオワの農民たちが彼らの結合された労働の使用価値に基づいて家族を養っている限りにおいて、また地方定期市での自由で平等な交渉によって**剰余**を市場で売っている限りにおいて、アイオワの農民にとって右記の区分が意味をもたないのと同様である。経済学者は、この農民の使用価値の所得を、地代、利

(147) Proudhon, P. J., *Système des contradictions économiques ; ou Philosophie de la misère* (2 vols., 1846, 2d ed., 1850), Book I, Chap.2を参照。

(148) Kropotkin, P., *Fields, Farms, Factories, Workshops, or Industry Combined with Agriculture and Brain Work with Manual Work* (2d ed., 1901), p. 75以下〔邦訳、中山啓訳［一九二五］『田園、農場、工場』新潮社、三八頁以下〕。

潤（利子）および賃金に分離している。しかし、この分離が不可能であることは、プルードンにとって、また農民にとって、この所得が、彼の所有、管理および労働が結合したものに関して彼が受け取る共同報酬であるということだけで示される。もし、地方定期市で、誰に対しても強制なしで、剰余の交換価値について他の農民と合意するならば、このようにして「構成された」交換価値はプルードンが「綜合的価値」と呼ぶものである。しかし、それは、コモン・ローの用語では、自発的買い手と自発的売り手との「適正価値」と呼ばれるであろう。

以上が示すことは、マルクスが自身の理論の基礎を雇用主資本主義〔経営者資本主義〕においているのに対し、プルードンは自身の理論の基礎を商人資本主義と地主制度においているということである。フランスで支配的であったのは、商人資本主義とその商業金融である。他のヨーロッパで支配的であったのは地主制度と小作農制度である。後者は、いずれアメリカでは「自作農」と「地主」農民との違い、および「小ビジネス」と「大ビジネス」との違いとして知られるようになる区別である。プルードンは自作農と小ビジネスの立場に立った。彼の立場は、商人資本家と銀行家に対立した。商人資本家と銀行家は、市場へのアクセスをコントロールし、それを通じて小ビジネスを苦汗的な競争状態に追い込んだ。また、プルードンの立場は、小作農から法外な地代をとる地主とも対立した。これらの対立者たちに対して、プルードンは、盗みとしての財産という彼の定義をぶつけた。汗して働く農民、熟練工、小売業者がもつ小財産に対してぶつけたのではない。彼の新聞である『人民』において、一八四九年に彼は次のように書いた。「われわれは、すべての人が財産をもつべきだと願う。われわれは高利貸しなしの財産を求める。なぜなら、高利貸しは財産の成長と普遍化にとってのつまずきの石であるからだ」。彼のいう高利貸しは、過剰な利子だけでなく、過剰な価格、利潤、地代および給与を意味している。一八四八年革命の時期に、彼が救済策を立案し彼の人民銀行が設立されたとき、彼の提案のすべては、自主的な協同組合的販売と自主的な協同組合的信用（いまでいうところの「信用組合」）であることが明らかになった。ただし彼は、協同組合的生産を提案していない。というのは、協同組合的生産は、個人的生産者を協同組合的生産者に従属させるからである。[149] プルードンの無政府主義は、個人的財産と、販売と借り入れでの自主的な協同との、世界規模での綜合であった。それゆえ、彼の命題は**豊富性**に応じて増加する使用価値であり、彼の反対命題は**希少性**に応じて増加する交換価値であり、彼の綜合的価値は売買交渉取引における自由と平等の**適正価値**であった。これらの革命的提案のゆえに三年間獄中で過ごしたのち、政治家ナポレオン三世を容認することについて、プルードン自身には、何の矛盾もなかった。ナポレオン三世はプルードンを獄から解放し、プルードンのいう自由と平等を、彼自身の独裁のスローガンにしたからである。

プルードンは、資本家としての商人と銀行家に着目していたが、マルクスは資本家としての雇用主に着目していた。マルクスはイギリスの工場システムに注目したが、プルードンはフランスの手工業システムに注目した。マルクスは地主制度が工場システムになると予想したが、プルードンは（フランス以外の国での）地主制度が分岐して、小農場所有権が生まれると予想した。マルクスがイギリスでみた工場システムにおいて、雇用主は、プルードンのいう熟練工を職長に転換し、賃労働者たちを同質的な労働の一群に転換した。[150] したがって、プルードンは、自主的な協同と個人的売買交渉という方法で卸売商人と彼らの銀行家を追放しようとしたが、マルクスは、共同所有権と政府による管理によって工場から雇用主を追放しようとした。またマルクスは割当の共産主義的システムによって、売買交渉を廃止しようとした。プルードンは地代、利子、利潤および賃金が小生産者に支払わ

(149)『パルグレイブ経済学辞典』（1923 ed.）の「プルードン」の項を参照。また、Dana, Charles A., "Proudhon and his Bank of the People" (1850), in Henry Cohen, *Solution of the Social Problem* (1927) を参照。

(150) 後述、*p. 763*「商人資本主義、経営者資本主義、銀行家資本主義」〔邦訳、下巻二五九頁〕をみよ。

れる場合は、それらを区別しなかった。それらは、労働に対する一つの報酬として一体化された。このことは、マルクスのいう社会化された生産者についても同じである。リカードの地代だけでなく、雇用主－資本家の利潤や、銀行家や投資家に支払われる利子も、財産所有者による搾取分からなる一つの共通のファンドとして一体化される。マルクスによると、労働力によって生産された社会的使用価値が労働者から搾取されるのは、プルードンがいうような売買交渉過程においてではなく、生産過程での物の所有権そのものに関してである。プルードン371は無政府主義化したリカードであり、マルクスは共産主義化したリカードである。マルクスは彼のいう社会的労働力をミツバチの巣箱になぞらえ、連合した《アソシエイテッド》雇用主－資本家を、ハチミツを搾取する巣箱の所有者になぞらえた。この搾取は、雇用主－資本家による政府のコントロールという方法で行なわれる。プルードンは、数百万の個人的労働者を財産所有者として描き、商人資本家、銀行家および地主は盗人であると考えた。この盗みは、売買交渉過程において政府の助けを借りて行なわれる。

したがって、プルードンが、生産と交換との反対命題と、それに対応する使用価値と希少性価値との綜合とを主張したとき、マルクスは、この反対命題も否定したし、その綜合の必要性も否定した。プルードンは自由で平等な売買交渉のシステムを提案したが、マルクスは強制的割当を提案した。前者は無政府主義であり、後者は共産主義であった。

彼らの違いの一部は、販売《マーケティング》の二重の意味にある。マルクスにとっては、販売それ自体は生産過程である。それによって、社会的労働力は、商品が最終的な消費者に引き渡されるまでの間、いまでいうところの「場所の効用」（使用価値）を付け加える。プルードンにとっては、販売は交渉力を意味した。それによって、強い交渉者と弱い交渉者との間で、経済的強要を通じて、貨幣と商品との相対的希少性が一致させられる。マルクスにとって、商品は交換のために生産される。それはスミス、マルサスおよびリカードの考えと次の点で同様である。

372

彼らは、交換目的の生産物をつくる労働としての「生産的」労働と、生産した者による家庭消費を目的とする生産物をつくる労働としての「不生産的」労働とを区別した。マルクスは、この意味で「生産的労働」をとらえて、それを近代的工場や輸送システムの下で普遍化した。近代的工場や輸送システムでは、誰も自分が生産したものを消費せずに、つねに他人が生産したものを消費する。したがって、また、そこでは産出物はその生産者のものではない。

その結果、プルードンが仮定したような、家庭での消費を上回る剰余生産物は存在しないとマルクスは主張した。プルードンは、自分自身にとっての過剰生産が他人に売るための剰余をもたらすと仮定した。マルクスによると、生産物は「社会的」使用価値であり、個人的使用価値ではない。そして、社会的使用価値は、輸送、卸売、小売、および消費者への物理的引き渡しを含む。これらすべてを担う社会的労働力は、生産、輸送および物理的引き渡しによって世界を結合する。(151) 物理的引き渡しという意味での交換と生産とは一つのものであり、生産という同一の労働過程である。生産は交換の前に終わるものではないという考えは、次の考え方にほかならない。交換はそれ自体、二つの物理的商品の二つの物理的引き渡しを担う労働過程である。生産は、使用価値を商品に付け加えるだけのこれらの「諸サービス」を含む。

このようなことになる理由は分業にある。スミスは分業から個人主義を得たが、マルクスは分業から共産主義を得た。〔スミスとマルクスの〕双方とも、交換は同じことを意味した。マルクス曰く、「君が、生産において一名以上の助手を仮定したときから、君はすでに労働の分割に基づく生産システム全体を仮定している」(152)。した

---

(151)　マルクスは、輸送がつねに「生産的」であるかについては、いくらか悩んでいた。しかしこれは、彼が、いまでいうところの場所の効用（使用価値）の付加という考え方をもっていなかったことによる。

がって物理的引き渡し〔という意味で〕の交換に基づく生産システム全体を仮定している。スミスに倣ってプルードンが提案したように、他の諸個人は「協力者」である。しかし彼らは、プルードンやスミスのいうところの、その協力が彼らの売買交渉取引に基づくような**自主的な**協力者ではない。協力は、技術的システムへの労働者の**強制的な**はめ込みであり、その結果、それぞれの労働は、「交換」という名の下で使用価値の累積物を互いに引き渡す世界規模の機械プロセスの一分枝にすぎない[153]。こうして、マルクス曰く、「協力者たち、さまざまな機能、分業、およびそれが示す交換はすべてすでに存在している。……それは、最初から交換価値を仮定することとまったく同じことである[154]」。

　マルクスがこの社会的分業を構築した仕方、それによってプルードンの交渉を排除した仕方は、C－M－Cという彼の有名な定式によってとらえることもできる[155]。この定式において、彼はヘーゲル流に、価値の実体、価値の形態、価値の種類を区別する。「実体」は、単純に労働力に労働時間を乗じたものである。価値の「形態」は、それ自体は使用価値をもたない貨幣に体化される交換価値である。価値の種類は、貨幣という媒体を通じて交換される商品の種類である。

　図表5〔邦訳、上巻二七一頁〕において、水平方向に測られる各種の生産の労働時間は十時間である。垂直方向に測られる労働力は、自然の抵抗と反比例して変化する労働の効率性である。時間と効率性の積は、価値の「実体」である。

　この実体は交換過程において「形態」をまとう。マルクスの意味づけでは、交換は売買交渉をともなわない、生産物の物理的引き渡しである。この物理的引き渡しにおいて、帽子、貨幣および靴の数量がいかに大きく異なろうとも、等しい価値は等しい価値と交換される。貨幣は使用価値をもたず、それは、物理的引き渡しによる交換過程における、価値の「形態」にすぎない。

しかし、この価値の「実体」は資本家と労働者との間で分配される。その分配は市場での売買交渉過程においてではなく、生産過程において行なわれる。生産過程は「搾取」が行なわれる場所である。なぜなら資本家たちはすべての諸装置を所有し、労働者が物を使って作業する以前においてさえ、産出物は彼らに帰属する。

こうして、マルクスの「剰余価値」に当たる、資本家の搾取による取り分が、効率性の増加と労働時間の延長という二つの方向でいかにして増加するかがわかるだろう。効率性の増加は、新たな機械化か、あるいは労働者の作業スピードの増加からもたらされるだろう。これは労働力を示す垂直線の長さの増加で示される。しかし、生産量の増加は労働時間の延長からもたらされるかもしれない。これは水平線の長さの増加で示される。この二つの積は剰余価値を拡大し、それはもっぱら資本家の手に入る。なぜなら労働者たちは交渉力をもたず、最低限の生存費だけしか受け取れないからである。もちろん、これは、リカードの理論の論理的帰結であったが、加えて、産業における機械化の進歩の利益を誰が得るのかという、現代の問題にほかならない。

われわれが見出したことは、次のとおりである。マルクスは効率性の定式を構築しようとし、さらに、階級としての労働者と階級としての総資本家との間での効率性の利益の分配の様式を構築しようとした。労働力の量に

(152) Marx, Karl, *The Poverty of Philosophy* (tr. 1847) p. 34〔邦訳、マルクス・エンゲルス全集刊行委員会訳［1960］『哲学の貧困』大月書店、六三頁（マルクス＝エンゲルス全集第四巻、以下、マルクス『哲学の貧困』と表記）。これはプルードン『貧困の哲学』に対するマルクスの反論である。

(153) この考え方は「機械プロセス」として、ヴェブレンによって引き継がれた。後述、*p. 649*〔邦訳、下巻八九頁〕をみよ。

(154) マルクス『哲学の貧困』pp. 34-35〔邦訳、六三頁〕。

(155) 前述、*p. 175*、図表5〔邦訳、上巻二七一頁〕をみよ。

は、現業労働の量だけではなく、資本家が所有する固定資本に「体化された」労働量も含まれる。マルクスはこうして、現業労働だけに基づく現代の効率性計算の誤りを回避した。マルクスは、現業労働と、マルクスのいうところの社会的労働力という意味での体化された労働の「間接費《オーバーヘッド》」とをともに含めることによって、効率性の定式を創り出した。

　このようにプルードンとマルクスとの論争は、マルサスとリカードとの論争と同様に、効率性と希少性との区別を明らかにする。さらにこれらが関係する使用価値と希少性価値の区別も明らかにする。使用価値と希少性価値は、それぞれ労働力と労働の苦痛というスミスの二つの意味づけから出てくるものである。リカードとマルクスの場合、希少性は不変の要因として前提され、したがって排除されている。しかし、マルサスの場合は、消費者の需要は支配的なものとされる。プルードンの場合、効率性と希少性とは互いに反対命題であるとされる。

　プルードンは、マルクスに対して、隠された希少性原理を表に出すよう強要することによって、価値の根拠としての労働力の理論を、実践的には放棄するようマルクスに強いた。マルクス曰く、「プルードンの難点は、まさに彼が**需要**を看過している点にある。つまり、モノは、それが需要されることに応じて、希少にもなり豊富にもなるということを看過している点にある。需要を脇において、彼は交換価値を希少性に同化し、使用価値を豊富性に同化する[156]」。リカードは彼の価値の意味づけにおいて、明示的に希少性を仮定したとマルクスはいう。マルクス曰く、結果的に、プルードンは、交換価値を希少性に等しいものとし、効用（使用価値）を豊富性に等しいものとしたあとで、「効用価値を希少性と交換価値のなかに見出せないことに驚き、交換価値を豊富性と効用価値のなかに見出せないことに驚く」。「彼が需要を排除している限り」、彼はそれらをともに見出すことは決してできないだろう。プルードンの「豊富性」は「自然発生的なもの」にみえる。「彼は生産をする人々がいるということと、需要に絶えず注目することが彼らの利害であるということをともに忘れている[157]」。

言い換えると、マルクスの「生産者」は使用価値を生産するだけではなく、期待需要がそれに交換価値を付与するために、限定された量で使用価値を生産する。物理的引き渡しをその一部に含む生産過程において、供給を留保《ウィズホールド》するということにより、マルクスの使用価値はすでに希少性価値である。

われわれが取り上げた、この限定された量での生産は、マルクスが、社会的に「必要な」労働力という用語で意味するものである。「必要な」という言葉は、消費者の需要〔する量〕を供給するために必要な、ということを意味する。ここで、マルクスは、効率性を原理とする彼の労働力概念のなかに、反対命題的な意味の交渉力を読み込んでいる。交渉力は、希少性を原理とする。われわれの方法はこれとは異なる。われわれは、他方の「仮想的な」排除によって、各々を分離する。そして制限因子および補助因子という原理に基づいてそれらを結び付ける。したがって、われわれにとって、エンジニアそれ自身は、価格を考慮せず、生産を無限に増加させる。しかし、ビジネスマンは価格を維持するために、生産を制限し規制する。この両者は制限因子と補助因子である。[158]

マルクスとプルードンの間の矛盾は、物と所有権との間の矛盾でもある。この矛盾は、最近では、物と効率性の専門家としてのエンジニアと、所有権と希少性の専門家としてのビジネスマンを区別するヴェブレンによっても明らかにされた。

それは、使用価値の歴史的な二重の意味を明らかにする。プルードンとの論争の二十年後のマルクス曰く、「効用の対象でないならば、どれも価値をもちえない。モノが価値をもたないならば、それに含まれている労働

(156) マルクス『哲学の貧困』、p. 40〔邦訳、六八頁〕。
(157) 同書、pp. 41–42〔邦訳、六八―六九頁〕。
(158) 後述、*p.* 627「戦略的取引とルーティン的取引」〔邦訳、下巻五七頁〕をみよ。

375

も価値をもたない。そのような労働は労働として計上されない。したがって何ら価値を生まない[159]」。

ここで疑問が生じる。それが有用でないのは、その物理的量が、**腐った**リンゴのように使用できないようなものであるからなのか、それとも、**多すぎる**リンゴのように生産量が需要量を上回っているからなのか。つまり、使用価値の減価ゆえに有用でないのか、それとも希少性価値の逓減ゆえに有用でないのか。

前者はプルードンのいう意味での使用価値であり、後者はプルードンのいう意味での交換価値である。われわれがいまみたように、マルクスは使用価値についても二重の意味をもたせた。リカードに従うとき、マルクスは使用価値から希少性の意味をすべて排除した。使用価値は「数ダースの時計、数ヤードの麻、数トンの鉄」のような物理的単位で測られる。この点で、マルクスは、リカードの価値と富裕との区別を踏襲している。例えば、マルクス曰く、「〔価格が上昇する場合には〕生活の必需品、便宜品および享楽品の量の減少にともなって、富裕が増加するかもしれないと主張されてきたが、それは、価値と富（あるいは富裕）との混同による[160]」。

これは、まさにプルードンが述べた次のことに対応する。プルードンは、社会的富を増加させる豊富性としての使用価値と、その増加が私的富（資産）を増加させる希少性としての交換価値とを区別した。

しかし、マルクスは使用価値にもう一つの意味をもたせた。それはトンやヤードのような計測の物理的単位であった。使用価値は「有用な性質を充当するのに必要な労働量から独立している。商品の使用価値は、特殊な研究つまり商品の商業的知識の研究のための材料を提供する」。「交換価値はそれ自体、その使用価値から完全に独立している何かとして、現れる」。「使用価値は、使用または消費によって現実のものとなる[161]」。

言い換えると、ここでの使用価値の意味は、労働や技術の産物ではなく、これからの製造や消費のために、商品の物理的計測から得た属性である。しかし、もしそうであるなら、使用価値は明らかに、製造業者や消費者が必要とする物理的に有用な属性に関するエンジニアの労働や知識の産物である。労働者とその管理者は、生産の連鎖のなかでの次の生産者にとって有用でないものはつくらない。労働は、次のユーザーが求める形態であれ、時間であれ、場所の効用（使用価値）であれ、有用性（使用価値）を付け加えるだけである。マルクスはここで、スミスによるケネーの批判のなかでスミスが定式化した労働力の意味から、離れている。労働は塊りをつくるのではない。労働は物の塊りに効用（使用価値）を付け加える。

しかし、マルクスは、彼のいう「労働力」から、物理的に測られる使用価値を分離する必要はなかった。労働が生産するものは物理的に測られる使用価値**である**。彼が必要としたのは、産出としての使用価値の量と、投入としての労働時間の量との間の**比率**をつくることだけである。

使用価値はもちろん、技術的概念である。政治経済学から技術と使用価値とを排除したのは、マルクスだけではない。実践的には、十九世紀のすべての経済学者が、政治経済学から技術とその産出としての使用価値を排除した。ヴェブレンは「製作者本能」という名称で、それらを復帰させた。われわれは**効率性**という考え方でそれらを復帰させる。この考え方には、産出、投入、使用価値、管理取引、制限因子と補助因子などが含まれている。

われわれの見方では、十九世紀に技術が排除された基本的理由は、経済学の基礎が、意志的ではなく、心理主義的および唯物論的であった点にある。心理学や唯物論から引き出されたのは、経済学の全体系を、さらには社会哲学の全体系さえをも、労働あるいは欲望といった単一の原理に基づいて構築するという考え方であった。しかし、重要な主題は、多数の諸原理の複合という考え方である。現代の経済学はあらゆる工業と農業の技術の研

(159) マルクス『資本論』第一巻、p. 48〔邦訳、五六頁〕。
(160) マルクス『哲学の貧困』pp. 38–39〔邦訳、六六頁〕。
(161) マルクス『資本論』第1巻、pp. 42, 45〔邦訳、四八、五二頁〕。

究に大いに関心をもつ。このことは、経済学者が化学者や物理学者であることを意味しない。このことが意味するのは次のことだけである。経済学者は、科学者やエンジニアの**活動**を使用価値や富の生産における顕著な貢献としてとらえ、さらに、そうすることによって、彼らを複雑な全体のなかに適切に位置づけるように、経済学者は努力する。歴史的には、科学者やエンジニアの貢献は次のように積み重なっている。この貢献は、十八世紀において、物理学から始まる。次に十九世紀には、化学が続いた。二十世紀には、動力の生産と動力の輸送が驚くほど発展した。そして最後に、管理取引の基礎となった人事管理の心理学の発展があった。管理取引という領域においては、技術は、その方法を経済学の領域にも押しつけた。そして科学的管理の支持者たちは、管理の諸問題の解決に何ら貢献しない経済学者たちを、正当に批判した。

上記のように、マルクスが、使用価値は経済学の研究領域の外部に位置し、「商品の商業的知識」の特殊な研究に属すると述べたとき、もちろん彼は、十九世紀の経済学者の見方を表明したのであった。しかし、もし、使用価値が管理取引の産出物であり、もし、それが売買交渉取引から区別されるならば、管理取引は商業的知識を問題にするだけにとどまらず、使用価値を創造するために自然の諸力と人間労働力をコントロールする実質的な工学的プロセスそのものである。このプロセスは、ビジネスや金融や労働の諸利害によって妨害されるかもしれない。しかし、このようなコンフリクトそのものが、管理取引、技術および使用価値を、主題全体の複合性のな
377
かに包含することを要請するのである。

同じ使用価値は、さまざまな仕方で利用されると、マルクスは述べた。しかし、その応用可能性の程度は、その独特な諸性質によって限定される。さらに、このように質的に制限されるだけではなく、量的にも制限される[162]。「質」によってマルクスが意味するのは、使用価値のさまざまな種類や等級である。「量」によって彼が意味するのは、明らかに、供給量や需要量ではなく、技術的な量である。例えば、荷馬車は五つの車輪を使えるのか、

それとも四つの車輪だけを必要とするのかというような事柄である。このようなケースでは、明らかに、車輪の使用価値と希少性価値との間に相互依存関係がある。しかし、この二つの価値はつねに区別される。車輪の希少性価値は貨幣で測られるその**価格**である。しかし、車輪に体化されている労働力の量で測られるとき、それは効率性または非効率性である。しかし、車輪のこの使用価値は、その文明価値である。それは、主観的なものであるので、リカードにとっては計測不能なものであった。しかし、マルクスにとっては計測可能なものであり、三つの車輪、四つの車輪、五つの車輪というふうに、輸送技術の各段階における荷馬車や自動車の種類に応じて必要とされる数に依存する。このような概念は、制限因子と補助因子の理論に属する[163]。

このようにしてマルクスは、効率性の現代的理論の基礎を準備することを通じて、リカードを超える二つの改善を成し遂げた。彼は、スミスとリカードの主観的な、それゆえ計測不能な使用価値を、客体的な使用価値に置き換えた。それは、ヤード、トン、時計の数や車輪の数というかたちで計測可能なものである。さらに、マルクスは、第一に圧力、力あるいはエネルギーと、第二にそれが作用する時間という、労働力の二つの次元を明らかにした。彼の労働力の単位は、単純な不熟練労働の一労働時間であった。したがって、適切にも彼が労働力あるいは労働時間に言及するとき、それらは同じ意味であった[164]。しかし、労働時間の投入と比べたときのこの使用価値の産出量とは、効率性の尺度である。

効率性と希少性とは互いに制限因子の関係にあるので、このことは必然的に問題とならねばならない。しかし、

---

(162) マルクス『資本論』第1巻、p. 44〔邦訳、五一頁〕。

(163) 後述、*p.* 627「戦略的取引とルーティン取引」〔邦訳、下巻五七頁〕をみよ。

(164) マルクス『資本論』第1巻、p. 45〔邦訳、五二頁〕。

378

交換価値が売買交渉という意味と物理的引き渡しという意味という二重の意味をもったので、マルクスは経済学から使用価値を排除し難かった。先に参照した箇所で、マルクスは正しく次のように述べた。商品の交換価値（売買交渉）それ自体は、「その使用価値から完全に独立した何かとして現われる」。（売買交渉によって）使用価値は、「その有用な性質を得るのに必要な労働量から独立している」。

　したがって、リカードに従いつつ、金属貨幣を生産における労働コストに還元することによって、マルクスが、のちに効率性と希少性としてより明瞭に区別されたものを混同したということは明白である。彼は、効率性の理論を発展させるのに必要なすべての概念を準備した。しかし、彼は「生産性」という用語に、次の二つの意味を付与した。第一は、彼が技術学に属するものとして退けた使用価値（富）の生産という意味である。第二は、労働量によって測られる価値の生産という意味である。こちらは、彼にとって経済学が扱う主題であった。一方は供給を増加することによる使用価値の生産であり、他方は自然の抵抗のせいで供給を制限《リストリクト》することによる、希少性価値の反対命題的意味での「生産」である。われわれはこの二重の意味づけを次のようにして回避する。まず、われわれは生産性という用語を、効率性という用語に置き換える。また、すでに述べたように、われわれは売買交渉取引を、管理取引と割当取引から区別する。

　しかし、マルクスの用語法を効率性という用語に適合する諸用語に変換するためには、われわれは、すでに示したように、収入と支出という二つの用語から産出と投入という二つの用語を区別する必要がある。産出と投入は、使用価値および労働力が関わる技術的な用語である。効率性はそれらによって測られる。収入と支出は売買交渉に関わる用語であり、法律用語では取得《アクイジション》と譲渡《アライエネイション》に相当し、金銭的用語では貨幣収入と貨幣支出に相当する。あるいは、その貨幣価値で測った諸商品の収入と、同じく貨幣価値で測った諸商品の支出に相当する。これは、富と資産との間の区別である。

第九節　メンガー、ヴィーザー、フィッシャー、フェッター

以上述べた議論は、心理主義的経済学者の学派を多少先取りしていた。ゴッセンは一八五四年に、ジェヴォンズは一八六二年に、メンガーは一八七一年に、ワルラスは一八七四年に、それぞれ独立的に心理主義的価値論あるいは価値の限界効用理論を創始したが、われわれはオーストリア学派の初期におけるメンガーの解説を選ぶ。なぜなら彼の心理主義的分析は、数量の客体的な用語で述べられているからである。(165)

メンガーは、物的なモノが、効用（*Nützlichkeit*）をもつという意味での経済的財になりうるための四つの前提を、次のように識別した。

（1）人間的欲望（*Bedürfniss*）の認識、ないしは予想

（2）対象物によって欲望の満足を生じさせるのに適した対象物の客観的な諸性質（*Güterqualitäten*）

（3）このような適性に関する、正しい、あるいは誤った認識

（4）欲望の満足のためにそのモノを獲得でき、使用できるという、このモノに対するコントロール、あるいは道具としての他のモノのコントロール（*die Verfügung über dieses Ding*）

これらの諸前提のうち、第一と第三については、われわれはすでに意味づけという言葉で呼んだ。というのは、

---

(165) Menger, Carl, *Grudsätze der Volkswirtschaftslehre* (1871)〔邦訳、安井琢磨、八木紀一郎訳［1999］『国民経済学原理』日本経済評論社、以下、メンガー『国民経済学原理』と表記〕。第二版（1923）〔邦訳、八木紀一郎、中村友太郎、中島芳郎訳［1982］『一般理論経済学——遺稿による「経済学原理」第二版』みすず書房〕は、彼の息子が編集したものであり、もとの分析を保持しながらも、批判者に対するメンガーの応答が組み込まれている。

第一と第三の前提は、正確な知識を指し示しているのではなく、人間の諸目的のために対象物に重要性を付与する情感的《エモーショナル》なプロセスを指し示しているからである。第二の前提については、われわれは使用価値と呼ぶ。というのは、それは豊富性に応じて減少せず、また希少性に応じて増加もしない物理的な属性であるからであり、リカードとマルクスの富裕または富という意味に相当するからである。第四の前提について、われわれは次のような二重の意味を識別する。一つはメンガーが技術と同一視する物理的コントロールであり、もう一つは彼が経済と同一視する専有的コントロールである。(166)

ここまででは、メンガーの前提に希少性という概念は現われない。メンガーは欲望《ウォンツ》（*Bedürfnisse*）と需求量《クウォンティティ・ウォンテッド》（*Bedarf*）とを区別することによって、希少性概念を導入する。(167) 欲望は厳密に主観的であるが、需求量は客体的である。欲望は強度が異なる単なる感覚である。需求量は環境への適応である。需求量は、その時と場所において欲求される特定の使用価値（*Güterqualitäten*）の量である。したがって需求量はつねに、特定の時と場所において、特定の人あるいは社会によって欲求される限定的な量である。メンガー曰く、欲望を無限なものと想定した以前の経済学者の誤りは、種類、時および場所の識別の失敗にある。全体としてとらえられたあらゆる種類の欲望は無限かもしれないが、いまここでの特定の種類の需求量は限定的な量である。(168)

メンガーは、彼が新たに定式化した「需求量」という概念がなじみ深い概念であり、かつ客体的で数量的な意味をもつことを示すのに、かなりのページ数を当てている。欲望（*Bedürfnisse*）それ自体は、強度が異なる単なる感覚であり、客体的な需求量を知的に参照することはない。この需求量はつねに、その時その場所での事情をもつ特定の人にとって、その時その場所での限定的な量である。需求量は、実際に認識されているニーズ（*Bedarfe*）を参照するものであり、それは無限定の量のニーズではなく、次のような瞬間における限定された量のニーズである。この瞬間に、その時と場所で欲求されるすべてのモノに関して、限定された量を獲得する力を見

380
据えながら、あるモノの多寡と他のモノの多寡とが比較衡量される。われわれは、特定のディナーで無限の量のビーフステーキを欲しいとは思わない。われわれは、まともな種類の肉をちょうど十分なだけ欲しいし、またそれと一緒に食べられるいくつかのものも欲しい。いまここで、製造業者は無限の銑鉄を欲しいとは思わない。彼が欲しいのは、利益性のある価格で顧客がつくような、圧延鋼材の量に適合する量の銑鉄だけである。

しかし、メンガーは個人を超えて議論を進めた。彼の需求量は社会によって需求される。彼の支配可能量《クウォンティティ・アベイラブル》は、社会によって支配可能にされる。この二つの数量の関係が、彼のいう希少性の「社会的関係」である。これを数学的用語で述べると、社会による需求量と、社会によって支配可能とされる量との間の希少性比率である。この比率が価格である。この社会的関係のそれぞれの側は、独立的に変化する。もし需求量が増えると価格は上がる。もし需求量が減ると価格は下がる。もし支配可能量が増えると価格は下がる。もし支配可能量が減ると価格は上がる。

もちろん、これはおなじみの需要と供給の社会的関係にほかならない。メンガーはこの関係を、経済学が関わる**唯一の**社会的関係であると考えて、この関係から経済学の完全な理論を演繹的に導出する作業にとりかかった。彼の独創性は、この社会的関係を諸個人の主観的感覚と結び付けた点にある。

これらの事実は十分に知られたありふれたものである。メンガーと、ゴッセン、ジェヴォンズ、ワルラスとの間の違いは、メンガーが問題を上記の数量の諸用語で定式化した点にある。この数量の諸用語から、彼は感覚の

---

(166) メンガー『国民経済学原理』第一版、p. 3、第二版、p. 11〔邦訳、第一版、四―五頁、第二版、四一頁〕。

(167) 同書、第一版、p. 32、第二版、p. 32n〔邦訳、第一版、三一頁、第二版、六八頁の注〕。

(168) 同書、第一版、p. 35以下、第二版、p. 32以下、とくにp. 32n〔邦訳、第一版、三四頁以下、第二版、六八頁以下、とくに六八頁の注〕。

主観的な諸用語を導出した。この二つは不可分であるので、ゴッセン、ジェヴォンズ、ワルラスの定式も、メンガーの定式と同様に十分に知られたありふれたものである。しかし、彼らは、感覚が幸福の単位または「組《ロット》」に分解できると考えたベンサムを通じて、彼らの概念に到達した。さらに、彼らは、快楽のこれらの単位の強度が、財の量の増加に応じて減少し、逆に、財の量の減少に応じて増加するという事実の含意のすべてを発見したわけではない。したがって、ゴッセン、ジェヴォンズ、ワルラスは数量に依存する主観的感覚から出発したが、メンガーは感覚が依存する数量から出発した。両者とも、もちろん、感覚と数量との相互依存に基づく機能的心理主義であるが、ゴッセン、ジェヴォンズ、ワルラスは、主観的側面をとらえており、メンガーは客体的側面をとらえている。

　とはいえ、メンガーの諸数量でさえ、直接的に計測可能ではない。それらは、それらの効果を測ることにより、間接的に計測可能である。それらの効果とは、彼の経済学の主題となる社会関係であり、それはすなわち特定の商品に関する需求量（*Bedarf*）と支配可能量（*Verfügbar*）との関係である。この関係が希少性または価格の関係であることは明らかである。

　それゆえ、感覚よりもむしろ希少性が、メンガーの経済学の主題である。メンガーが、他人には快楽のベンサム的意味で解釈される効用（*Nützlichkeit*）という曖昧な用語を使ったことによって、メンガーの真の貢献は隠されてしまった。さらに、このことによって、需求されるモノの数量の増加に応じた欲望という感覚の強度の逓減という個人主義的なものに、人々の関心が向けられることになった。しかし、実際に、メンガーが発展させたのは、社会による需求量と社会にとっての支配可能量という二つの変数の間の変化する関係に依存する、効用逓減あるいは効用逓増という社会的な考え方である。したがって、彼が行なったことは、需要、供給および貨幣単位での価格に関する古い公式に対して、あらゆる財に適用できるより特殊的であるがより普遍的な意味づけを、貨幣を使うことなく付与したことである。彼の需求量は需要であり、彼の支配可能量は供給であり、彼の限界効用は価格である。限界効用（*Grenznutzen*）は、社会にとっての需求量と支配可能量との間の可変的関係の、変化する効果である。それは、貨幣経済においては、需要と供給との間の変化する関係からもたらされる価格である。貨幣経済においては、メンガーのいう商品経済と同様に、需要と供給とは直接的に計測できず、それらの変動の**効果**が計測される。この効果の計測が価格である。その結果、価格は希少性の可変的関係の尺度であり、メンガーのいう限界効用の金銭的な等価物である。

これはもちろん、偉大で新たな洞察である。それは心理学〔の焦点〕を幸福から希少性に変えた。快楽主義者のいう感覚の強度逓減と、メンガーのいう需求量と支配可能量の関係との間の関数関係を分類したのはヴィーザーである。ヴィーザーは、自分の分類が、メンガーが以前発見したものにすぎないということを知っていた。しかし彼もまた、曖昧な用語である効用（*Nützlichkeit*）を使うことによって、オーストリア学派の後継者たちの道を誤らせた。もし彼とメンガーとが「効用逓減」のかわりに「希少性逓減」という用語を使っていたとすれば、また「限界効用」（*Grenznutzen*）のかわりに「価格」という用語を使っていたとすれば、彼が行なったことは、希少性に関する厳密に客体的で計測可能な理論の定式化であるということが明白となっていただろう。

メンガーの分析のヴィーザーによる説明によって価値と価格との区別が明らかになり、彼が価値のパラドックスと名づけた、価値と価格との関数関係に関する彼の考え方が明らかになった。[169] われわれがリカードとマルクス

(169) Wieser, F. von, *Natural Value*（1889, tr.1893）〔邦訳、大山千代雄訳［1937］『自然価値論』有斐閣、以下、ヴィーザー『自然価値論』と表記〕.

について見たように、価値という概念のなかには二つの可変的要因がある。しかし、ヴィーザーにおいては、一つは効用逓減と名づけられた欲望の感覚の強度逓減である。もう一つは需求されるモノの数量逓増である。支配可能量のあらゆる増加に応じて、単位当たりの効用は減少し続ける。その結果、効用だけを考えると、それはやがてゼロになり、不効用、あるいは不快にさえなるだろう。このようにして、彼は「効用」の意味を、使用価値から希少性価値に変えた。

しかし、他方で、支配可能量（効用）はそれ自身の独立的な可変性をもつ。この二つの変数を結び付けて考えると、もし単位当たりの効用が支配可能量が増加する速度よりも急速に減少しない場合は、増加する数量がもつ**価値**は上昇する。しかし、もし単位当たりの効用が、支配可能量が増加する速度よりも急速に減少する場合は、増加する数量がもつ**価値**は低下する。

これが「価値のパラドックス」である。というのは、価値は、単位当たり効用とその諸単位の数量の積であり、両者は独立的に変化しうるからである。

先にわれわれが論じた効用の二重の意味に立ち戻ると、単位当たりの効用の逓減とは価格の擬人化にすぎないものであり、価格の逓減で測られた希少性の逓減すなわち豊富性の逓増にほかならないことがわかる。しかし、効用のもう一つの意味は物理的な使用価値であり、単位当たりのこの値は、豊富性の増加に応じて減少しないし、希少性の増加に応じて増加しない。したがって、ヴィーザーの「価値」は、貨幣で測られる希少性価値と、トンやブッシェルなどで測られる使用価値との関数関係である。それは、あらゆる職業、工業、農業においておなじみの、価値のパラドックスである。

明らかに、この限界効用はドルやセントに変換でき、この使用価値は小麦のブッシェル数に変換できる。収穫された小麦の価値は、次の二つの変数の関数である。一つの変数は価格（限界効用）で測られる希少性価値であり、もう一つの変数はブッシェルで測られる使用価値である。もし、収穫量がゼロの場合、その価格は仮想的に無限にまで上昇するが、その**価値**はゼロに低下する。もし収穫量が十億ブッシェルで価格が一ドルの場合、収穫された小麦の価値は十億ドルとなる。もし収穫量が十五億ブッシェルで価格が八十セントに低下した場合、収穫された小麦の価値は十二億ドルに上がる。もし収穫量が二十五億ブッシェルで価格が四十セントに低下した場合、収穫された小麦の価値は十億ドルに下がる。

これは、もちろんパラドックスであるが、二百年前のグレゴリー王の時代からよく知られていた[170]。ヴィーザー自身も、このパラドックスはプルードンが価値の二律背反と呼んだものと同じであると指摘している。プルードンは、このパラドックスをヘーゲル的な命題、反対命題および綜合として展開したが、ヴィーザーは効用と数量との関数関係として展開した[171]。しかし、実はそれは価格と数量との関数関係であり、希少性価値と使用価値との関数関係でもある。そして両者に依存する変数が価値である。

この二つの要因の可変性は、図表3[172]のように、別の仕方で描けるかもしれない。これはメンガーとヴィーザーよりも、ゴッセンとジェヴォンズに従う人たちによって使われている図である。

効用と名づけられた曲線は、水のない砂漠での水のように、供給がまったくない架空の状態が始点となっている。次に幾単位かの供給が追加されていくに従って、その効用は逓減している。水がまったくないところでは、各単位は無限の効用をもつ。というのは、それは生死の問題だからである。しかし、水の**使用価値**の豊富性が増

(170)『パルグレイブ経済学辞典』の「王、グレゴリー」の項を参照。

(171) ヴィーザー『自然価値論』pp. 55, 237。ヴィーザーは、「交換価値の二律背反」といっている。

(172) 前述、*p. 175*〔邦訳、上巻二七一頁〕をみよ。

加するにつれて、単位当たり**効用**は逓減する。任意の点の高さが限界効用を示す。この点において、水の全量がもつ価値は、この限界効用に水の量を乗じた値で示される。

明らかに、これは、希少性と豊富性の明白な意味に関する言葉のうえの定式化にすぎない。豊富性の増加は、希少性の減少と同じことである。価値の用語を使っていうと、使用価値の増加は単位当たり希少性の減少であり、使用価値の豊富性の減少は単位当たり希少性の増加である。ここで効用という用語は希少性価値と使用価値という二重の意味を明瞭に示している。希少性価値は価格として計測可能であり、使用価値はガロンとして計測可能であり、価値はガロン数とガロン当たり価格で計測可能である。

われわれがいまみた限界効用または価格と、商品量または使用価値との積は、リカードとマルクスが労働時間と一時間当たりの自然の抵抗の積として描いた価値と同じ意味をもつ。貨幣によって測られる希少性タームでの価値は、価格に商品量を乗じたものである。逓減する効用というタームでの価値は、限界効用に商品量を乗じたものである。労働力というタームでの価値は、労働時間数に自然の抵抗を乗じたものである。しかし最後のものは効率性である。前のものは希少性である。

384

ヴィーザーの価値のパラドックスに関する最近の議論は、価格の定義に関するフィッシャーとフェッターの論争のなかにある。[173] フィッシャーは、ヴィーザーの正確な定式において、価格と価値とを区別した。ただし限界効用のかわりに「価格」を、使用価値のかわりに富を使用した。フィッシャーは、価格を、一単位当たりの価値に関する合意という取引的意味で使い、「価値」を、「数量に価格を乗じることにより得られる富［われわれは資産と呼ぶべきである］の所与の量」という意味で使った。フィッシャー曰く、この「価値の定義は、富の一単位ではなく、富［資産］の集合体に対して適用されるものであり、経済的用語法からはいささか乖離している。しかしこの定義は、ビジネスマンや実際的な統計専門家の用語法とは、密接に結び付いている」。経済学者たちによるさまざまな主観的、客体的意味づけに言及したあとで、フィッシャーは次のように続ける。

われわれの価値と価格の定義を、ビジネスの用語法にできるだけ密接に適合させることが好ましく思える。ビジネスの用語法では、直感的にまた一貫して、価格という用語は一単位に対して適用され、価値という用語は総計に対して適用される。(174)

こうして彼は「数量、価格および価値」という三つの大きさを得た。それぞれヴィーザーのいう数量、限界効用および価値に等しい。また、われわれのいう使用価値、希少性価値および価値に等しい。

心理主義的立場からフィッシャーを批判しながら、フェッターは次のようにいう。

ここでは「価値」は、すでに満たされた利用に向けられている。財の価格であれ、量であれ、その単位は任意ではあるが、価格について語られる際はいつでも、明示的であれ暗黙裡であれ、小麦一ブッシェル当たり、綿一荷馬車当たり、鉄一トン当たりなどについて、セントでの価格あるいは金のオンスでの価格がつねに示されなければならない。これとは反対に、総計という用語は任意なものであり、驚くべきことに一単位であると思われることもある。つまり、一ブッシェルの小麦とは、小麦の粒の一つの総計にほかならない。結果

(173)　フィッシャー『資本および収入論』pp. 11–16、pp. 45–57および、Fetter, F. A., "The Definition of Price," *American Economic Review*, II (1912), pp. 783–813〔以下、フェッター「価格の定義」と表記〕.

(174)　フェッター「価格の定義」による引用、p. 797。

として、慣行的な単位についてであれ、諸単位の総計についてであれ、価格という言葉は混乱なく使うことができる。したがって、革新によって得られるものは何もない。他方、価値という用語が、その主観的な使用から切り離されるとき、専門用語法にとっての損失は大きい。というのは、主観的な使用において価値は不可欠であるからである。したがって、最近の価値の議論での解釈は展望のないものになっている[175]。

「裁量的」、「総計」、および「慣行的」という言葉の**個人主義的**意味づけへの反対として、フェッターの批判は**慣習的**意味づけに向けられている。トン、メートル、ヤード、ドルという計測の単位はもちろん「裁量的」である。ある国は、別の国とは異なる単位をもつ。しかし、ある**国民**が「裁量的」であり、またはある実践が「慣行的」であるとき、われわれはそれを慣習、コモン・ローあるいは実定法と呼ぶ。当然、すべての制度は慣行的であり、裁量的ですらある。それゆえに、ベンサムは諸制度を経済理論から排除し、フェッターは諸制度を「最近の価値の議論」から排除した。しかし、諸制度は、個人主義的意味で裁量的、慣行的なのではなく、裁判所が諸制度を利害対立の判定の際に使うという集団的意味でそうなのである。したがってビジネスマンや労働者が、彼の意志を、集団的な法律の諸単位に反抗して「裁量的」に設定するならば、さらに彼独自の主観的計測単位に従ってビジネスを進め、支払いを得ようとするならば、彼はビジネスを続けることができないし、賃金を得ることができない。彼が慣習や法律を忘れる場合に、経済学者は、彼を裁量的と呼ぶかもしれない。そのようにして、経済学者は、取引のなかで諸個人を支配する慣例から距離をおく。経済学にとって「慣行的」という言葉は、慣
385 習、コモン・ローおよび実定法を意味する。

ヴィーザーの「価値のパラドックス」は、フェッターが唱える心理主義的説明の必要性を満たす。それは、「価値」という用語に「主観的な使用」という意味を当てる用語法であり、そしてそれは、実際、「最近の価値の

386

議論の解釈」にとって大きな貢献である。ヴィーザーの「効用逓減」は主観的であり、彼の「限界効用」は主観的であり、彼の効用の数量への機能的依存は主観的であり、そして、帰結としての彼の「価値」は主観的である。難点は、これらがフィッシャーの「数量、価格、価値」の大きさのように計測可能でもなく、法によって強制可能でもないことにある。これらの諸用語は、正確性や安全性のためにあらゆる取引が頼るところの法的に強制可能な計測単位には適合しない。「限界効用」が価格となる場合には、大部分の人は、彼らの特定の取引に関して需要と供給がもたらす諸結果を測る尺度が価格であると感じるだろう。経済理論にとっては、このことが希少性の原理なのである。ある量の財が生産されたり、留保《ウィズホールド》されたりする場合には、社会にとってのある量の有用性が、つまり経済学者のいう使用価値が追加されたり留保されたりしたと、一般に認識されるだろう。千トンの銑鉄がトン当たり二十ドルで売れた場合には、この量の**価値**は二万ドルであると一般に語られるだろう。これは、取引的、慣習的、コモン・ロー的なものの見方である。

　たしかに、リカードとマルクスの唯物論から抜け出すためには、経済理論は、快楽主義の心理主義的段階を通過することが歴史的に必要であった。そこでの議論は、使用価値と効用の意味を革命的に変化させたし、人間の自然への依存に関するより良い理解をもたらした。しかし、それを振り返ると、この段階はあらゆる科学が通過しなければならないアニミズムの段階であったとわれわれは考える。そこでは諸量や諸力は擬人化され、計測不能なものになった。ラヴォアジエが精霊を却下して、量を計測したとき、錬金術は化学となった。精霊の考えがニュートンの運動の法則になったとき、占星術は天文学となった。フェッターの主観的な効用や限界効用が価格となったとき、経済的擬人化は経済科学《エコノミック・サイエンス》となり、さらにフィッシャーの価値は、ドルやブッシェルなど量

(175)　同、p. 798。

を特定するものによって測られ、また慣習や法律によって守られる資産となる。

第十節　絶対主義から相対性へ

このように、希少性と効率性は、それとともに経済科学《サイエンス・オブ・エコノミクス》が始まる二つの変化する比率である。これらは区別可能ではあるが不可分である。上述したように、それら相互の変化する関係を測るためには付加的な諸比率が必要である。希少性概念はスミスとマルサスに由来し、効率性概念はリカードとマルクスに由来する。これら二つの概念の相対性《リラティビティ》は、マーシャルの新古典主義においては、演繹的に作り上げられた。

古典派、共産主義派、オーストリア学派は、自明な公理を操作する方法を使って、二つの概念のうち一つを排除するか、もしくは、一方の次元が他方の変化に比例して変化すると仮定することによって、これら諸比率の対立項のうち片方を排除した。その結果、概念の体系は相対主義的ではなく、絶対主義的なものになった。それは、物理学における空間と時間の概念が、非ユークリッド的ではなく、ユークリッド的であることと幾分類似している。

スミスとリカードは、生産者（売り手）の機能としての物やサービスの供給に等しく対応するように、消費者（買い手）の**欲望**が拡大・縮小すると仮定することによって、消費者（買い手）の**欲望**の可変性を排除した。したがって、彼らの概念体系において決定的な変数は、スミスでは労働の苦痛であり、リカードとマルクスでは労働力であった。

オーストリア学派（メンガー、ヴィーザー）は、スミスの豊富性の仮定に等しい「快楽」経済という仮定を使って、生産者（売り手）の労働の苦痛と労働力をともに排除した。しかし、彼らにとって、この快楽は、消費者（買い手）の欲望の強度逓減と足並みをそろえて動く。したがって、彼らの体系での決定的な変数は欲望であった。

しかし、マーシャルは、消費者（買い手）が需求する量と生産者（売り手）が供給する量という、対抗して変化する二つの数量の間の変化する比率という相対主義的な概念を導入することによって、二つの学派を調和させた。これらの二つの量は、それぞれ独自の根拠に基づいて独立的に変化した。

とはいえ、スミスからマーシャルに至るすべての理論を相対主義的ではなく絶対主義的にしている、これらの諸学派に共通するもう一つの公理がある。それは、すべての価値あるものは所有され、したがって、**所有権**は、所有される物の量に正確に応じて変化する恒常的な要因であるという仮定である。この仮定はおなじみの**有体**財産という概念から導かれるものである。それゆえ、所有権は、物理学における空間と時間のように、それ自身のイニシアティヴによって変化しえない絶対的な「枠」あるいは枠組みになった。その結果、これらすべての諸学派にとって、物の所有権との関係での決定的な変数は、物の可変的な量であった。このようなかたちでの所有権の排除は、生産と販売《セリング》との同一性および消費と購買との同一性という暗黙裡の仮定（オーストリア学派）、あるいは明示的な仮定（古典派）においてみられる。つまり、生産されるすべてのものは販売され、消費されるすべてのものは購買される。この同一性の仮定は、「交換」という言葉の二重の意味のなかに隠されている。もしこの言葉が、販売と購買のことであるならば、それが意味するのは所有権の譲渡と取得の法的プロセスである。もしこの言葉が、物とサービスの引き渡しと受け取りのことであるならば、それが意味するのは、自然の諸力に「場所の効用」を付加するという生産過程である。したがって、もし、所有権の移転（法的コントロール）がそれ自体、非常に可変的であり、しかも所有されている物（あるいはサービス）の交換から不可分とはいえ、独立しているならば、もう一つの相対主義的な概念を構築しなければならない。それが、集団的行動のワーキング・

ルールによって支配される取引とわれわれが名づけるものである。この取引は物の交換がある場合であれ、ない場合であれ、**所有権**を移転する。

さらに、法的コントロールの体系からだけ生じる、もう一つの独立的変数である貨幣と信用も、古典派理論や快楽主義的理論からは、価格の安定性という仮定によって排除されていた。その結果、貨幣的価格や信用の価格のあらゆる変化は、労働の苦痛や労働力の変化、あるいは快楽と苦痛の変化に等しいとされた。貨幣は、それ自体変化しえない絶対的な枠組みとなり、他方で、諸変化は生産物の生産、交換および消費において生じた。

相対主義的な視点からみると、希少性と効率性は、人間の諸取引を決定するように作用する可変的な社会的「諸力」としてみなせるかもしれない。もともと、希少性は他者に対する力として、効率性は自然に対する力として、区別できる。もしこれらが力であるとすれば、各取引に関して力の**程度**が異なる。そして**程度**の違いを測るのは、上述したさまざまな**比率**である。この比率を最も単純な要素にして示すと、売買交渉取引における支出に対する収入の希少性比率と、管理取引における投入に対する産出の効率性比率である。したがって、二つの計測システムが経済学では使われる。第一は物、サービス、労働、貨幣、負債などの**量**の計測であり、第二は、諸量の間の比率としての、力の**程度**の計測である。われわれが適正価値の問題を見出すのは、これらの社会的「力」の**程度**の計測においてである。

388

より広い哲学的観点から、コーエンは、前述の相対性の教義を、「極性原理」と表現した[176]。彼はこの原理をいくつかの科学や哲学に、とくにさまざまな「社会哲学」に適用した。一般に、この原理が意味するのは、個別性と普遍性、唯名論と実在論、個人主義と社会主義、世界市民主義と民族主義などの「対立カテゴリー」は、「決して同一視はできないが、つねに共存しなければならない」ということである。具体的な事例に適用する場合、それらは「両立不可能な代替案」ではなく、**強調の程度**における違いである。したがって、それらは、「哲学の伝統的論争」において想定されているような「真の矛盾」ではなく、**価値**における違いである。われわれは、この極性原理を次のような相対性の原理として用いる。それによって、諸仮定や諸公理や「当然のこと」として要因を排除する昔の方法は否定される。この極性原理を用いた経済的な具体的事例は、適正価値の概念において見出される、つまり、あらゆるものが、それ自身の力によって持続的に変化し、互いに対して相対的に変化するという構図において見出される。

われわれがすでに示唆したように、ここまでに概観した経済学の歴史は、ユークリッド幾何学から非ユークリッド幾何学への物理学の歴史といくつかの類似性がある。しかし、いくつかの重要な違いもあるので、「ユークリッド経済学と非ユークリッド経済学」という表現は誤解を招くものである。ライヘンバッハが示したように、非ユークリッド物理学は、宇宙の「微視的」関係と「巨視的」関係に関わっており、それが空間と時間の基本的概念に影響をもつ。しかし、経済学は「中間的諸次元」の世界における人間の日常的な日々の諸経験に関わる。それらは、物理学の問題がある両極の中間にある。[177] われわれの類推が真であるのは、経済学が、われわれが絶対主義的観点と呼ぶものから、相対主義的観点に移行している限りにおいてのみである。経済学で使用される空間と時間の慣習的なとらえ方は、顕微鏡にも望遠鏡にも依存しない。

経済学の先行する諸学派が、彼らの体系の根本的な**変化**を生み出さなかったとは、われわれは考えない。もちろん、彼らが試みたことは、アメリカ発見以来の貨幣的、産業的、経済的、政治的変化そのものの説明であった。彼らの絶対主義は、次のようなやり方で彼らの経済学の全体系を存続させた点にある。そのやり方とは、多くの

---

(176) Cohen, Morris R., *Reason and Nature* (1931).

(177) この区別は Reichenbach, Hans, *Atom and Cosmos* (tr. 1933) によるよく知られた形式でなされている。

389

対立する、同時的あるいは継起的な諸変化のうちの、ただ**一つ**に関して変化を起こさせることである。

主観的、個人主義的であり、それゆえ計測不可能、絶対的であるものに取って代わる変数とは、つまり、適切な計測単位をつくることにより計測できる客体的なものとして考えられる追加的な変数とは、その最も抽象的な形態では、将来性の原理であるとわれわれは結論する。この原理は、希少性と効率性の原理から、思考のなかでは分離できるが、実際には分離できない。

物理学とは区別される経済学において、時間の概念は、古典派および共産主義派の**過去**の時間から快楽主義的理論の**現在**の時間へと移行し、さらに、待つこと、リスクを取ること、目的および計画といった**未来**の時間が到来しつつある。これらが、将来性というもう一つの経済的「力」の諸問題である。この経済的「力」は、物理学では見出せないものであるが、適正価値の多様性のすべてにおいて、近似的に計測可能である。**事後性**《ポステリオリティ》から**将来性**《フューチュリティ》への移行は矛盾を含むものではない。それはコーエンの「極性」のもう一つの事例である。あるいは、経済哲学のさまざまな諸学派の間での強調の程度の違い〔で説明できる事柄〕である。

第9章　将来性

第一節　債務の譲渡性

1．債務と商品

390

「政治経済学」という科学が十八世紀に登場したとき、それは、人間のもともとの状態を自由で合理的なものとする、当時の支配的な理論と合致するものであった。当時の支配的理論を社会に広めたのは、ルソーの有名な著書『社会契約論』（一七六二年）であった。人はもともと自由であったが、政府が奴隷にしてしまった。人はまた自由でさえあれば、理性に従って行動する合理的存在でもあった。これはアメリカ独立宣言とフランス革命の理論であった。またこれは、古典派、楽観論者、心理主義学派らの主要な前提にもなった。彼らは、自らの利害を知っている完全に自由な個人を理論の基礎にした。そして、もし自由に行動することが許されるならば、すべての行動の総計は諸利害の調和であるだろう。

　こうした自由と合理性の理論は、絶対君主制を打倒し、奴隷制を廃止し、普遍的な教育を打ち立てるという驚くべき成果を収めた。しかしそれは、理論が歴史的真実であったからではなく、理論が将来に向けた理想を掲げたからであった。歴史的には、人類の大部分は譲渡できない債務を抱えた状態で生活していたが、そこから徐々に譲渡可能な債務に置き換えることによって自由がやってきたというほうが、より正確である。そして歴史的にはマルサスがいったように、もともと激情的で愚かな存在である人間にとっては、自由や理性というのは、身につけている道徳の緩やかな進化と政府によって強制される規律の問題であるというほうがより正確である。

現代における歴史研究の発展をふまえることにより、とくに社会学、人類学そして歴史法学といった現代諸科学の助けを借りることにより、自由と理性がもともとの状態であるという十八世紀の幻想をひっくり返すことが可能であるし、被支配階級の諸々の目標と実践を通じて、譲渡可能な債務が現代資本主義の基礎になっていった現実の歩み、しかも抵抗を受けながらの歩みを提示することが可能である。政治経済学は個人的自由に関する科学ではなく、債務の創造・譲渡性・解消・希少性についての科学になる。

売買をし、雇用と解雇を行ない、貸し借りをする実業階級としてわれわれが現在知っている人々は、いまや他の階級の「給与支払係」である。なぜなら、彼らは産業の法的管理権をもっているからで、もともとは市民権をもたない奴隷、農奴、行商人であり、特権を付与したり強制したりする封建領主や国王の自発的意志と能力に従属していた。最も所望された特権は自治、すなわち、封建領主の気まぐれな暴力を免れてメンバーシップ〔構成員資格〕を集団的に管理することであった。この集団的な免除のもとで、彼らは自分たちの裁判所や、内部対立に決着をつけるためのルールを作り上げることができた。

この方法により、まず、商人ギルドと商取引法が、次に職人ギルドが生まれた。それによって、商取引、製造、そして外国貿易に適合した契約や慣習が発展し、今日われわれが商事仲裁や労働仲裁にみられるものとまったく同様のものが、彼ら自身の裁判所によって執行された。

しかし、商人と製造業者は、侵害を免れること以上のものを要求した。彼らはまた、自分たちの契約や慣習を執行するために、君主によって設立される裁判所の助けも求めたのである。それは、現在でいえば、商事仲裁のための運動が、仲裁裁判所でなされた裁定を執行するよう法廷に要求する立法措置の獲得へと前進していくようなものである。この後者の運動は、四百年前にイングランドの裁判所で現われ始めたもので、アメリカの裁判所におけるコモン・ローの方法の起源になったものの興味深い再現である。

十六世紀以前では、相対的にいって売買というものはほとんどなかった。それは定期市や商業地区に制限されていたのである。コモン・ロー裁判所によって執行される契約を結ぶことができたのは、地主や富裕層のみであった。これらの人々をとくに他の人々と区別するのは、支払約束の証拠として、長い文書に蝋で押印することができる印章を各自がもつことである。この文書は「捺印証書」と呼ばれた。取引には、時間と仰々しい手続きが必要とされた。こうした手続きは、不動産の売買や抵当設定において今日でも残されているが、オーストラリアで考案されたトーレンス式権原登記制度のもとでは、不動産売買や抵当設定の手続きすらも、自動車所有の登録に類似した簡単な登記制度によって廃止されている。

しかし、商品を売買する商人たちは、余暇も富も、さらには政治的権力ももっていなかった。彼らの「口頭」契約は、いつも裁判所で執行されうるとは限らなかった。ところが、十六世紀中には、口頭契約は必要なもの、重要なものになった。いまや裁判所は、彼らの何百何千の契約を執行する方法を考案しなければならなかった。
392
何年かの実験ののち、法律家たちの創意によって単純な想定が考案され、彼らは取引当時者の心のなかにそれを深読みした。それは、商人たちが強奪したり、だまし取ったり、説明を偽ったりしようとしているのではなく、正しいことをしようとしているという想定であった。このことは、もし商人が相手を商品の所有者にする意図をもって商品を物理的に相手に引き渡すならば、相手は商品の勘定を支払う意図をもつことを意味していた。たとえ価格への言及がなかったとしても、相手は正しい勘定を支払おうとする。相手は、支払いの義務を引き受けたのであった。

これが「口頭」契約、もっと正確にいえば、行動契約である。詐欺防止法の制定以来、それは小口の契約に制限されている。しかし、それは証券取引所のルールのなかには依然として残っている。証券取引所では何百万ドルといった価値の財産が、熱狂した仲介業者の間でわずかな合図によって数分のうちに移転されていく。その契約は証券取引所自身で執行されるべきものであり、文書化されるまでは裁判所で執行できる状態にはならない。職長が労働者の生産物、または納入業者からの原材料を受け取るとき、会社はそれに対する支払いをしようとする。**今日では**、われわれはこうした会社の意図を自然法のように当然のこととみなすが、しかしそれは四百年前の法律家たちによる発明であった。単なる商品の受け取りは、たとえ心理学的には支払う意図がなかったとしても、法律上有効な債務を創造するのだ。

しかし、商人たちにとっては、これでは十分ではなかった。彼らはまた、債務を売買する法的な権限を必要とした。法律家が債務の譲渡性に関する考案を完全なものにするには、十七世紀のすべてを費やした。商人たちが欲したことは、自分たちの債務を貨幣に変えることだった。歴史の初期段階において、ギリシャにおける雄牛のように、貨幣は単なる計算貨幣であったのが、金属商品になった。その後、国王が金属に打刻し、それを税や私的債務の合法的な支払手段にした。このとき鋳造貨幣は、商品であることをやめた。それはある種の制度、つまり法貨であり、公私の債務を支払う共同手段となったのである。

それゆえ、商品と区別するために、鋳造貨幣には二つの特性を与えなければならなかったのだが、これはまたもや法律家の考案物であった。すなわち、一つは譲渡性であり、もう一つは債務からの解放であった。

商人が、商品の代金として泥棒から盗まれた硬貨を信用して受け取る場合、その貨幣は商人の財産となり、〔彼は〕盗まれた人を含む世界中の人々に対抗しうる。その泥棒は、自分が所有していないものに正当な権原を

393

与えてくれる驚くべき法的権限を得ていたことになる。これが譲渡性〔譲渡可能性〕の意味である。これは割当可能性《アサイナビリティ》と区別すべきものである。人は、自分がもっている以上の権原を相手に移転することはできない。人はただ、自分の「持分《エクイティ》」を割り当てることができるだけである。買い手は、買ってからもなおその財産の〔法的な所有者がもつ〕留置権〔債務の弁済まで債務者の財産を占有する権利〕には従わなければならない。これが割当可能性である。しかし、いわゆる商品である鋳造貨幣の「買い手」、つまり、商品の売り手は、貨幣に対する完全な権原を得る。つまり、自分の権原を証明する義務から解放される。これが譲渡可能性である。このように、鋳造貨幣は地金とは異なるし、さらに外国の硬貨、すなわち輸入国の法貨とも異なる。地金や外国の硬貨は盗まれて売られても、法的な所有者がそれを取り戻す。貨幣は盗まれても、売り手が信用してそれを受け取り、「代金領収済」としてしまえば、それを取り戻すことができない。正当な権利をもつ所有者ができることは、他の誰かに損害賠償を求めることだけである。

それゆえ、もし商人たちの債務が貨幣のようなものになるべきであるとすれば、債務はまた譲渡可能なものにならなければならない。ここにもう一つの困難が立ちはだかっている。約束というものは、約束をした相手に対してだけ約束を果たす義務だとみなされてきた。それは私的な問題であった。[1]働くという約束、結婚するという約束は、未だに第三者に売ることができない。〔もし売ることができるなら〕それは契約の自由を口実にした、奴隷、借金返済のための懲役、または内縁関係になってしまうだろう。しかし、特定の日に特定の額の法貨を支払う約束を、たとえまだ貨幣がそこにないとしても、財と引き換えに第三者に売ってはなぜいけないのだろうか〔よいではないか〕。この種の約束を譲渡可能にする方法を考案するには、十七世紀だけでなく、その次の数世紀

(1) 俳優や野球選手のような、**取り替えができない**労働の場合に例外がつくられてきた。

までをも必要とした。結局、「譲渡性証券」に関する法は、貨幣についての単なる期待を貨幣そのものに変換する一群の法的取り決めになった(2)。

この長い期間にわたる債務の譲渡可能性の発展と並行して、私有財産に対する自然権というアイデアの発展があった。イングランドでは、一六八九年の革命によって主権が財産から分離されて、ようやくこの権利は実効化した。君主が臣民の生命や財産に対して専断的な権威を主張しうる限り、どんなに「自然な」または「神聖な」ものであると主張しようとしても、フィルマーとロックの議論でみてきたように、不可侵の財産権は決して存在しえない。

しかし次の百五十年の間も、この財産権は素材的なモノとモノの所有権という、商品の矛盾しあう二つの意味をそれ自体のうちに含んでいた。古典派経済学者たちの輝かしい業績が整合的でありえたのは、見えざる不整合性を自らの内部に保持していたゆえにこそであった。このことは、一八四〇年から一八六〇年までの二十年間までは目立たなかった。というのも、この時期に異端派経済学者の四つの学派が、正統派のこの根本的な矛盾から出現してきたからである。プルードンはこの矛盾を無政府主義へと、マルクスは共産主義へと、ケアリーとバスティアは楽観主義へと変換したが、マクラウドは商品の意味を所有権のほうでとらえ、物理的な意味を生産と消費にゆだねた。

商品のこうした二重の意味は、それまでつねに、通俗的な意味と経済学者にとっての意味の両方が存在してきた。商品は売買されうる有用物であるが、それが生産または消費のどちらかのために使用されている間は、商品ではなかった。そのときには、単なる素材《マテリアル》であった、土地・設備・生産過程にある仕掛品、または最終消費者の手中にあってもはや販売を目的としていない消費素材であった。市場においてのみ、それは商品なのであった。

マクラウドがしたことは、市場で販売できる「経済量」〔経済的数量〕という概念を創造すること、そしてそれを古典派経済学者の物理的な素材に取って代えることであった。この経済量に対して、彼は法的義務の経済的な等価物である、債務という名をつけた。経済学者たちは、この「経済量」の概念が非常に見慣れないものだったのでそれを理解できなかったが、われわれはそれが現代的な意味の資本と同義であることを見出した。資本の現代的な意味はもっぱら所有権に基づいており、したがって本質的に法的概念である。古典派経済学者にとってのその奇妙さは、それがそれまでの諸学派がいうところの使用価値や希少性価値を含んでいるだけでなく、一つの次元として将来性を含んでいるところにあった。しかし将来性は商品の所有面の本質であり、そのことを古典派経済学者らは当然のことと思っていたのである。

したがって、法律家であるマクラウドにとって、譲渡・獲得の法的過程で売買されるのは、素材ではなくその**所有権**であった。それゆえ、いかなる所有権も所有されている素材ではなく、一つの「商品」なのであった。所有権の一つは、素材的なモノの所有権、すなわち有体財産であった。もう一つの所有権は、債務の所有権、すなわち無体財産であった。どちらの所有権も、一方は商品市場、もう一方は債務市場で譲渡され獲得されるので、「商品」であった。

こうして、一八五六年、最初の法律家兼経済学者であったマクラウドは、債務市場というアイデアをはじめて展開した。彼は厳密な意味での商品市場における所有権の交換と債務市場における所有権の交換を、一つの一般概念にまとめた。このような理由で、彼は「交換可能性」を経済学が扱わなければならない唯一の原理とした。彼は正しくも、この交換可能性が、実際に古典派経済学者の主要な原理であったことを主張した。

しかしマクラウドは、彼の言葉にあるように、二種類の経済的な量は、その二重の所有権移転のなかで互いに

第9章　将来性

395

（2）　コモンズ『資本主義の法律的基礎』pp. 235–261。

交換されると考えた。われわれが思うに、その所有権移転は、「交換」とは区別された「取引」の意味としてつねに理解されてきたものである。実際、それぞれの経済量は、取引によって創り出される債務なのである。一つは、物理的な素材、例えば千トンの鋼鉄を近いうちに引き渡すという売り手の債務で、われわれはそれを**履行**の義務として識別する。もう一つは、例えば六十日の間に鋼鉄の代金を支払うという買い手の債務で、われわれはそれを**支払い**の義務と名づける。これらの債務は、法的義務の経済的等価物である。これらの義務はどちらも素材的なモノではないが、交換価値をもつとされた。ここにおいて、マクラウドの「経済量」の概念には、彼の法的義務の概念と等価である債務が入ってくるのである。それはもちろん物理的な量ではないのだが、それでも販売可能な量であるので、経済量なのであった。

2．債務市場と債務のピラミッド

マクラウドによる債務市場と商品市場の区別に依拠することにより、われわれは彼の理論を一九二四年六月二十九日時点の連邦準備制度に当てはめて、債務市場や債務のピラミッドに関する公式をつくることができる。債務市場は通常「貨幣市場」として知られている、債務の譲渡性によって可能になる市場であるにすぎない。その日々の記録が連邦準備制度の貸方と借方であり、そこには営利企業を営む四千八百万の売り手と買い手もいれば、〔連邦準備制度の〕加盟銀行・非加盟銀行もある。これらの売り手と買い手は、取引によって生み出された債務の所有権を加盟・非加盟の銀行に移転するし、必要であれば、そこからさらに、連邦準備制度理事会と合衆国財務省によって調整される十二の準備銀行へと再移転がなされる。

非加盟の銀行や「金為替」本位制の他国の中央銀行であっても、自らの商業債務を加盟銀行に売却することによって、準備銀行にアクセスすることができる。その結果、世界中の人々もまた、債務の譲渡性によって結び付

396

けられるのである。こうしたことは、われわれが進んでいくにつれて多くの箇所で現われてくるだろう。

中央銀行の金貯蔵を通して、この体系によって生み出される驚くべき上部構造は、適切にも「債務のピラミッド」と呼ばれてきたものであり、その複雑さは図表6と7に描かれている。別の本を何冊か出版できれば、最小限の金に基づくこの巨大な債務市場の相互作用を示せるかもしれないが、われわれはマクラウドによって据えられた土台の批判的な考察に移らなければならない。

法律的な部分と経済学的な部分があるマクラウドの推論には、いくつかの欠陥があった。それは主に、彼を取り巻く古典派経済学者の物質主義的〔素材主義的〕な概念に起因するとともに、「経済量」という物質主義的であってはならない新しい概念を打ち立てようとする努力にともなう困難に起因していた。

われわれはこうした困難の解決策を、マクラウドの債務の譲渡性（一八五六年）から、シジウィックの貨幣市場と資本市場の区別（一八八三年）、ヴィクセルの世界債務支払共同体（一八九八年）、カッセルの待忍の希少性（一九〇三年）、クナップの債務の譲渡（一九〇五年）、ホートレーの債務の創造（一九一九年）、そしてフィッシャーの債務過剰と不況（一九三二年）に至るまでたどることができる。これらはすべて、一八五六年以降のマクラウドの著作から発展したものである。

3．財産と財産権

マクラウドはいった。「どんな発見が人類の繁栄に最も深く影響を与えてきたかともし尋ねられたら、おそらく次の真実、つまり「債務が、販売可能な商品であるという発見」を述べるかもしれない。……ダニエル・ウェブスターが、信用は全世界の全鉱山よりも比較にならぬほど諸国民を豊かにしてきたといったとき、

図表 6　債務市場　貸方と借方　1929年 6 月

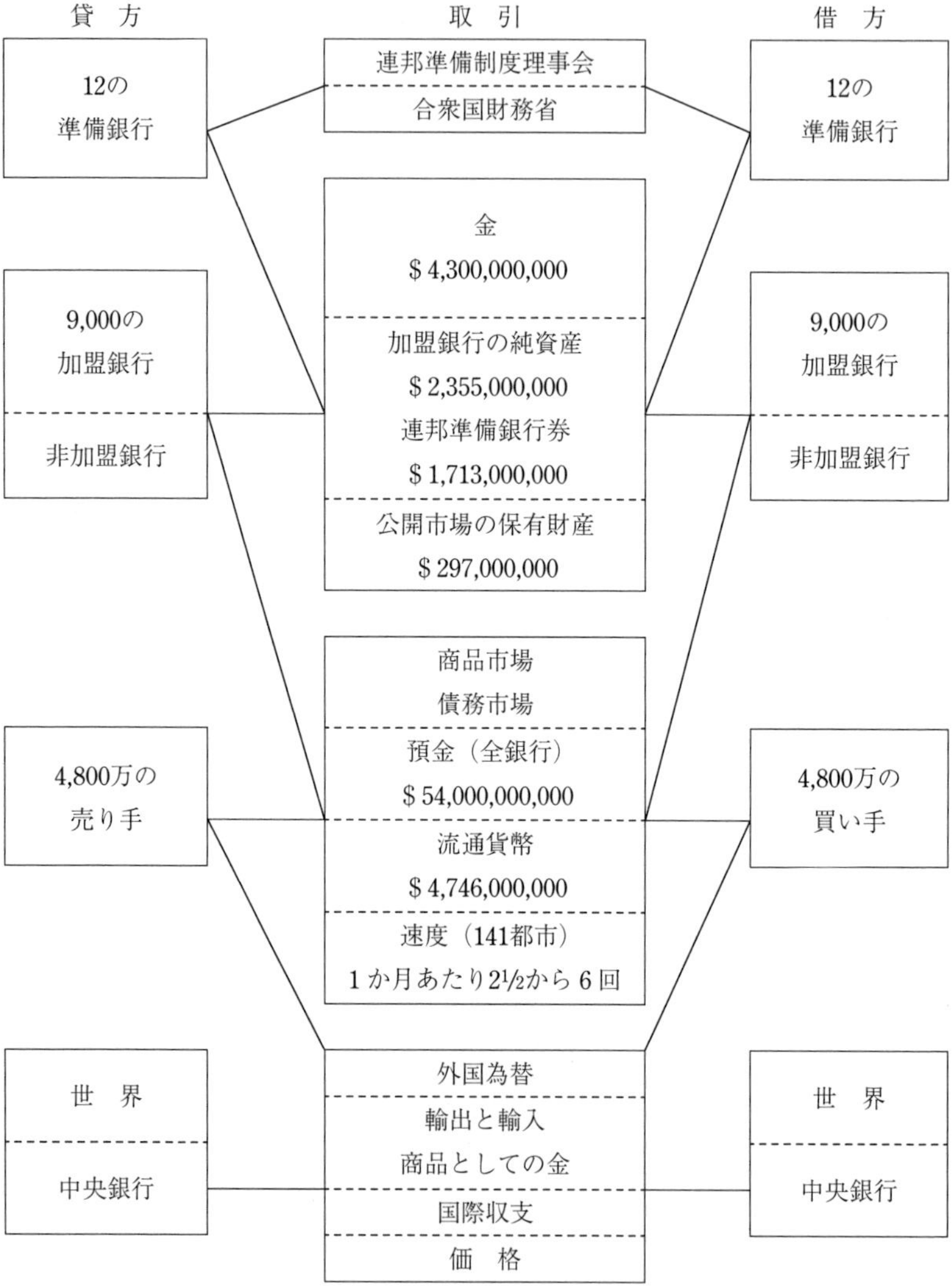

『連邦準備制度理事会月報』、1929年 6 月と12月のデータから一部編集。

図表7　債務のピラミッド　1929年6月29日

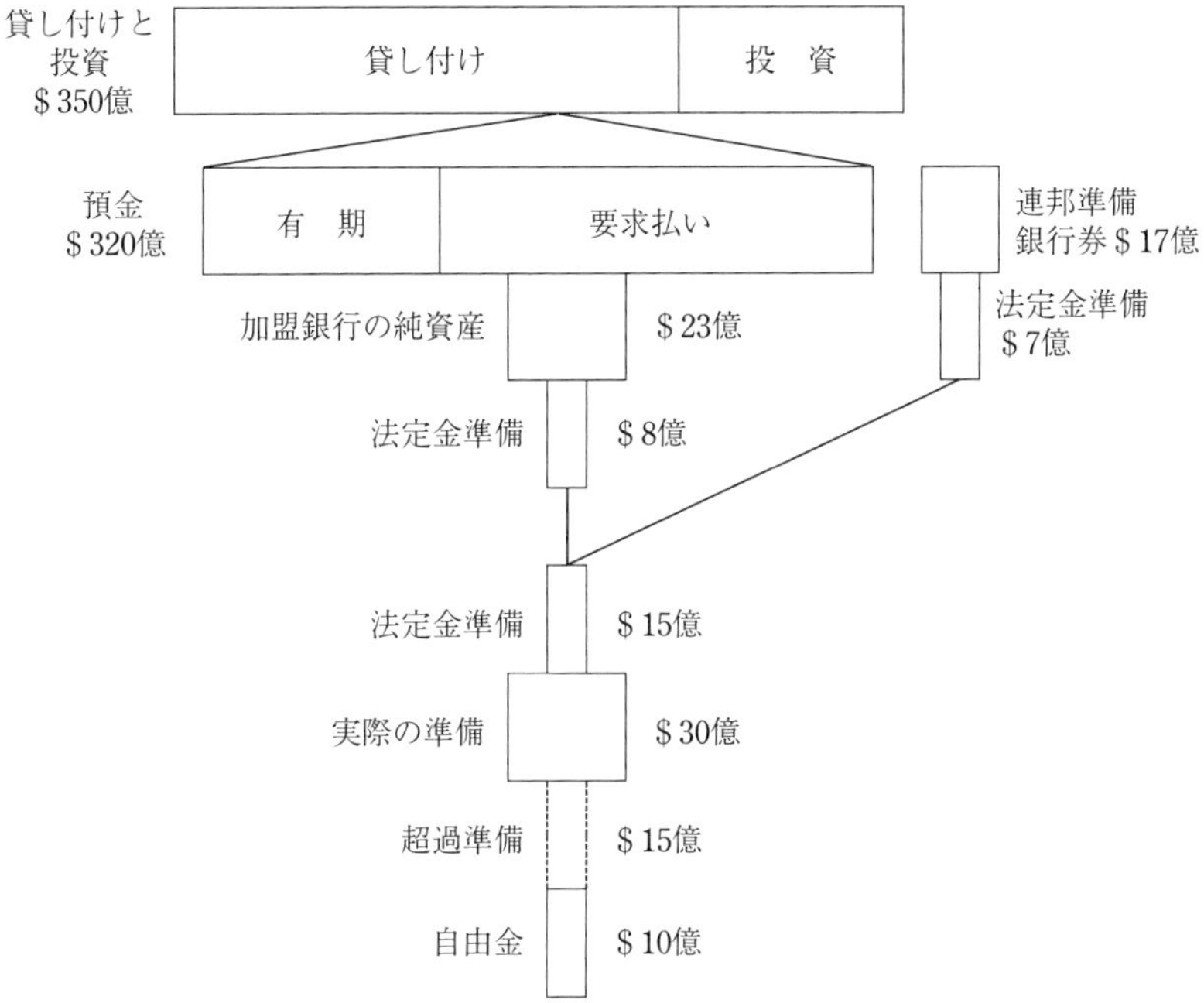

『連邦準備制度理事会月報』1929年7月と12月より。「自由金」の数字については連邦準備制度理事会の好意による。

397

彼がいおうとしたのは、債務が販売可能な商品または動産で、貨幣のように使用できるという発見、そして貨幣があらゆる効力を生み出すことができるという発見だった[3]」。

この販売可能な商品こそ、マクラウドによれば「富」である！　われわれはそれを「資産」と名づけることにする。

実際は、債務も所有権も富ではない。どちらも制度である。われわれはそれらを数量的には資産・負債と呼ぶのであり、資産と負債はビジネスマンにとっては資本を意味すると考えられる。十七世紀中

398

に商人の慣習から徐々に引き継がれた譲渡性という法的な考案によって、債務は商品の所有権、とくに法貨としての商品である鋳造貨幣と同じように、販売可能にされていった。銀行が債務を買うとき、

素材的なモノを買っているのではなく、債務という制度を買っているのである。そして製造業者が素材的なモノを買うときも、モノを買っているのではなく、モノの所有権を買っているのである。

マクラウドは、同じものを一方では素材的なモノとして、もう一方では財産権として二度数えていると非難されてきた。このため、彼はのちにイングランド銀行によって採用された金の流出入を調整する、銀行の割引業務の原理という偉大な発見をしたにもかかわらず、彼の名前は権威ある経済学者のリスト[4]から消えてしまった。

マクラウドが二度数えることがあったとすれば、それは**モノ**と、モノに対する**権利**ではなかった。というのも、彼は経済学から素材的なモノを完全に除外し、債務と商品の所有権という譲渡可能な権利だけを数えたからであった。しかし彼は、他の「モノ」を二度数えていた。それは、有体財産と無体財産という二種類の財産権であり、ある一年の間に〔有体財産と無体財産の〕二つの存在を数えていたことになる。彼は無形財産を債務として数えたが、一方でそれは債務の否定でもあった。

マクラウドは、法律家としての法に関する百科事典的な知識[5]に基づいて法的権利の経済学を分析した、最初で実際唯一の経済学者であったのだが、彼の誤った考えや彼を批評する人の誤解によって、経済学者たちはブラックストーンの法と慣習のかわりに、ベンサムの快楽と苦痛への支持を強めてきた。それゆえに、われわれはどこにマクラウドの誤りが存在するのかを探り出すべきであり、それによってどのようにそれらを訂正できるのかを見出すべきである。というのも、われわれが彼の物理的な比喩や二重計算をひとたび取り除いてやれば、彼が試みていたように、財産権に関する経済理論を構築する方法が明らかになると考えられるからだ。

物理的な比喩による混乱がみられるが、マクラウドの体系が依拠している根本的な考えは、権利と義務の法的意味に含まれた将来性の原理である。マクラウドによれば、将来性は現在の「経済量」、すなわち債務と同等の信用〔債権〕において、客観的に体現されている。

399

マクラウドに本来あるべき地位を適切に割り当てるには、ベーム＝バヴェルクによってなされた批判から始めるのが最もよいのかもしれない。ベーム＝バヴェルクその人自身は、将来性を主観的な経済学のなかに持ち込んだ経済学者の代表であった。マクラウドが法律的な将来性に物理的な比喩を重ね合わせたように、ベーム＝バヴェルクも主観的な将来性に技術的な効率性の概念を重ね合わせた。マクラウドがのちにベーム＝バヴェルクの心理学的な部分を取り除いたように、彼はマクラウドの「権利と関係」を経済理論から取り除いた。マクラウドにとって、心理学的な欲望は根本的ではあるが測定不可能であるので、科学の基礎を提供するものではなかった。しかし、ベーム＝バヴェルクにとって、権利は社会的な関係であり二重計算をともなうものであった。

ベーム＝バヴェルクは、経済学者が一つの物質的な対象から引き出された四つの独立した概念を交互に使用してきたことに気づく(6)。それは新鮮な飲み水を例にすると以下のようになる。一つ目は、水という素材的なモノで、二つ目は水に本来備わっている客観的な性質、有用性または実用性で、三つ目は水の人間に対する有用なサービ

(3) MacLeod, Henry Dunning, *The Theory and Practice of Banking*, 2 vols.〔以下、マクラウド『銀行業の理論と実践』と表記〕（初版一八五六年、引用は一九二三年の第六版）第1巻 p. 200。*The Elements of Economics*, 2 vols.〔以下、『経済学の初歩』と表記〕（一八六七年、引用は一八八一年版）。*Economics for Beginners*〔以下、『初学者のための経済学』と表記〕（一八八四年、引用は一九〇〇年の第六刷）にある要約意見。

(4) 『パルグレイブ経済学辞典』では、一九二三年版まで彼の名前は登場しなかった。

(5) マクラウドは、『銀行業の理論と実践』や『経済学の初歩』で繰り返した、紙幣や手形などに関する法律の要約を準備するための王立委員会に選ばれた。

(6) Böhm-Bawerk, E. von, *Rechte und Verhältnisse* (1881)〔以下、ベーム＝バヴェルク『権利と関係』と表記〕。彼の「関係」は、われわれがグッド・ウィルやトレードマークなどの無形財産と呼ぶものであった。ベーム＝バヴェルクののちの著作は、彼が一八八一年に提示したことの初期の基礎を参照しなければ理解できない。

ス、そして四つ目はその水に対する権利である。

これらのうちの一つ目について、ベーム＝バヴェルクは素材的なモノそれ自体を、その性質いかんに関係なく、当然のこととして拒絶した。なぜなら、役に立つ性質を擁護する者以外、経済学者にとっての主題ではないからだ。経済学者がすることは、他の性質を捨象して特定の性質を選ぶことだった。マクラウドにとってのそうした性質は交換性であり、彼はそれを「富」と同一視したが、それはベーム＝バヴェルクの四つの概念すべてと共通していた。

もし、われわれがこのように「富」という言葉に結び付けられ、ベーム＝バヴェルクによって二番目、三番目、四番目の項目として区別されたいくつかの意味を吟味するならば、それらが、実際には三つの異なった科学のスタート地点であることがわかるだろう。それぞれは「経済学」という名の下で展開されているが、現代的な研究と教育においては、区別される。われわれが技術的使用価値と名づけるベーム＝バヴェルクの「固有の客観的性質」、すなわち有用性または実用性は、工学的《エンジニアリング》経済学と家計《ホーム》の経済学の主題である。これは、マクラウドの交換性または「通商の場にもってくること」の分析とは関係ない、使用価値の生産である。ベーム＝バヴェルクの「人間にとって有用なサービス」は、富の生産と消費であり、そこでは欲望の満足が優位を占めるので、家計の経済学の主題になった[7]。彼の「水に対する権利」は、権利、義務、自由、そして無保護を通した人間の法的コントロールに関する主題であり、これはマクラウドを創始者とする制度経済学に当たるものである。

農業経済学者である重農主義者や工学的経済学者であったリカードに対して、ベーム＝バヴェルク自身を含む
400
快楽主義者は家計の経済学者であった。そして制度主義者は、専有《プロプライエタリー》の経済学者であった。歴史上これらの異なった教説は、言葉がもつ二重・三重の意味によって、また類推や比喩そして擬人化によって、混同されたり、重ね合わされたりしてきた。これは避けられないことである。なぜなら、各教説の「性質」は、他の諸教説で構

成される「フィールド」のなかで発揮され、どれか一つを選択することは、分析、実験、評価そして目的に関わる心的操作であるからだ。

マクラウドの先行者である重農主義と古典派の経済学者は、二番目の特質、すなわち使用価値を選んだのだが、それを他の特質と混ぜ合わせたのである。そして、彼らの「正統的な」子孫が、工学的経済学と農業経済学なのである。心理主義的な経済学者は、ベーム＝バヴェルクのように、三番目の特質、すなわち有用な対人サービスを選んだ。そして、彼らの子孫が家計の経済学なのである。しかし、われわれが制度派経済学者と名づける人々は、四番目、すなわち財産の権利を選んだ。

マクラウドに関する誤解は、部分的に、「財産」の二重の意味から生じている。マクラウドは誤解を解いているのだが、理解されなかった。

「たいていの人は」、彼曰く、「財産について話したり聞いたりするとき、土地、家、牛、お金など、素材的なモノを思い浮かべる」。しかし、それは財産の本当の意味ではない。「財産、その本当の意味、そしてもともとの意味は、素材的なモノを意味しているのではなく、何かを使用し処分する絶対的な権利を意味する。……本当の意味での……財産はもっぱら、権利、利権、または所有権を意味する。したがって、物質的な財を財産と呼ぶことは、物質的な財を権利、利権、所有権と呼ぶのと同じくらいばかげたことなのである(8)」。

---

(7) 「農場《ファーム》経済学者」はもともと家計の経済学者であったが、彼らは最近、市場を取り入れてきて、自分たちのことを「農業《アグリカルチュラル》経済学者」と呼んでいる。

彼は続けていう、経済学が扱うのは「土地、家、牛、穀物」ではなく、土地、家、牛、穀物「および他のあらゆる素材的なモノ」でもつ「財産」である、と。財産というものは諸々の財産権に等しいとする経済学にとっては、それらを合法的に所有しうる場合、その所有権を合法的に移転しうる場合を除いて、素材的なモノには価値がない。それ以外はいかなる種類の占有または移転も、横領、強盗、窃盗なのである。他の科学はモノを扱うが、経済学はモノに対する法的権利を扱う。こうして、彼は物理的なモノを将来へと移し、それを「経済量」で置き換えた。「経済量」とは、モノの将来使用に対する現在の権利のことであった。

マクラウドは、このように素材的なモノとモノの所有権という、先行研究者に由来する二重の意味を排除し、将来のモノに対する権利という意味でのみ財産を扱ったのであるから、彼の理論に対する批判は、彼が**モノ**と**権利**の二重計算をしているのではないかということに対してではなく、**権利**そのものについて二重計算をしていることに向けられるべきである。これは、彼の信用という言葉の二重の意味からの帰結、法律家と経済学者による物理的な類推から彼が完全に自らを解放できなかったことの帰結であった。財産とモノを二重計算したのはマクラウドを批判した人々であって、彼らは、マクラウドが物理的なモノを経済学という科学の主題としてはまったく考慮しないという彼の主張を見逃している。

しかしながら、彼は自分の真意を表現するために物理的な概念を使用したという点において、批判者たちに誤解を与えた。彼は、財産権の交換可能性と同様のものを一度しか数えておらず、それを「財産」と呼んだ。そのうえで彼は、すべての財産権に対して、彼が経済量と呼ぶもの、すなわち「信用〔債権〕」という意味を与えた。経済学者たちはこれまで、商品が財産であることを当然視してきた。それゆえに、このことは商品の不変の性質とされ、経済学者たちは、彼らが〔商品と〕同義と想定した性質、すなわち財産権における可変性を無視して、物質的生産、輸送、交換、分配そして素材の消費を研究できた。しかしマクラウドは、物理的なモノを他の科学に属するものとして除外し、モノに対する権利の交換可能性に取り組んだ。実際に、財産権の一種である「売却可能な債務」が債務市場において独立的に変化しうるという事実は、彼にとって自らの体系の出発点であった。しかし、この点において、売却可能な債務は財産権一般とは異なるものではなかった。彼が強く主張したのは、あらゆる財産は信用と債務だということである。というのも、それは、他人から価値ある何かを受け取ることへの期待であるからだ。そしてこの単なる期待が売買されうるのである。

4. 有体、無体、無形財産

(1) 時間と時間の測定

マクラウドは現在を過去と未来から区別するのに大変苦労している。ある箇所では現在は**ゼロ**時点とされるが、同じ文脈のなかで、それはまたこれからの**一年間**ともされている。(9)これは、彼の「有体」財産と「無体」財産の区別となっている。有体財産はこれからの一年間にわたって存続する。しかし、無体財産はもっぱら、有体財産が終わったあとの未来においてのみ存続する。無体財産は、ある箇所においては現在のゼロ時点に始まるとされ、別の箇所においては将来の一年後に始まるとされる。

まず、ゼロ時点に関しては、彼は次のようにいっている。

「財産は、ヤヌスのように、背中合わせに二つの顔をもっている。それは**過去**と**未来**をみており」、それゆえ、

---

(8)　マクラウド『初学者のための経済学』pp. 23, 24。
(9)　マクラウド『経済学の初歩』第1巻、pp. 154–159。

402

「正反対の二つの性質をもつ。……今日、すべての数理的そして物理的な科学においては、**反対の**性質をもつ**同等の**量を**反対の**記号で表わすことが、確立した慣習である。したがって、便宜上、自然科学における不変の慣習に従って、われわれがこれらの種類の財産の一つを一つの識別マークとして**正記号**で示すならば、その他のものを**負記号**で表示することができよう。……もし**過去**に獲得**した**財産を正記号で示すならば、**未来**に獲得**される**財産を負記号で示すことができよう[10]」。

彼がいうには、現在、「数学者はわれわれが負記号を使って、正記号を使うのと同じ演算を行なえるということを知っている」。そしてマクラウドは正記号の**プラス**（＋）によって「過去の生産の一部である財産」を表わし、それを有体財産と名づけた。そして、負記号の**マイナス**（－）によって「未来の生産の一部である財産」を表わし、それを無体財産と名づけた。彼はそれらを次の表のように示した。

この表の記述にみられるように、有体財産は、すでに製造された物の財産権である。しかし、同じ文脈のなかで、有体財産はこれからの一年間において存在すると彼はいう。

403

……その土地の毎年の産出物は、時間が経過した未来の時点にようやく生まれるが、それらの権利または所有権が生まれるのは現在である。それらは、テーブルや椅子、または多くの穀物といった素材的な動産と同じように売買されるかもしれない。すなわち、こうした永続的に生み出される毎年の産出物は、それぞれ**現在価値**をもっている。そして土地を購入する代金は、このようにずっと続いていく将来の産出物に関する現在価値の単純合計である。さらにまた、こうした連続的な将来の産出物は無限にあるが、単純な代数的公式によると、有限の限界点があり、それは主に現行の平均的な利子率によって決まることが明らかである。現

譲渡可能な財産の全体[11]

過去の生産の一部である財産	現在	未来の生産の一部である財産
有体財産		無体財産
正記号（＋）	0	負記号（－）
土地、家屋など……………………………	……	恒久的に入る毎年の収入
商人によってすでに獲得された貨幣…	……	商人の信用
店の建物、仕入れた品…………………	……	そのグッド・ウィル
専門家によってすでに獲得された貨幣	……	その技量
本などの印刷物…………………………	……	その著作権
すでに製造された機械…………………	……	その特許
営利会社の資本…………………………	……	その株式、全種類の年金、基金、通行料、渡船営業権、地代など

行の利子率が三パーセントのとき、土地の総合的な価値は、その毎年の価値の約三十三倍である。結果として、土地の総合的な所有権については、三十三のうち三十二の部分が無体であり、残りの一の部分だけが有体となる[12]。

ここでの**有体**財産は一年間の期待〔価値〕であり、**無体**財産は最初の年が終わるまで始まらない。これは、彼の表における主張と矛盾する。彼の表では無体財産は現在のゼロ時点で始まるが、このときの有体財産は将来性をまったくもっておらず、一年間の将来性すらもっていないように思われる。事実はもちろん、有体財産の**価値**が、「その毎年の価値の三十三倍」という将来のすべてを含んでいるということである。もしそうであれば、彼の有体財産はそれ自体、「無体」財産でもあり、彼の表における主張の負記号の側に移し替えられるべきである[13]。

有体または正記号の側は、**所有権**としても**価値**としても、まったく存在しなくなる。それは過去においては所有権だったのかもしれない。そして過去においては価値があったのかもしれないが、それは**過去**が**その当時**は**現在**であり、それ以前には未来であったからだ。しかしいま、現在のゼロ時点において過去が消えたとき、所有権とそれらの権利に関する価値はともになくなってしまうのである。

実際には、有体財産の意味は二重に存在し、どちらも将来のほうを向いている。それは、それ自身の将来的な使用に関する**保有権**《ホールディング》を意味していると同時に、必要だが所有していないものと引き換えに他人に与えるのを差し控えること《ウィズホールディング》を意味する。前者は、マクラウドが、永続的に生み出される毎年の産出物に対する現在の権利について述べるときの意味である。しかし、それらは単なる**毎年の**産出物ではない。それらは将来の時点で、すべての将来の産出物を即座に、または間隔をおいて使用する権利である。

二番目の意味は「交換可能性」であり、価格が合意されるまで他人に与えるのを差し控える権利である。この権利は、彼が正しくいっているように、一年を待たない。彼のいう現在のゼロ時点で、即座に生まれる権利である。しかし、この交換可能性の権利は、無体財産と有体財産の両方における、譲渡性または割当可能性という意味なのである。

404

彼は、時間と時間の測定、すなわち、その年または「毎年の」収入について、かなり粗雑な混同をすることによって、将来の時間に関するこうした二重計算に引き寄せられてしまった。彼曰く、

> 債務または信用〔債権〕は、素材的な動産と同じく、売買される商品である。そして、販売の利便性のために、それらは一定の単位に分けられねばならない。石炭はトンで売られ、トウモロコシはクォーターで、砂糖はポンドで、そして他のものはオンスで売られる。**債務の単位**は、**一年後に百ポンドが支払われることを要求する権利**である。この債務の単位を購入するために与えられた貨幣の総額が、その価格である。そしてもちろん、一定の債務の単位を購入する価格が低ければ低いほど、貨幣の価値は大きくなる。(14)

このように、もし債務が一年の終わりにおける百ドルの支払い義務であり、銀行家がそれに対して九十五ドル

の価格を支払うならば、銀行家の貨幣の価値は一年につき五ドルを少し上回る。しかし、銀行家によって支払われる価格が九十ドルに減額されれば、そのときの一年当たりの貨幣の価値は十ドルを少し上回るものになる。

これはもちろん、彼がよく理解しているように、**年率**にすぎないが、貨幣市場での言語では、貨幣の「価値」または貨幣の「価格」が年利率で語られるのである。さらに、これが債務市場における「割引」とみなされる場合には、この割引は現在時点で実際に生じており、将来時間の間隔が一日であろうが九十日であろうが、利便性のために一年という測定単位に変換されている。また、「債務の価格」という考えによって、マクラウドは、イングランド銀行が適切な割引政策に関して、金の流出量と流入量を管理するときの重要な発見をすることができた(15)。

結果として、マクラウドの「現在」という概念は、過去と未来の間のゼロ時点という表の記述から出発するが、一年の始めと終わりという、二時点間の間隔に変わっている。物理的なモノとそのモノに対する権利の二重計算に対する批判が一見もっともらしいのは、奇妙にも一年の間に将来の時間がこのように重なってくることによってである。しかし彼は、物理的なモノを数え上げているのではまったくなく、モノの所有権を数え上げているのである。彼の二重計算というのは、これからの一年間において、将来の時間を二重に数え上げるというものであ

(10)　同書、pp. 154–155。
(11)　同書、p. 159。
(12)　同書、pp. 156–157。
(13)　以下のとおり、われわれはそれを「無体」ではなく、「無形」と名づけている。
(14)　マクラウド『銀行業の理論と実践』第1巻、p. 57。
(15)　後述、*p. 429*「割引と利潤」〔邦訳、中巻二六四頁〕をみよ。

り、それは自分自身で使用するための有体財産の場合にのみみられるものである。

マクラウドの不運な最初の一年間において将来が重複していることは、商品経済学者からひきずった物質主義の結果の残滓とみなされなければならない。加えて、この重複は、過去から出てくる〔商品経済学者の〕有体の**モノ**と、彼の無体財産と同じくらい確実に将来しかみていない、彼の有体**財産**とを首尾一貫して区別することに、彼自身が失敗した結果としてみなければならない。

405

実際、先に示唆したように、彼は自らの経済理論体系において、この二重の意味を使用しなかった。なぜなら、彼の中心的なアイデアは、交換可能性であったからだ。彼がいうには、経済学は交換価値のみを扱い、彼が心理主義的とみなす使用価値は扱わない。交換価値のみが貨幣で測定されうる。それゆえ、彼が実際にいおうとした有体財産の権利とは、モノを**使用**する権利ではなく、モノの**所有権を譲渡**して買い手に十分な法的権原を与える権利である。

この譲渡の権利は、彼自身が述べていたように、一年を待たず〔に有効であり〕、時間の重複または有体と無体の権利の重複をまったくともなわない。所有者は法的所有権を現在もっていれば、十分な法的権原を現在与えることができる。そして、これから土地が産出するであろう農作物の所有権を自分のために得るには一年待つかもしれないが、土地またはあらゆる「有体」財産に対する権利の交換価値は、一年を待たずして現在得ることができる。しかし、マクラウドがそれだけを扱っていた**譲渡**の権利は、現在の時点で始まる。そして、これが、土地の交換価値や将来のそこでの生産物、または他のものに対する現在の権利を可能にするのである。彼の「譲渡可能な財産の全体」〔という表〕は、疑いなく彼自身のなかでより正しい説明であるが、そこでの現在というものは、これからの一年間ではなく、ゼロ時点である。

彼が有体財産の意味からこれからの一年間を排除していることは、同じ文脈のなかに見出される。

彼曰く、「特定の**集積体**《コーパス》とは、すなわち所有物とは完全に切断され、引き離された財産または権利をわれわれはもつかもしれない。それは現在の時点では存在すらしていないかもしれない。こうして、土地、果樹、家畜などを所有している人々は、それらの将来における産出物で財産をもつのである。その産出物自体は将来の時点ではじめて生まれるが、財産、すなわちそれに対する権利が生まれるのは現在であり、この財産は素材的な動産と同じように売買されるかもしれない。または、そうしたモノが存在してはいるが、現時点では他の誰かの財産であり、将来の時点で、ようやくわれわれの所有物になるかもしれない。こうして人は、将来のある時点である人物に一定額の貨幣を請求する権利をもつかもしれない。それだけの額の貨幣は疑いもなく存在するのだが、われわれの所有物ではなく、支払義務のある人のものでさえないかもしれない。それは、われわれに支払われる以前に、何人かの人々の手を通過するかもしれない。しかしそれでも、われわれがそれを請求する権利はいまここにあるのであり、まるでそれが物質的な動産であるかのように、それを売却したり処分したりするかもしれない。このことからして、それは財産であるのだが、ローマ法とイギリス法では、それは**無体財産**と呼ばれる[16]。なぜなら、それは単なる抽象的な権利であり、何か特定の実体とは完全に引き離されているからである」。

こうして、有体財産と無体財産はどちらも現在の時点で始まり、両者は将来における獲得を期待する現在の見積もりなのである。

古典派の商品経済学者たちは、経済理論における一要素としての時間を無視した。なぜなら、彼らにとって時、

(16) マクラウド『経済学の初歩』第1巻、pp. 152–156を再整理。

間は精神的な抽象概念にすぎず、それゆえに経済的価値がまったくないものだったからだ。そして彼らの視点では、彼らは正しかった。なぜなら、彼らの研究単位が（有体財産は素材と同一であるという仮定で）素材的なモノであり、そして彼らの研究方法が物体運動についてのニュートンの法則に基づく類推であったからだ。

これらの物理科学の主題において、時間は存在しない。時間は人間の経験によって位置づけられる。素材的なモノ、そして動物の生活にも、時間という観念はまったくない。それらは時間について考えることなしに、ただ動き続ける。しかし人間は、言語による社会的活動や将来に使用するための道具の製作によって、一連の将来時間を構築する。人間はその時間を自分自身のうちから取り出して、自分の世界に読み込むのである。結局、人間は自分たち自身の活動から、時間という抽象的な観念を構築する。

最初の難点は、時間と時間の測定との混同である。このため、過去、現在、未来の間の正確な区別はなされなかった。マクラウドは時間を経済理論に導入しようと試みた最初の人物であるが、彼の「現在」という考えは、一時点と一年間との間で揺れ動いていた。現在とは、歴史家と同様に、経済学者にとっては、いかなる継続もともなわない現下の諸事象であった。

経済学者が、経済理論のなかに時間と時間の測定を位置づけるには、十九世紀全体と二十世紀の数理的な統計学とを必要とした。これらの結果から、われわれは素材と所有権の区別はもちろん、一時点と継続時間の区別をも引き出す。

もしわれわれが「現在」というものを、やってくる将来と去っていく過去の間にあって移動するゼロ**時点**（マクラウド、数学）、または測定次元をもたない移動する**瞬間**（パース、ベルグソン）として定義したら、その場合には素材と所有権の二重計算は生じない。素材は過去から現在時点までの物理的な蓄積にすぎない。素材は、現在時点から将来性《フューチュリティ》がそれらに付与されてはじめて、人間にとって**所有権**または**価値**として存在しうる。なぜかというと、所有権（有体財産と無体財産）はつねに、遠い将来だけでなく、近い将来の素材の使用または販売に対する現在の権利でもあるからだ。単なる物理的存在としての素材はつねに過去にあり、それ自身は将来性《フューチュリティ》をもってはいない。しかし、それら素材の所有権と価値評価は、いつも将来を向いている。この二つは、現在という移動する時点によって切断されている。現在において、素材は終わりを迎える。なぜなら、もともと素材自体には、何の期待〔先取り〕もないからだ。しかし、素材の所有権と価値は、移動する時点である現在で始まる。なぜなら、素材の所有権と価値は素材についての人間の期待であるからだ。

素材を所有権と価値に変えるこの移動する時点は、過去四十年間、時間の「流れ」として描かれてきた。物理科学において、時間の流れは事象の連続である。しかし、人間の期待に関する科学である経済学において、「時間の流れ」は事象の**期待された**連続である。

ところが、将来の時間について、もう一つのまったく異なる概念が存在する。それは、現在時点と将来時点をつなぐ**間隔**である。この間隔はたいてい時間の「経過」として区別されるが、経済学者はそれを人間的ことがらとしてより正確に、現在時点と将来時点をつなぐ**期待された**間隔として定義する。一八八九年、ベーム＝バヴェルクは、この将来の時間的間隔について、その心理主義的基礎を分析した最初の人物であった。しかし、それが実際に適用されるのは、所有権の権原を移転する取引においてである。その取引は、例えば一九三二年の九月一日十二時といえば、その時点で効力を生じる。それは二つの債務（無体財産）を創造する。一つは、素材やサービスに関する将来の**履行**または受け渡しについての債務であり、その所有権は取引によって移転されている。そしてもう一つは、将来の**支払い**についての債務であり、取引によって所有権を取得した人は支払義務を負う。言い換えれば、各取引は所有権が移転され、取得された時点で生じる。ただし、その取引は、もっぱら、所有権に価値を与える将来にのみ関係する。

以前はつねに混同されていた利潤と利子の区別を最終的に可能にするのは、取引が連続して発生する、時間の期待される「流れ」と、待忍が発生する、時間の期待される「経過」の区別である。利潤と損失は、連続した時点での取引の反復のなかで生じるが、利子は二つの時点の間隔を通じて発生するのである[17]。

（2）正当化と経済学

もし経済学が、人間の特性に関する科学として、現在の所有権に唯一価値を与えてくれる将来のみを扱うのだとすれば、**過去の**素材、**過去の**所有権、そして**過去の**価値評価はどうなるのであろうか。それら過去のものは単に、個人が現在することや、将来しようとすることの**正当化**となるにすぎない。

時間の各瞬間における記憶、活動、期待についてパースが考えるような、厳密な意味での人間の位置にわれわれは自分自身をおかなければならない。ある瞬間で過去は過ぎ去るが、記憶は二重の方向でそれを回復する。すなわち、現在まで蓄積してきた素材と、将来のために現在において主張される所有権の正当化である。一つは過去の労働の累積であり、もう一つは過去の合法的な活動を根拠に主張される既得権である。後者はジョン・ロックの「自然」権やマクラウドの「財産」であった。

もし、われわれが過去をみるならば、そのとき〔過去〕の現在時点までに蓄積された有用素材のすべては、過去に実行したマルクスの社会的労働力が作り出した社会的使用価値であった。それらの**所有権**はまた、歴史的に公有財産と私有財産に分かれていった。しかし、それらは、現在ではもはや何の価値もない退去していく過去の財産としては絶えず消滅し、そして唯一素材に現在価値を与える、後続する将来の財産として再び現われる。それらは、将来の生産と消費、そして将来の譲渡と取得のために、価値、資産、負債、所有権、取引、債務として再現する。移動する現在において、それらはもはや、リカードやマルクスの労働説によって帰属させられたような、過去から蓄積された価値をまったくもっていない。というのも、価値は将来の収入と支出に関する期待にすぎないからである。

有用素材は、実際、マルクスの富を表わす用語である社会的**使用価値**をもっているのだが、それは、彼が将来の共有制についての正当化を行なうときに依拠した社会的概念である。そのような種類の価値は、生産と設備の更新が継続すれば持続するが、もし個人が私的使用のために社会的富の分け前を期待することができなければ、それはその個人にとって価値ではない。この期待される分け前が、私有財産である。

このようにして、価値についていえるのと同じことが、財産や所有権についてもいえる。もし、素材が過去における財産や価値であるとすれば、それは連続する諸時点において、過去が**そのときの**現在であり、**そのときの**将来を向いていたからにすぎない。

それゆえ、現在の所有者が過去をみつめることから得られるものは、現在の所有権の主張を支持するための、ある種の正当化、論拠、または弁明であるにすぎない。もし、疑惑や異議が生じたら、現在の所有権を主張する論拠を裁判所に示し、自分を正当化することができる。その所有権は、正当な権原を他人に譲渡するか、または自分でその素材を使用するかのどちらかを行なう現在の権利である。その正当化は、裁判所が受理してくれるような様式で提出される。正当化は、広く通用する慣習による一時的な根拠と、その人が過去に合法的に行なったことによる特殊な根拠とを組み合わせてなされる。過去に合法的に行なったこととは、具体的には、**過去の**労働
409 や事業、**過去における**異議の余地のない所有権行使、相続による所有権の**過去**における合法的な取得、他の法的な所有権の譲渡によって所有権を獲得する**過去の**法的な取引、または**過去に**起きたことを根拠にしたその他の効

(17)　時間の「流れ」と「経過」の区別に失敗しているものとしては、後述の *p. 649*「ヴェブレン」〔邦訳、下巻八九頁〕の箇所を参照。

果的な弁護方法が、その例である。これは所有権の正当化であり、所有権そのものではない。つまりこれは、経済学という科学の主題である、現在の意図された経済活動に関する正当化である。

正当化と経済学のこのような混同は、俗語、経済学言語、そして法学言語においてほとんど普遍的であり、経済科学の入口におかれている大きな困難なのである。経済分析が腹立たしい結論に到達すると、異議がある人はすぐに、経済学を離れて正当化または非難に乗り出す傾向がある。その人は、「自然権」すなわち既得権に訴え、法や慣習に従って自分が過去に獲得したものに訴えるのである。しかし、それは正当化であり、経済学ではない。経済学は次のことを尋ねる。いまそして今後、人が好きなようにする権利とは何か。現在におけるその権利の**価値**とは何か。他人の権利との衝突や、権利を行使することの社会的帰結を考慮するとき、権利や権利の価値はどうある**べき**なのか。

したがって、われわれは過去を表わすマクラウドの**プラス記号**は正当化であり、将来を表わす彼の**マイナス記号**は有体、無体、そして無形財産であると結論を下す。移動する現在を意味する彼の**ゼロ記号**は、取引、評価、そして将来の割引である。このゼロ時点が、経済学から正当化を切り離す。

しかし、マクラウドによる将来性に関する分析には、ほかに二つの欠点があった。すなわち、信用と債務の同一性の欠如と、信用が債務としての意味と販売としての意味の二重の意味をもつという欠点である。

(3) 義務と債務、権利と信用

過去と将来の時間が重複していることより深刻なことは、マクラウドが将来の二つの対立する側面を、現在において一緒に存在しているものとして考えることができていないということだ。

アメリカ法では繰り返されるが大陸の法には見出されない、イギリスのコモン・ローにおける奇妙な偶然に

410

よって、債務の譲渡性は、信用の存在を、それと等価である債務の存在から分離してきた。信用が取引の時点で存在するようになるのに対して、債務は個人の支払義務が発生する後日まで存在しないと考えられた。債務の支払義務が到来する以前に、「信用」は売買できるのである。

　これは、法的義務と、マクラウド自身が「経済量」とすでに名づけていた債務とを同一視する失敗であった。もちろん、法的には権利と義務の両方、経済的には信用と債務の両方は、ともに同時に発生し、同時に消滅する。六十日で千ドル受け取る債権者の権利は、六十日で千ドル支払う債務者の義務と同じなのである。しかし、支払義務を執行する保安官の義務は法的にまだ存在せず、それは債権者が裁判所から保安官に命令を下してもらってはじめて存在するようになる。しかし、信用は、一つの会社の「資産」側と、別の会社の「負債」側において、まったく同じ量が存在する。それだから、期待の観点からみれば、準拠という現在の地位にある義務は、保障という現在の地位にある権利に見合っているのである。[18]

　マクラウドはこの問題にまともに向き合い、間違った考えを選択してしまった。実際、彼は、自分とは反対の立場にある著名な経済学者を引用している。[19] セルヌスキ曰く、「各個人のバランスシートは、現有財、信用、債務という三つの勘定を含んでいる。しかし、もしわれわれが世界中のあらゆる人のバランスシートをすべて一つにまとめてしまえば、債務と信用は互いに帳消しになって、ただ一つ、現有財の勘定だけが残ることになる」。

　しかしマクラウドは、コモン・ローの法律家として、「義務」と「債務」を区別することで返答した。「債務は、

(18) 前述、*p.* 78「経済的・社会的諸関係の公式」〔邦訳、上巻一二二頁〕をみよ。

(19) マクラウド『経済学の初歩』第1巻、p. 303。

債務者なるものが借りる貨幣ではなく、貨幣を支払う個人的義務である」。彼がいうには、ローマの法律家は、商人が商品を買って三か月以内に支払う約束を与えたとき、その商人は「借金をしているが、救済〔債務不履行〕は先延ばしされている」と主張していた。しかし、イギリス法は異なった見解をとっているように「みえる」。

「もし、信用が満期になる前に、支払いを求める訴訟が起こされる場合には、信用が**満期になっていないことを一般的に申し立てとして抗弁してよい**、すなわち被告人が自分はまったく借金していないと答えてよいということが、イギリス法の原則である」。マクラウドにとっては、これが「正しい考え方」のようである。「ある商人が、財と引き換えに三か月の手形を受け取ることに同意してそれを受け取るとき、彼は財の代金を**支払って**もらったのである。……その結果、手形が満期になるまでは、債務、すなわち貨幣を支払う義務はまったく存在しない。……財は買い手の現実的な財産になってしまっている。そしてこのため、三か月の**支払義務**は、買い手の現在財産の減少には決してならない。買い手はしばらくの間それの絶対的な処分権をもつので、債権者は、それのわずかな部分に対してもいっさい権利をもたないし、買い手が好きなようにそれを処分するのを妨害する権利もいっさいもたない。結果として、訴訟権と、財または貨幣との両方が商業において同時に流通するのである[20]」。

明らかにここで、マクラウドは、法のミスという偶然に依拠して、信用とその訴訟権はいま存在しているが、債務とその訴訟権に従う義務はいま存在していないと主張してしまっている。しかし、同じ理由でどちらも、すなわち、期待も地位もいま存在しているのである。

この誤りは、債務の価値と土地の価値といった、同時に独立して存在する二つの経済量としての土地と抵当に対する二重課税で、アメリカの裁判所が犯している世俗的・法律的な誤りが起源であるように思われる。それら二つにそれぞれ市場が存在しているのだが、地主の個人的な支払義務は、まだ存在していない。もし、土地が不動産市場で一万ドルの値がついていて、その抵当証書が貨幣市場で五千ドルの値がついているとしたら、〔貨幣市場の〕「商業」〔不動産市場の〕「財または貨幣」一万ドルの両方が存在し、それら両方が「商業においても同時に流通」するので、課税対象となる価値の総計は一万五千ドルである。抵当権の課税が除外され始めたのは、経済学上の誤りが認識されたからではなく、もっぱら行政上の困難からである。

われわれはここで、取引によって創造される二つの義務を導入することで、そして取引条件が法的効力を獲得したあと、両当時者が占める「経済的地位」に着目することで、マクラウドの勘違いを正していきたい。所有権を交換するあらゆる取引は、二つの法的な義務を生じさせる。売り手に関する履行の義務と、買い手に関する支払いの義務である。履行の義務は、売り手が指定された時と場所で、指定された品質、形、大きさの鉄を、例えば千トン引き渡す義務である。売り手が引き渡し義務を受け入れたのに、もし配送物が指定日時に着かなければ、買い手は、指定の配送を強制するか損害賠償金を受け取るための、マクラウドのいう「訴訟権」をもっている。何トンもの鉄に対する権原を手渡す契約がニューヨークでなされ、引き渡しは中国でなされるかもしれない。ここでは、売り手による将来の引き渡しという債務、およびそれと等価の「信用」、すなわち買い手の側の引き渡しを受ける権利といった、マクラウドの「経済量」が創造されている。権原はニューヨークで手渡されるが、引き渡しは上海で後日行なわれる予定になっているのである。[21]

一方買い手は、公海上でさえ、売り手に対して行使する権利を第三者に売ることができる。というのもそれは、

(20)　同書、第1巻、pp. 209–210。

中国または世界の他の地域で〔鉄が〕引き渡されるときに、自分あるいは他の誰かにとって、ニューヨークで支払った、または支払うことを約束した以上の価値があるかもしれない将来の鉄をもつ権利であるためだ。権原の移転のために彼がニューヨークで支払ったものは、例えば一トン当たり二十ドル、または六十日で二万ドルといった支払義務であった。これは信用を供与する売り手にとっては、一万九千八百ドルの値がつく別の経済量でもあった。彼は、同じ額だけの銀行家の要求債務、すなわち預金と交換に、貨幣市場でそれを別の買い手である銀行家に対して売ることができた。こうした信用証書に関する大いなる多様性は、ここでのわれわれの関心ではない。われわれのもっぱらの関心は、あらゆる取引が、二つの債務と二つの信用、すなわち二つの権利と二つの義務、つまり履行の権利と義務、そして支払いの権利と義務という経済的な等価を創造するという一般的事実にある。

しかし、これらの権利と義務、信用と債務は、単なる期待である。これらのものが素材的な量と区別された「経済量」であるのは、それらがただ将来にのみ存在するからである。だがそれらは、心のなかにのみ存在しているのではない。それらは現在の活動と計画の調整のなかに存在しているのである。社会的期待に対する行動の調整は、歴史的には「地位」として知られている[22]。地位とは、個人自らの現在の行動を調節する枠組みとなる、ワーキング・ルールに関する期待である。債権者の地位は、期待の保障ということである。債務者の地位は、債権者の保障への準拠ということである。それらは法的な観点からすると権利と義務であり、量的な経済的観点からすると資産と負債であり、行動を支配するルールという行動主義的観点からすると、保障と準拠なのである。

われわれは「経済的地位」というアイデアとマクラウド自身の経済量というアイデアを取り入れることによって、マクラウドの勘違いを正そうとするのである。

地位は、個人が自らの現在の行動を調節する枠組みとなる期待である。債権者の地位は期待の保障ということだが、債務者の地位には、債権者の保障に準拠することが期待される。これが、資産と負債という二面からなる経済的地位である。

経済学を専有の経済学、そして制度経済学にするものは、物理的な商品や個人主義ではなく、この〔債権者と債務者という〕二面からなる地位である。しかし、それにもかかわらず、マクラウドはイギリスとアメリカの裁判所による法と経済学の分離を受け入れ、取引の信用側〔債権側〕を独立した経済量にした。この経済量は債務の支払義務が執行されて消滅するときまで、貨幣市場で売買される。

こうしたことが、一回は物理的商品、もう一回はその物理的商品に設定される抵当によって保証された債務支払いの期待として、同じものを二回数えたというマクラウドに関する誤解へとつながった。しかし、彼は物理的なモノを決して数え上げなかった。彼の間違いは、負債の側を資産〔債権〕の側と〔時間的なズレがなく〕同時に存在するものとして数えなかったことであった。

これが、マクラウドの信用を失わせ、彼の名を経済学の文献から消し、そして彼の重要な発見を他人のものに
413 してしまったのである。ベーム＝バヴェルクは正しくも、マクラウドは、古典派経済学者の正統だが勘当された子供であるといっていた(23)。われわれがいわなければならないのは、これは、譲渡性という法的な発明によって、

(21) これは、ピッツバーグ・プラス事件での底値と引き渡し価格の間での問題の一部であったことがわかるであろう。前述、*p.* 52「株式会社からゴーイング・コンサーンへ」〔邦訳、上巻八五頁〕をみよ。

(22) 前述、*p.* 78「経済的・社会的諸関係の公式」〔邦訳、上巻一二二頁〕をみよ。

(23) ベーム＝バヴェルク『権利と関係』p. 5 以下。Knies, K., *Gold u. Credit*（1976, 1895）〔邦訳、山口正吾訳［1930］『貨幣論』日本評論社、以下、クニース『貨幣と信用』と表記〕も参照。

債務の地位がマクラウドのいう商品に変わったからだということである。しかし、債権－債務は単に、譲渡可能な制度、保障と準拠に関する経済的な地位、そしてその次元の一つとして将来性をもつ経済量であり、それが商品のように販売可能となっているにすぎない。このために、債権－債務はスミスからジョン・ステュアート・ミルに至る経済学者たちをだまし、そしてついにマクラウドは彼らを真剣に受け止めることによって、かえって彼らを嘲笑の対象にしてしまったのである。

マクラウド曰く、例えばアダム・スミスは「流動資本」という用語のなかに、靴や穀物とともに「銀行券、為替手形、そして他の有価証券をはっきりと含めている」。「現代の著述家はみな、銀行券を資本と呼ぶ」。しかし、マクラウド曰く「これらのものは単なる権利であり、信用である」。

そして「単なる権利や信用である銀行券が資本であることを認められるとき、富の生産、分配、消費をもってするこの科学の定義は、理解不能なものになってしまう。というのも、誰が債務や信用の生産、分配、消費の意味を理解するのだろうか〔いや誰も理解しないだろう〕。それでいて誰もが、あらゆる種類の債務が素材的財産のように売買されていることを知っているのである。現代における最も巨大な商業部門である信用制度は、もっぱら債務の売買に従事している。そして債務同士の交換可能関係は、素材的商品同士の交換可能関係とまったく同様の一般的な価値法則によって支配されているのである」[24]。

しかし、彼のいう譲渡可能債務というのは、現代的な意味での資本である。マクラウド曰く、経済学者たちは「信用と銀行業というテーマを科学の一般的な本体に持ち込もうとする、ごくわずかな試みさえしなかった。実際、彼らはどうしようもない絶望に陥り、総じて銀行業というテーマを放棄してしまった」[25]。マクラウドは、物理的なモノを将来に移動させ、知的行為や財産権を生み出す法の働きで置き換えることによって、この難題を解明する。もし、財産権自体が信用であるならば、そのとき銀行業は信用の売買に関する普遍的原理の特殊ケースでしかない。

414

(4) 交換性

マクラウドは、アダム・スミスによる富という用語の使用には、二つの意味があったという。スミスの著作の前半では、富は「土地と労働の年々の生産物」と定義されているが、後半では、富とは交換可能なもののことである。リカードはスミスに従ったが、売却予定の労働の生産物へとその意味を限定した。ジョン・ステュアート・ミルは、富を「購買力をもつあらゆるもの」と定義した。ここで彼は、スミスに従って、銀行券、為替手形、そして他の有価証券を富に含めた。マクラウドがいうには、これらは訴訟権、または信用であり、基金、株式、グッド・ウィル、専門家の技量など、「交換可能な権利」のすべてと（「それらを生み出す源泉」に関して以外は）異なるものではない[26]。つまり、マクラウドは上記の人々のいう富の意味すべてに含まれているものは何かと考え、富と価値の本質を交換性に求めた。しかし、これでは、われわれがいったように、富と資産を混同してしま

(24) マクラウド『初学者のための経済学』p. 13。

(25) これはジョン・ステュアート・ミルの信用に関する賞賛すべき章にみられるかもしれない。しかし、それは生産費に基づいた彼の価値に関する説明の理論的基礎とは何ら関係をもっていない。彼の信用理論は心理学に基づいていて、価値と費用に関する彼のリカード理論には受け入れられないものである。

(26) マクラウド『経済学の初歩』第1巻、pp. 75–89。

う。

さらに、マクラウドと、交換可能性を経済学の唯一の主題とした他の物理的経済学者によれば、精密科学は、自然科学と同じように数理方程式に還元しうるときにのみ発展しうる。

彼〔マクラウド〕曰く、「自然科学は、最も一般的な自然に関する単一のアイデアすなわち質に基づく諸現象のみからなる一定の集合体である。……その質が見出されれば、それはどんな量であっても、たとえ他の性質が見出されようとも、その科学における成分や構成要素である。……力学は力の科学であり、「力は運動や運動の変化を引き起こすもの、または引き起こす傾向があるもの」と定義される」。経済学において、この力とは需要である。[27]

しかし彼が続けていうには、経済学者というものは、需要を考察しない。というのも、それは「心理学の全体を経済学に導入することになる」からだ。

たしかに、価値は「元来の意味では、心の質、欲望である。われわれが非常に価値ある友について話すように、それは尊敬や評価を意味する。しかし、そのような価値は経済的な現象ではない。価値を経済学に導入するには、手でふれられる形態で価値を示さなければならない。それはちょうど、人があるものの所有権を獲得しようとして、それと交換に別のものを与えることによって、あるものに対する自分の欲望や評価や**価値**を顕示するときのようなものである。……交換が行なわれるには、**二人の心の一致が必要**である。……このことから、価値は一種の率であり、方程式であることが明らかである。距離のように、……モノの価値はつねに、モノに対して**外的な**ものである。……単一の物体が価値をもつことはできない。われわれは、絶対的で固有の距離や質について語ることはできない。……いかなる経済量も、他の何らかの経済量で表わされる価値をもちうる」[28]。

415

このようにしてマクラウドは、経済学を交換比率に還元することで、経済学を当時の自然科学の観念に還元する。それゆえに価値というのは、交換比率のことなのである。彼が示す、この交換比率の科学は、昔および現代のすべての経済学者によって意図されたものだった。その「富の生産」という用語は、重農主義者、スミス、そしてリカードにとって、「**商業に振り向ける**」ために、大地または労働から何かを獲得することを意味していた。これこそが「生産的労働」であり、「非生産的労働」はその生産物が市場に現われないものだった。「消費」は市場から何かを取り去ることであったが、彼らは消費固有の法則を経済学に含めなかった。マクラウドは彼らの首尾一貫性のなさを明らかにするとともに、彼らの生産、分配、消費という曖昧な用語を排除することによって、そして科学を彼らが真に意図していた交換価値の法則に限定することによって、こうした首尾一貫性のなさをどのように回避できるかを明らかにした。

しかし、交換されるものとは何だろうか。それは物理的なモノなのか、それともモノに対する**権利**なのか。それは債務という無体財産なのか、それとも債務の**所有権**という権利なのか。それは売買する権利という無形財産なのか、それとも無形財産の所有権なのか。

(27) 同書、第1巻、p. 3。
(28) 同書、〔第1巻〕pp. 53–55。

マクラウドによれば、経済学者は交換されるのは物理的なモノだと考えたが、法律家は交換されるのはモノまたは債務でもつ財産権であることを知っていた。マクラウドは、物理的なモノを、経済量である信用にかえることで、この難題を解決した。この経済量は、所有され、購入され、売却されうる。こうして彼は、資本の現代的な意味にとりかかったのである。

(5) 信用の二重の意味

しかしマクラウドにおける信用の意味は矛盾をはらんでいた。信用は、将来の債務支払いから貨幣的収入が引き出されることを意味するとともに、将来の生産物販売から貨幣的収入が引き出されることも意味していた。要するに、信用は債務収入と販売収入の両方を意味していた。われわれは最初のものを彼と同じように無体財産と名づけ、二番目のものに対しては、無形財産という、より最近の名称を与えることにする。

この矛盾をはらむ意味は、彼によって、一般的な購買力をもつ銀行家債務、すなわち預金の創造から引き出されたように思われる。製造業者は、自分の生産物に関する所有権を譲渡し、六十日で満期の商業債務の所有権を完全支払いとして受領する。彼は債務を商業手形の取り扱い業者に売却するか割引によって銀行に売却し、そして、銀行家の要求払いの債務、ゆえに割引なし債務を完全支払いとして受領することになる。

両方の債務〔商業債務と銀行の要求払いの債務〕が購買力をもっている。商業債務は「特殊債務」であり、銀行家の要求払いの債務と交換される。しかし、銀行家の要求払いの債務すなわち預金は、銀行が預金者に対して負う「特殊」債務でもある。それにもかかわらず、後者は一般的な購買力をもつ。六十日間の商業債務もまた購買力をもつが、その購買力は額面価値から割り引かれている。それゆえ、商品の販売時に割引なしで第三者に受領
416 される銀行家の債務は、金属貨幣に匹敵するものである。そしてマクラウドがいうには、金属貨幣もまた一般的

な信用である。彼が一般的な信用というのは、一般的な購買力のことである。

貨幣と信用〔債権〕の両ケースにおけるいわゆる債務者は「世界全体」であり、決して債務者ではなく、むしろ自分たちが売るモノの支払いにおいて、割引なしに貨幣や信用を受領する何物かの売り手なのである。貨幣と信用は似ている。なぜなら、両者はともに譲渡可能であり、したがって額面上の価値から差し引かれるいかなる先取特権も有しないからである。銀行家とビジネスマンたち自身は、自分たちの預金を貨幣や現金として語るけれども、それらは支払期日が過ぎたために割引なしで受領される譲渡可能な債務にすぎない。マクラウドは単に彼らの言葉を採用したにすぎない。

そのようにして、彼は「一般的な」信用と「特殊な」信用を区別しなければならなかった。一般的な信用とは、商品を購入するとき、あらゆる買い手が将来背負うかもしれない債務であった。特殊な信用とは、世界全体の買い手のなかから取り出されたある個別の買い手によって、実際に背負い込まれる債務のことであった。それにもかかわらず、「特殊な」信用は単なる債務であり、「一般的な」信用は一般的な購買力なのである！

彼がモノから、モノの譲渡可能な所有権へ経済学を切り換えたとき、どのようにしてこの矛盾をはらんだ信用の意味を生じさせたのかということは、彼の貨幣や信用の起源に関する説明から理解できるかもしれない。わたしが馬や土地を買うとき、わたしが買うものは物理的なモノではない。それはすべて、「世界全体に対しての」馬や土地の将来の使用に対する権利である。そうした権利が、彼のいう「信用」なのである。馬や土地に関する「諸信用」の束を買うことによって、わたしは売り手に対する債務者になるのである。もしわたしが、物々交換経済におけるように、牛や豚の寄せ集めで直接に支払うとしても、わたしは彼に、動物ではなく将来における動物の使用・売却の権利を売るのである。これはマクラウドによれば、もう一つの同じような信用であり、一方の信用が他方の信用と交換されたのである。

417

もし現在、物々交換経済で、このような「信用」の交換が**平等**であるならば、そのとき取引は閉じられる。もし不平等なら、そのときは一方または他方に、未払い残高が残される。この残高はすぐに貨幣で支払われるかもしれないし、一定期間引き延ばされるかもしれない。ここに貨幣と信用の起源がある。

　もし貨幣すなわち「一般的な」信用があれば、受取人は他の製品やサービスを**購入する**ことで、世界の他の人々から「債務を取り立てる」ことができる。それゆえ、世界の他の人々は彼の「債務者」でもある。または、もし取引の特定の債務者が、すぐに貨幣で残高を支払わないならば、そのときの支払義務はのちの時点へと移されるものであり、これは再び信用となる。しかし、これは売却可能なので、この場合もやはり世界の他の人々は彼の「債務者」となる。貨幣と信用はどちらも、無差別に世界全体に対する「一般的な」信用なのである。

　しかし、債務の創造に関係した、まったく正反対の二つの経済的関係がある。一つは債権者－債務者の関係で、もう一つは売り手－買い手の関係である。マクラウドは、売り手－買い手の関係に大きな関心を示した。すなわち彼は、債務の譲渡性や交換可能性という言葉の意味を、経済学者から引き継いだ基本的事実に合致させたのである。われわれがみてきたように、彼はイギリスの裁判所の誤りを受け入れたため、債権者－債務者の関係については、はなはだしく説得力に欠けていた。ただ、モノの交換可能性のかわりに、所有権の交換可能性を彼の体系の中心にしたことは、たしかに新たな洞察であった。一方、債務とその交換可能性をともに信用と名づけることは、次のような経済学者の誤り、すなわち、どちらも生産的であるのに、交換を意図した生産物を生み出す労働だけを生産的労働とし、家庭での消費を意図した生産物を生み出す労働を非生産的労働とした経済学者の誤りと似ている。それゆえマクラウドは、個人に供与される特殊な信用を二者間の私的な事柄としたのだが、その譲渡性は取引の速度を増すことで、「商業に引き寄せられる」富の量を増加させる生産的な事柄になったのである。

　これは、アダム・スミスにおける、価値尺度としての労働の意味に含まれる矛盾とかなり似ている。すなわち、

418

交換において支配される労働の量と、商品の量を増やす労働力の量である。前者は希少性を意味し、後者は効率性を意味した。これらは、リカードが価値尺度として労働力を採用し、支配労働をマルサスや他のスミスの追随者に任せるまでは区別されていなかった。同じようにマクラウドは、二人の間の特殊な取引によって生み出される債権者‐債務者の関係と、譲渡性という仕組みによって作り出される「世界全体」に対するそうした関係である交換価値とを区別しなかった。

　マクラウドはまた、「支配」という言葉に二重の意味を込めていた。一つは経済的、もう一つは法的な意味だった。生産者に対して交換に貨幣や信用を提供することによって、生産者のサービスや商品を支配することは、国が債務者に発する履行または支払いの命令と区別されなかった。前者は売買交渉における経済的な力で、もう一つは義務を強制する法的権力である。

　しかし、このことはまた、二種類の義務の混同でもあった。それは「作為」や「不作為」といった、彼の法律家としての用語法からただちに引き出されたものであった。履行や支払いの義務は、債権者‐債務者の関係を創り出す義務であるが、回避の義務は、まったく反対である義務の欠如、すなわち自由《リバティ》の関係を創り出す。買い手は買う義務をもたないし、売り手も売る義務をもたない。しかし、もしも「世界全体」が干渉を回避するという義務に従わないとすれば、履行または支払いの義務を自由に引き受けたり、擁護したりすることができないだろう。マクラウドはこの回避という義務をいっさい使用しなかった。なぜなら、それは不作為の義務、すなわち「実行しない」義務でしかなく、実際にはそのようなものでしかないのだが、債務の譲渡性によって可能になる積極的な交換行為という彼の経済学体系では、それ〔回避という義務〕は求められないのである。

　債権者は、実際、債務者が支払うことを確実にするための二つの**義務**と相関関係にある、二つの**権利**をもっている。彼は債務者に対して、支払いに関する積極的な権利をもつとともに、「世界全体」に対して、回避という消極的な権利をもっている。履行または支払いの義務は債務である。しかし、回避の義務は、債務者以外のすべての人が債務者の履行または支払義務に干渉しないという義務である。マクラウドの世界全体に対するいわゆる「一般的な信用」は、履行の義務ではなく、回避の義務であった。そして、この回避の義務は、売り手が顧客へ近づくことに干渉しないという「世界全体」の義務でもある。

批判者たちがマクラウドの要点を理解できなかったのは、債務支払いによる将来の収入と、販売による将来の収入という信用に関する矛盾した意味だけでなく、有体財産の重複する意味のせいでもあった。こうして、彼の最も丹念な批判者であったベーム＝バヴェルクは、[29] とりわけ将来性を主観的経済学に取り入れようとした経済学者であったが、自分より三十年先行して将来性を客観的経済学に取り入れたマクラウドを理解できなかった。もし経済学が単に財産、すなわち財産権だけを扱うなら、明らかにそれは、収入の期待だけを扱うことになる。そして、もし収入の期待が、例証することしかできない心理的な感情ではなく、測定しうる経済量として現在の存在をもつのだとすれば、このときマクラウドは、手近なところに、すなわち信用と貨幣の譲渡性において、この経済量の客観的存在があることを見出していた。彼はただそれを、商品にせよ、貨幣または信用にせよ、すべての財産権に拡張しさえすればよかった。

信用という用語が非現実的にも購買力へ拡張されたとすれば、それはマクラウドが信用のアイデアにおいて妥当な原理をもっていたからである。それが将来性であり、将来性の原理が、商品、貨幣、信用、そして特殊な債務の所有権といったすべての特殊ケースを一つの項目の下に統合したのである。ベーム＝バヴェルクは物材〔物理的素材〕の主観的な将来性を理解していたが、物材に当てはめたときのこうした客観的な将来性については理解できなかった。それが銀行業と投資に具体化したときには十分にわかりやすい。しかし、物材の財産権も、財産の客観的顕現における将来性以外の何物でもないというのは、なぜなのか。彼〔ベーム＝バヴェルク〕は正しくも、マクラウドを当時の支配的理論の嫡出子だが勘当された子供と呼んでいた。彼〔マクラウド〕は、素材的なモノや労働のかわりに、債務を自分の科学における経済量とし、そしてモノと債務の**両方**を「モノ」として数えたという批判者の誤った印象を生み出したので、勘当されたのだ。

債務は市場で交換比率によって測定されるので、もし経済科学が債務に基づくようになれば、そのときわれわれは、普遍的な経済量に基づいて経済科学を築き上げることになる。債務の現在価値がドルやセントで測定されるときに、それが量的であるのは、ちょうど小麦がブッシェル、水がクォートによって測定されるときに、物理的なモノが量的であるのと同じことである。

このようにマクラウドが、交換されるのはモノではなく財産権であるというとき、彼は経済学的には、ドルで測定されて交換されるのが債務であるということをいっている。彼によれば、すべての財産権は債務の所有権である。約束手形のような特殊な債務だけが債務なのではなく、有体財産、銀行券そして銀行信用を含むすべての財産権も、彼の二重の信用の意味、すなわち債務としての信用と購買力としての信用という意味での債務なのである。交換されるのは物材ではなく、物材を売ることによって引き出される、将来の貨幣的収入または信用による収入に対する全面的または部分的権利である。そしてそれらの権利は、特殊または一般的な債務の所有権である。

現代の「無形」財産の概念が、マクラウドの「無体」財産と区別されるようになってはじめて、交換可能性、あるいは干渉されずに市場にアクセスする権利を含む売買の権利の意味が、法において、将来における履行や債務支払いの執行という無体財産から区別され始めた。ここでは、販売からの将来の収入、すなわち無形財産は、債務－支払いからの将来の収入、すなわち無体財産と区別される。

(29)　ベーム＝バヴェルク『権利と関係』。

この遅れて出てきた無形財産という概念によって、われわれはのちのホーフェルドの分析の助けを得ながら、マクラウドが権利と「無権利」、または自由《リバティ》という二重の意味で権利という用語を用いたことに関して責めを負うべきであると理解することができる。また、経済学的には、彼は信用という用語を、債務者による債務の支払いを要求する権利と、買い手による支払いを要求する権利という二重の意味で使用している。われわれは、前者を債権者と債務者の権利－義務の関係と呼び、後者を売り手と買い手の自由－無保護の関係と呼ぶ。

どのようにしてマクラウドがこれらの正反対の社会的関係を混同したのかを説明することによって、言葉の法的な意味そして経済的な意味の両方に関する、かなり普遍的な誤りが明らかになるであろう。この誤りは、結果として悲惨な社会的帰結をともなうものである。したがって、この説明によって、取引とゴーイング・コンサーン《継続的活動体》に関する、適切な法的そして経済的分析を提出するためになされなければならない重要な識別がもたらされるであろう。

マクラウドは、政治経済学は「財産の法則」についての科学であり、物理的なモノや心理学的な感情に関する法則ではないと、まず主張する。彼は次に、こうした財産の権利の交換価値にテーマを限定する。というのも、そうしなければ、政治経済学はつねに量や測定単位を扱わなければならない「科学」ではいられないからだ。しかし、もし彼が過去からやってきた物理的なモノを排除してしまい、将来の存在が期待される量だけを扱うとすれば、市場で現在の存在をもつような将来の量の性質とはいったいどのようなものなのだろうか。それらは、他の人々が「将来の生産物」を提供することを通じて所有者のためにすると期待されることに違いない。現在市場に現在の存在を有しているこうした期待を言い表わす最も一般的な用語が、信用である、と彼はいう。

それゆえ、信用は三つの形態をとる。（1）すべての有体財産権の現在価値。これは彼のいう「商品信用」である。（2）将来の金属貨幣の現在価値。彼はこれを「金属信用」と名づけている。（3）指定の債務者に対して効力をもつ特殊な信用の現在価値。この最後のものだけが信用の本当の意味であり、われわれは無体財産、すなわち債務として区別する。最初の二つは、無形財産である。それは、回避の権利、すなわち自由に将来において売買交渉取引をする権利である。

　もしわれわれが、すべての財産権の量的次元としての信用という、この普遍的な概念に関するマクラウドによる推論の道筋をさらにたどっていくならば、われわれは、彼が古典派経済学者や重農主義者における時間の要素をどのように完全にひっくり返そうとしていたのかを知るだろう。彼は、この科学の主題内容すべてにわたって〔有体財産の一年という問題での彼の不運な誤りを除いて〕、過去の時間を将来の時間に置き換えた。しかしマクラウドは、彼ら〔古典派経済学者や重農主義者〕が現在市場に繰り越された過去の時間を扱っていたように、現在市場にさかのぼった商品のように将来の時間を扱った。こうして彼の理論は、その時代の支配的理論の「嫡出子だが認知されない子」なのであった。しかし、彼の理論が正統的〔嫡出子〕であるのは、将来の収入に対する権利が、商品のように交換可能であるからだ。そしてそれが認知されなかったのは、支配的理論が所有権と所有物〔所有される素材〕とを切り離さなかったからである。

421

(6) 無形財産

マクラウドの「譲渡可能な財産の全体」[30]に関する考察から明らかになったように、いわゆる「無体財産」に関する項目の二つ、すなわち「年金」と「基金」だけには、債務という意味が該当する。他のすべてのものは、将来の生産物の、または将来のサービスや生産物の**販売**から得られる将来の貨幣の、現在における所有権である。

(30) 前述、*p. 402*「譲渡可能な財産の全体」〔邦訳、中巻二二五頁〕。

彼のいう現在の有体財産から得られる「永遠の年間収入」は、自分用に使うことが期待される生産物か、将来の生産物販売や「地代」から得られる貨幣収入のどちらかである。「彼の信用」は、債務者に対する特殊な信用ではなく、ビジネスマンの一般的な「良質の信用」、つまり、支払約束の買い取りによって〔実業家に〕進んで貸してくれることが期待される、投資家や銀行家のグッド・ウィルである。事業の「グッド・ウィル」は、収益が期待される顧客との取引である。また〔経験を積んだうえでの〕「技量」は、サービスに対して支払う用意がある、弁護士の依頼人あるいは医者にかかる患者のグッド・ウィルである。著作権や特許は、差別的または独占的な販売収入の期待である。営利会社の「株式」は、期待される配当またはコスト総額を超えて収益を得る他の期待される機会といったものの現在価値である。特許と同様に「通行料」や「渡船営業権」は、営業権から生じる差別的な価格を期待させるものである。

これらは、現代の判決を受けて、「無形財産」と名づけられるべきだ。唯一の無体財産、すなわち債務者の支払義務という経済的意味における信用は、「年金」や「基金」だけであり、このうち後者は期待される債務支払いの現在価値である。

これらの識別は、単なる学問的なこじつけではない。それらは高い社会的重要性をもつ。というのも、われわれが他の場所で指摘してきたように、労働者に関する「産業のグッド・ウィル」と「働く義務」を区別できなかったこと、すなわち無形財産と無体財産を区別できなかったことが、連邦最高裁判所によって法的に認められた「黄犬契約」に対する怒りを引き起こしてきたからである[31]。これと同様の問題は、法律家兼経済学者のマクラウドにおける、信用の二重の意味にさかのぼるのである。経済量としての信用に彼が与える意味は、債務の支払いであれ価格の支払いであれ、すべての期待収入の現在価値というものでしかない。

しかしながら、この二重の意味は、現代のゴーイング・コンサーンを構成する意味なのである。それは、債務者が自分の債務を支払い、なおかつ「世界全体」が素材やサービスに対して儲かる価格を支払うだろうという期待である。もしわたしが事業の物的設備だけに対する権原を獲得して、ゴーイング・コンサーンとしての事業に対する権原を獲得しないならば、わたしは単に残存価額に対する権原を獲得するだけである。残存価額を実現するには、機械設備を解体して、スクラップ状態のままで、商品市場で売ればよい。しかし、もしわたしがそれを
422
ゴーイング・コンサーンとして購入すれば、解体されたものの権原ではなく、物的な原材料を製造するゴーイング・プラントに対する権原を獲得するのであるが、それだけでなく、コンサーン《活動体》が負うすべての債務に対する権原や市場への自由なアクセス権に対する権原も獲得する。わたしは、従業員や債権者や地主そしてわたし自身に分配されるべき、無限の将来にわたる期待された総《グロス》収入に対する権原を獲得する。

しかしながら、わたしとは個人ではなく、株主と債券所有者との提携《アソシエーション》でありうるので、また、それだけでなく、原材料供給業者全員の、さらには全従業員や全代理人との提携でもありうるので、しかもわれわれ全員は、コンサーンへの貢献に対する報酬をコンサーンの総収入から引き出すことを期待するので、共同の生産物のすべての購入者とコンサーンに対するすべての債務者の両方から引き出される総収入は、われわれの結合収入である。その収入は、さまざまな取引によって個人の間に割り当てられる。その各々〔の取引〕が、当面の間、無体財産における債権者‐債務者関係を生み出す。また、その各々〔の取引〕は継続と反復のために、〔分け前をともにする〕参加者全員の自発的意志に依存している。この期待される参加〔あるいはその分け前〕が無形財産である。

その全体はゴーイング・コンサーンである。それは、すべての参加者の自発的意志が結合したものである。すなわち、工場を維持して操業しようという従業員と経営者の自発的意志であり、購入しようという顧客、貸し付

---

(31)　一九一七年のヒッチマン炭坑会社対ミッチェル事件の判決、合衆国判例集、二二五巻、p. 229。コモンズ『資本主義の法律的基礎』p. 294以下。

けしようという投資家と銀行家、販売しようという原材料供給業者、そして参加しようという他の人々の自発的意志である。参加して参加報酬を得る各々のいわゆる「権利」は、自由および無保護という無形財産である。しかし、過去のサービスに対する報酬を個人的に得る各々の権利は、債務という無体財産であり、そこではコンサーンが債務者である。マクラウドはそれを信用と名づけた。それこそがゴーイング・コンサーン価値である。彼はそれをその時点の静態的な経済量とみなした。それは、会計士が年次報告書を作成する〔対象となる一〕時点でのゴーイング・コンサーンの横断面としては実際そうであるかもしれないが、しかしそれは、時間の期待される流れを通じて継続する過程なのである。

技術的には、このゴーイング・コンサーン価値は、立法や行政の目的のために、株や債券のある時点における現在の市場価値や、値づけされていない証券の計算結果を意味するようになった。これらは、税引き後の期待される純営業収入の現在価値を示す。しかし、経済学的には、ゴーイング・コンサーン価値は、全参加者の、期待収入の総額の現在価値である。参加者には税務当局も含まれ、これらすべてが販売からの総収入の総額を説明する。[32]

自発的意志の姿勢を保つことによって、コンサーンを継続するのに役立つ、三種類の道徳的および法的義務が
423
生じる。履行と支払いの義務は、参加する全員によって引き受けられる。これらは債務という無体財産である。回避または不干渉の義務は、国家を含むアウトサイダー〔部外者〕によって引き受けられる。外部の干渉が不可避な状況、とくに独占、公益事業、労働組合のルールの場合には、自制の義務が引き受けられる。そして、彼らのすべての契約をこれらの制限内に収めさせることへの期待が、無形財産である。無形財産を構成するのは、履行、回避、自制に関する、こうした期待される権利と義務である。そして、参加者が参加するかしないかは自由である限りにおいて、彼らが自発的意志をもつかもたないかということが、自由と無保護という無形財産の道徳

的、法的意味である。

こうして、ゴーイング・コンサーンとは、何度も創造され、継続して、そして消滅していく、無体財産および無形財産の継起である。マクラウドはそれらを、特殊な信用および一般的な信用と名づけた。特殊な信用は、履行と支払いの義務である。一般的な信用は回避と自制の義務であり、それは信用と債務ではなく、期待される売買交渉取引における自由と無保護である。彼のいう特殊な信用は無体財産である。彼のいう一般的な信用が無形財産である。そして、時間の流れと経過の区別を考慮すると、無体財産は時間の期待される経過〔時が過ぎること〕であるが、無形財産は時間の期待される流れ〔時が流れていくこと〕である。

（7）有体財産から無形財産へ

こうして制度的な枠組みは、ゴーイング・コンサーンについての次のような認識をわれわれに与える。ゴーイング・コンサーンとは、売買交渉・管理・割当の取引に諸限界を設定するルールの下で、労働・待忍・リスク負担に関して、参加者が計画するときの参加者への誘因を通じて、その機能を果たすものなのである。しかし、技術的な枠組みは、われわれに、技術者の指揮の下にあるゴーイング・プラントという認識を与える。ゴーイング・プラントは、技術的な効率性というルールの下で、最終消費者のための財やサービスという生産物を生み出す。ゴーイング・コンサーンとゴーイング・プラントは分離できないのだが、われわれに、異なる社会哲学と政府の概念に帰着する、二つの異なった社会の概念を与える。一方は、参加者の変化する資産と負債であり、他方は国富の創造における投入と産出の変化する比率である。一方は、譲渡可能な権利と自由に関する専有の経済学

（32）コモンズ『資本主義の法律的基礎』pp. 182–213〔邦訳、二三三―二七六頁〕参照。

424

であり、他方は、投入と産出に関する工学的経済学である。前者〔専有の経済学〕は、分け前を分配するだけでなく、より重要な、コンサーンを継続させる体系である。後者〔工学的経済学〕は、分配される産出物の創出を結果としてもたらす。

古い物理学的・快楽主義的な理論における難点は、専有の経済学を表玄関から閉め出しておきながら裏口で導き入れざるをえないということにあった。それらの理論は、富をモノ〔素材〕やその所有と定義していた。しかし、それらの概念は静態的であり、取引によって所有権を変更するという活動的な側面を欠いていた。適切な方法論は、まず、経済学の、それぞれ固有の二つの要素を区別することである。次に、その二つの要素を集団的活動の概念に組み入れることである。このことは、慣習的な用語でいえば、すなわちゴーイング・コンサーンというアイデアによって達せられるように思われる。

これは新しい概念の導入というよりも、古い概念がもつ二重の意味の解体を意味する。例えば、商品と富という用語は、所有権という財産的意味と素材的なモノという技術的意味をもっていた。また「コスト」という用語は、支出という財産的意味と投入という技術的意味をもっていた。そして価値という用語は、受け取り収入という財産的意味と供給される産出物という技術的意味をもっていた。

過去数十年間にわたる経済理論の再構築において、一世代前の静態的で物理的、快楽主義的な概念から二十世紀の制度的な活動概念へ移行するには、しばしば、根本的な概念のごくわずかな変更しか必要でなかった。一九〇七年のフェッターによる概念変更は、オーストリア学派の効用概念から意志的な選択への変更であり、これは、表面上はとてもわずかな変更だった。なぜなら、効用がつねに快楽と、諸快楽間の選択という二重の意味をもつからである。それでも彼は活動の概念を導入することで、たとえ彼がベーム＝バヴェルクの心理学に忠実であると主張していたとしても、ベーム＝バヴェルクの快楽経済学から、活動に関する現代の制度主義へと完全に変更

425

させることができたのである。彼は実は活動の心理学を導入しようとしていたのであり、それは無形財産に関する活動的概念でもあった。[33] アメリカの主要な数理経済学者であるフィッシャーにおいても、同様であった。一九〇七年、彼は歴史的伝統に従って、富を人間によって所有される物理的対象物として定義した。[34] そしてこれが活動的な概念に変わったとき、富は産出を増やすことと産出を制限することという、二つの矛盾した意味をもつものになってしまった。

すでに述べたように、こうした矛盾した意味は、財産制度を生産技術から区別することの失敗へと導く。制度経済学を工学的経済学から区別すれば、こうした混乱は無用となる。どちらも活動の経済学である。制度経済学は、人と人の関係における取引活動である。しかし、工学的経済学は、人と自然の関係における、産出を増加させる活動である。国の全人材が、その国の活動的な総投入量であり、自然の活力に対するコントロールの総体が、活動から生じる総産出量である。しかし、制度的側面は、その産出量を**配分し予測する**活動である。これこそが、コンサーン自身が稼働するか停止するかを決定するのである。

したがって、社会の制度的枠組みは、個人とコンサーンの、変化していく資産と負債であり、それが今度は、経済の将来の誘因となり、労働・待忍・リスク引き受けにつながる。それは売買交渉、割当、管理、そして予測の体系であり、投入と産出を拡大したり、制限したり、制止したり、またはさまざまな方面へ、近い将来や遠い将来といったさまざまな期間へと振り向けたりするのである。それは生産に先立つ、売買交渉、割当、管理取引の枠組みであり、利益と負担の分担を決めて、社会的コンサーンを稼働の状態にする、あるいは停止の状態にす

（33）　フェッターの最新作、『独占の虚構』（*The Masquerade of Monopoly* 1931）を参照。

（34）　前述、*p. 251*「効率性と希少性」〔邦訳、中巻三頁〕をみよ。

る誘因を与える。しかし、社会の工学的な枠組みとなるのは、物理学、生物学、心理学の発達であり、これが自然に対する支配権を、すなわち世界の諸制度という集団的行動によっては、幸福のためにも破壊のためにも使用されることになる自然に対する支配権を人間に与えるのである。この二つ〔社会の制度的枠組みと工学的枠組み〕は、財産の意味が単なる不活動的な有体財産でしかない場合のように同じであることは決してない。それゆえ、われわれは「素材」[35]という言葉のかわりに、素材の**産出**と労働の**投入**〔という言葉〕を用いる。そして、有体財産と無体財産という言葉のかわりに、期待される物的な**産出**と無形財産の貨幣**収入**を用いる。

(8) 商品市場と債務市場

フェッターの二十年前の重要な論文、「価格の定義」[36]において、ハドリーは価格を定義した百十七人の経済学者のなかで、「権利」の価格として価格を定義した唯一の経済学者とされている。フェッターの引用によると、ハドリーは「その言葉の最も広い意味において、価格は他の物と交換されるある物の量である。その言葉の商業的な意味においては、価格は、物品やサービスに対する**権利**が交換される貨幣量と定義することができる」といっていた[37]。

フェッターは物理的で快楽主義的な経済学者のみを検討していて、ハドリーのような制度主義的な経済学者を検討していなかった。そして価値の主観説か客観説か、貨幣説か非貨幣説かに関係なしに、経済学者たちが同意するような価格の定義を探っていた。彼が到達した定義は、「価格は、他の財と交換に与えられ、受け取られる財の数量である」であった。

しかし明らかに、マクラウドの価格の定義はハドリーのものと同じであった。価格は、所有権という権利に支払われる代価である。それは商品市場と債務市場の両方に適用される。

商品市場においては、わたしが相手に本を手渡し、相手はわたしにドルを手渡す。それは二重の物理的行為であり、動物が互いに助け合うときに行なうこと以上に他の意味はない。しかし、人間社会においては、もしわたしがその本を所有しなければ、それを合法的に相手に手渡すことや、それに対する支払いを受けることもできない。それだから、もしも法がわたしの物理的行為のなかに別の行為である精神的な「意志の行為」を読み取らなければ、すなわち、相手の人物が自ら所有者になるという意図を示す精神的行為だけでなく、相手に所有者になってもらうというわたしの意図も読み取らなければ、そのときはまさに、新たな第三者全員による無効の主張に抗して、わたしは相手をその本の所有者にすることはできないのである。それゆえ、法はこうした二重の意志の行為を執行する、または執行することを期待されている。経済科学は二重の物理的行為を扱うのだろうか、それとも、二重の精神的行為を扱うのだろうか。明らかに、物理的行為は技術的なものであり、所有者の支配下で肉体労働者によって進められる。しかし、精神的行為は専有的なものであり、実際には法の適用によって、所有権を移転する。

今度は、わたしが相手に本を手渡して、相手がその本を受け取って保有するが、わたしにドルを手渡さないとする。いまや法は、本の移転のなかに二つの意志、すなわち相手にその本を所有してもらうというわたしの意図と、それを所有するという相手の意図との一致する同じ精神的行為を読み取る。しかし、法はまた、同じ物理的移転のなかに、もう一つの物理的移転を読み取る。すなわち、今度は、相手からわたしへのドルの**期待される**物

---

(35)「サービス」を含む。
(36) Fetter, Frank A., *Amer. Econ. Rev.*, II (1912), pp. 783–813.
(37) Hadley, A. T., *Economics; an Account of the Relations between Private Property and Public Welfare* (1896), pp. 70, 72. 強調は引用者による。

理的移転と、それをわたしのものにするという期待された意図をもってする、わたしの期待されるドルの受け取りである。経済学者は二重の物理的行為のこの一対をどのように扱うのだろうか。いずれも前述の例解におけるものと同じ物理的譲渡だが、そこには時間間隔が出現している。
経済学者は絶望してあきらめ、望みのない混乱に陥るとマクラウドはいう[38]。

その混乱は、「商品」市場と「債務」市場の二つの市場があるという事実と、「貨幣」という言葉が債務市場に商品の物理的意味を持ち込むという事実から生じる。このとき、債務市場は、類推によって「商品」市場となる。しかし、われわれがすでに述べたように、またこれからみるように、**鋳造**貨幣は商品ではない。それは、債務支払いの制度である[39]。マクラウド自身は、彼の信用に関する二重の意味のために、商品市場と債務市場を実効的には区別しなかった。この点で彼は、一般にはびこる物質主義〔素材主義〕の錯覚に追随していた。すなわち、銀行家は顧客に対する貸し付けに関して「貨幣供給」の増加を語るが、このとき銀行家は、単に他の顧客や銀行家が借りる自行宛債務の供給増加を受け入れてきたにすぎない。顧客と投機家は、「どのような貨幣が価値をもつか」と尋ねるが、そのとき彼らがいっているのは「価値のある債務はどのようなものか」ということである。

もし、マクラウドや他の人々が、「貨幣市場」という隠喩的表現を債務市場という現実に置き換えていたら、こうした物質主義的な妄想はおそらく回避できていただろう。マクラウドが正しく記述するように、「商品市場」でさえ、商品が交換される市場ではなく、商品の**所有権**が交換される市場なのである。そして「貨幣市場」もまた、マクラウドが述べるように、貨幣が交換される市場ではなく、債務の所有権が交換される市場なのである。

どちらの場合においても、価格は、何らかの法的コントロール形態の移転の「対価」としてつけられる代価である。それは実行されたサービスへの「報酬」であり、即時支払いの報酬か、それとも後払いの報酬か、そのどちらかである。ここでの移転は、交換の物理的意味ではなく、権利と義務の譲渡という制度的な意味である。

もしマクラウドが、債務の所有権を商品の所有権に同化させることによってではなく、首尾一貫して債務市場と商品市場を区別することによって、有効に「販売可能な商品」としての債務という手がかりを堅持していたら、彼は現代のビジネスを正確に描写し、二重計算を回避していただろう。そこでは、一つの市場での二重計算のかわりに、単純に二つの市場が存在していただろう。

証券取引所と貨幣市場は債務市場の両輪である。数年先の将来に目を向けている大きな車輪が株式や債券で、数時間や数日先の将来に目を向けている小さな車輪が銀行の融資や預金である。株式は、債券と違って法的には債務ではないが、経済的にまた法的にも債務になりつつあり、「販売可能な債務」に関するマクラウドの記述に多少とも合致しつつある。株式は株主に対する企業の「負債」であり、配当でさえ、株主に対して負う慣習的な債務としてみなされるようになりつつある。これは法律によって規制される公益事業の場合には、法的にも認められている。そこでは、債券保有者が利子を、株主が配当を受け取ることができるよう、期待される債務者として「公衆」が支払わなければならない料金を計算するのであり、株式と債券の総価値と現行の利子率と利潤率の両方が使用されている。「公衆」は債務者であり、株主は債券保有者と同様に債権者である。債券保有者に利子を支払うことが法的義務であるのとほとんど同じように、株主に配当を支払うことは、特殊な状況の下で会社の法的義務になりつつある。(40) 債券保有者は疑いなく優先債権者であるが、株主は劣後する債権者である。債権者と

(38)　クニースはのちにそれを時間間隔との交換として扱った。クニース『貨幣と信用』。

(39)　前述、*p.* 396〔邦訳、中巻二一六頁〕、後述、*p.* 457「債務の解消」〔邦訳、中巻三〇七頁〕をみよ。

(40)　一九一九年のドッジ対フォード自動車会社事件の判決、ミシガン州判例集、二〇四巻、p. 459、北西部判例集、一七〇巻、p. 668。

しての債券保有者と準債権者としての普通株主の間に位置するいろいろな「優先株」のような、中間段階のものも導入されている。

普通株に対する配当支払いを要求する法的な強制力がないところでも、投資家のグッド・ウィルという性質の経済的な強制力が生じてきた。アメリカの資本主義において周期的に起こるインフレ期間中、取締役会は、配当を支払って株式の市場価値を維持する道徳的あるいは経済的義務、ましてや法的な義務さえを、まったく認識していなかった。しかし、何千そして何百万の小口投資家が生まれるとともに、また、所有権全体のうちほんの一部に経営を集中することを通じて銀行家の企業支配の時代が到来するとともに[41]、形骸化した取締役会は、投資家のグッド・ウィルを維持する経済的必要性のために、慣習的な配当を支払う政策を採用するように求められた。明らかに何らかの法的義務が求められていたのであり、それは、株式や債券の投資家を保護するために立案された、いわゆる「ブルースカイ[a]」法によって開始された。

こうして、証券取引所は、法的そして経済的な強制力によって、長期債務を等級づけするための市場である。すなわち、極端に法的強制力が強い債券に始まり、強制力の弱い優先株や多種の単なる「権利」を経て、そして最も法的強制力が弱く、主として経済的強制力をもち、歴史的には普通株として知られる道徳的な債務に至るまでがある。

この点に限っていえば、マクラウドはいくつかの特殊な事例では予言的な意味で正しかったのだが、一般的には正しくなかった。つまり、**すべての**財産権を「債務」または「信用」と表現して、経済学を一連の債権者－債務者関係に分解した点は、一般的には正しくなかったのである。配当を支払わせる経済的および道徳的強制力が、裁判所によって執行される法的強制力になる場合にのみ、すべての財産権は債務または信用で表現される。だが、これは考えにくい。資本主義体制は、価値が利潤マージンに依存する株という無形財産と、債務という無体財産の両方を必要とする。[42]

しかし、以上から債務を商品と名づけるべきだということにはならない。もし債務がそのように記述されているとすれば、われわれがいえることは、マクラウドは隠喩を語っているのであって、科学を語っているのではないということだけだ。彼は債務と購買力を混同している。前者は無体財産で、後者は無形財産である。

それにもかかわらず、商品市場で起こることは、債務市場で起こることと似ている。どちらも、将来の貨幣収入のための市場であり、マクラウドはそれを「信用」と名づけた。物理的な貨幣と交換されるのは、物理的なモノではない。交換されるのは、将来の貨幣収入の所有権という法的権原である。将来の貨幣収入に対する権原として売られるのは、現在の商品の所有権である。どちらの期待も、マクラウドによれば信用であり、商品信用は貨幣信用を求めて売られるのである。ただしこの二つは、一方が債務で他方が購買力であるので、同じではない。

429

それなのに、どちらも各々は将来の貨幣収入に対する期待なのである。

このことは、資本主義を正しく説明する。ビジネスマンは商品を買うとき、物理的なモノを買うのではない。彼は、その商品を売ることによって得られる将来の貨幣収入の期待を買うのである。[43] 銀行家がビジネスマンの債務を買うとき、彼は債務者が自分の商品を売って債務を支払い、それによって得られる将来の貨幣収入への期待

(41) Ripley, W. Z., *Main Street and Wall Street* (1927); Brookings, R. S., *Industrial Ownership, Its Economic and Social Significance* (1925); Bonbright, J. C. and Means, G. C., *The Holding Company, Its Public Significance and Its Regulation* (1932).

(a) 訳者注：「ブルースカイ法」（不正証券取引禁止法）とは、証券詐欺から投資家を守るためにアメリカ各州で法案化された法律の総称。売り手が新株などを販売する際に証券の登録を行ない、買い手が投資判断を下せるよう、詳細な企業の財務情報を提供するように規定された。

(42) 後述、*p.* 526「利潤マージン」〔邦訳、中巻四一一頁〕をみよ。

(43) 後述、*p.* 555「投機的な需給法則」〔邦訳、中巻四五五頁〕をみよ。

を買うのである。マクラウドによれば、どちらも信用の購入である。

したがって、商品市場は債務市場とともに機能する。ここでの二つの車輪は、産出物の所有権と短期債務の所有権である。短期債務は、商品市場においては生み出されるとすぐに、銀行家の要求払い債務、すなわち預金と引き換えに、債務市場で売却される。商業債務は販売のために生み出される。なぜなら、商業債務は銀行家に売却できるからだ。このとき、商品と債務の間の唯一の違いは、所有される対象であるか、銀行家の要求払い債務と引き換えに売却される対象であるかにある。債務の場合、その対象は、債務市場で債務者によって支払われる将来の貨幣収入に対する、将来の法的コントロールである。商品の場合、その対象は、将来の貨幣と引き換えに売られる物理的なモノに対する、将来の法的コントロールである。商品市場と債務市場はともに、貨幣収入を期待している。どちらも将来の貨幣収入に対する権原であるが、一方は信用、すなわち無体財産であり、もう一方は将来の利益〔利潤〕、すなわち無形財産である。

二つの間の相違は、二種類の価格の相違である。一方は、債務市場における貨幣を**使用する**ための短期価格である。他方は、商品市場で所有権に対して支払われる交換価格である。この区別は、マクラウドによる利子と利潤の混同を際立たせるものである。われわれは、彼が割引と利潤を同一視したことを受けて、このことを考察していくことにする。

(9) 割引と利潤

a. 二種類の価格

マクラウド曰く、「**債務**の**単位**は、百ポンドが**いまから一年後に支払われる**ことを要求する**権利**であるとす

430

る。一債務単位を購入するために提示される貨幣の合計は、その価格である。だからもちろん、一定の債務単位を買うための価格が低ければ低いほど、貨幣の価値はより大きくなる。しかし、債務の売買において、貨幣の価値を債務に支払われる価格によって評価するのは普通ではない。貨幣はおのずと利潤を生むので、一年後に支払われる債務につけられる価格が、その債務よりも小さくなければならないのは明らかである。価格と債務の量の差は、債務を買うことによって得られる利潤である。この差、あるいは利潤は、割引と呼ばれる。そして、債務の価格が下落したり、上昇したりするとき、割引あるいは利潤が増加したり減少したりするのは明白である。債務の売買においてはつねに、貨幣の価値を割引、すなわちそれが産出する利潤によって評価するのが普通である。したがって、債務の売買において、**貨幣の価値**は、**割引と正比例して**変化する。次の法則は、商業部門の両方に通用する。すなわち**貨幣の価値**は**価格**と**反比例して**変化し、**割引**と**正比例して**変化する、という法則である。……商品の売買において、貨幣の価値は、貨幣が買うことのできる商品の**量**を意味する。債務の売買においては、貨幣の価値は、利潤すなわち債務を買うことによって生じる割引を意味する。**利子**ないし**割引**の率は、一年など一定の**時間**内に生じる**利潤**の**総額**である(44)」。

われわれは、これらの二種類の価格を、利潤ではない短期価格ないし割引と、交換価値ないし購買力として区別する。

b. 二種類の製造

(44) マクラウド『銀行業の理論と実践』第1巻、pp. 57–59。

マクラウド曰く、「銀行家は、最初の段階において、決して現金で手形を買わない。彼は、将来時点で支払い可能な債務である手形を、帳簿上で債務から割引を差し引いた額だけの信用を顧客に与えることによって買い取る。そしてそれは、もしその気になれば、顧客が貨幣を要求できるという訴訟権である。つまり、銀行家は要求払いの訴訟権を創造あるいは発行することによって、将来時点で支払われる訴訟権を買うのである[45]」。

431

このことから次のことがいえる。マクラウドによれば、銀行家は「貸したい人と借りたい人の間の仲介者ではない。事実はといえば、銀行家はトレーダーであり、そのビジネスは、他の債務を創造することによって、貨幣および債務を買うのである」。

したがって、銀行家の利潤は、「彼が借りる貨幣に対して支払う利子と、彼が貸す貨幣に対して請求する利子との間の差」によるものではない。銀行家の利潤は、もっぱら彼が準備として保有している正貨を超えて信用を創造し、発行することによって得ることができる利潤によるというのが事実である。貨幣との交換でしか信用を発行しない銀行は、決して利潤を得なかったし、どうやっても利潤を得ることができない。銀行は、将来時点で支払われる債務と交換する信用を創造し発行するときにのみ、利潤を上げ始める。……銀行および銀行家の本質的かつ顕著な特徴は、**要求払いの信用を創造し発行する**ことである。しかもこの信用は、貨幣流通に投じられて、貨幣のあらゆる目的にかなうように意図されている。それゆえ、銀行というのは、貨幣を**貸し借り**するオフィスではなく、**信用の製造所**なのである[46]。

c．商品価格と短期価格

こうした将来の債務支払いの割引価値は、債務に対して支払われる価格であるが、割引それ自体は銀行の貨幣を使用することと引き換えに、銀行家に支払われる短期価格である。銀行家は「無から」自己宛要求払い債務を、すなわち貨幣として役に立つ「満期を過ぎた」債務である預金を「製造する」。つまり、この製造した預金でもって銀行家は、顧客の有期債務を買い、満期を過ぎた自己宛債務〔である預金〕を使用することに対して短期価格を請求する。その後、短期価格〔である割引〕が〔債務の〕満期に向けて額を減らすにつれて、有期債務は価値が増加していく。この価値の増加が、マクラウドのいう「利潤」なのである。

彼曰く「商人は、ある人物から低価格で商品を買い、それらを別の人物に高い価格で売ることによって利潤を得る。同様に、銀行家はある人物、すなわち自身の顧客から低価格で商業債務を買い、それを別の人物、すなわち引受人あるいは債務者に高価格で売る。こうして、銀行家が買う債務は、買い取ったときから精算するまで、毎日価値を増加させていく。それゆえそれは、あらゆる商店における通常の財と同様の方法かつ同様の理由で、利潤を生み出し、それゆえ流動資本である[47]」。

もちろんここには、債務の満期が近づくことによる価値の増加と、安価な市場で買って高価な市場で売ること

(45) 同書、第1巻、p. 325。
(46) 同書、第1巻、pp. 326, 357 を再整理。
(47) 同書、第1巻、pp. 358, 359。

による価値の増加を区別することの失敗もみられる。後者は**二つの**取引から引き出される利潤である。前者は**一つの**取引から引き出される割引である。二つの取引のケースでは、**価格**という用語は、**購入**価格と**売却**価格を意味する。一つの取引のケースでは、**価格**という用語は、同じ取引の開始と終了の間にある割引率を意味する。その対比を際立たせるために、われわれはこの割引を「短期価格」と名づける。

利潤と割引に関するマクラウドの混同は、債務の譲渡性によって可能になっている。債務は債権者である銀行の顧客から購入され、満期日にその顧客の債務者である引受人へ売却されるようにみえる。一見すると、銀行家によって折衝される二つの取引が存在するようにみえるが、実際は一つの取引しか存在しない。

その誤りは、信用は**現在**生まれるが、債務は支払義務が満期になる将来の期日まで生まれないとする、以前に言及された誤りにつながっている。両者は同時に生まれるのであり、銀行家が買うものは、債務者の将来支払**義務**である。銀行家は債務者が支払うときには、その支払義務を再度譲渡するわけではない。彼は単に自分の権利を執行するにすぎない。

この状況を考慮し、われわれは「取引の終了」と「譲渡の終了」を区別して、売買交渉取引の概念を精緻化する必要がある。譲渡は、取引によって所有権が移転される時点で終了する。しかし、取引それ自体は、後日、履行と支払いが完遂されるまでは終了しない。

現金取引においては、譲渡と取引は同時に終了となる。商品の側では、商品に対する権原が移転されるだけでなく、商品が引き渡されもする。貨幣の側では、譲渡の終了によって権原が移転されるだけでなく、貨幣が支払われる。

こうして、取引によって二つの債務、すなわち履行の義務と支払いの義務が生じる。もし両方が即座に実行されれば、譲渡と取引は終了となる。しかし、両方の**義務**が遂行されるまで、**取引**は終わらないのである。もし、時間の経過が介在するならば、取引は二つの義務のうち**後者の義務**が遂行されるまで終了しない。もしこれが支払いの義務ならば、取引は債務者が支払うまで終了しない。もし履行の義務ならば、サービスが提供される、あるいは物品が配達されて受け取られるまで、取引は終了しない。

それゆえ、土地に関する長期の債務あるいは借金返済労働〔借金を返済するまで債権者のために債務者を働かせる慣習〕の場合には、何年間かにわたって展開されるかもしれない。しかし、貨幣市場における短期債務の場合では、数日間にわたるだけである。このように、取引というのは、実に創造的な過程である。それは、商品を創造するのでなく、経済量および経済的地位を創造する。そして履行と支払いの債務の解消〔または償却〕によって取引が終了してはじめて、その地位は債務から自由へ変更されるのである。

したがって、債務が債務者の現金と引き換えに債務者に売却されるという、マクラウドの外見上の第二の譲渡は、譲渡ではない。それは債務を解消することによって取引を終わらせるという法的義務の履行である。銀行家は単に借金を「回収し」、債務者の債務の所有権を債務者に戻すという移転によって、完済の証拠を与えるにすぎない。

433 マクラウドが割引と利潤を同一視することになったのは、取引の開始と終了の間のこうした**間隔**に注意を向けられなかったからであった。割引は、**一つの**取引の開始と終了の間の間隔において、**待忍**という期待されるサービスに対して支払われる「短期価格」である。しかし、利潤（または損失）は、ある価格で買う取引と、別の価格で売る取引という**二つの**取引の間の**マージン**である。

しかし、利潤（または損失）は**商品を売買する**二つの取引の間で生み出されるのと同様に、**債務を売買する**二つの取引の間でも、〔以下のようなかたちで〕生み出すことができる。商業銀行は、顧客の手形を小売で六パーセント割り引いてから、卸売で四パーセントの再割引をして、利潤を生み出す。ここでは実際には**二つの**市場と**二**

つの譲渡、すなわち小売市場と卸売市場、それゆえ二つの取引が存在する。銀行家は卸売市場において四パーセントで買ったものを、小売市場において六パーセントで売る[48]。

マクラウドは、商品経済学者がまだ利子と利潤を区別していなかったときに著述した。この区別は、「時間の流れ」の二重の意味に隠されたものとして、われわれがすでに言及したものである。利潤は、売買が生じる、時間の流れのなかの異なった時点で生み出されるが、利子は、無報酬の待忍が行なわれる二時点間の「時の経過」、あるいは間隔において獲得される。

マクラウドはもちろん、利子と割引の間で、〔次のような〕ありふれた区別をしていた。それらは同一のものを意味しているが、マイナスとなる割引とプラスとなる利子というように、同じものを計算する二つの日付け〔の扱い〕が異なっている。全額を前払いし、その年の終わりまで待忍するとき、「利潤」は利子である。前払い時に利潤を確保するとき、「利潤」は割引である[49]。

しかし、割引と利子が同じ利子率を計算する二つの方法にすぎないことは、数学的には真理である一方、マクラウド自身が注目していたように、割引・再割引の慣習から生じる違いというものが存在する。もし貨幣の使用に対して銀行家に支払われる価格が前もって支払われるならば、つまり前もって利子を控除されるならば、それは商品に対して支払われる価格というマクラウドの考えにより接近する。銀行家は**自己の**信用の利用に対して一定の価格を請求し、**その**信用の利用に対して再割引を行なう銀行にはより低い価格を支払う。

それは厳密にいうと「価格」ではなく、将来のある期間にわたる、**率**《レート》である。諸々の将来の増分、すなわち「使用料《レント》」あるいは貨幣の使用に支払われる期待利子は、現在の「資本還元された」価格に換算されるのであり、これが割引の額である。われわれは、商品価格と短期価格を区別することによって、マクラウドの功績を受け継ぐことができる。商品価格は商品あるいは有価証券に支払われる交換価格である。短期価格あるいは割引は、貨

434

幣使用の対価として利子を差し引くことによる、前もって支払われる価格である。
マクラウドがいっていたように、両者は逆に変化するものであり、またより広く利用されるものである。例えば、債券価格は、それを購入する貨幣の利子とは逆に変化するが、債券利回りは、その市場における貨幣の長期価格とともにただちに変化する。このことは貨幣の短期価格についても同様である。短期の商業手形の価格は、割引率に対して逆に変化するが、割引率は、それを購入する貨幣の使用に対して銀行が請求する短期の価格である。

こうして、債務や有価証券の価格というのは、商品の価格と同じようなものである。それは債務と引き換えに支払われる貨幣である。しかし割引は、購入する貨幣あるいは信用の**使用**に対して請求される価格である。この二つは逆に変化する。イングランド銀行による金の輸出入を管理する際の、割引率の適切な利用についての発見をマクラウドに可能にさせたのは、この短期価格の意味だった。

d. イングランド銀行

エンジェル曰く、「マクラウドは、……割引率が外国為替相場の**主要な**決定要因の一つであり、為替相場を補正するような方法で操作されうることに気づいた最初の著述家だった。〔しかし〕通常は、その所見に関する名声は、六年間自分の研究を明らかにしなかったゴッシェンに与えられている[50]」。

(48) この区別は、のちにシジウィックによってはじめてなされた。後述、*p. 443*〔邦訳、中巻二八六頁〕をみよ。
(49) マクラウド『銀行業の理論と実践』第1巻、p. 372。
(50) Angell, James W., *Theory of International Prices* (1926), p. 138〔以下、エンジェル『国際価格の理論』と表記〕.

ゴッシェンは、イングランド銀行がマクラウドの理論を実行に移したあとに執筆し、「意識的には、新しいことをしようとしたのではなかった」。しかしマクラウドは、正貨流出の主な原因は次の三つであるといっていた。すなわち、「その国の債務額、紙幣の減価、そして金現送費〔金の輸送費〕を支払うのに十分な額を超える、二国間の短期的**割引率格差**である」。マクラウドによる、「銀行支払準備金と割引率における変化からみた、貨幣と価格の間の短期的関係の説明」は、のちの一八八三年にシジウィックによる「完全で明確なかたち」での説明や、一八八八年にマーシャルによってよりいっそう完全に与えられた説明と、「大差がなくなってきていた[51]」。

どのようにしてマクラウドが割引率を操作して、正貨流出と国内物価水準の両者を調整するという理論を生み出したのかといえば、それは、イングランド銀行の私的利潤に関してではなく、その公共目的と、「債務の製造」に関する彼の理論を通してだった。私的利潤は債務の「製造」によって稼ぐことができる。しかし、私的利潤が金の流出を引き起こしているとき、こうした利潤に対抗するのは、イングランド銀行の私的利潤に反する公的義務であった。

435

まずマクラウドは、銀行券を銀行預金と異なったものとみなす考え方について、その混乱の根拠を明らかにしなければならなかった。イングランド銀行を銀行券担当の発券部と銀行預金担当の銀行部の二つの局に分けた一八四四年の銀行法の根底にあったのは、この混乱だった。この法によると、発券部では、顧客の預金と同量の金に基づかなければ、(法律で認められている独自の量を超えた)銀行券の発行はできない。同法では、銀行券は公的重要性をもつものとみなされるようになっていたが、銀行預金は純粋に私的で、銀行と顧客の間の秘密事項でさえあり、そこに政府は介入すべきでないと考えられた。

しかしマクラウドは、銀行券と銀行預金の両者は、法的にも経済的にも厳密に同じ性質のものであると主張した。法的にどちらも、貨幣としての役目を果たすように銀行によって創造される要求払い債務であった。銀行預金は銀行券と同様、貨幣の「発行」であった。なぜなら、どちらも金で要求払いされる債務の「製造」であったからだ。そして経済的にも、それらの影響はまったく同じであった。なぜなら、どちらも輸出のために要求次第で金が引き出されるという、同じ目的に資するものだったからである。

マクラウド曰く、預金は「ただ単に姿を変えた同じ量の銀行券にすぎない。預金は正確には、銀行券の発行とまったく同様に、相対的に小さな金現物〔金地金〕の基礎の上に築かれた信用の巨大な上部構造にほかならない。……多くの現金のかわりとなるこれらは、預金の外見をしているが、信用あるいは**訴訟権**にすぎない。それは銀行が、もう一方の側で資産として記帳されている現金や手形を購入したときに、その代価として創造してきたものである。銀行預金の突然の増加は、実際には、信用のインフレーションにほかならず、銀行券の突然の増加とまったく同様のことである。……それゆえ、この預金の減少は、**現金預金の減少ではなく**、信用の収縮である[52]」。

一八四四年の銀行法の結果は、マクラウドが予言したとおりになった。同法によれば、もし金が輸出のために発券部から引き出されると、イングランド銀行はちょうど引き出された量だけ銀行券を減らす。その理論は、銀行券の減少は、国内商品の価格低下を引き起こし、その結果、金現物を輸出するよりも商品を輸出するほうが儲

(51)　エンジェル『国際価格の理論』pp. 117, 118, 138。割引と価格についてのこの関係が完全に説明されたのは、ヴィクセル（一八九八）がはじめてだった。後述、*p.* 596「ヴィクセル」〔邦訳、下巻一二頁〕をみよ。

(52)　マクラウド『銀行業の理論と実践』第1巻、pp. 329-330。

436 かるようになり、金の流出が止まるだろうというものであった[53]。しかし、注目すべきことに、銀行法は銀行部内の「不均衡」を放置した。小切手を渡して金を請求することによってのみ、金を輸出のために銀行部から引き出すことができる。しかし、たとえ金が国外へ出ていっても、銀行券の量が減ることは決してないだろう[54]。彼曰く、「船には**二つの**漏れ口がある。法律の立案者たちは、**一つ**にしか気づくことができなかった。彼らはその一つに対してのみ漏れを塞いだので、船が、彼らが忘れていた**もう一つの**漏れ口から急速に沈みかけているのを知って、まったく驚いたのであった[55]」。銀行法は、一八四七年の危機で「停止」されなければならなかった。これにより〔イングランド〕銀行は、発券部から銀行部へ流出していた金を超える銀行券を発行できるようになり、ビジネスマンや他の銀行が「全滅」するのを救うことができた[56]。

マクラウドによると、広く普及している理論には、以下のような困難があった。すなわち、「金は商品の販売から生じる残高を支払うために送られただけであり、したがってこれらの支払いがなされたときはいつでも、自然に〔流出が〕止まるに違いない。しかし、これは深刻な勘違いである」。

> ……もしロンドンの割引率が三パーセントで、パリの割引率が六パーセントなら、その単純な意味は、金をロンドンにおいて三パーセントで購入し、パリにおいて六パーセントで売却することができるということである。しかし、金をある場所から他方の場所へ送るコストは〇・五パーセントを超えないので、結果として、その操作で二・二五あるいは二・五パーセントの利潤が得られることになる。……割引率が大きく異なるとき、……**ロンドンの人間は**ロンドンで売却して現金化するという明確な目的をもって**パリのコルレス先**〔為替取引契約の相手先〕**宛ての手形をつくる**。その後その手形をパリに送れば、今度はそれを六パーセントで売ることができるのだ。つまり、割引率格差が維持される限り、この流出が終わらないことは、まったく明白で

437

ある。さらに、パリの商人はすぐにロンドンで割引させるために自分たちの手形を送って、当然ながら現金を自分たちに送金してもらう。……そのような流出を阻止する唯一の方法は、二つの場所の割引率を等しくすることである[57]。

そこで彼はこの一般的な原理を明らかにした。それはそのときから今日まで採用されているものである。すなわち、「二つの場所の割引率が、金現物をある場所から他の場所へ送るコストを支払うのに十分すぎる差があるとき、金現物は割引が小さい場所から大きい場所へ流れていくだろう[58]」。

この原理に関して彼曰く、「われわれがみてきたことは、商売人の間では知られているかもしれないし、まだ知られていないかもしれないが、どんな商業帳簿のなかにも入り込んできている[59]。そして国の債務や流通紙幣の状態にまったく関係ない逆為替の原因として、通貨論争のなかで公衆の面前にはっきりと持ち出されたことは、おそらく一度もなかった[60]」。

---

(53) 同書、第1巻、p. 412。
(54) 同書、第2巻、pp. 342-343。
(55) 同書、第2巻、p. 343。
(56) 同書、第2巻、p. 170。
(57) 同書、第2巻、p. 418。
(58) 同書、第2巻、p. 344。
(59) 「商売人」に関する先行する知見は、Magee, James D., "The Correctives of the Exchanges," *Amer. Econ. Rev.*, XXII (1932), pp. 429-434をみよ。

それでは、金が国から流出するとき、どのようにしてこの割引率は引き上げられ、そして、金が国に流入するとき、どのようにして割引率は引き下げられるのだろうか。それは、利潤のために各々が顧客と私的契約を結ぶ、銀行間の私的競争にゆだねられるのだろうか。イングランド銀行の理事たちは、割引率は、利潤を得ようとして自身の関心を追求し、イングランド銀行に自分の準備をおいているビジネスマン・銀行顧客と、自分たち〔銀行の理事たち〕との間の私事であると主張していた。しかしマクラウドは、競争は銀行の数の「無秩序な増加」を引き起こしてしまい、金の輸出を防ぐために割引率を高くすべきときに、低い割引率をもたらしてしまったことを明らかにした(61)。さらに「商人の関心はつねに、できるだけ安価な融資を得ることである(62)」。イングランド銀行が当時発展していた慣習によって、地方銀行の金準備金の保管庫となっていた以上、金の国外流出時には、割引政策で他の諸銀行の政策を管理しなければならない。それゆえ彼は、もしその国の金準備を守ろうとするのであれば、**恐慌が来る前に**、自分たちの直接的な利益に反してだけでなく、実業界や他の銀行の直接的な利益に反して行動することが、イングランド銀行の理事たちの義務になるといった。イングランド銀行の私的利益は、イングランド銀行の公的義務に従属しなければならない。マクラウド曰く、「隣国の割引率に対するしっかりとした監視を維持することや、自国から金現物を輸出することが儲かるようになるのを防ぐために隣国の変化に追随することは、イングランド銀行の避けられない義務である(63)」。

次の一八五七年の不況時に、イングランド銀行の理事たちははじめて、先にマクラウドが述べた公的義務の原理に則って行動し、早い段階での割引率の引き上げによって、金の流出を阻止した。ジョン・ステュアート・ミルはのちにこういうことができた。一八四七年より前のイングランド銀行は、銀行として自らの利益以外何も考慮すべきことはないという原理に基づいて行動し、一八四四年の法では、その起草者であるロバート・ピール卿は、イングランド銀行が「銀行預金の管理において単なる銀行家として行なうことは、公衆の関心事ではまったくなく、自分たちだけの関心事」だと請け合っていた。しかし一八四七年以来、彼らは以下のことに気づくようになった。

438 イングランド銀行のような機関は、他の銀行家たち、すなわち自分たちの取引だけでは広く商業世界に影響を与えることはできず、自分たちは自身の立場を考慮していればよいと考える自由をもっている者たちとは違っている。イングランド銀行の取引は必然的に、その国のすべての取引に影響を与え、商業恐慌を防ぐ、あるいは緩やかにするために一銀行にできることをすべて行なうのが、彼らの義務である。これがイングランド銀行の立場であり、一八四七年以降、イングランド銀行は以前よりもそのことによく気づくようになり、自分たち自身の安全性以外は考慮しないという原理に基づいた、以前のような行動はまったくしなくなった。(64)

こうしてイングランド銀行〔の行動〕は、たとえ法律がなくても公衆に対する自らの責任を認めるという、現代資本主義の下での民間のビジネスマンたちによる最初の偉大なる協調《コンサーテッド》行動であった。ここでの責任は、発

(60) マクラウド『銀行業の理論と実践』第1巻、p. 344。
(61) 同書、第2巻、p. 139。
(62) 同書、第2巻、p. 336。
(63) 同書、第1巻、p. 418。
(64) Beckhart, B. H., *The Discount Policy of the Federal Reserve System* (1924), p. 29による引用。この本は、イングランドにおける公定歩合、および一七九七年から一八五〇年までの経験に基づいた割引政策の結果として生じた公式に関する、優れた歴史的素描を与えてくれる。

券と割引に関する中央銀行としての協調行動というまさにそのことによって、国民の福祉が彼ら〔民間の事業家たち〕に依存するようになっていたという事実から生じた責任である。彼らの行動は、彼らが自分たちのやり方で自分たちの利益を追求するのをはっきりと自由にやらせていた、〔銀行法以前の〕政府の行ないとはまったく別物である。実際には、イングランド銀行の職員が、マクラウドのような経済学者の理論を進んで受け入れるまでには、世論の強い圧力を必要とした。しかし、マクラウド自身は、銀行業に関する著作ののちの版で次のようにいっている。すなわち、「一八四四年法を成立させる必要性〔の根拠〕は、銀行の理事たちに対する深刻な不信にあった。この法律は、彼らが自らのビジネスを管理する能力がないことの宣言であった。しかし、彼らが完全にそうすることができるのを示した以上、それはもはや必要ないのである(65)」。

〔しかし〕金の流出入を調整するという義務以外では、物価を安定化させるという中央銀行のさらなる義務は、ヴィクセルが一八九八年にそれを試みるまで詳しく説明されなかった(66)。

(10) 心理主義的経済学から制度経済学へ

取引の公式を、心理学の用語で述べることができるのは重要なことである。生産者が単位当たり二十の限界効用で千単位の鉄の効用を売るとすると、二万単位の全部効用すなわち価値で売ることになり、これから二百単位の将来性割引ないし打歩を差し引くと、一万九千八百単位の現在効用となる。それ〔心理学の用語で述べる取引の公式〕を制度経済学へ移し替えるのに必要とされることは、所有権、法的な測定単位、債務の創造・〔債務の〕譲渡性・解消を導入することだけである。それと同時に、国家や商業会議所または商工会議所、あるいは判決や商事仲裁のための組織を設立する同様の団体といった集団的行動によって、引き渡しと支払いという二つの義務を執行すること〔の導入〕である。そうすると公式は、千トンの使用価値をもった鉄、一トン当たり二十ドルの限界効用ないし価格、二万ドルの将来全部効用あるいは将来価値、二百ドルの将来性割引、一万九千八百ドルの現在全部効用ないし価値、と読めることになるだろう。

ジェヴォンズからフェッターに至る心理主義的経済学者についての研究は、彼らが徐々に自らの心理学をこのように最終的にほとんど同じところまで発展させてきたことを示しており、いまや彼らが自分たちを心理主義的経済学者と呼ぶだけでなく、制度経済学者と呼んでも差し支えない。フェッターは『独占の虚構』のなかで、心理主義的経済学から制度経済学へ移行している。

将来性割引は、論者によって異なったやり方で示されている。ベーム＝バヴェルクの「打歩」は、将来の産出を増やすために、将来の**労働**をより多く加えることによって**追加される**。しかし、フェッターの割引は、現在の労働の量を減らし、かつ将来の産出を増加させずにおくことによって**減らされる**。ベーム＝バヴェルクは前者を「迂回過程を増加させる」ものと述べた。ところが、彼は主に**打歩**を扱ったとはいえ、現在と将来の間のまったく同じ関係は「迂回過程」を**減らす**ことによって達成されることになる。彼の「迂回過程の増加」は時々、人を誤解させている。なぜなら、現代の発明の傾向は、迂回過程の長さを**減らす**ことであり、それによって効率性の高い機械の生産に必要とされる労働量を**減らす**ことであるからだ。しかしわれわれは、彼がこの事実を明らかに無視したことと整合的に、われわれの推論を引き出している。ベーム＝バヴェルクの迂回過程の意味に関するわれわれの推論は、より少ない労働コストと高い効率性をもつ新しい機械設備が、同じ労働コストと同じ効率性を

(65)『銀行業の理論と実践』（第四版）第2巻、*p*. 367。連邦準備法で権限が与えられたものと似ていて、弾力性およびより大きな自由裁量権を与えるために、銀行法の変更が必要であるというイギリスの最近の提案もみよ。

(66)後述、*p. 590*「世界支払共同体」〔邦訳、下巻三頁〕をみよ。

もつ古い機械設備に取って代わら**ない**場合は、いつでも正しい。

こうした心理主義的な価値評価は、疑いもなく次のような事例で行なわれることである。例えば、農民が自分の労働を将来の使用価値の生産に向けるが、その使用価値が自分や家族向けであって、**販売向けではない**ケースである。それはまた、ロビンソン・クルーソーや、販売目的で生産されるものが何もない消費経済学の分野にも当てはまる。農民は、もし多く生産しすぎれば、家庭用の生産物の価値が著しく低下するだろうということを、経済学者の「効用逓減」の原理に関する経験によって知っている。彼はまた、将来家庭で使用できる以上の生産をした結果として、**現在**において労働のしすぎという無駄な犠牲があることを知っているし、もし家庭で必要とされるであろう量を生産するのに十分な労働を彼が現在行なわなければ、将来の家庭の困窮という犠牲があることも知っている。

440

こうして、ベーム＝バヴェルクによって完成されたこの心理主義的経済学は、現在では一般的になっている。それは、人間の根本的な性質のうちに存在する。それはおそらく、生産が販売に向けて設計されていないあらゆる経済学のうちに、その地位を確保している。それゆえ、心理主義的経済学は一般的である一方、ビジネスの世界には適合しないのである。心理主義的経済学は、労働、素材、および期待のみを扱い、私的財産、将来の生産物の所有権に関係する権利と義務、そして物材の**所有権**を移転するだけでなく、債務の所有権の移転が可能になる譲渡性債務を創造しさえもする取引を公然と拒絶する。

こうした所有権を無視する基本的な理由は、**個人の**心理学という出発点にある。社会的な利害対立から生じる折衝や取引の社会心理学を出発点とせず、そこには社会的な利害対立すらまったくない。社会心理学は、執行可能な権利と義務だけを必要とするのではない。それはまた、すべての参加者が将来に何を期待すべきかがわかるように、そして決定を下す当局が数量タームで判断を述べることができるように、客観的な測定単位も必要とする。

俗語および経済学用語としてよく行なわれるように、測定される量のかわりに、量の**尺度**が用いられる。われわれは重量や温度計における寒暖の程度について語るが、これらは、われわれの面前で数量的に作用している見えざる物理的な力《フォース》の尺度である。経済量についても同様である。それは物理的なモノではなく、権力《パワー》や力《フォース》の量である。それは、未知の将来に作用すると期待される力強い見えざる社会的な力《フォース》である。そして現在の取引において諸個人がそれを測定したものが、貨幣価値なのである。こうして、マクラウドの「経済量」という概念は、超越論的または想像上のもののようにみえるかもしれないが、そうではない。というのも、現在の取引における貨幣による測定の結果として現われるものは、未知の将来における見えざる社会的圧力だからである。

こうした貨幣による測定システムが導入されると、経済量は現代的な意味の資本に転化する。貨幣**価値**は、見えざる経済量、すなわち資本の尺度である。そうすると、「貨幣市場」と「資本市場」、「直物」と「先物」などが区別される。そこでは、現在の現金あるいは銀行預金が「貨幣市場」を構成し、支払期限がまだ来ていない債務である債券および株式、すなわちまだ実現していない販売が資本市場を構成する。

これらの経済量の所有権、すなわち現代の「資本」は、取引によって移転される。世界の隅々にまでそれが輸送された結果が、銀行家たちおよび貿易業者たちの帳簿上にある債権・債務であり、それは電信、ケーブル線、無線、電話、あるいは郵便局によって作り出されたり、相殺されたりする。ニューヨーク連邦準備銀行は、ニューヨークの貨幣市場に出入りする「貨幣」について、一時間ごとの報告をし続けている。しかし、この報告はその市場における貸方と借方の記録でしかない。つい最近、連邦準備制度は「イヤマークされた」〔他国の中央銀行の財産として指定された〕金という項目を公表するようになった。それは**物理的**には〔合衆国の〕銀行のなかにあるのだが、他国に所有されているので、合衆国内では**所有されていないのである**。その所有権は素材ではなく、経済量である。

貨幣によって測定される経済量という資本のこうした現代的な意味は、非常に強力であると同時に、かなり微妙でもある。資本はもっぱら法的基礎しかもたないので、もしその基礎が大変革を被れば、完全に消滅するかもしれない。資本の大きさは、世界経済のあらゆる変化や変化への不安を反映する。しかし、この経済量は、政府よりも強力である。それは、労働を職に結び付けたり、失業させたりする。それは、債務や税を支払う。それは、戦争を引き起こす。

しかし、将来に存在する経済量である資本は、非常に敏感な存在である。二百ドルの期間割引《タイムディスカウント》というわれわれの先の例解は、不確実性のリスク割引によって増やされるかもしれない。もしこのリスク割引が一〇〇パーセントまで上昇すれば、資本の現在価値はまったくなくなってしまい、それだけの程度のリスクが顕在化するよりもかなり前に産業は停止する。しかし、繁栄している時代にはリスク割引は少なくなっており、しかも二つの仕方で、すなわち販売価格が上昇することによって、あるいは利子率や割引率が上昇することによって、相殺されるかもしれない。

もしリスクを価格の引き上げによって買い手に移転できなければ、高い割引率を受け入れることによって、売り手がこれを吸収することができる。何のリスクもなければ、利子率は三パーセントないしそれ以下に低下するかもしれない。もしも先の例解のように利子率が三パーセントであるとすれば、そのとき現在価値は一万九千八百ドルではなく、一万九千九百ドルになるだろう。われわれの例においては、通常のリスク割引が六パーセントの利子率に吸収されるので、利子とリスク割引の両方を含んだ鉄の現在価値は、前述のとおり、一万九千八百ドルであると想定できる。

ここで、「交換」という言葉の古い意味に由来する曖昧さに注意しておくことが必要である。古典派の理論で

442

は、どちらの当事者も交換によって利益を得ることが想定されている。どちらも、自分にとってより価値の少ないものを相手へ渡し、自分にとってより価値のあるものを相手から受け取る。これは、個人の視点からは疑いもなく真実である。個人はつねに、自分にとって利用可能な現存の選択肢の下で、より良い、あるいは「悪くない」ものを選択する。個人は、拒否したり回避したりした選択肢がどんなに煩わしいものであったとしても、**つねに利益を得る**。しかしこれは、個人的な心理学と客観的な経済量を混同している。(67) ある取引で売られる経済量は、買われるものときっかり同じ量であり、実際には同じものなのである。経済量の所有権、例えば馬、あるいはむしろ馬に関して期待される有用なサービスの所有権は、例えば百ドルの現金または銀行預金の所有権と交換に移転される。一方の当事者が貨幣よりも馬を高く**評価する**、あるいはもう一方の当事者が馬よりも貨幣を高く**評価する**という事実は、主観的あるいは個人的な問題である。それは客観的あるいは測定可能的なこととしては、取引で起こることではない。取引においては、たとえ関係した個人がそれを異なって評価していても、一定の経済量の所有権が移転されるのである。

債権と債務の等価性についても同じである。債権者と債務者はともに自分の目的のために、債権と債務をまったく異なった大きさとして主観的および個人的に、評価するかもしれない。しかし客観的には、例えば一万九千八百ドルの信用〔債権〕は、一万九千八百ドルの債務と厳密に同じ経済量である。どちらも満期に向かって同じように増加するが、いかなる時点においても、それらは同一の経済量である。

自由と無保護の等価性に関してわれわれが述べてきたことについても同様である。労働者がやめるとき、雇用主は労働者が得るもの以上に失うと、主観的に感じるかもしれない。あるいは、労働者は自分がやめることに

(67)　例えば、オーストリア学派の「主観的交換価値」という用語にみられる。また、前述、*p.* 307 以下「機会」〔邦訳、中巻八四頁〕を参照せよ。

よって雇用主が失うもの以上に、自分が多くのものを得ると思うかもしれない。または、労働者は仕事にとどまることよりも、やめることによって多くを得ると思うかもしれず、その一方で雇用主は、労働者を引き留めておくよりも、解雇することによってより多くを得ると思うかもしれない。

しかし客観的には、労働者がやめるとき、あるいは雇用主が労働者を解雇するとき、雇用主は予想される経済量を失う。それは例えば、労働者の期待される日々の労働であり、労働者が現在獲得し、他の場所で処分するかもしれないものとちょうど同じだけの経済量である。双方のうちの一方が、期待される日々の労働を他よりもよく利用する方法を知っているかもしれないが、これは私的な問題であって、二人の当事者にとって同じ経済量を客観的に変化させることはない。普通の労働者は意のままにやめることができるので、「経済量」はリスクの分だけ減らされる。しかし、「契約労働」あるいは、俳優や野球選手、そしてその他の専門職の契約の場合、そのリスク割引は大きく減らされるのである。

または、現代資本主義の最も大きな資産の一つであり、われわれが無形財産として区別してきた自由と無保護というもう一つの関係である、「グッド・ウィル」ないし商標の意味を取り上げてみよう。グッド・ウィルの将来収入は非常に投機的であるが、取引において、現在の経済量としてのその所有権は、期待される販売量、価格、利子、そして高いリスク度合を含めた金銭的な評価ゆえに高いリスク割引率で移転されるかもしれない。それは他方の側よりも一方の側によってのほうが、より価値があると考えられるかもしれないが、客観的にはまったく同じ経済量であり、資産としての資本の現代的な意味なのである。

443 「ゴーイング・コンサーン」の意味するところも、類似した経済量であり、その現在価値は、金銭的な純収入の期待を測るその株や債券の変動価値であるといってよい。

裁判所や仲裁人が考慮に入れるのは、こうした同一の経済量の所有権移転であって、個人が損得を考える個人的な利益や損失、苦痛や快楽ではない。後者は、価値の心理学的な意味に相当するが、われわれはそれらを一つの取引限りで終わる折衝心理学における単なる「話の種」として取り扱う。[68]

経済学者はしばしば「財《グッズ》」という用語を使用するが、これには物的な財、債務、株式、債券、ビジネスのグッド・ウィル、ゴーイング・コンサーンのような多様な概念が含まれている。ここでわれわれはマクラウドに従って、購入され、売却され、将来に向けて保有される、さまざまな次元の「経済量」という用語を使用する。この分析は、J・B・クラークが「資本」を「資本財」から区別するとき、明らかにいおうとしていたものに類似している。[69]彼の「資本」は「価値の原資《ファンド》」であり、彼の「資本財」は物材である。ここで、「生産財」および「消費財」という用語が便利な用語であり、この二つは物材を生産し消費するという技術にはっきりと限定された用語であるので、使用することにする。しかし、もし財という用語が株式、債券、銀行預金、信用、債務、または他の有体、無体、および無形の財産を含意するように拡張されれば、マクラウドがスミスとミルについて正しくいったように、[70]それは生産・消費を信用・債務と混同するものである。この区別を維持するために、われわれは物材を古典派経済学者の技術的資本と呼ぶが、所有権が資本の現代的な意味である。所有権はクラークの「価値の原資」であり、マクラウドの「経済量」であり、そして法人金融における資産・負債である。[71]

(68) 前述、*p. 90*「折衝〔譲渡〕の終了および取引の終了」〔邦訳、上巻一四〇頁〕をみよ。
(69) Clark, J. B., *The Distribution of Wealth* (1899)〔邦訳、田中敏弘・本郷亮訳［2007］『富の分配』、日本経済評論社、以下、クラーク『富の分配』と表記〕。
(70) 前述、*p. 413*〔邦訳、中巻二四一頁〕をみよ。
(71) 後述、*p. 487*「資本と諸資本」〔邦訳、中巻三五三頁〕をみよ。

(11) 債務諸市場の分離

a. 貨幣と資本

ヘンリー・シジウィックは、一八八三年、[72] マクラウドの所有権と素材の区別を利用した最初の経済学者となった。しかし彼は、マクラウドが同一視していた、富と資本の間の相違を指摘することによって、マクラウドを修正した。シジウィックの富は「社会的効用」であり、労働の結果であったが、資本は富の私的所有権であった。[73] 富は富であるのだが、資本は資産であるとされた。この区別は利子の意味を明らかにする。

シジウィック曰く、「利子は、資本の所有者が入手する生産物の分け前である。ここで「資本」とは、資本の所有者に新しい富の余剰をもたらすように用いられる富のことである。個人の視点からすると、たとえ富が素材的な成果を残さずに使用されたときでも、そのような資本は次のように用いられるときはいつでも、すなわちその等価物に相当するものに利子を加えて資本の所有者のところに戻す、あるいは永遠に利子のみを受け取る、という適切な期待を資本の所有者に保証するように用いられるときはいつでも、依然として現存するものとみなしてもよいのである[74]」。

しかし、シジウィックは三種類の資本、すなわち株式、債券、そして土地の価値を区別する。

……そのような会社の配当金は、株主によって所有される資本の利子にすぎないとみなされるべきで、そのことは、債券所有者に毎年支払われる貨幣、および土地の産出高が一種の利子であるのと同様である。[75]

これら三種類の資本は、当初の投資がなされたあとで、大きく変動するかもしれない。このことは〔貨幣の安定した購買力を仮定すれば〕、利子率の変化によるものである。

もし、現在の利子率が三パーセントから二パーセントへ下落する一方で、一区画の土地の地代が同じままであったら、その土地〔の価値〕は**他の事情が同じならば**、五〇パーセント上昇するだろう。(76)

明らかに、彼がいう他の形態の資本、すなわち株や債券についても、同様のことがいえる。利子率の三三パーセントの下落は、他のことが同じ状態のままであれば、資本の大きさの五〇パーセントの増大を生み出すだろう。しかし、資本の量におけるこうした増大は、「共同体の視点からは」資本〔の大きさ〕の増大とはいえない。

それらの価値の増加は、「明らかに現実の富の増加にはならない。なぜかというと、利子率下落の結果、生産手段の交換価値が上昇するので、共同体〔全体〕が所有する生活の必需品や有用品に関する支配が、概し

(72) Sidgwick, Henry, *The Principles of Political Economy* (1883)〔邦訳、田島錦治・土子金四郎訳［1902］『経済政策』早稲田大学出版部、以下、シジウィック『経済学原理』と表記〕. 引用は一八八七年の第二版を使用した。本書は、根本的に重要な点は、いかなる点においても変更されていないと彼はいう。

(73) シジウィック『経済学原理』p. 83以下。

(74) 同書、p. 256。

(75) 同書、p. 258。

(76) 同書、p. 259。

て大きくならないからである。しかし、個人の視点からは、富の増加はある意味において現実的であり、単なる名目的なものではない。というのも、交換によって資本所有者の現実の収入は増加しないけれども、彼の消費可能な商品を購買する力は、たとえそれが自らの資本を使うことでしか行使できない力であるにせよ、確実に増加しているからである[77]」。

しかし、この資本はどうやって支出され、どうやって消費可能な商品に転換されるのだろうか。それは、資本を一般的な購買力をもつ銀行預金に転換することによってである。

445 シジウィックは、マクラウドの譲渡可能な債務の定義に合致した貨幣の定義を構築することに着手するが、〔マクラウドとは異なり〕商品に関する物理的類推を避けようとする。彼は、あらゆるものを定義しようとすることに対するジェヴォンズの異議を批判することで、〔結果として〕貨幣のような「大幅に変動する不確実なもの」の用語を定義することの困難に直面した。シジウィックがいうには、ジェヴォンズは、われわれが〔貨幣や資本という〕「一つの言葉の意味を決めることによって、すべての複雑な差異や多くの物事のいろいろな状態を回避することができる」と考えて、あらゆるものにそれ自身の定義を要求するのは、「論理的な誤り」だといっていた。ジェヴォンズは、以下のような貨幣と呼ばれる、あるいは呼ばれるかもしれない矛盾を内包するものに言及していた。それは、「地金、本位硬貨、代用貨幣、兌換および不換銀行券、法貨および非法貨、さまざまな種類の小切手、商業手形、大蔵省証券、株券など」であり、〔ジェヴォンズによれば〕その各々が、「それ自体の定義を必要としている」のである。しかし、シジウィックは、ジェヴォンズの主張、すなわち多くの種〔概念〕の定義を与えることは論理的に正しいが、それらに共通の類概念を定義しようとすることは論理的に誤っているという主張は「矛盾して[78]」いると答えた。その種〔概念〕自体についても、誰かがその定義を正確に規定しようとするとき、より広い観念である「貨幣」の場合と同様の困難」に直面する。

そのうえで、シジウィックは「貨幣の本質的で基本的な機能」を規定し、それが類としての貨幣の一般的な機能として役立つであろうと考えた。この一般的機能が、貨幣を「財」や「商品」あるいは「富」と区別し、その一方で、ある種の貨幣と他の種類の貨幣を区別する相違点に関するより詳細な定義を可能にする機能である。貨幣のこの一般的機能は、「交換およびその他の富の移転に使用される機能であり、ここで他の富の移転とは、特定の商品の移転ではなく、諸商品一般に関する支配権を移転することを目的とするものである。価値尺度機能という他の重要な機能を遂行する能力をもつのは、富を移転する手段としてである[79]」。

シジウィックは、あらゆる種類の貨幣を貫くこの基本的な機能に基づいて、以下のことがどうしてであるかを説明する。それは、ビジネスマン、銀行家、そしてバジョットのような著名な経済学者でさえ、最初に、貨幣を金属貨幣や銀行券と定義するものの、彼らの推論のほとんどにおいては、「銀行券に具体化されてもいないのに、要求に応じて貨幣を支払う銀行の義務」としての貨幣について語るのである。その説明とは、次のとおりである。すなわち、「平時において」、実務家は「自分の銀行負債のどの部分も、思いのままに金や〔中央〕銀行券[80]に転換できることを知っており、そして、彼は単に便宜のために非物質的な状態でおいているにすぎない。……それゆえ彼は、当然、「自分の銀行にある貨幣」すべてを「現金」として考え、語るようになる。それでバジョットは

446

(77) 同書、p. 259。
(78) 同書、p. 217。
(79) 同書、pp. 225, 226。
(80) 主にイングランド銀行券。

イギリスが他のいかなる国よりも「多くの現金」をもっていると考える」。ところが、イギリスがより多くもっているものは、要求払いの銀行債務である。

そして、恐慌や信用崩壊が起きると、「銀行家の負債とそれを支払う手段の差が、あまりにも明白になる。彼［バジョット］がまさに「現金」と呼んでいたのと同じものが、彼にとっては「信用」という反対の性質をまとって現われるのである。そして彼［バジョット］は、イギリスの「手許現金」が「非常に少ないので、傍観者がその微少さを、それに基づく信用の莫大さと比べるときに身震いするくらいのものであることを知る」」(81)。

こうした貨幣の二重の意味を考慮して、シジウィックはマクラウドに従うことを決め、貨幣市場で現在使われている用語を採用し、貨幣を通常の交換手段の「全体」を表わすものとする。彼は、マクラウドのいう「信用拡張は信用をまるで実際に資本であるかのように語るものである」と「軽蔑的に」語ったミルを批判する。ミルによると、信用は単なる「他人の資本を使用する許可」である。シジウィックは、ある意味、それと同じことが金貨にも当てはまることに気づく。

……その〔金貨の〕唯一の機能は、その所有者が他の富を獲得して使用することを「許可」あるいは可能にすることである。銀行券の形態においてであれ、預金という相当誤解を招く名の下であれ、銀行家が顧客に供与する信用または負債に関するミルの主張が当てはまるのは、この意味〔の金貨の機能〕においてのみである。この信用は無論、富を移転するにはかなり脆弱で永続しない手段であるが、現代の産業共同体において、こうした重要な目的のために主に使用されている手段であるという事実を無視するわけにはいかない(82)。

シジウィックはそこで、マクラウドの定義と一致するように、ウォーカーの貨幣に関する定義を変更する。

447 ウォーカーは貨幣を「債務の最終的な弁済や商品の完全な支払いを通じて、共同体のいたるところで自由に人手から人手へ渡るもの」[83]と定義していた。しかしシジウィックはウォーカーの「人手から人手へ」という言い方を、「所有者から所有者へ」と読ませるよう、変更する。それは、ウォーカーが銀行券を貨幣の定義に含めていたが、銀行預金を除外していたので、銀行預金を貨幣に包含するための変更だった。

> ウォーカー氏が銀行預金を貨幣と認識したがらないようにさせているのは、二つの言い方の違いであるように思われる。なぜなら、銀行預金は銀行券のように「人手から人手へ渡る」ことができないからである。しかし間違いなく、支払いが（法貨でない）銀行券によってなされるとき、重要な事実は、単なる一片の紙の物理的な転送ではなく、銀行家に対する請求権の移転である。それは、支払いが小切手によってなされるときにも同様に実行されるものである。[84]

このウォーカーに対する批判は、シジウィックが、物理的経済学者のいう「人手から人手へ」の商品の物理的引き渡しとしての「交換」や「流通」という考えを放棄し、マクラウドがいう「所有者から所有者へ」の制度的移転を代わりに用いていたことを示している。

（81）　シジウィック『経済学原理』p. 223。前述、*p.* 397「債務のピラミッド」〔邦訳、中巻二一七頁〕をみよ。

（82）　同書、pp. 224–225の注。

（83）　Walker, Francis A., *Money in Its Relation to Trade and Industry*（1st ed., 1879）.

（84）　シジウィック『経済学原理』pp. 226–227の注。

彼曰く、「小切手の受取人は銀行券での支払いを要求するかもしれない。しかし同様に、銀行券の受取人も銀行券を銀行に払い込み、自分の預金口座に加えるかもしれない。また前者は、金での支払いを求めるかもしれず、後者も同様かもしれない。どちらの視点からも、二つの間に根本的な違いは存在しないように思える。このことをいうに当たって、わたしは、銀行券による支払いと小切手による支払いの間に存在する重要な実践的差異を無視するつもりはない。小切手は銀行券のように流通しない。つまり、小切手の受取人は、通常、それを遅滞なく銀行に預け入れることによって、その負債を貨幣とみなすことに同意する銀行家を選択する。ところが、銀行券の受取人は、通常、そのような選択をしない。そのため、銀行家の負債の移転は、後者の場合よりも前者の場合により複雑になる。なぜなら、……銀行家の顧客が変わるだけでなく、銀行家も変わるからである。しかし、それでもなお、その取引の本質は「最終的な債務の償還と商品に対する完全な支払い」における銀行家の義務の移転である。したがって、銀行券一般を含み、銀行家のそれ以外の負債を除外する貨幣の定義は、わたしが考えるに、まったく受け入れられない[85]」。

「貨幣の代替物」の定義を見つけ出すことは、シジウィックにとって、貨幣の定義を構築する際の主要な困難であった。ある論者における「貨幣の代替物」の意味は、その人の「貨幣」の意味の残余であるに違いない。もし貨幣が金貨のみであるならば、その所有権の権原を移転する他のあらゆる支払手段および購入手段が、貨幣の代替物であるだろう。

　シジウィックは、債務の弁済や商品の完全な支払いにおける異なった種類の貨幣の「完了性《ファイナリティ》」という項目のなかで、この困難に直面している。彼は以下のように結論を下す。完了性は程度の問題であり、「最も高い程度」の完了性は、現代の政府における国内の交換手段としての不換銀行券に属する。これは、税や国庫に支払われるべき他の債務の支払いに際して、政府が名目価値において受領する、および私的債務の支払いに際しての法貨として認めるという、二つの法的手段によるものである。この種の貨幣は、金よりもさらに「完了的」である。金が法貨でなく、しかも法貨のかわりに金地金を支払う契約がもしも裁判所で執行されなければ[(86)]、そのとき金は債務の支払いにおいて法貨の銀行券よりも低い程度の完了性しかもたないであろう。

シジウィックがいうには、法貨**ではない**銀行券は、〔法貨の〕不換紙幣よりも低い程度の完了性しかもたない。銀行預金の紙幣と物質的には異なっていないにもかかわらず、である。法貨より低いこの完了性は、銀行に対して銀行自身の債務を法貨で支払うように要求できるという事実のためである。しかしこの負債は、銀行家が自らの負債と交換に金または紙幣を受け取るという逆の取引によって、バランスがとられている。そのため、「平時において銀行家の負債は、通常債務の最終支払いにおいて受領されている[(87)]」。

しかし、われわれは、譲渡可能性のほかに、追加的な質が必要とされていると主張したい。債務が交換媒体になるには、支払いや購入の際に債務が提供されるとき、いかなる**期間割引**をもこうむら**ない**。もし、そのような割引をこうむれば、それは貨幣ではなく、資本である。シジウィックはこの区別を認識していないようだ。彼は自らの貨幣の定義の中心に「譲渡可能性」をおいたが、貨幣と資本を区別する基礎として、期間割引の有無を含

(85)　同書、p. 227の注。
(86)　「契約の義務を損なう」ことに対して、憲法が禁じることを超えずにやることを意図した一つの現代的な仕組みは、譲渡抵当契約における同意である。それは、負債が「法定基準の重量と純度のアメリカ合衆国の金貨で、かつ現在のニューヨークの交換比率で」支払われるというものである。
(87)　シジウィック『経済学原理』p. 227。

めていない。彼曰く、

……政府の債券や鉄道の債券など、確実で幅広く受け入れられる証券がある。それらは送金するうえで地金よりも非常に便利なので、地金の代替物として国際的な債務支払いで頻繁に使用されている。そのような証券が、この〔支払〕機能を遂行するために売買されるようになったとき、証券が貨幣の最も本質的な特徴を**その程度に**もっていることを否定するのは、われわれを言葉の奴隷にすることになるだろう。(88)

449

われわれは、これらの証券が貨幣のように譲渡可能で、ある程度の「完了性」をもつことについて、そのとおりであるというべきである。しかし、証券は貨幣の定義に包含されるべきではない。なぜなら、満期に近づくにつれて、期間割引の期間が短縮することによって、証券の価値は増加するからである。けれども本来の貨幣は、期間割引をまったくこうむらない。つまりこれが、銀行預金を貨幣として定義してもよい理由なのである。銀行預金を貨幣として分類してよいのは、それは**過去に支払期日が来た**〔満期を過ぎた〕銀行の債務であるが、短期の商業債務や長期の債券などといった「証券」は、**まだ支払期日が来ていない**〔満期を過ぎていない〕債務であり、それゆえ「資本」という項目の下に分類されるべきものなのである。(89)

　このことは以下の三種類の市場に合致する。すなわち、**過去に支払期日が来た**銀行債務の所有権移転を含む「貨幣市場」、**まだ支払期日が来ていない**が、短期間で期日が来る債務の所有権移転を含む「短期資本市場」、**まだ支払期日が来ていない**が、毎年あるいは半年に一度の利子の支払いがある、かなり先の将来時点に最終的な支払期日が来る「長期資本市場」である。つまり、貨幣市場は、過去に支払期日が来た債務の市場であって、期間割引をこうむらない。資本市場は、まだ支払期日が来ていない債務の市場であって、それゆえ期間割引をこうむる。貨幣すなわち過去に支払期日が来た債務の「代替物」であるのが、「資本」すなわち**まだ支払期日が来ていない**債務なのである。

以上のことはもちろん、「購買力」という意味での「貨幣の価値」が変化しないということを意味しているわけではない。それは別の論点である。〔ここでは〕貨幣の価値は、将来の時間の経過という理由によって変化しないということを意味しているにすぎない。**過去に支払期日が来た債務は**、**将来性をもたない**し、資本でも**ない**。それは銀行の「預金」口座という「現金」である。同様にして、短期または長期の証券の購買力は変化するかもしれないが、これもまた別の問題である。**まだ支払期日が来ていない**債務は、その特性の一つとして**将来性**をもっている。それゆえ、それは資本で**あり**、「現金」の代替物になることができる。それは、購買力としての将来の価値増加ではなく、支払期日が来るまでの将来的な時間の経過を短縮するものとして、将来の価値増加を表わしているので、「資本」なのである[90]。

それにもかかわらず、こうした貨幣と〔貨幣の代替物としての〕資本の区別においても、マクラウドのいう譲渡可能性あるいは債務の所有権の移転に基づいて、マクラウドの「商品」としての債務という物理的な比喩だけでなく、「流通」という物理的な比喩をも最初に排除したのは、シジウィックであった。現代の銀行小切手は、

---

(88) 同書、p. 230。

(89) それらは支払不能または不安定な状態〔保障の欠如〕のため、「リスク割引」だと受け取られるかもしれない。しかし、「期間割引」によってわれわれが意味するのは、待忍が生じる、期待された時間の**間隔**である。

(90) われわれはここで、現代的な資本の他の形態である「無形財産」を考えてはいない。われわれは「無体財産」の譲渡性のみを考えている。

ほとんど流通しない。それは、以前に譲渡された債務の支払いや、商品の所有権移転によって現行の価格で現在創造される新しい債務の支払いに際して、創造され、裏書きされ、預金され、相殺される。最近になってようやく、アメリカで実際に起こっていることの現実が、「個人口座からの引き落とし《デビット》」に関する現在の報告・公表されている統計によって、科学的な測定のために利用できるようになってきている。[91] これらの引き落としは、ビジネスマンによる大量の購入記録であり、銀行家の要求払い債務がそこから、その銀行のある債権者から他の債権者へと、移転されたことの記録である。この過程には、「流通《サーキュレーション》」という用語は当てはまらない。それは現在では、かつてつねにそうであったように、金属貨幣の時代から伝わる比喩および血液の循環《サーキュレーション》から引き出された比喩である。〔しかし〕現実は比喩ではなく、所有権の移転から生じる、銀行家の帳簿上での借方《デビット》と、商人の帳簿上での貸方〔の記録〕である。こういうわけで、われわれはそれを実行する行為によってこの種の貨幣に名をつけ、それを引き落とし貨幣《デビット・マネー》と呼ぶことができよう。それによって、一般に使用されている「流通貨幣」の名を、かなり少額の紙幣と硬貨のためにとっておくことができる。

マクラウドが「生産的資本」としての信用について話していたとき、彼が明らかに念頭においていたのは、口座引き落としによる、こうした貨幣の節約である。彼がいおうとしていたのは、労働が商品を生み出すのと同じように信用が商品を生み出すということではなく、信用が、富の生産が依存するすべての取引の**速度**を増大させるということであった。彼の考えは、機械は労働の生産性を増加させるが資本ではないと述べて、機械と資本を区別したリカードの考えとよく似ていた。[92] マクラウドもそうで、信用は生産的であるとされるが、それは何かを**生産する**ということではなく、何かを生産する**速度**を増大させるということなのである。言い換えれば、マクラウドが実際にしたことは、生産の意味を「生産」から「生産の速度」へ変えることであった。そしてこれは、生産から効率性への、そして「流通」から反復率への変化である。

マクラウドがいおうとしたことは、信用は、金属貨幣のみの場合を超えて、商品の売買における回転速度を増加させることによって、生産を増加させるのではなく、富の生産の**率**を大幅に増加させるということである。これがマクラウドのいおうとしたことだということは、金属貨幣の使用は物々交換経済の実践と比べて「生産的」であるとする彼の比較をみればわかる。物々交換との比較における金属貨幣の技術的な目的、および金属貨幣との比較における銀行信用の技術的な目的は、商品の市場での回転速度を大幅に増大させることであり、これが一国の生産性の大幅な増加になる。マクラウドの例証は適切である。彼がいうには、通常のビジネスの流れにおいては、財や商品は、耕作者または輸入業者から製造業者へ渡り、次に卸売業者、その次に小売業者、そして顧客 451 または消費者へと渡る。もし耕作者または輸入業者が、卸売業者から貨幣を手に入れれば、ただちに彼がすでに売却したものにかわるさらなる商品の供給を生産または輸入によって行なうことができる。同じ方法で、卸売業者が、小売業者から貨幣を入手すれば、彼はすぐに製造業者からさらなる購入をし、売った財のかわりを即座に供給するであろう。小売業者と消費者も同様である。

「もし、誰もが自由に使える貨幣をつねにもっているのであれば、〔貨幣の〕流通や生産の流れは、消費や需要が許すのと同じくらいの速さで、途切れなく続くであろう。……しかし、このようなことはいえない。自分が必要とするもののために、自由に使える貨幣をつねにもっている人など、ほとんどいないかまったくいない。……もし仮に消費者が貨幣で財の代金を支払うまで流通や生産の流れが止まってしまうのであれば、

（91）　前述、*p. 294*「循環から反復へ」〔邦訳、中巻六七頁〕をみよ。
（92）　前述、*p. 348*「リカード」〔邦訳、中巻一四七頁〕をみよ。

流通と生産は大いに縮小されるであろう。……しかし、もし商人が卸売業者の人物や誠実さに信頼をおけば、彼は卸売業者に信用で財を売るであろう。……すなわち、彼は貨幣と引き換えではなく、信用あるいは債務と引き換えに財を売るのである。……よってわれわれは、信用は貨幣がするのとまったく同様に、流通や生産を引き起こしているのを理解する」。このため、次の段階は、「債務そのものを販売可能な商品にすることである。つまり、債務を手許貨幣と交換するか、それともより使いやすい額の即座に要求払いで貨幣と交換できる、すなわち貨幣と同じである他の債務と交換するか、のどちらかで売ることである」。そうでないと、商人がもつ大量の債務は、「まったくの不良在庫《デッド・ストック》」になってしまう。彼らの「不良在庫」を買って、「それに活動や流通を与え、……それを不良在庫からさらなる生産的な力に変換する」のは、銀行家である。そしてこのとき、「商業債務の総額は、生産的な資本へ変換される[93]」。

明らかに、同じことが金属貨幣についてもいえる。それは農業や工業を、ゆっくりとした物々交換の過程から、すばやい市場売買の過程へと変化させる。マクラウドは、「信用は、貨幣とまったく同様の仕方で、かつ同様の意味で、生産的な資本である」という[94]。

これは生産の二重の意味を示唆しており、批評家たちがマクラウドにおける「生産《プロダクション》」とは区別される「生産性《プロダクティビティ》」の正確な意味を理解できなかったことを示している。生産性は、生産の**率**である。古典派経済学者にとって「生産」は、生産の**率**への関連はあまりなく、使用価値の生産を意味した。しかし、機械、貨幣そして信用は、いずれも生産の**速度**を増大させ、それによって国の生産性や生産の率、つまりわれわれが効率性と呼ぶものを高めるという意味において、よく似ている。

b.　資本利回り《キャピタル・イールド》と銀行利率

先の議論において、われわれは、短期および長期の債務という「無体」財産のみを短期および長期の資本と同等のものとして考察してきた。しかし、現代の資本は、無体財産だけでなく、無形財産からも構成されている。無形財産は、**将来の販売**から得られる期待純収入の現在価値である。ところが無体財産は、期待される**債務支払い**の現在価値である。この二つは一緒になって現代の資本を構成する。すでにみたように、この二つはマクラウドによって区別されていないが、シジウィックによっても区別されていなかった。シジウィックは、債券の現在価値（無体財産）と株主がもつ株や土地の現在価値〔無形財産〕を、「貯蓄」という一つの概念に結合する。彼はそれら両方を、マクラウドの誤った考えに従い、債務として扱う。それゆえ彼は、より現代的な「債券利回り」と「株式利回り」、あるいは株式利回りと似たものであるが、土地の割引現在価値に対する利回りを区別していないのだ。われわれは、これらの類似した諸々の利回り、いずれも割引現在価値に基づく利回りを、資本利回り《キャピタル・イールド》と呼ぶことにする。[95]

シジウィックは、資本利回りと銀行利率という二種類の利子に関する区別をしている。シジウィックより前の経済学者は、通常、「平均」利子率に関して語ることで満足していた。しかしシジウィックは、短期貸付の利子率と長期貸付の利子率を区別した。主に商業銀行家の短期貸付について考えていたマクラウドよりも前進して、シジウィックは以下のようにいった。

(93) マクラウド『銀行業の理論と実践』第1巻、pp. 303-305。
(94) 同書、第1巻、p. 312。
(95) 後述、*p.* 598「限界生産性から資本利回りへ」〔邦訳、下巻一四頁〕をみよ。

453

貨幣の専門的な貸し手が行なう短期間の貸し付けは、貸し手に対して、狭義の利子だけでなく、一定の「経営報酬」を生み出さなければならない。それゆえ、こうした根拠に基づいて、われわれは一般的に、為替手形の割引率が資本一般の利子率よりも高いことを期待する。他方で、われわれは、銀行家がかなりの程度まで、自分が貸し付ける貨幣、すなわち銀行家自身の債務を生産しているということを考慮しなければならない。生産される債務は、自分のビジネスが繁盛している限り、銀行家が事実上弁済を強要されることの決してないものである。それだけでなく、われわれは、一般的に、銀行家がこの商品の利用を、資本の利子率よりも大いに低い価格で容易に売ることができるということを考慮しなければならない。よって、銀行家が主に商人へ短期間貨幣を貸し付けることによって、自分のビジネスの安全性と広がりを増大させていく限り、銀行家は競争によってそのような貸し付けを次のような利率で行なわざるをえなくなるかもしれない。すなわち永久に、だからといって安全性を低下させずに投資される資本に対する利子の通常率よりも高くはなく、低い場合もある利率である。そしてこのようなことは実際にあるように思われる。おそらく部分的にはこのことは、商人が銀行の特別重要な顧客であるからである。しかしこのことは主に、銀行が例外的に大量の支払いを要求される場合に、いつでも容易に貸出総額を減らすことができるように、銀行にとっては、一定の短期間ののちに借り手が返済を迫られる貨幣を貸し付けるほうが都合がよいからである。こうしてわれわれは、銀行家によって商業手形に課される割引率が、その平均においても、リスク格差をすべて考慮したあとでも、資本一般の利子率と同じになるだろうと先験的《ア・プリオリ》にいう根拠をもたない。また、割引率が資本利子率よりも多くなるべきではないとする経済的理由はない。なぜなら、銀行家は労苦に対する報酬を与えられなければならないからである。しかも他方で、割引率がずっと少なくあってはならないとする理由もない。なぜなら、前述した〔銀行家が債務という商品を売ることによる〕利益の価値が相当に大きい場合もあるからである。というのも、銀行家によって安価に生み出される交換手段の利子率が比較的低くても、銀行家が銀行資本に基づいて正常な利潤を得るには十分であろうからだ。[96]

銀行家が受け取るこの利子率を、シジウィックは「**貨幣使用**の価値」として特徴づける。しかし、「専門の貨幣取り扱い業者」ではない人々が受け取る利子率は、「**貯蓄使用**に支払われる価格」、あるいは同じことだが、「所有者が自らの資本を使用させるのと引き換えに獲得する価格」である。

こうして、シジウィックによる貨幣と資本の区別は、銀行家の貯蓄に対して**ではなく**、銀行家に支払われる利子率と、他人の貯蓄の使用に対して他人に支払われる利子率の区別となる。彼によれば、後者の貯蓄は、土地の価値、株式価値、そして債券価値という三つの形態をとった、それぞれの現在価格による「資本」である。「専門の貨幣取り扱い業者」の場合、利子は銀行利率であって、貯蓄に対して支払われるものではない。他の貸し手の場合、利子は貯蓄に対して支払われる資本利回りである。

しかし、この二つは次の点で区別されていない。資本利回りが貯蓄の使用に対して支払われるのと同様に、銀行利率も貯蓄の使用に対して支払われる、とされる。シジウィックの誤りは二つの思い違いによっており、**信用取引**をマクラウドの信用**製造所**と取り違え、貯蓄の**市場価値**を貯蓄の**本体**と取り違えていたのである。

(a)　製造業者か商人か？

マクラウドに従って、シジウィックは銀行家を、自らに対する**コストがかからない**「信用の製造業者」で、そ

(96)　シジウィック『経済学原理』pp. 245–246。

の信用の使用に対して価格（割引）を請求する者として描写する。

しかし、銀行家は製造業者ではない。彼は顧客の短期あるいは長期の債務を買い取る。この買い取りは、過去に支払期日が来た自分自身の債務（預金）を発行することによって行なわれるが、これは銀行家が要求払いの責任を負う、いわゆる〔預金者である〕他人の貯蓄を帳簿上で顧客に移転することにほかならない。

こうして、もし銀行家が六十日満期の二万ドルの債務に対して、預金勘定のかたちで一万九千八百ドル支払うならば、この一万九千八百ドルはそれだけの量の負債を移転したということである。これによって、すでに銀行家は他人一般に対して負債を負ってしまっている。銀行家は、他人の「貯蓄」を要求払いで即座に利用できるようにしてやったのである。この負債を引き受けるために、彼は割引率という価格を課す。この場合、二百ドルの額、年六パーセントの率、あるいは二か月で一パーセントの率になる。

逆にいうと、銀行家は顧客に対して、自らの評判、法定準備金、そして自分の信用を強固にするようにつくられているその他の法的要件によって裏づけられた、自らの**一般的な**「良質の信用」の一部（一万九千八百ドル）の利用を**売却**したのである。この一般的な信用の利用に対して、銀行家は二百ドルを受け取る。しかし、この「良質の信用」はひとえに、要求払いで預金者に支払う彼の能力のうちに存在する。同時に彼は、顧客の**特殊な**良質の信用を、交渉の法的な意味において**購入**している（二万ドル）。その結果、一回の取引における彼の利潤マージンが二百ドルとなるのである。

もし二万ドルが長期の債務あるいは債券であったとしても、同様の関係が当てはまるであろう。しかしここでは、預金負債による価格を決める際に、毎年または半年ごとの利子の支払いが考慮されるであろう。「現金」または一般的購買力の点から、銀行家は要求払いの貯蓄からの収益を求める他のすべての預金者に対する負債から、この特殊な売り手に預金負債を移転しようとする。

よって、銀行家は「信用の製造業者」ではない。彼は、**過去に支払期日が来た**自分自身の債務〔である預金〕と引き換えに、**支払期日がまだ来ていない**債務という形態の他人の「貯蓄」〔である預金〕を売買する商人あるいは仲介者である。そのような売買交渉取引において、価格を決定するのは、マクラウドによって示唆されたような製造業者の「生産コスト」ではない。それは、商人による機会の選択であり、われわれは以前それを、機会コストあるいは不機会《ディスオポチュニティ》価値として分析した。(97)

それゆえ、この点においてマクラウドは製造業者と商人を混同している。**コストなしでの**製造業者が商人であり、ここでコストとは、古典派的な生産の「積極的《ポジティブ》」コストを意味する。彼〔コストのない製造業者〕は、われわれがケアリー、バスティア、ベーム＝バヴェルクの理論に関する分析でみてきたように、共同体《コミュニティ》の「貯蓄」を売買する商人である。商人のコストは、より多い収入を選択することによって、より少ない収入を避けるという「消極的《ネガティブ》」コストである。そして商人の「価値」は、より少ない支出を選択することによって、より多い支出を避けるという「消極的」価値である。これらは、製造業者における生産コストの積極的な意味からすれば、「コストがかからない」ものである。しかし、それにもかかわらず、支払能力、流動性、あるいは銀行コンサーンの

455

倒産は、こうしたコストのかからない二者択一の選択に依存する。

(b)　貯蓄と貯蓄の市場価値

これはわれわれに別の錯覚、すなわち貯蓄に関する錯覚をもたらす。古典派の学説は、貯蓄を資本と同義のものとし、節欲という「積極的」生産コストをもつものとした。(98) こうした消費の節欲に関する強度は、利子率に

(97)　前述、*pp. 307, 310*「サービスコスト」〔邦訳、中巻八四頁〕と「サービス価値」〔邦訳、中巻九〇頁〕をみよ。

よって測定されるとされた。節欲の苦痛あるいは貯蓄の「生産コスト」は、もし利子率が高ければ厳しいものであるが、利子率が低ければそれほど厳しくはないとされた。

しかし貯蓄は、利子率だけでなく、資本価値ももっている。シジウィックは、貯蓄がそのときの株や債券あるいは土地の市場価値で「資本」を購入するのに使用されるときのみ、貯蓄は資本と同義であると指摘する。そのあとに、もし利子率が変化すれば、両者は価値において分離してしまう。

だが、両者は決して「分離」しない。貯蓄はそのようなものとしては消滅するが、今度は別のもの、つまり資本が現われる。その「資本」は、もし利子率が下落すれば価値が上昇し、利子率が上昇すれば価値が減少する。「資本」はいまや、貯蓄ではなく、〔利子率とともに〕増減する貯蓄の市場価値となっている。

しかし、この貯蓄の市場価値は、利子率にのみ依存するものではないとわれわれは指摘しておく。それは、繁栄、投機、不況、銀行の流動性、信頼、インサイダーによる価格操作、貨幣の購買力の変動などにも依存している。貯蓄の価値は、株、債券、土地の価値下落、あるいは銀行の倒産によって無に帰するかもしれない。また、貯蓄の価値は、資本価値の上昇によって増大するかもしれない。

この事例は、物的資本（原材料）生産の労働コストに関する初期の古典派の学説に似ている。生産時における、労働によるもともとの使用価値産出高は、その後、減価消却や陳腐化によって減少するかもしれない。あるいは、その使用価値は、当初生産されたあとに生み出された新しい使用や流行によって増大するかもしれない。

理論的に貯蓄が資本と同一視されるとき、貯蓄についてもこれと同様のことがいえる。貯蓄は過去に行なわれたものだが、資本は割引された将来収入の期待である。両者の間には、何の同一性もない。実際に、アダム・スミスの倹約や節約という考えや、シーニアの節欲という考えにおける貯蓄は、まさに初期の経済学者の労働理論がそうであったように、現代の資本主義体制にはまったくみられなくなっている。その変化は、貯蓄から貯蓄の

456
市場価値へ、すなわち、貯蓄から資本へというものであった。それだから、われわれが銀行家は「貯蓄」を売買する仲介者であるというとき、われわれが意味するのは貯蓄では**なく**、将来収入に対する現在の請求なのである。これは、時代遅れの貯蓄の意味とはまったく切り離された、資本の現代的意味である。「貯蓄」という言葉は、宣伝家《プロパガンディスト》のうたい文句とでも呼ぶべきものになっている。(99)

このように貯蓄を排除して資本価値で置き換えることは、現代の無味乾燥な用語である、債券利回りや株式利回り、そしてこの二つを結合した資本利回りという用語に見合っているものと思われる。(100) これらの用語は単に、資本価値と資本所有者によって要求される収入割合との間の**比率**を表明しているにすぎない。あらゆる種類の因果関係が、この比率の大きさに入り込んでいるが、いずれにしても、どの比率も予測の基準であり、過去の貯蓄の大きさではない。

この比率の概念は、資本家の日常言語によって表現される。それは、多くの種類がある短期債務や長期債務、あるいは株式や地価のうちのいずれかの種類または全種類に投資される資本について、その評価を比較するときに使用される。その測定単位は、年間のドル収入である。年ドル収入を獲得するのに必要な資本の市場価値の総額は、利子率とは反比例で変化し、期待純収入と正比例で変化する。したがって、われわれの例では、もし利子率が年六パーセントであれば、期待純収入を獲得するのに必要な資本の総額は、およそ一対十七である。あるいは、もし利子率が三パーセントであれば、そのときの期待純収入を獲得するのに必要な資本の総額は、およそ一

(98) 後述、*p. 500*「待忍の希少性」〔邦訳、中巻三七三頁〕をみよ。
(99) 後述、*p. 728*「プロパガンダとしての理念型」〔邦訳、下巻二〇七頁〕をみよ。
(100) 後述、*p. 598*「限界生産性から資本利回りへ」〔邦訳、下巻一四頁〕をみよ。

対三十三であり、多くの種類の利子率や割引率についても同様である。

こうしてわれわれは、マクラウドのいう「経済量」の測定に到達する。それは、販売や利子支払いから得られる、年間の期待される貨幣純収入に**正比例**し、利子率には**反比例**する倍数である。この考え方は、実はかなり昔のヨーロッパで、長年にわたって期待される年収入の購入価格として計算される地価において始まった(101)。シジウィックによって例証されたように、もし、利子率が六パーセントから三パーセントに下落したら、その年収入の購入価格は十七から三十三に上昇する。言い換えると、貯蓄**ではなく**、収入の「割引現在価値《キャピタリゼーション》」〔割引率を用いた資本還元〕が倍増する。銀行家が過去に支払期日が来た自己宛ての債務と交換に売買するのは、このような期待収入の現在価値である。よって、銀行家の要求払い負債は、要求次第で貯蓄を返還する約束ではなく、要求次第で「現金」すなわち一般的な購買力によって、資本を返還する約束なのである。

c. 単一の因果関係から複数の因果関係へ

シジウィックは自分の分析は「静学的」な分析であって、「動学的」な分析ではないという。ここで静学とは、利子率が調査期間中に同一にとどまると想定されること、および貨幣の購買力に目立った変化がないことである(102)。彼がいう動学とは、貨幣、制度、および生産が、すべて変化するということである。この二つは、われわれの単一の因果関係と複数の因果関係〔という概念〕が意味するものである。すべての科学は、研究手段としてこの区別をしなければならない。その基礎となるのは、必然的に単一の因果関係の分析である。各要因は、まるでそれ以外の要因にはまったく変化がないかのように、次々に推論されていく。しかし、すべては一緒に変化している。われわれは、制限因子および補助因子に関する経済学の概念を用いる、複数の因果関係の理論に到達することとなる(103)。一方、われわれは、債務の創造・希少性・譲渡性・解消といった多様な要因も扱っていく。

われわれは、マクラウドのいう債務の譲渡性について検討してきた。そこで次に、クナップの債務の解消、ホートレーの債務の創造、そしてカッセルの待忍の希少性について検討していく。

第二節　債務の解消

G・F・クナップは、「支払共同体」という自らの概念によって動学的分析に着手した。支払共同体とは、債務解消のための手続きを設定する際に債権者と債務者がとる協調行動のことである。クナップはドイツのマクラウドだった。[104]マクラウドがイギリスの経験に基づいてコモン・ローの理論を打ち立てたように、彼は、ドイツとオーストリアの経験に基づいて『貨幣国定学説』を打ち立てた。しかし、マクラウドとは異なり、クナップの貨幣と債務は、商品ではなかった。それらは二重の意味をもつ諸制度であった。つまり、それらは譲渡可能な債務という意味をもつ制度であり、また債務の購入および債務者の〔債務〕解消のための債務支払共同体における協調行動という意味をもつ制度でもあった。彼のいう「債務の解消」とは、われわれがいう「取引の完了」のこと

(101)　後述、*p. 487*「チュルゴー」〔邦訳、中巻三五三頁〕をみよ。
(102)　シジウィック『経済学原理』p. 259の諸所を参照。より広範な静学的分析は、のちにJ・B・クラークの『富の分配』（一八九九年）で用いられた。そこでの「資本金」は、シジウィックの制度的な資本価値と心理主義的に同義であった。
(103)　後述、*p. 627*「戦略的取引とルーティン取引」〔邦訳、下巻五七頁〕をみよ。
(104)　Knapp, Georg Friedrich, *The State Theory of Money*（翻訳および要約版は一九二四年、ドイツ語版だと一九二三年の第四版。ドイツ語版の初版は一九〇五年）〔邦訳、宮田喜代蔵訳［1922］『貨幣国定学説』岩波書店、以下、クナップ『貨幣国定学説』と表記〕。引用は翻訳版による。

である。

彼の貨幣理論における〔貨幣の〕「本質的」属性とは〔それが〕支払手段であるということであったので、貨幣が金属であるか紙であるかは「非本質的なこと」であった。実際彼は、隠喩的表現に自らが陥らないために、また「金属主義的見解」を「政治科学に基づいた」制度的見解に「置き換える」ために、生物学者がエイプ〔アジア・アフリカ産の尾なしザル〕をハイロベート（*hylobate*）と呼ぶように、ギリシャ語の学術用語を考案した。このようにギリシャ語を使えば、金属貨幣は「ハイロジェニック・リトリック」（*hylogenic lytric*）、つまり素材の秤量による債務の解消手段である。しかし、紙幣は「オートジェニック・リトリック」（*autogenic lytric*）、つまり行政命令、立法、あるいは裁判所の判決による債務の解消手段である。

支払手段のこうした「本質」とは何であろうか。それは、金属貨幣だけでなく、一八六六年のオーストリア政府紙幣のような、減価した紙幣をも含む一般化によって見出されるはずである。クナップ曰く、「というのも、綿密に考察すれば、最初は逆説的に聞こえるかもしれないが、貨幣の本質に関する手がかりは、こうした「衰退する」貨幣の不安定な形態のなかにあるように思える。通貨の魂は、硬貨の素材にではなく、それらの使用を規制する法的な規定に宿っている[105]」。クナップ曰く、「金属主義者」や「古銭学者」は、貨幣の「死体」のみを扱う。彼ら〔金属主義者や古銭学者〕は通貨も、流通も、紙幣も説明できない。紙幣は「不安定かつ危険でさえある種類の貨幣であるかもしれないが、最悪の種類のものさえ、貨幣理論に取り込まなければならない。悪貨になるには、まず貨幣でなければならないのである[106]」。クナップは、純粋な紙幣を彼が推奨しているのではないとあえて述べている。「わたしは、通常の状況の下で、金本位から離れるべき理由を知らない」。

クナップのいう支払手段の「魂」は、解消可能な債務と解消不可能な債務の区別、および商品と支払手段の区別に基づいている。奴隷は、主人に仕える一生の義務という解消不可能な債務の支配下にあるといってよい。この債務を課し、是認しているのは、主人ではなく、主人を構成員とし、奴隷を非自発的参加者とする共同体の行政力である。しかし、主人自身のような自由人は、主に解消可能な債務（リトリック債務）に支配されている。とはいえ、彼は、共同体が身代金、解放〔の代価〕、支払いとして受領可能とみなすもの（リトロン）を提供することによって、自分をそこから解放することができる。

クナップは、解消不可能な債務から解消可能な債務へのこうした歴史的発展という、文明化の歴史全体にはふれてはいない。ゆえに彼は、履行債務を扱っていない。彼は解消可能な、支払債務のみを扱っている。債務とは、マクラウドが主張したように、そこに表わされる義務が人格的義務となっている経済量である。債務を解消することは、履行の義務あるいは支払いの義務のどちらかを免れることである。歴史的には、その発展諸段階は、履行や支払いに関する公式的および慣習的な契約の執行から、煩わしいことではあるが、解消方法の継起的な拡大へと向かう漸進的なものである。解消の手段および方法は、奴隷と債務者拘禁の廃止、破産法、賃金特例法から、アイルランドにおけるレント契約の廃止、アメリカにおける公益事業契約の廃止、ある期間拘束したり、生涯拘束したりする労働契約を「意志による〔いつでも解除できる〕」契約へ置き換えることによる段階的廃止、〔賃金の〕現物支払いの禁止と、貨幣支払いへの置き換えなど、広範囲に拡大している。たいていの場合において、慣習上の債務あるいは契約上の債務のかわりとなるものは、公的権威によって規定されるような、「適正な《リーズナブル》」履行あるいは適正な支払いである。こうして、債務を解消する方法や手段を拡大していくことによって、債務や義務は減らされてきた。資本主義〔の基礎〕は、現状における解消可能諸債務のことであり、それだから、支払手段

459

（105）クナップ『貨幣国定学説』p. 2。
（106）同書、p. 1。

についてのクナップの定義は、〔債務を解消する〕手段や方法の変化という一般的原理における特殊事例であるといえる。その手段や方法の変化は、債務解消のための文明的な諸ワーキング・ルールにおける諸々の変化を通じて、進められてきた。

クナップによれば、これが貨幣の「本質」である。紙幣は、たとえ歴史的理由から、国家の支払約束を記していても、実際には国家の「債務」ではない。紙幣は、金属貨幣と同じように、債務の解消手段である。

紙幣は、われわれを債務から自由にする。自身の債務を取り除く者は、自分の支払手段が金属かそうでないかを考えることに時間を費やす必要がない。何よりもまず紙幣は、われわれを国家に対する債務から自由にする。というのは、国家は、紙幣を発行するに際して、収税時にこの支払手段を受領することを認めているからである。税金が果たす役割が大きくなればなるほど、よりいっそうこの事実は納税者にとって重要である。……非物質的な貨幣を用いた支払いは、その貨幣を発行した国にとって、他のいかなる支払いとも同じく、正真正銘の支払いである。それは国内取引の必要を満たすには十分であり、実際にそのような取引を可能にしている。それはたしかに他の一定の要求を満足させることはできないが、そうした現象はそれ自体異常ではない[107]。

クナップの副次的な区別、すなわち商品と支払手段の間の差異は、第一に、解消可能な債務と解消不可能な債務の間の差異に基づいている。彼は「十分に基本的な観念」とみなすものから出発し、商品を「交換商品」と定義する。この定義において、彼は、すべての経済学者と法律家が「商品」という語そのものに何を含意させているかについて、明確に述べている。それは所有権の譲渡可能性を意味し、「交換」という言葉がこの意味に付け加えるものは何もない。交換商品は商品である。

しかし、商品は支払手段なのであろうか。もし「一回の取引」しかみないのであれば、われわれはこのことについて何もいえない。

460

「しかし、どんな社会、例えば国家においても、あらゆる財はある一定量の商品、例えば一定量の銀に対して交換されるべきであるということが法によって徐々に承認された慣習であるとき、この場合における銀は」、**一般的な**交換商品であり、「社会的な通商の制度である。それはまず慣習によって、次いで法によって、社会特殊的な使用法を獲得した商品である[108]」。

この社会的に承認された一般的な交換商品は、つねに「支払手段」である。

あらゆる支払手段が社会的に承認されている交換商品であるというのは、事実に反している。……それ〔支払手段〕は、〔交換〕商品であるためには、法が規定した方法で利用されることに加えて、芸術や製造業の世界で利用されうるものでもあらねばならない。一枚の紙、それが職人の目に見える紙幣のすべてであり、それは他の工業的用途をいっさいもたない事物についての一例である。それゆえ、それら〔支払手段〕は交換の手段であっても、交換商品ではない。……自らの幾ばくかの技能のゆえに受け取ったが、流通に回すこと

(107)　同書、p. 52。
(108)　同書、p. 3。

のできない交換商品を利用できる人は、商品を所有しているのであって、支払手段を所有しているのではない[109]。

この金属は支払手段として使用されるとき、「ポンド」や「ドル」という名称を得る。それは、もともとの重量との関係でいえば、やがて純粋に「名目的な」ものとなる。そうなるとその名称は、紙幣にまで持ち越される。したがって、もともとの重量という観点からすれば、それは現実ではない。というのもその意味は、債務支払いのための「通用単位」という、別の目的に転移されたからである。それはいまや、現実的にではなく、歴史的に定義されている。

それゆえクナップは、彼にとって単なる「円盤」、「記号」、「トークン」、「引換券《チケット》」にすぎない「コイン」や紙券の両者を、支払手段としての貨幣と区別している。「その場合「引換券」［という言葉］はうまい表現であり、この表現はずいぶん前から取り入れられてきた。というのもそれは持ち運び可能で、記号を載せる成形物だからである。この物体に対して法令は、素材と無関係な用途を与えている。……その意味は、記号の意味を理解することによってではなく、法令を念頭におくことによって見出されるべきである[110]」。かつて、法令が効果を発するまで、支払いは秤量（ペンサトリー）によってなされていたが、現在では布告文書（表券性）によってなされている。

こうした法的意味は慣習から生まれ、のちに、国家の司法権の範囲内で、それを普遍的なものとする法に引き継がれた。いずれの場合においても、こうした法的意味はクナップの「支払共同体」概念によって明らかにされている。銀行とその顧客は「いわば、私的な支払共同体を形成する。一方、公的な支払共同体は国家である[111]」。公的な「支払共同体」で起こることは、構成員たちが、「価値単位」に相当する「通用単位」で互いに自らの債

461 務を支払うということである。それら〔の単位〕は共同体が受け入れ可能なので「通用」している。それが意味しているのは、全体としての共同体が、債務者をさらなる支払義務から解放することで、それら〔の単位〕を通用させているということである。

その場合支払手段は、以下の点で交換手段とは異なっている。すなわち後者は交換価値をもつ商品一般を所有しているということであるが、前者は社会的に承認された支払いによる債務の解除《ランソム》、すなわち個人を構成員または参加者とする共同体によって課される義務を解消するものである。一方は交換価値の単位で測定され、他方は債務支払いについて法的通用力をもつ単位によって測定される。一方は経済的なもので、他方は法的なものである。この通用単位は交換価値をもつ限りにおいては、価値の単位でもあるが、われわれは、この単位が通用していても交換価値がないことがあることを歴史から知っている。

ただちに理解されるのは、この「支払手段」あるいは債務からの解放という概念が、原始時代から現代までのすべての集団に適用される普遍的な原理であるということである。それらの集団がゴーイング・コンサーンであり続ける限り、この概念は普遍的な原理であるが、債務解消の記号となる手段や遂行に関しては、かなりさまざまなルールをともなっている。この点においてクナップは、「支払共同体」という自らの一般化された概念によって、マクラウドを乗り越えているのである。

われわれは、さらに進んで、以下のような強制力《サンクション》とはいったい何かを、検討する必要がある。すなわち、ク

(109) 同書、pp. 4, 6。
(110) 同書、pp. 32, 33。
(111) 同書、p. 134。後述、*p. 590*「世界支払共同体」〔邦訳、下巻三頁〕をみよ。

ナップのいう「支払集団」が、参加者にその〔債務〕解消手段の受容と使用を強要するときに用いる強制力を調べる必要がある。その力は、純粋な「国家論」がもっぱら取り扱うところの、物理的力による「法的強制力」だけでなく、彼が「私的な支払共同体」と呼ぶものによる道徳的および経済的な強制力でもある。法的強制力は、法定支払手段〔法貨〕あるいは法的履行と呼んでも差し支えないであろう。そしてその他の強制力は「超法規的なもの」となる。なぜなら、それらは慣習的支払手段あるいは慣習的履行だからである。彼が示した商業銀行とその顧客についての、以下のような例を取り上げてみよう。すなわち、顧客たちが債務支払いを受けるのに、支払いの全額を、預金者の小切手のような「引換券」で指示される、支払能力のある銀行の要求払い債務で受け取ることを、彼らに対して強制するものはいったい何であろうか。これらの銀行債務は、制定法あるいはコモン・ローによる、物理的力によって執行される法貨ではなく、慣習的支払手段である。だが債権者によるそれらの受領は、法的なものではないにせよ、慣習上の制限内で経済的に強制力をもつ。なぜなら、ビジネスをしたい人、あるいはその共同体でビジネスを継続したい人なら誰でも、これらの小切手を受け取らねばならないからである。もし彼があくまでも小切手を拒み、支払いにおいてつねに法貨を要求するのであれば、支払共同体の内部では、誰も彼と正規のビジネス取引を始めないであろう。彼は事実上、自分への債務が支払われる際に、「優良な」銀行小切手という慣習的支払手段を受け取ることを強制されているのであり、それは彼が法貨の受領を強制されているのと同じことである。それは、彼の都合の問題であるだけでもなければ、代替物の間の自発的選択だけでもないのであって、さらには、彼も次には債務者として同一ないし等価の銀行小切手で自分自身の債務を支払うことができるという期待だけでもなければ、法貨に換えられるという期待だけでもない。それは経済的強制の問題である。銀行小切手という慣習的支払手段の受け取りを強制するのはまさしく、最終的に利潤を得るかそれとも損をするか、最終的に成功するのかそれとも倒産するのかという、競争における経済的な強制力である。だからこそ最終的には、合衆国における債務支払いの十分の九は、法貨ではなく、慣習的支払手段によって遂行されているのである。

同様のことは歴史的に、他の「支払集団」にも当てはまる。支払手段は、慣習的支払手段として始まって、のちに法貨になるかもしれないし、ならないかもしれない。例えば、クナップのドイツ史をアングロ・アメリカンの支払共同体に移し替えてみると、一三〇〇年のセント・アイヴスの歳市裁判所《フェア・コート》[112]で、リチャード・メイは次のように訴えた。ジョン・スタングラウンドは、雄牛と豚の債務を、英貨《スターリング》のかわりに「クロッカードとポラード」〔十三世紀のヨーロッパで鋳造された質の悪い硬貨〕で支払うことで、不当に捺印契約を破った。当時の捺印契約では、一クロッカードまたは一ポラードが慣習的に一ペニー英貨と見積もられていたのであるが、取引の開始から終了までの間に、王がイングランド全土にクロッカードとポラードを禁じる布告を出した。「したがって、英貨一ペニーに対してクロッカードまたはポラード二の比率以外では、誰もクロッカードまたはポラードを受け取ってはならない」。この件について、歳市裁判所の陪審は、彼ら自身の慣習のかわりに王の布告が流布すべきであるとし、ジョンはリチャードに対し、「不当勾留」の損害賠償とともに、債務の一ペニー英貨に対して一クロッカードを追加支払いすべきであるとの判決を下した。その判決はのちに、利子を擁護する一つの口実として経済学者に知られるようになる。

クナップによる解釈が、このような事例に適用できるかどうかは、彼の用語でいう「価値単位」と「通用単位」の意味いかんによる。彼は二つを同一視するので、法的通用と経済的価値の差異について思い悩むことなく、「価値単位」という用語を使用する。彼の用語は、経済的意味や物理的意味を欠いており、「名目的」な意味をも

(112)　*Select Cases concerning the Law Merchant, A.D. 1270–1638*, ed. By Chas. Gross Selden Society Publications, XXIII (1908), pp. 80, 81.

463

つ純粋に法律的な用語である。この名目的な意味とは、債務支払いに通用する単位という意味であり、それは、セント・アイヴスの歳市での売り手と買い手からなる共同体であろうと、また連邦準備制度における銀行とビジネス顧客からなる共同体であろうと、さらには中世の王、現代の立法府、あるいは現代の独裁者が統治する共同体であろうと、支払共同体によって承認され、名づけられ、強制されるものである。その共同体において「スターリング」や「クロッカード」という言葉に込められた物理的ないし経済的な意味が変更されるとき、リチャードが儲かってジョンが損をしたように、取引のなかで、経済的価値を大いに失う個人がいる一方、それと同じだけの経済的価値を大いに得る個人もいるかもしれない。しかし、こうした意味の変化は支払手段に関する法的な「本質」ではない。その本質は、支払いが慣習的支払手段あるいは法貨でなされるときに、支払共同体が、それ以上に〔債務を〕支払うという義務から債務者を解放することにある。

　これは十分にありふれたことのように思えるのであって、また物理的および快楽主義経済学者がそうしていたように、おそらく論評抜きに当然のこととみなしてよいように思える。もちろん、紙幣や銀行券や銀行預金が金属貨幣に取って代わり、戦争の切迫した事情や流通からの金の消滅、あるいは金の退蔵によって、国家やさらに国家の共同体において紙幣や銀行券や銀行預金が強制されるときには、その重要性が現われる。

　クナップが、「支払手段」を維持する強制力として、第一に重視しているのは、税のような、国家のために支払われる強制的な債務が必要であるということである。そして第二に重視しているのは、市民同士あるいは国家と市民の間で形成される、かつ法貨で支払い可能な、自発的な債務の支払いである。われわれは彼が第一に重視しているものを、政府に対するあらゆる強制的な債務のなかの典型ということで、税と名づける。そして第二のものを、自発的な債務の典型ということで債務と名づける。そして債務のなかには、政府を市場での売買を行なう私人として扱う場合に、政府に対して形成される債務も含まれている。税とは、諸々の賦課金、手数料、割当金、関税のような、強制的な債務である。市民がそれらの債務を承認しているのは、売買交渉取引のためにではなく、支払能力その他を考慮して国家が〔その債務を〕割り当てているためである。それらはより正確には、**権威的な**《オーソリテイティヴ》債務と呼ばれる。なぜなら、それらの債務は、命令によって課せられるものであって、説得を通じて促されるものではないからである。しかし自発的な債務は、本来の意味での債務である。なぜなら、慣習、コモン・ロー、あるいは制定法によって規定されたルールに従った説得から生じるものであるからである。それゆえそうした自発的債務はより正確には、認可された《オーソライズド》債務である。権威的な債務とは税であり、認可された債務が債務である。(113)

この区別は、労働組合、企業連合《カルテル》、クラブ、商工会議所のような民間アソシエーションに対して、同じように適用できる。ある民間アソシエーションに対して、構成員が支払うべき賦課金、掛け売り勘定、割当金は、そのコンサーン内で税の特徴をもつ権威的な債務である。一方、その民間アソシエーションのルールに従った構成員同士の取引は、認可された債務を生じさせる。どちらの種類の債務も等しく「支払共同体」によって強制され、どちらの支払いも等しく強制的である。しかし、一方は交渉《バーゲニング》**なし**に生み出されるが、もう一方は交渉**をとも**

(113) 合衆国最高裁判所は、「法貨条例」を解釈するうえで次のように考えた。「合衆国紙幣を債務の支払いにおける法貨にする一八六二年と六三年の条例の健全な構築においては、国会によって課された税もないし、支払契約における料金や硬貨または金塊の配達もなく、「債務、公的および私的」という記述の下、立法府の意図によって、公的と私的の両方が含まれている。」レーン郡対オレゴン州事件の判決、〔合衆国判例集〕ウォレス判例集、七巻、p. 71。ブロンソン対ローデス事件の判決、〔合衆国判例集〕ウォレス判例集、七巻、p. 229。バトラー対ホーウィッツ事件の判決、〔合衆国判例集〕ウォレス判例集、七巻、p. 258。この「立法府の意図」に関する意見は、特定の法令に当てはまり、強制的または権威的な債務と、自発的または公認された債務の間にある、より一般的な区別と矛盾しない。「権威的な」および「認可された」という用語については、コモンズ『資本主義の法律的基礎』pp. 83-121〔邦訳、一〇八―一五四頁〕を参照。

なって生み出される。以上の諸区別は、セリグマンによって示されたように[114]、互いに曖昧にしあうが、次に述べることの基礎を提供するには十分明白である。

クナップが提起した問いとは次のとおりである。すなわち、他の個人に対する債務から個人を解放する手段を導入する理由づけとして次のどちらがより重要なのだろうか、それは税なのか、それとも市民間で形成される認可された債務なのか。それは前者である、というのがクナップの回答である。

彼曰く、「というのも、国家がある種の貨幣（例えば国家紙幣）を、［国家によって受領可能かつ支払い可能な］本位貨幣の地位にまで引き上げるや否や、私的債務者が自らのリトリックな義務［解消可能な債務］をあるやり方で履行し、債務者としての国家は別のやり方で履行するということを、国家が自らの司法能力を用いて要求することはできない。だから、政治的必要性から国家が今後は国家紙幣で支払いを行なうことを布告するのであれば、法の根源として、国家は、国家紙幣が他の支払いに対しても等しく十分であることを認めなければならない。……［国家紙幣での支払いについての］ある係争が存在するとき、裁判官としての国家は、国家紙幣での支払いで十分であるかどうかを判定しなければならない。国家が判定をしなかったならば、それは、裁判官として、自分自身の行動方針に有罪判決を下すことになるであろうし、自己否定することになるであろう[115]」。

彼は、このことが論理的には正しいと主張している。だがわれわれは歴史的には、二つの要因、つまり既存の制度と国家の緊急性の相対的な重要性を考えるべきである。慣習（前述のような商業銀行）、あるいは法（財務省証券、国法銀行券）のいずれかにより、信用制度が金属貨幣の古い制度を押しのけ、共同体内で支配的なものとなるとき、支払手段は、税の支払要求よりも、債務支払いの要求によって強く規定されるようになる。と同時に、もし私的な債務の支払い以外の目的をもつ、国家の要求または政策が、私的債務の支払い以外の目的で支配的なものとなっているとすれば、その場合、私的取引における支払手段として使用されるものを規定するのはまさしく、これらの特別な公的要求である。

　このように、税の支払手段および債務の支払手段という二つの目的がともに作用しているのであるが、歴史的にはそれらは分離されてきた。イングランド王は、一三〇〇年以前、英貨だけが、物納を除いて、君主に支払われるべき、すべての強制的な債務または税の支払いにおいて受領されるべきであると規定していた。しかし実際 465 には、王が私的取引におけるクロッカードやポラードを禁止してはじめて、セント・アイヴスの「支払共同体」はクロッカードの支払いを排除したのだった。私的な債務を支払う手段は、税を支払う手段と分離可能である。国家が税を支払う手段であると布告するものは、私的な債務を支払う手段として布告されることを「論理的に」さえ必要としない。セント・アイヴスの商人裁判所は、国家が実際に禁じるまで、自身の慣習的支払手段を継続させたのである。

　それゆえ、なされるべき、より重要な区別とは、現行の支払手段を指定するに際して税と債務のいずれが支配的であるかについての、税と債務の区別ではなく、税か債務かの支払手段を指定するに際して公共目的と私的目的のいずれが優先されるべきかについての、公共目的と私的目的との区別である。私的目的をともなうビジネス慣習が優先されるべきなのか、それとも公共目的をともなった、立法府、行政府、司法府いずれかの、政府の政

(114)　Seligman, E. R. A. "Social Theory of Fiscal Science," *Pol. Sci. Quar.*, XLI (1926), p. 193以下、p. 354以下。

(115)　クナップ『貨幣国定学説』p. 110。

策が優先されるべきなのだろうか。これらの公共目的は、単に税の徴収のいかんにかかっているのではない。実のところそれらの目的は減税と矛盾していないし、それゆえ私的な支払手段を定めるに際して、税の重要性が低くなることとも矛盾していない。

セント・アイヴスの裁判所での訴訟手続きは、アメリカの南北戦争初期に再び現われた。議会は最初、戦争資材の購入のために「要求払い紙幣」を発行した。これらは、税の支払手段としては利用可能であったが、私的な支払いにおける法貨ではなかった。それらは私的債務の支払いにおいて公衆に受け取られなかった。なぜならそれらは関税の支払いでは打歩がつき、また一般的な流通からも排除されていたからである。それゆえ、戦争という非常事態において、公的および私的債務両方の支払いにおいて、法貨性をもつ合衆国紙幣（グリーンバック）を発行し、その流通を強制するという次の段階がとられた。しかし、これらは関税の支払いにおいては法貨とならなかった。さらに財務省は、商品市場で政府購入の支払いを行なうときには、それら〔合衆国紙幣〕を再発行する権限を授けられたが、公的債務の利子を支払うときにはそうならなかった。

合衆国最高裁判所は、憲法を解釈して、最初、この紙幣に法貨の性質を与える議会の権限を否認した。しかし、最高裁判所がのちに自説を翻し、法貨グリーンバックは公的および私的な債務に関する永続的な支払手段となった。こうした判決破棄の理由は最初、戦時〔南北戦争時〕に北部諸州を保護する議会の絶大な権限に求められ、のちには平時の公共政策を提起する議会の権限に求められた。こうして、公共目的は、私的な債務の支払手段を
466
決定する際に、私的目的に優先されるものとして認識された。[116]

そしてまた、一八七三年に金銀複本位制から金本位制への変更がなされたとき、債務者はより安い銀で支払うという以前の選択肢《オプション》を奪われた。しかし、外国貿易を促進すべく、イギリスやドイツの金本位制と同等のものを確立するという、公共目的が優先された。

一九一〇年に、フィリピンで金為替本位制を確立すると決めたとき、フィリピン政府は銀貨の輸出を禁じた。ある商人は、「適法手続」なしに自分の私有財産を奪われ続けており、それは合衆国憲法とフィリピン政府が定めた授権法の両方によって禁じられた一種の剥奪であるということを根拠に、連邦裁判所でフィリピン政府に対する訴訟を起こした。商人のもつ銀貨の価値は、香港ではマニラよりも一ドル当たり八セント高かった。それゆえ彼は、硬貨をではなく、自分がもっている硬貨の価値を奪われ続けていたのであった。この希少性価値は私有財産であることを認められたが、合衆国最高裁判所は、「適法手続」とは、この事例では、金本位制度と同等の為替を確立するという公共目的を意味していると考えた。フィリピン政府は賢明に行動しなかったかもしれないが、それでもその法は公共政策を優先するということを問題にしていた。それゆえ商人は、適法手続**によらずしてではなく**、適法手続**によって**、自分の財産を奪われたのである。(117)

こうしたアングロアメリカンの歴史の例は、最上位の「支払共同体」としての国家は、単なる命令によって支払手段を確立するという、クナップが主張した一般的な原理を示している。しかし、それらの例はまた、一般的な原理は、税の支払事情から引き出されるべきではなく、政府当局が私的目的の上位に公共目的があるとみなしているすべての状況から引き出されるべきであることを示している。こうした事例すべてにおいて、私有財産すなわち私有財産という希少性価値は、何が法定支払手段であるべきなのかを布告する単なる政府の命令を通じて、

(116) 一八六九年のヘップバーン対グリスウォルド事件の判決、〔合衆国判例集〕ウォレス判例集、八巻、p. 603。一八七〇年のノックス対リー事件の判決、〔合衆国判例集〕ウォレス判例集、一二巻、p. 457。一八八四年のジュリアード対グリーンマン事件の判決、合衆国判例集、一一〇巻、p. 421。

(117) 一九一〇年のリン・スー・ファン対アメリカ合衆国事件の判決、合衆国判例集、二八〇巻、p. 302。

債権者や債務者であったり、また売り手や買い手であったりする人々からなる、ある集合から取り出され、債務者や債権者であったり、また買い手や売り手であったりする人々の集合へと移転されたのだった。

　それらの事例はまた、「価値単位」という用語でクナップが何をいおうとしたのかをより明確に示している。実のところ、その単位は、法的通用の単位ではあるが、経済的価値の単位ではない。彼曰く、「正の**打歩**をもつ補助的な種類の貨幣［例えば、グリーンバックの事例における金と銀、フィリピンの事例における銀］は、もしもその金属商品として使用されるならば、支払手段として評価される以上に、リトリックな単位［債務の支払能力］として価値がある。したがって、（交換時に）「価値をもつこと」が、諸商品を所有するということであり、467 法的に通用することが、表券の［権威の］一部を法的に所有するということなのである[118]」。法的通用性は、債務者を、債権者による法的コントロールから解放する。そして、もしこれが、経済学的な用語において、価値単位として記述されるのであれば、その「価値」とは、新しい種類の使用価値である。ここでの「使用」は、集団的行動の「使用」（の価値）であり、それをわれわれは制度と呼んでいる。小麦一ブッシェルあるいは物質的な金一ドルは、技術と産業における科学技術的性質によって物理的な使用価値をもっている。それらから、小麦粉や金装飾品がつくられる[119]。しかし、ここでの特別な事例において、人的制度に関する使用価値とは、債権者と債務者にとっての有用性である。例えば、それは、債権者にとっては、債務者に支払いを強制するという重荷から支払共同体が解放してくれるという点での有用性であり、債務者にとっては、支払いがなされたのちには、その共同体がさらなる支払義務から自分を解放してくれるという点での有用性である。この債務支払いの有用性は、実のところ、すべての「社会的使用価値」のなかで最も重要である。というのも、そこに資本主義の基礎がおかれているからである。

　しかしここで、あらゆる支払義務がもつ双務的側面が明るみに出てくる。支払義務だけが存在するのではなく、双務的側面に基づくと、商品やサービスの引き渡し義務も存在しており、それをわれわれは履行の義務と名づける。

　この履行の義務は、使用価値単位によって測定される。契約で小麦一ブッシェルを引き渡す義務は、小麦に対する支払義務と双務的である。ここでは、法的な通用単位は**ブッシェル**であるが、経済的な価値単位は、小麦一ブッシェルの**価格**である。その商品量を計るブッシェル数を引き渡すことによって、彼はさらなる履行の義務から解放される。その数量のドルを引き渡すことによって、彼はさらなる支払いの義務から解放される。

　それゆえ、クナップの「支払共同体」は、履行の共同体でもあるということになる。「支払い」の側では、共同体は法的ないし慣習的支払いを測定する。商品または労働の側では、それは法的ないし慣習的履行を測定する。一方〔支払い〕は法貨ないし慣習的支払手段であり、他方〔履行〕は法的履行あるいは慣習的履行である。一方の測定は支払義務から買い手を解放し、他方の測定は商品の引き渡しないしサービスの提供義務から売り手を解放する。どちらの場合でも、測定されるのは、法的または慣習的履行手段、あるいは法的または慣習的支払手段として役立つ何かである。

　ここでわれわれは、クナップのいわゆる「価値単位」の十全な意味を知ることになる。それは、履行ないし支払手段に関する、法的あるいは慣習的な**測定**単位である。通用単位としては、価値単位は、重さや長さを測定されるものから抽象された、度量衡の単位にすぎない。それゆえ、彼のいわゆる価値単位の「名目性」または「表券性」（権威性）は、通用単位にすぎない。一「ブッシェル」もまた、われわれの履行共同体が、履行の義務を

468

(118) クナップ『貨幣国定学説』p. 164。

(119) 同書、p. 4。

執行するうえで必要とされる、履行の総量を、その単位で測定するという点で、「名目的」かつ「表券的な」(権威的な)ものである。あらゆる他の測定単位と同様、履行の義務を執行するうえで共同体は、まさしく履行の法的単位を執行する。ドルもまた以下の点で、「名目的なもの」である。というのも、支払共同体は、支払手段が金、銀、紙幣、銀行信用のどれから構成されるかにかかわらず、支払義務を執行する際に要求される支払額の測定単位としてそれ〔ドル〕を採用するからである。

これが、クナップのいわゆる「価値単位」に与えることができる唯一の意味づけである。「通用単位」であることによって、それ〔クナップの「価値単位」〕は一つの測定単位であるにすぎない。それは、単なる法的ないし慣習的な度量衡体系であるにすぎず、その体系は、測定されるものから抽象され、あらゆる種類の支払いないし履行に対して数字の言語を適用すべく、裁判所によって用いられる。それは、支払いまたは履行を執行することによって、訴訟当事者を支払いないし履行の義務から解放するときの測定単位である。実際には、測定単位は歴史的に定義されるのであって、論理的に定義されるのではない。というのも、測定単位は司法行政を正確なものとするべく、慣習ないし法から発展した歴史的制度だからである。すべての測定単位は、言語が名目的なものであるのと同様に、「名目的なもの」である。とはいえ、それらは実在している。それらの実在とは、集団的行動のことである。というのも、それらは個人あるいは法人が、どの程度多くないし少なく支払うべきなのか、またどの程度多くないし少なく履行すべきなのかを決定するワーキング・ルールに対して、正確さを与えるからである。

以上のことからわれわれは、これらの通用単位がもつ経済的重要性を知る。それらの単位がもつ制度的重要性とは測定、執行そして義務の解消である。それらは、そのときの公共政策に従って、履行および支払いに関する双務的義務がどのように決定されるかには関係なく、裁判所の審理に服すべきすべての私的な取引においても用

469

いられる、個人を測定し、執行し、解放するために裁判所が用いる単位である。それらの単位の経済的重要性は、各取引の交渉時において、履行手段および支払手段に関して期待される相対的希少性にある。

以上のことは使用価値、希少性価値、そして将来の割引価値という三つの測定可能な次元をもつ、取引に関連する価値の意味づけである。第一の次元は、ブッシェルあるいは〔金で測られる〕ドルの物質的重量のような、標準的な物理的単位によって測定される。第二のそれは、標準的な希少性単位であるドルによって測定される。第三のそれは、年という、標準的な時間単位によって測定される。最初の単位の集合は法定履行手段を測定し、第二のそれは法定支払手段を、そして第三のそれは待機およびリスクを引き受けるというサービスを測定する。

以上のことから導かれるのは、クナップの「引換券《チケット》」における二重の意味、すなわち商品の**使用価値**を要求する寄託引換券と、商品の**価値**を要求する債務引換券という意味である。彼曰く、「引換券」は、法律書で調べないと意味がわからない「記号」である。コモン・ローは、使用価値および価値という、価値の二つの意味に対応した法的な道具すなわち「引換券」を徐々に発展させてきた(120)。

商品の希少性価値または割引価値の変化を考えないで、ただその商品の使用価値だけに関する、ある人に対する請求権が、寄託法(b)によって創造される「引換券」であり、それをとくに「商品引換券」として区別することができる。商品の引き渡しは、（倉庫証券、貨物引換証、貨物預り証、貸金庫室、金または銀の証明書によって証される）受寄者〔寄託を受けて物を保管すべき義務を負う者〕の義務である。もちろん、商品の引き渡しによって、

(120) コモンズ『資本主義の法律的基礎』p. 254を参照。

(b) 訳者註：民法上、当事者の一方（受寄者）が相手方（寄託者）のために保管することを約して、ある物（寄託物）を受け取ることによって成立する契約。

その使用価値が減じられることはなく、そのことは価格の変化、あるいはいかなる期待される時間の経過とも関係がない。しかし、ある商品引換券あるいは法的な請求権を、別の法的な請求権に交換するという申し出は、それら〔引換券や法的請求権〕の希少性と割引価値に関する売買交渉の問題である。法学と経済学においては、この希少性と割引価値こそが、引換券の価値である。未発達な銀行業における商品引換券、すなわち寄託である金銀の証書が、金匠によって手元の金銀以上に発行された場合、それらの証書は、法によって、寄託ではなく銀行債務とならねばならなかったのであるから、もはや商品引換券ではなかった。それらは価値引換券になったのである。価値引換券ないし債務としては、それらは使用価値、希少性価値そして割引価値という三次元の意味をもつ記号である[121]。しかし、商品引換券ないし寄託としては、それらは商品の使用価値のみの記号である。

法的コントロールの権原に関して使用価値と希少性割引価値をこのように識別することは、単なる詮索やたとえ話ではない。それは、ジョン・ローからプルードンそしてアメリカにおけるケロッグのグリーンバック党[c]の政策へ至る、すべての歴史上の紙幣の誤謬とそれがもたらした災難の土台をなすものである。彼らの失敗は、寄託あるいは使用価値の記号としての紙幣と、希少価値と割引価値の記号としての紙幣を識別できないというものだった。それゆえ、彼らはすべての商品を「代理する」に足りる紙幣を求めて、物価のインフレーションに対する予防策を講じなかったのである。彼らは、**商品**を要求する寄託としての引換券と、商品の**価値**を要求する債務としての引換券の意味を混同した。

類似の混同は、「市場取引《マーケティング》」という言葉がもつ二重の意味において、しばしばみられるかもしれない。それは市場取引のメカニズムあるいは市場の売買交渉を意味するかもしれない。市場取引のメカニズムにおいては、倉庫証券のような「引換券」は、財の**物理的引き渡し**を要求する。しかし、市場の売買交渉において、商業債務または銀行預金のような「引換券」は、財がもつ**価値**の支払いを要求する。寄託が譲渡可能である場合、それは商

326

品を要求する。債務が譲渡可能である場合、それは商品がもつ価値を要求する。

かくして、クナップの支払手段は、購入手段にもなるのである。わたしが他人から、泥棒、窃盗、強盗をしてではなく、物理的に商品を受け取って、それの所有者となる場合、法は以下のように想定する。すなわち、わたしはその商品に対して現行の価格で現行の法貨によって支払うことに、あるいは〔商品を盗られた〕被害者ではなく、いまや売り手と想定される前の所有者に受け入れられる場合には、現行法貨の等価物によって支払うことに同意した、と。

それゆえ、いわゆる商品またはサービスの「購入」とは、法的には、商品ないしサービスの獲得と引き換えに、いわゆる購入者が負う債務である。また信用売りと現金売りとの間にある唯一の違いは、商品の物理的引き渡し時点と債務から解放される時点との間にある、時間の経過における違いである。「現金」での購入では、債務の支払いは、測定に値する時間の経過をともなわずに行なわれる。しかし、債務の一般的な意味における、債務の支払いでは、商品の引き渡しと債務の支払いとの間に、時間の経過が存在する。販売と購入は、〔お金の〕貸し借りがそうであるのと同じように債権と債務である。販売と購入は、マクラウドが示したように、法においては、流通証券の販売と購入でもある。しかし、販売において、債務は測定可能な時間の経過をともなわずに支払われるが、信用においては、債務は時間の経過が測定されたあとに支払われる。その時間差から、現金払いが短期支払いであり、債務の支払いが長期支払いであると識別することができる。

---

(121)　後述、*p. 510*「貨幣と価値の取引システム」〔邦訳、中巻三八八頁〕をみよ。

（c）　訳者注：南北戦争後のアメリカで、農作物価格の暴落に苦しむ農民によって結成された政党。政府の通貨収縮政策に反対し、グリーンバック（不換紙幣）を法定貨幣にして無制限の発行を主張した。

ゆえに、マクラウドと同じように、クナップは商品の所有権の移転をすべて債務の創造として考えている点で正しい。そしてそれゆえ、「支払手段」と「購買手段」とを区別していない点でも正しい。いったん「支払共同体」が物々交換に取って代わってしまえば、慣例、慣習、ないし法の間には何らの区別も存在しない。モノは、物質主義的経済学者が実際に想定していたようには、もはや所有権に関わりなく単に物理的にのみ交換されるのではない。むしろモノの**所有権**は、支払共同体が定め執行する債務支払いの手段を考慮して移転されるのである。

クナップによる自らの問題についての議論が立法と行政との区別に依拠していることは認めなければならない。立法とは国家が行なうと**約束する**ことであり、行政とは国家が**行なう**ことである。（一八六二年のアメリカのグリーンバックにも明らかにいえることだが）オーストリア政府の一八六六年紙幣に関して、彼は「これらの紙片が、法的観点からどのように評価されるのか」と問うている。

471

……券面をみて、彼らはそれらの紙片が債務であることを認めるかもしれないが、実際には、支払われない債務は債務ではない。厳密な意味での紙幣の場合には、国家は他のいっさいの支払手段を提供しない。それゆえ、それは国家が債務を負っていることの承認ではない。たとえそのこと〔国家が債務を負っているということ〕が明言されていたとしても、そうである。その声明は政治的善意にすぎず、国家がそれ〔紙片〕を他の支払手段に転換するだろうというのは、実際には正しくない。ここでの決定的要因は、可能であるならば国家が何をしようとするかではなく、国家が何をしているのかである。それゆえ、不換紙幣による支払いにおいて現実の支払いをまったく認めないというのは、完全な誤りである。それ〔不換紙幣〕は物質的なものではないが、正真正銘の支払いなのである。……もしわれわれが、その貨幣が国の役所に支払うときに受領されるということを、自分たちに課せられた試練として受け止めるならば、われわれは〔不換紙幣は支払いであるという〕事実にかなり迫ることとなる。……こうしたことに基づけば、決定的なことは、その発行ではなく、われわれが呼んでいるように、その**受領**なのである。[122]

われわれは以上のことに、先に説明したように、国の役人ならびに民間人による強制的な受領も加える。

クナップの「発生論的」なものと「機能的」なものへの支払手段の分類を導くのは、以上のような立法と行政の区別である。そのうち発生論的区別からは、支払手段の起源に関する説明が与えられるのであり、それは次の二つの部分からなる。まず、それはペンサトリー（pensatory）、つまり秤量による支払いである。次いでそれは、プロクラメトリー（proclamatory）であり、つまり法の布告による支払いである。そして、彼の「名目性」というアイデアをもたらしているのがまさしく、こうした区別である。なぜなら、秤量においても布告においても同じ言葉である、ドル、フラン、マルクが使用されるからである。[123]

しかし、機能的な区別は行政的なものであり、「本位貨幣」と「補助貨幣」の識別をもたらす。貨幣価値をもつ貨幣とは、行政と裁判所がそれを支払手段として採用している点において、それ自体で通用する貨幣のことである。それは正貨かもしれないし、紙幣かもしれない。だがその本質的な特性は、債務や税の支払いのために使用する、現実の法貨だということにある。補助貨幣とは、完全な法貨（貨幣価値をもつもの）との関係で通用する貨幣のことであり、これもまた金属かもしれないし紙幣かもしれない。貨幣価値をもつ貨幣（法貨）は商品として機能せず、決して購買されない。それは単純に、支出か収入のどちらであろうとも、支払いにおける行政と

(122)　クナップ『貨幣国定学説』pp. 50, 51。

(123)　Cannan, Edwin, *The Paper Pound of 1797–1821*（1919）〔以下、キャナン『ポンド紙幣』と表記〕を参照。

れるからである。しかし、補助貨幣は商品である。というのも、それは最終的に法貨で購買される《ママ》からである。[124]
裁判所の「最後の拠り所」である。

こうしてクナップは、貨幣についての通念の下に隠れていたものを取り出し、より根本的な社会学的観念に踏み込む。彼は物質的な商品を、譲渡可能な制度に取って代える。彼曰く、一般人は生来「金属主義者」である。例えば、銀行家は自らの「貨幣」供給の増加を承認した、と語り、それゆえ、貨幣は「御しやすい」ものと語るが、ところが彼が承認したのは、預金者に対して支払うべき債務の量を増加させることであった。これらの債務は支払手段であり、「御しやすい」のは貨幣ではなく、過去に支払期日が来た債務である。「ウォール街」は「貨幣市場」の中心であるといわれている。だがそれは債務市場の中心でもある。経済学者は「貨幣の量」あるいは「貨幣数量説」について語る。だがそれは貨幣の量ではなく、債務の量であり、この債務の量はどこかで同量の信用をもっている。貨幣の量は債務の量であり、債務の量は信用の量である。「実在のモノ」や「実在」は貨幣ではない。それ〔実在のモノや実在〕は債務取引の現在における反復および期待される反復である。そこでは、いわゆる貨幣の「量」は債務の「量」である。物の量ではなく、債権者と債務者の取引の反復が貨幣の量である。貨幣の制度的実在とは、義務と債務であり、支払いと履行の共同体による、債務からの解放と解消である。そしてその物理的実在とは商品であり、その経済的実在とは希少性、有用性、そして割引である。

クナップはこの経済的実在と、自らの法的問題に関するあらゆる「経済学的省察」をことのほか回避した。われわれは、クナップの法的通用性に関する理論に適合した、こうした経済的価値に関する省察のために、ホートレーに目を向けることにする。

第三節　債務の創造

マクラウドもクナップも、債務を商品と結び付けなかった。クナップの場合はあらゆる「経済学的省察」を故意に避けたからで、マクラウドの場合は債務を商品と取り違えたからである。債務を商品と区別し、しかも両者を一つの取引のなかで結びつけることが、一九一九年におけるホートレーの役目であった。

ホートレーは、貨幣、ティースプーン、傘のような、人間が創り出した人工物は、それらが仕えている使用法や目的によって定義されるべきものであり、地震やキンポウゲ〔植物〕のような、**目的**が定義のなかに入っていない自然の出来事や対象とは異なると述べている[125]。商品学説を支持する経済学者は、価値の貯蔵、交換媒体、価値尺度、延べ払いの標準が、貨幣の第一目的であるとしていた。しかし、ホートレーは、マクラウドやクナップのように、不平等な取引から生じる債務の解消を貨幣の第一目的であるとする。そしてその第二の目的が、交換媒体と価値尺度であるので、貨幣の「価値の貯蔵」は、その他の人々が負う債務がもつ市場価値にすぎない。

商品経済学者は、貨幣の四つの機能に関する自分たちの記述を、物々交換から貨幣へという歴史的発展を想定して行なった。しかしホートレーは、彼が貨幣の「論理的」起源と呼ぶものと、その「歴史的」起源を区別する。論理的起源とは、貨幣が商人間の差引残高を決済するための「計算貨幣」として役に立つということ、すなわち

473

(124) クナップ『貨幣国定学説』p. 158。

(125) Hawtrey, R. G. *Currency and Credit* (1919)〔以下、ホートレー『通貨と信用』と表記〕。引用は第二版（一九二三年）pp. 1–16による。また、Hawtrey, R. G., *The Art of Central Bunking* (1932) も参照せよ。

貨幣はそのようなものとしては物理的存在なしに頭のなかや帳簿上で保持されてもよいということである。

さらに、債務と支払約束との区別がある。債務とは「根本的には貨幣ではなく、**富**を与えるという義務」である。その債務は生産過程そのものから生じる。生産過程においては、「提供されるサービスが、生産物をわがものとする人の、サービス提供者に対する債務を創造する」。「法的には、貨幣の使用によって、債務者は取引を終えることが可能になる」。あるいはクナップがいっていたように、債務の義務から債務者を解放することが可能になる。しかし、債務それ自体は、債権者が市場に入って、「彼が受け取った購買力によって表象されるのと同量の富を」引き出すまで、**経済的には**支払われない。かくして債務とは、相手から借りている「富」であり、貨幣とは債務を支払うことによって、富を供給する手段である。

「計算貨幣」が登場するのはまさしくここである。「もし彼が、債務者から貨幣を受け取るかわりに、ただちにその債務における自らの権利を、妥当な量の富と交換に他の誰かに譲渡してしまえば、同じ目的に至るのに近道をしたことになる」。この債務の譲渡が意味しているのは、一方の人々が彼に対する債務を用いて、他方の人々から商品を買っているということである。しかし、彼と取引しているすべての人もまた、自分たちが保有する債務を仲介人に譲渡することができない限り、こうしたことを絶えず実行することはできないであろう。この仲介人が銀行家である。そして彼らが引き換えに銀行家から受け取る銀行信用もまた、債務でしかない。それは、「別の債権者に移転する便宜が銀行家によって認められているという点でのみ他の債務とは異なる」債務である。彼らは「貨幣」を求めてではなく、「計算貨幣」を求めて、銀行家のところに行く。なぜなら、彼〔銀行家〕は共同体のために債務口座を運営し、彼らの債務を互いの債務で相殺し、そして自分自身の債務によって残高を支払っている仲介人だからである。それはクナップのいう支払共同体である。

こうしてわれわれは、富を生み出しそれを獲得する個人的自由というアダム・スミスの仮定からではなく、富

474

を生み出し引き渡す義務というホートレーの仮定からわれわれの経済理論を始める。ホートレーは自らの〔理論的〕出発点がもつ論理的および歴史的含意を伝える必要があると認めていないけれども、彼の理論と古典派および快楽主義理論との違いはかなり大きいので、われわれが考えるその差異を明らかにするよう努める。

アダム・スミスにとって個人の自由は「自然なもの」であり、自然であることが彼においては論理的という意味であるだけでなく、それはまた歴史的に個人の架空の原初状態でもあった。しかし、ホートレーにおいては、論理的なものは歴史的なものと区別されている。自らが社会の一員であることから派生する個人の根本的な論理的状態とは、富を生産し彼〔個人〕にそれを引き渡すというサービスを提供した生産者に対して、富を引き渡すという義務が存在する、というものである。この富を引き渡すという義務こそが、債務である。そして、債務とは、〔その債務支払いの〕義務を法的等価物とするところの、経済的等価物である。スミスにとって、富とは他人の使用のために**自由に**生産された商品であり、その他人には、交換向けの他の商品を自由に生産することが期待されている。ホートレーにとっての富とは、次のような他人の使用のために、すなわちすでにサービスを提供しているが、まだ支払いを受けていない他人の使用のために生産**されなければならない**商品である。一方は個人的自由であり、他方は社会的義務である。前者の場合には、富を生産する義務はいっさい存在せず、その状態は個人の自由と無保護〔という状態〕である。後者の場合には、富を生産する義務が存在しているから、この状態は債務という制度〔の状態〕である。スミスにおいては、生産理論と信用理論の完全な分離が存在していた。というのも、生産は交換価値のみを創り出すが、信用はそれとは異なった理論に基づいて開始されなければならないからである。しかしホートレーにとっての生産理論とは、まったく同時に生産理論でもあり、信用理論でもある。というのも、生産は、生産物を獲得する者の側に債務を創り出し、かつ生産物を引き渡す者のためにその債務と同量の債権を創り出すからである。

一方、ホートレーは、「根本的な」ことについての自らの「論理的」分析が、歴史的にも根本的なことなのかどうかを見出すための歴史的研究にとりかかっていない（これに対してスミスは、自分が論理的だと考えていたことが、論理的であるがゆえに歴史的であると想定していた）。とはいえ、物語的歴史ではない歴史的研究は、以下のことを示す。すなわち、ホートレーの論理的基礎である債務は、歴史的にもまた、物語ではない経済史の根本的な出発点である、と。原始社会はしばしば、債務創造についてのその社会なりの方法である「贈与」という制度をもっていた。そしてその社会でさえ、計算貨幣を確立していたことが知られている。生産と信用を統合するだけでなく、歴史と論理をも統合する経済理論を提出するのに必要なのは、解消不可能な債務と解消可能な債務とのクナップによる区別と、それに加えて口頭契約、譲渡可能性、法貨のような、注目すべき法学上の創発を考慮することだけである。

ホートレーが計算貨幣、交換媒体、および価値標準という自らの主要な概念それぞれを論理的につなげている方法に着目することで、次いでこの論理の歴史的過程との関連の仕方を観察することで、以下のことが明らかになるであろう。彼は貨幣の論理的起源についてまず、「商工業のあらゆる現代的な発展をともなった、完全に組織化され、文明化された社会」を仮定する。次いで彼は、貨幣がまったく使用されないとき、はたしていまあるような社会はどの程度まで存続できるかどうかを検討している。彼は社会の横断面から始める。彼は、貨幣として役立つ商品をもたないそのような社会は、「計算貨幣」を採用するだろうということを見出している。大変興味深いことに、現代の人類学者は、構成員間での取引のために、まさしくこうした計算貨幣[126]をもっている原始社会を実際に見出している。しかしそうした原始社会は、「外部の」他の共同体との「外国」貿易のためには商品貨幣を用いている。換言すれば、彼らは国内交易のために、クナップのいう支払共同体およびホートレーのいう計算貨幣の経済的等価物を創出するのである。したがって、現代の信用社会からの抽象を通じて引き出されたホートレーの仮説的論理は、実質的には、原始社会で歴史的に見出されるものについての一描写である。この計算貨幣は、ホートレーによって次のように記述されている。

財は市場に持ち込まれて交換される。しかし、たとえ交換媒体がなくても、それらが直接、互いに物々交換されなければならないということにはならない。もしある者が一トンの石炭を他の者に売れば、このことが買い手から売り手への**債務**を創造するだろう。しかし、買い手は他の誰かに対しては自ら売り手になっていただろうし、売り手も自ら買い手になっていただろう。市場における取引業者は、一堂に会して自分たちの債務や債権を相殺することができる。だが、こうした目的のためには、いろいろな財の購入と販売を表象する債務と債権が、何らかの共通の尺度に還元されなければならない。実際、債務を測定する**単位**は必要不可欠である。商品が貨幣として使用されるところでは、その商品が債務測定の単位を自然に供給する。貨幣の存在しないところでは、その単位は総じて慣行《コンヴェンショナル》的なものないし任意のものでなければならない。これは専門的には「計算貨幣」と呼ばれるものである。貨幣が用いられているときでさえ、債務の計算単位が、流通貨幣と正確に一致せずにある程度食い違うということがときおり起こるだろう。その場合、貨幣と計算貨幣との区別が、そのまま実践的な区別となる。本位貨〔原貨〕の価値は、……計算貨幣で表わされるだろうし、一定の債務を支払うのに必要とされる本位貨総量は変動するだろう。以上のことが、おおよそわれわれが想定している事態である。[127]

(126) Turner, G., *Nineteen Years in Polynesia* (1861); Gordon-Cumming, C. F., *At Home in Fiji* (1885); Hoyt, E. E., *Primitive Trade: the Psychology of Economics* (1926). ギリシャでは、この計算貨幣が雄牛であった。

その場合、貨幣として使用される商品も法貨も存在しないところで、この計算貨幣が安定化することによって、それが日々の債務の統一的な測定単位であり続ける仕組《メカニズム》みはいったいどんなものであろうか。ある仕組みが商品に取って代わらねばならない。安定化は慣習あるいは銀行によってなされる。われわれが言及してきたように、原始共同体においては、共同体の構成員間で、計算貨幣が慣習によって安定化するかもしれない。だが、他方部族間の交易においては、商品貨幣が使用されるし、それは売買交渉の諸力にゆだねられている。

しかし、現代の共同体において、商品貨幣も法貨もないのであれば、計算貨幣の単位を安定させるという任務を課されているのはまさしく銀行である。ホートレーが述べたその仕組みは、架空のものではない。というのも、彼曰く、それは一七九七年から一八一二年までの十五年間、イングランド銀行の仕組みであったからである。当時「イギリスの普遍的な支払手段はイングランド銀行券だった。その銀行券は、法貨ではなく、銀行から支払われるべき債務の証書にすぎなかった。しかしそれは、金ないしその他のいかなる手段でも支払うことのできない債務であった[128]」。それは単なる銀行券であり、経済的には銀行預金と異なっていなかったのであるから、その期間、商業債務は、貨幣でも貨幣支払約束でもなく、イングランド銀行が管理していた計算貨幣で支払われた。こうして、ホートレーのいう「計算貨幣」とは不換紙幣のことであり、こうした計算貨幣の単位は「ポンド紙幣」であったことがわかるであろう[129]。そしてイギリスによる一九三一年の、アメリカによる一九三三年の正貨支払いの停止後、再び同じものがみられるようになる。

貨幣も法貨もない仕組みとは、クナップの支払共同体と同様のものである。ホートレー曰く、

全共同体の債務は、銀行の帳簿における移転によって、あるいは銀行家の債務を象徴する銀行券などの、証書の引き渡しによって、決済されうる。銀行家に支払能力がある限り、彼らの債務証書《オブリゲーション》は、債務弁済のため

の完全に適切な手段を提供する。なぜなら、［マクラウドがいっていたように］債務は、貨幣の支払いによって償却されうるだけでなく、別の債務によって相殺可能でもあるからである。もちろん、当の銀行家が裁判所に訴えられても、彼には支払いを命じられるかもしれない法貨がいっさいないことも、依然としてありうる。しかし、彼が支払い可能であれば、彼は別の銀行家から信用を獲得することができる。実際、私的貿易業者の場合には、自己の負債に見合った十分な銀行信用を獲得する力をもつことが、彼の支払能力についての自然的な試金石だろうが、その場合、銀行家の支払能力についての試金石となるのは、銀行家が自らの債務証書を他の銀行家のそれへと即座に転換できることであるだろう(130)。

しかしここで、すぐに疑問が生じる。われわれが、金もなければ法貨もない、貨幣のない社会をまず前提とし、そのうえで、支払能力のある銀行の銀行信用が貨幣と同様の目的にかなうことを見出す場合、われわれが別の名称で貨幣を導入したことは、最初の前提に抵触していないだろうか。いや、抵触していない。なぜなら、われわれが導入したのは、法的にも経済的にも貨幣とは異なるものだからである。

ホートレー曰く「……われわれは銀行信用を貨幣とみなすことに慣れている。しかし、これは、日々の実用的目的からすれば、銀行信用と貨幣の区別はまず重要な問題とはならないからである。……銀行信用は**単な**

---

(127)　ホートレー『通貨と信用』p. 2。
(128)　同書、pp. 13, 14。
(129)　キャナン『ポンド紙幣』pp. xvii–xxix を参照。
(130)　ホートレー『通貨と信用』p. 4。

る債務であり、その債務を別の債権者に移転する可能性が銀行家に認められているという点でのみ、他の債務とは異なる。商業債務は銀行信用と同じぐらい優良な資産であるかもしれないけれども、それが貨幣であるとは誰も思わない[131]」。

それゆえわれわれは、商品貨幣でもなければ法貨でもない、自生的な計算貨幣しかもたない社会に関するホートレーのもともとの仮定に、また、銀行業の仕組みは、商品貨幣も法貨もないときに債務の測定・支払いのために計算貨幣の単位を安定させられるか否かという、彼のもともとの疑問に立ち戻る。

結局、債務は価格と同じ量であること、あるいはむしろ、価格の機能は「債務の大きさを規定する」ことであることがわかる。それゆえ、債務測定のための単位は、債務の大きさを規定する、価格測定のための単位と同一である。なぜかといえば、ホートレーは次のように考えていたからである。すなわち彼は価格を、商品の視点から、商品交換において獲得される他の財の量、つまりそうした財の一つが商品貨幣の量とみなすのではなく、取引の視点から、取引の当事者たちが創り出す、法的に承認された義務とみなすのである。それは、十六世紀に起源をもつ現代的な契約教説における一要素としての、**口頭契約**についてのコモン・ローの教説〔単純契約違反の賠償請求〕からもたらされた自然な結果である。「……どんな商品も価格が市場でつけられるとき、その価格は提供の申し出となっている。その申し出が受け入れられることによって商品の買い手から売り手への債務が創造される。価格の機能とは、この債務の大きさを規定することにある[132]」。

こうして、商品貨幣も法貨ももたず、債務残高決済のための計算貨幣しかもたない社会、というホートレーの仮定は、信用と貨幣の違いを説明する単なる論理的考案物ではない。それは歴史的状況に関する「論理」でもある。ここで歴史的状況とは、裁判所が、いろいろな契約を解釈して執行するに際して、法的保障とは区別された経済的保障が獲得されるべきであるならば、不安定な計算貨幣以上のものをもつことが必要となるというものである。こうした必要性が歴史的にではなく、論理的にどのように発展するのかを、ホートレーは、以下のように説明する。

　債務測定のための単位は、価格測定のための単位であるので、「必然的に価値の測定単位でもある。あらゆる商品の（経済的な価値の意味における）相対的価値は、それらの商品の相対価格によって測定される。そして、それぞれの商品の価格は、商品の単位当たり価値を測定する」。

　ここで、価値という用語は、交換における価値という経済的な意味で使用されている。商品の価格とは、貨幣との交換におけるその商品の価値、すなわち、市場において一単位の商品と交換されるこの計算貨幣の量である。

> 価値が交換における価値を意味する限り、何かの価値は、商品であれ貨幣的計算単位であれ、つねにある**比率**、つまり何か他のものに換算された価値でなければならない。あらゆる商品が単位換算での価値をもっているように、計算の単位も、各々の商品に換算される価値をもっている。それは例えば、ズボン一着、あるいは一トンの石炭と等価であろう[133]。

(131)　同書、p. 5。
(132)　同書、p. 5。もちろん、ホートレーはここで、債務の大きさという一つの次元についてしか語っていない。その他の諸次元とは、その他の価値の諸次元のことである。
(133)　同書、pp. 5–6。

こうして、ズボン一着や一トンの石炭の「価格」は、慣習上の貨幣単位で表わされるとき、ズボンや石炭の「価値」でもある。

ここで注意されるべきは、価値が次のような二重の意味をもつということである。その意味とは、まず価格という、単位当たり価値であり、次いでその価格の商品のある数量がもつ価値である。われわれは、これらの意味、すなわち価格という意味と、数量および価値という意味を区別してきた。これら二つの意味から、価値に関する第三の意味、すなわち商品価格の平均は、区別されるであろう。この第三の意味は、「価値単位の主要な必要条件は、安定性《スタビリティ》である」という事実から生じる。それゆえ価値に関するこの第三の意味とは、諸価格すべての平均のことである。それをホートレーは以下のように説明する。「単位の価値が変化してはいけないというのはいかにも結構だが、その単位がもつ価値についての単一の解釈は存在しない。石炭で表わす単位の価値は安定的であるかもしれないが、一方で、ズボンで表わすその価値は上下するかもしれない」。しかしながら、同様のことは、[479]仮定上の計算単位についていえるように、金商品についてもいえる。「次のようにいうだけで十分である。すなわちわれわれが、その単位で計算された**すべての**商品価格が同時に上昇傾向にあることを指摘できる場合、そのことはその単位の価値が下落していることを意味する。そして、あらゆる価格が下落傾向にあることは、その単位の価値が上昇していることを意味する」[134]。つまり、全価格の平均が上昇すれば、その場合貨幣単位の価値は下落する。逆に、もし価格の平均が下落すれば、貨幣単位の価値は上昇する。これは、貨幣の単位に当てはまるのと同様に、貨幣なしのときの計算単位にも当てはまる。

その場合、すなわち貨幣はないけれども、債務残高支払いのための計算単位だけはある場合、「たとえ何らかの特定商品との等価性によってその単位の価値が固定されていなくても、その単位を日々使用し続けている」という事実だけで、「商品で表わしたその単位の価値がどちらかの方向へとはなはだしく変化するのを妨げるのには十分」なのではないだろうか。

これに答えるために、信用メカニズムがどのように働くかをみてみよう。「銀行家が貸し付けるとき、われわれは、彼が信用を与えるとか、信用を創造するとかいう。ここでの信用は「一つの信用」である。これは二重の取引を記述するのに不正確な方法である」。行なわれているのは、実際には二つの信用ないし債務が、創造されるということである。そのうちの一つである銀行家の債務、あるいは要求払い「銀行貸付」は、顧客の財産である。顧客はこれを「預金」として所有し、また顧客が、商品と引き換えに第三者に支払うべき債務総額を他の誰かに支払うことを銀行家に注文するというかたちでそれを利用する。もう一つの債務とは、銀行家に対する顧客の債務である。「というのもそれ〔もう一つの債務〕は、それが支払期日までの期間に利子や割引を生み、銀行家の利潤を供給するからである」[135]。

顧客に支払われるべきこうした銀行債務をどれくらい、顧客は銀行家に支払うべき自己宛債務の創造を通じて銀行家から購入するのであろうか。顧客が財の購入者であるならば、彼は第一段階では、「そのときに支配的な市場価格によって」誘導される。彼が製造業者であるならば、支配的な市場価格とは、彼が資材と労働に対して支払わなければならない価格である。彼は、自らが財を生産している時間と、市場で商品購入者から支払いを受ける時間との間に、上流の生産者たちに支払う必要があるであろう額と同じ大きさの銀行債務を、自己宛債務の創造によって購入するだろう。しかし、こうした購入者と、下流にいる卸売や小売での商品購入者もみな、こうした支払いをするために、自己宛債務を創造することで銀行家の債務を購入しなければならないだろうし、また

(134)　同書、p. 6。
(135)　同書、p. 10。

そういったことは最終消費者が支払いを行なうまで続くのである。

しかし一方で、この最終消費者は絶えず、銀行の顧客が銀行で借りているこうした同じ信用から、購買力を受
480 け取っている。銀行顧客による購買力の供給は、こうした銀行信用の額によって規制されている。実のところ現実には、購買力は、銀行家が商人や製造業者に対して行なっているまさしく信用前貸し《クレジットアドヴァンス》によって、彼らの製品が販売されるより前に彼らに支払われる。賃金稼得者などの最終消費者は銀行から借りないけれども、彼らの雇用主は賃金稼得者のために借り入れをするし、それによって雇用主は、賃金稼得者が最終消費者として、最終生産物に対して支払う数か月前やさらには数年前に、彼らの労働に対して支払うことができるのである。

したがって、支配的な市場価格の下で消費者の購買力をファイナンスするのに必要とされることとは、銀行の顧客たちが、銀行に対して日々支払い続けている**より古い**信用にかえて、銀行が日々十分な**新しい**信用を継続的に創造することだけである。つまり、そのより古い信用の支払いは、銀行が日々創造しているそうした同じ新しい信用によって行なわれているのである。それは循環になっている。銀行家が自己宛ての銀行預金債務を創造することによって顧客の商業債務を購入すると、その後、顧客の商業債務を支払うのに用いるべき同量の新規銀行債務が創造されるので、その顧客がその商業債務を弁済することが可能になるという無限循環である。同じことは、貨幣市場で債務を創造し、解消することによって、商品市場で財に対して価格を支払うという連続的な循環のなかでも行なわれている。

すべての価格がともに上下する傾向が存在せずに、こうしたことが日々なされていけば、その場合、継続性の原理は、貨幣的な計算単位の安定的な価値を維持するのに十分である。「信用メカニズムのルーティン……は、新たな借り入れが全体として十分であり、かつ還流した前貸しを更新するのに十分以上ではないことに依存している。……これが満たされれば、メカニズムにおけるその他の部分の安定性が帰結する」[136]。

しかし、はじめに戻って、計算単位の価値安定性についてはどうであろうか。

このルーティンが妨げられていると仮定しよう。「貨幣単位が安定的な価値標準であることを証明しようとすれば、われわれは以下のことを示さなければならない。すなわち、もし何らかの攪乱要因にさらされても、その単位は以前の価値に**戻る**傾向があるだろうし、いずれにしても、古いものとはそれほど異ならない比較的安定的な新しい価値に到達するであろう[137]」。

この点について、まず新規借入の縮小を原因とする攪乱を考え、次に新規借入の拡大を原因とする攪乱を考えてみよう。

481

商人が製造業者への注文を減らしたり、借り手が商品や労働を入手するために自らの信用を使うかわりに負債額を減らしたりするならば、借り入れの削減が起こるかもしれない。後者の場合、消費者は商品の購入を減らすだろうし、どちらの場合でも「新規の信用創造が不活発になることは、製造業者に対する注文の減少を意味する[138]」。こうしたことは循環を拡大するなかで広がっていくので、「もともとの信用制限は繰り返され、自己強化する傾向がある」。

しかし、それを補正しようとする傾向がすぐに作用し始める。

---

(136) 同書、p. 11。
(137) 同書、p. 11。
(138) 同書、p. 11。

信用制限は、銀行家の営業への制限を意味する。銀行家は、結果として生じる利潤の収縮には進んで同意しないだろう。彼らは顧客が借り入れるよう誘導しようとする。実際には、彼らは、利子支払請求を少なくするであろう。[139]

だが、利子率が引き下げられるのは銀行家の自発的意志だけによるものではない。それはまた、経済的な強制でもある。

信用の収縮は、商品需要の衰弱を生じさせる。商品需要の衰弱は、価格の下落を生み出すだろう。商人は財を保管している間に、財の在庫が価値を失うことに気づくだろう。そしてこの価値の喪失が、在庫ファイナンスに用いる貸付金の利子を支払う〔のに必要な〕利潤を減らすことに気づくだろう。したがって、価格下落は、おのずと借り入れの魅力を減じ、借り手が支払いに応じる利子率を下落させる。状況に応じて銀行家は、顧客の財の回転率からみて正当だと認められる縮小した規模で、借り入れを継続するよう顧客を誘導するところまで、自らの利子支払請求を減らさねばならない。そしてもし、こうした顧客に借り入れを増やすよう促すのであれば、利子率はこの低い水準よりさらに引き下げられねばならない。[140]

しかし、もしこれらの措置が借り入れを促進しなければ、どのくらいまで物価は下落するのであろうか。信用業務はゼロにまで減ることはない。なぜなら、失意の商人は、「自分のビジネスを生かし続けるためだけに」、どんな条件でも借りざるをえないようになるからである。それゆえ、物価水準が以前よりも低くなるなかでではあるが、つまり〔貨幣〕単位の価値が以前よりも高くなるなかでではあるが、以前のルーティンが復活するだろう。

482

それだから、「単位の価値が自動的に以前の価値に戻ろうとする傾向」はまったく存在しない。その価値は、新しい借り入れを削減する新たな攪乱を通して、さらに低下し続けるかもしれない。

だが、それと反対の攪乱、つまり信用の拡大を生じさせるもの、を取り上げてみよう。

……この動きは、範囲においてよりいっそう無限定である。利己心は、進取の気性に富む商人にこれまで以上に借り入れをするよう促すだけでなく、進取の気性に富む銀行家にこれまで以上に貸し出しをするよう促す。というのも、それぞれにとって、信用業務の増加は、ビジネスの拡大を意味するからである。……価格の一般的な上昇は、所与の財の産出をファイナンスする借り入れの比例的増加、それに加えて、産出の増加によって必要とされる借り入れの増加を意味するだろう。……この過程はどこで終わるのだろうか。信用収縮の場合、銀行家の利己心と商人の苦境が結び付いて、以前にあった水準とまではいかないにせよ、信用創造をもとの状態に戻した。しかし、信用拡大の場合、そのような調整作用は働かない。信用の無限の拡大ないし膨張《インフレーション》は、商人と銀行家両者の当座の利益に資するものであるように思われる。(141)

〔ここでは〕再び、計算貨幣の価値尺度〔または価値標準〕はまったく失われている。ここでこそ貨幣そのものが役に立つのである。まずそれ〔貨幣〕は、銀行家と顧客の両方による債務の法的な弁済〔または償却〕手段と

(139) 同書、p. 12。
(140) 同書、p. 12。
(141) 同書、pp. 12, 13。

して役立つ。これは貨幣の主要な目的である。「銀行家の債務は、貨幣を支払うものでなければならない」。なぜなら、その債務証書は、自ずと債務弁済の法的な手段であるわけではないからだ。

次にそれは、交換の媒体として〔の貨幣〕である。「なぜなら、購入は債務を創造し、貨幣はその債務を支払う手段を供給するからである」。支払いが現金でなされるとき、このことは、その債務が即座に弁済されることを意味するにすぎない。このように、「交換の媒体」とは法的にも経済的にも、債務を創造して、即座にそれを弁済することである。その媒体が銀行信用であるならば、それは自発的な受領によって弁済されるし、その媒体が貨幣であれば、それは強制的な受領によって弁済される。

第三に、それは価値の尺度である。「ただちに支払われるべき債務の価値は、必然的に、その債務を法的に支払うことができる手段の価値に等しい。かくして、信用を安定化するという問題は、貨幣の価値を安定させるという問題と同一であるとみなされる(142)」。

こうしてホートレーは、マクラウドとクナップだけでなく、マルクスやプルードンも手をつけた、法的問題に関する経済学を完成する。それは財産と価格の意味を明らかにするものである。マルクスとプルードンにとって、財産の意味は古典派および快楽主義経済学者のそれ、つまり自分自身がそれを使用するために、全世界を向こうに回して物理的対象を排他的に保有すること、というものであった。マクラウドは〔それに〕、「無体財産」に関する法的意味を加えた。つまりそれはある人が別の人に対して支払うべき債務であった。しかし彼はこの債務を商品のように扱った。なぜなら、譲渡可能性という法的な発明を利用すれば、その債務は商品のように売買されうるだろうからである。それゆえ、イギリスのコモン・ローの技術的な偶然的性質にすぎないものに惑わされて、彼は物理的商品の保障や販売で創造されるこの債務を、〔原商品である〕物理的商品に追加される副商品であるとした。しかし彼は、商品市場と債務市場は同じ市場の二つの側面にすぎないことに気づいていなかった。

483 次にクナップは、支払共同体の概念によって、商品市場についてではなく、債務市場についての原理を発展させた。最後にホートレーは、現代のビジネス取引における各段階を、商品市場と債務市場の両方においてたどり、彼のいう価格の二重側面によって、その二つ〔の市場〕を結び付けた。それは、商品市場の価格が貨幣市場での債務の大きさを決めるというものであった。マクラウドが、債務の所有権移転に適した、譲渡可能性という法的装置だけを導入していた法的側面において、ホートレーは債務そのものの創造に適した、**口頭契約**〔単純契約違反の賠償請求〕についての初期の法的教義を付け加えた。この教義は、その現代的発展においては、全市場のほとんどすべての取引に関する基礎になっている。そしてこの教義は、事実上、以下のような想定にほかならない。すなわち、商品市場におけるある価格の単なる申し出と受け入れが、その価格での債務を創造するという考えである。そして、貨幣市場におけるそうした債務の譲渡可能性に興味をもったのがマクラウドであり、銀行オフィスにおける帳簿作業〔簿記〕による債務の解消に興味をもったのがクナップであった。

　こうして、商品にかわって債務が、富の生産、富および貨幣の相対的希少性、そして財産の法を、一つの機能的な相互依存関係に統合しようとする科学の主題となる。ホートレーのいう銀行家の債務、または貨幣として使用されるいわゆる「預金通貨」は、銀行家の帳簿における貸方と借方の当座預金勘定である。われわれはそれを実効化する法令によって、「引き落とし貨幣《デビット・マネー》」と呼ぶことができよう。その結果、三種類の貨幣は、金属貨幣、紙幣、引き落とし貨幣となる。

　ホートレーは一九一九年、生産者の短期債務と銀行家の満期を過ぎた債務を扱った。それは貨幣の概念を、「口座の引き落とし」という概念に変えた。その歴史的移行をたどるために、われわれは金属貨幣の時代の経済

(142) 同書、p. 16。

学者であるヒュームとチュルゴーにさかのぼり、次に引き落とし貨幣の時代および計算貨幣に関する中央銀行の時代の経済学者である、カッセル、ヴィクセル、ミーゼス、ハイエク、ケインズ、そしてフィッシャーへと移っていくことにする。

第四節　債務の希少性

1．金属貨幣の希少性

ロックからスミスとリカード、マルクスとプルードンに至る労働経済学、および、ベンサムからメンガーとベーム＝バヴェルクに至る心理主義的経済学はついに効率性と希少性という概念にたどり着いたが、それと並行して、ヒュームから、チュルゴー、マクラウド、シジウィック、ジェヴォンズ、カッセル、ヴィクセル、クナップ、ホートレー、フィッシャーを経由して発展した貨幣経済学は、ついに債務の将来性概念にたどり着いた。

[484] 一七五二年、デイヴィッド・ヒュームは、重商主義を攻撃するなかで、のちに続く経済学者の学派を商品理論家と貨幣理論家とに分離することに一役買った三つのアイデアを打ち出した。第一のアイデアは、変化と安定の区別であった。第二のアイデアは、希少性と慣習の区別であった。第三のアイデアは、貨幣の利子と資本の利子との等価性であった。

ヒュームが貨幣供給の変化と労働や商品に対する貨幣供給の安定とを区別したことにより、未だ数学的な備えが整っていなかった後続の物理的経済学者は、変化の相対性を扱い、時代を超えて不変の価値尺度として貨幣のかわりに労働を用い、それゆえ効率性を希少性と混同するようになった。その後、ジョン・ステュアート・ミルがひそかに労働のかわりに金属貨幣を価値の尺度としたとき、貨幣はすでに金属貨幣から振替貨幣へと移り変わっていた。しかし、ミルにとって貨幣は、自らの経済学の一般理論とは関係のない何かしら心理学的なものであった。ヒュームは、金属貨幣だけを扱っていた。

「貨幣が以前よりも多量に流入し始めたあらゆる国においては」、彼曰く、「あらゆる物が新しい様相を呈する。すなわち、労働と産業が生気を帯び、商人はより冒険的になり、製造業者はいっそう勤勉と熟練を増し、農民でさえ、より敏速かつ注意深く耕作するようになる。……商品の高価格は、金銀の増加の必然的結果であるけれども、この増加に続いてただちに生じるものではなくて、貨幣が国の全体にあまねく流通し、その効果が国民のすべての階層に及ぶまでには、ある時間の経過が必要である。はじめは何らの変化も認められないが、やがて次第に一つの商品から他の商品へと価格は騰貴してゆき、ついにはすべての商品の価格がこの国にある貴金属の新しい分量にちょうど比例する点に達する。わたしの意見では、金銀の増加が産業にとって有利なのは、貨幣の取得と物価の騰貴との合間ないし両者の中間状態においてだけである。この間においては、金銀数量の増加は産業にとって有利である」。その一方で、ヒューム曰く、「この合間は、金銀が増加しつつあるときに産業に有利であるのと同じように、金銀が減少しつつあるときには産業にとって有害である。労働者は、製造業者や商人から同じ分量の仕事を得られないけれども、市場にあるすべての物に以前と同じ価格を支払う。農民は彼の穀物や家畜を思うように処分することができないのに、地主に同額の地代を支払わねばならない。貧困と物乞い、そしてそれに引き続いて生じるに違いない怠惰を予見することは、たやすいことである」[143]。

これら貨幣の希少性の変化は、商品と労働の価格に対して効果を及ぼすだけである。商品の**節約される**量とその帰結としての利子率を決定するのは、人々の「風習」である。「地主しかいない国では、節約がほとんど行なわれないので、借り手の人数がきわめて多いはずであり、利子率はそれに見合っているに違いない」。このことを、彼は商業および製造業の土地と対比させた。

「倹約を生み出し、利得の愛好を快楽の愛好よりも支配的にしているのは、すべての勤勉な職業による必然的な結果である。……多数の貸し手がいるためには……莫大な貴金属が存在することは十分条件でも必要条件でもない。唯一必要なのは、大小を問わず国家が所有または支配する貴金属が、相当の金額となるまで特定の人々の手中に集められること、言い換えると大きな貨幣所有者層を形成するということだけである。このことは多数の貸し手を生み出して高利貸利息を引き下げる。そしてこのことは……正貨の数量ではなく、正貨を集めてこれを莫大な価値をもつ別箇の額または量にまとめる、特定の風習に依存するのである。……貨幣の豊富が低利子の原因だと主張してきた人々は、副次的な結果を原因と取り違えたものと思われる。なぜなら、利子を低落させる当の産業活動は、普通、きわめて豊富な貴金属を必要とするからである。抜け目ない冒険的な商人とともに、さまざまな種類の洗練された製造業は、それが世界のどこにあろうと、やがて貨幣を引き寄せるであろう。……貨幣の豊富と低利子というこの二つの結果は、もともとは商工業から生じるものではあるけれども、互いにまったく独立しているのである」。貨幣量の多少は「利子に何の影響も与えない。しかし、労働と商品のストックの大小が大きな影響を与えてきたに違いない」(144)。

このことが、ヒュームの第三のアイデアにつながった。それは、貨幣と節約された物理的財との対応性でもあり、貨幣とこのように節約された財の利子である物理的財との対応性でもある。

仮にあなたが一定量の労働や、一定数の商品をわたしに貸すとすれば、あなたは五パーセントを受け取ることにより、つねに〔貸付額に〕比例した労働と商品を受け取る。それらが黄色の鋳貨で表わされようと白色の鋳貨で表わされようと、あるいは、一ポンドで表わされようと一オンスで表わされようと、いつもそうなのである。(145)

486

言い換えると、より高いかより低い価格が資本としての機能を果たす商品と労働に対して支払われるならば、同じようにより高いかより低い価格が、資本**利子**としての機能を果たす商品と労働にも支払われる。それゆえ、貨幣の希少性ないし豊富性は、商品と労働の価格変化を引き起こすが、利子率の変化を引き起こさない。利子率の変化は、生活水準の変化によって引き起こされるのである。ヒュームの分析は、好ましからざる貿易収支に対抗しようとする重商主義の誤りをあらわにし、かつ、重商主義がそれに対して抱いている恐れを和らげることを目指していた。商品の輸入量が商品の輸出量を超過するとき、その国民が世界の金銀のうちの自国のシェアを失うであろうという不安をもつ必要など、どこにもないのである。その是正は、正貨輸入か正貨輸出による国内物価の相対的上昇または下落によってなされるであろう。それは、すべての「近隣諸国がそれぞれの勤勉と技量にほぼ釣り合う分の貨幣を保有する」まで続く。イギリスの貨幣数量が商品の輸入に対する支払いのための貨幣の

(143) *The Philosophical Works of David Hume*（T・H・グリーンおよびT・H・グロースによる編集、一八九八年新刷）, III, pp. 313, 315（*Essays, Moral, Political, and Literary* に所収、初版は一七五二年、“Of Money,” “Of Interest,” “Of Balance of Trade”）〔邦訳、田中敏弘訳[2011]『道徳・政治・文学論集』完訳版、名古屋大学出版会、二三三—二三五頁、以下、『ヒューム哲学著作集』と表記〕。

(144) 『ヒューム哲学著作集』第3巻、pp. 325–328〔邦訳、二四五—二四七頁〕。

(145) 同書、第3巻、p. 322〔邦訳、二四二頁〕。

輸出によって減少するならば、労働と商品の価格は低下するであろう。他の諸国は「われわれが失った貨幣を返す」であろうし、それゆえ、イギリスの価格を国際的水準へと上昇させるであろう。そして、価格がその国際的水準を超えて持続的に上がり続けることはない。なぜなら、「どの近隣国もわれわれの国から買うことができなくなる」からである。「他方、近隣諸国の商品は、相対的にかなり廉価となるので、つくれる限りのあらゆる法律をもってしても、それらはわれわれの国に流入し、われわれの国の貨幣は流出するであろう[146]」。

ヒュームの主張は、貴金属を獲得しようとする重商主義者の国際的闘争に対する態度表明に限定されていた。けれども、彼の三つの新しいアイデアはそれ以降の経済思想の諸学派を二百年近くにわたって商品理論家と貨幣理論家とに切り分ける働きをした。商品〔理論家〕の側では、貨幣が実物資本と実物利子を歪めて反映するものにすぎないのであれば、貨幣は名目的であり、完全に排除されるべきであるとされる。したがって、物理的自然に対してのみ、つまり労働と商品に対してのみ、注意が向けられるべきであるとされる。この学派は、ケネー、スミス、リカード、マルクスから、近年の管理経済学者にまで拡大した。

しかし、貨幣〔理論家〕の側では、貨幣数量の**変化**が産業を刺激または抑制する効果をもつとすれば、貨幣は名目的とはいえず、すべての取引における原因要素である。それは、生産、蓄積、売買、消費を決定する。貨幣理論家の学派は、チュルゴーによるケネーの修正から、中央銀行が金を退蔵することによる金属貨幣の消失に彼らが直面するまでたどることができる。これらの理論における特徴的な移行は、ヒュームの金属貨幣からマクラウドの譲渡可能債務への移行、および、偶有的な変化というアイデアから恒久的な変化というアイデアへの移行である。

487

2．資本と諸資本

最も賢い重農主義者であったアンヌ・ロベール・ジャック・チュルゴーとフランス革命との関係は、ジョン・ロックとイギリス革命との関係と同じであった。チュルゴーは、ヴォルテール、ヒューム、ケネーの友人であり追随者であった。アダム・スミスは、フランス滞在中、チュルゴーのもとを訪れた。チュルゴーは、フランスの非常に貧しい地方の統治者であり改革者であり、財務総監であった。しかし、彼は、公共支出の負担元を地主貴族へと移したことで失脚させられた。チュルゴーの改革は、彼ならば救ったかもしれない人々をギロチンで処刑したフランス革命によって、十五年後に再現された。

チュルゴーは、彼自身の理論の執行者であった。フランス革命の二十五年前、未だ地方の長官であったけれども、彼は草案のなかで、自らの考える改革と近代の貨幣理論の両方のための理論的基礎[147]に言及していた。近代の貨幣理論は、古典派と快楽派の商品経済学者を継承するものであった。商業銀行の時代より前に、つまり証券取引所と営利法人の時代より前に、つまり貨幣が銀であり、不動産が「大きな商売」であり、封建主義が資本主義になろうとしていた当時に、彼は、貨幣、価値、資本、利子、商品市場、貨幣市場のもつれを解きほどいたのである。

(146) 同書、第3巻、p. 333〔邦訳、二五二頁〕。

(147) Turgot, A. R. J., *Reflections on the Formation and Distribution of Riches* (tr. 1898)〔邦訳、津田内匠訳［一九六二］『チュルゴ経済学著作集』一橋大学経済研究叢書十二、岩波書店、以下、チュルゴー『富の分配と形成に関する省察』と表記〕。引用はその翻訳からであるが、わたしが一七八八年フランス語版から訳出したものに変更した。

「商品市場において［市場で］はある量の**小麦が**」、彼曰く、「一定の**重さ**の**銀**に対して評価される。貸付市場［貸付業］においては、評価の対象は一定**期間**における一定の**量**の**価値**の**使用**である。一方の場合、それは**小麦の総量**が**銀の総量**に匹敵するとされる。もう一方の場合、ある**価値の総量**が**それ自体**の一定の固定された比率に匹敵するとされる。このうち後者は、ある一定**期間**におけるこの価値の総量の**使用**に対する**価格**になる」。この時間の価格が利子である。[148]

カッセルはこの主張について次のように述べている。すなわち、チュルゴーは「貨幣の価格」としての利子という旧来の観念を棄却することによって、かつ、利子を「一定量の価値の一定期間の使用に対してつけられる価格」として定義することによって、「明晰性および確定性という点でそれ以降決して超えることのできない公式」を作り出した、と。[149] それでは、チュルゴーが「価値の総量」と呼ぶことのできたこの「対象」、価格つまり利子が支払われる「対象」とは何か。それには二つの側面がある。それらは、マクラウドが債務を無体財産、所有地を有体財産と呼んで区別したものである。前者は、銀の価値の使用に対して銀を支払うという法的な約束である。488 後者は、土地の収穫を得る権利である。

羊六頭の年純所得［収入］を産出する土地は、等価である一定数の羊によってつねに表現できるある**価値**と引き換えられうる。……このときの不動産［土地資産］価格は、その年間所得を一定倍したものにすぎないであろう。もしその価格が羊百二十頭であれば二十倍であり、羊百八十頭であれば三十倍である。このように、土地（土地 *des terres*）の現行価格は、年間所得の価値に対する財産［原資《フォン》］の価値の比率によって規定されている。その財産の価格が所得の何倍になるかは購買の年数［地価のドゥニエ］と呼ばれる。人々が土地に対して、その土地の年間所得の二十倍、三十倍、または四十倍支払うとき、その土地は二十年の購買〔二十デュニエ〕、三十年の購買、四十年の購買などで売られているという(150)。

チュルゴーは、不動産（土地資産《フォン》）のこうした購買価格もまた、ある「価値の総量」と呼び、年当たり羊六頭を所有者によって受け取られるその価値の総量の一定比率と呼ぶ。期待年間所得を形成する羊の数と、土地に支払われる羊の数、すなわちその「価値の総量」を形成する羊の数との比率は、その所有地を購入するためにもともと必要とされた数の羊の使用と引き換えにその所有者が受け取る「年間価格」である。

こうした利子と資本の比率を規定するものとは何か。それは、需要と供給である。その比率は、「需要と供給の間のさまざまな比率に応じて変動する他のすべての商品の価格とまったく同じように、土地を売りたい人や買いたい人が多いか少ないか次第で変動するはずである」。それゆえ、不動産の買い手によって支払われたその「価値の総量」が羊百二十頭であり、彼によって受け取られる年間所得が羊六頭であるとき、彼がその土地を買うときに羊百二十頭を使用するのと引き換えに受け取る価格は、百頭当たり年間五頭であり、二十対一の比率である。しかし、年間羊六頭という期待に対して土地の買い手間の競争がその価値の総量を羊百八十頭へと引き上げるならば、その価格は、百頭当たり年間三頭である。買い手がその期待に対して羊百二十頭に相当する「価値の総量」を支払うとき、その土地の売り手は百頭当たり年間五頭の期待を放棄する。これに対して、競争によっ

(148)　チュルゴー『富の分配と形成に関する省察』78節〔邦訳、一一二―一一三頁〕。
(149)　Cassel, G., *The Nature and Necessity of Interest*（1903）, p. 20〔以下、カッセル『金利の性質と必要性』と表記〕.
(150)　チュルゴー『富の分配と形成に関する省察』57節〔邦訳、九六―九七頁〕。

て買い手がその期待に対して羊百八十頭に相当する「価値の総量」を支払うよう強いられるとき、同じ売り手は、百頭当たり年間三頭という期待を放棄する。

489 最終的にチュルゴーは、ヒュームがしたように、貸し付け、土地、年間収穫高を、等価の銀へと変換している。

商品市場において二万オンスの銀が二万単位の小麦と等価であるか、たった一万単位と等価であるかにかかわらず、貸付市場において利子が二十年分の購買価格［二十デュニエ］に対するものであるならば、この二万オンスの銀の一年間にわたる使用は元本総額の二十分の一、あるいは千オンスの銀に値するであろう。[151]

言い換えると、一ブッシェルの小麦の価格や一頭の羊の価格が銀一オンスであれ二オンスであれ、そのことは利子率に何ら違いをもたらさないということである。なぜなら、これは、銀の**使用**に対して銀で支払われる価格であり、銀それ自体を**使用して**商品や土地を買うために借り手によって支払われる価格だからである。商品価格が二倍になっても利子は同じままである。なぜなら利子は、貨幣の二つの数量の比率であるが、その商品の変化する価格は、貨幣の数量と貨幣ではない諸物の数量との比率だからである。一方は、貸付市場における資本と利子の関係である。他方は、商品市場における買いと売りの関係である。

同様の原理があらゆる種類の製造業およびあらゆる部門の商業に当てはまる。それはチュルゴーによってなされた「資本」と「諸資本」との区別である。「資本」は企業家と貸し手によって前貸しされる「価値の総量」である。しかし、「諸資本」は、そのように前貸しされる「蓄積された富の総量」である。その区別は、J・B・クラークによって一と四半世紀後になされた、「資本の原資」と「資本財のフロー」との区別に似ている。チュ

490

ルゴーによれば、資本とは資本原資（原資《フォン》）である。これに対して、諸資本は資本財である。クラークが効用として測定したものは、チュルゴーが羊や銀として測定したものである。チュルゴーの場合、羊と銀は同一の価値の総量であるが、資本は、財を購買するときの貨幣の価値である。その一方で、諸資本も同じく財の価値ではあるが、貨幣で購入される財がもつ価値である。

この区別こそ、チュルゴーに対して、貯蓄と投資についての彼自身の区別だけでなく、ケネーの「貨幣の流通」という「真のアイデア」をも与えるものである。

貨幣の流通は、彼曰く、「諸資本の総量、あるいは蓄積された動産の富の総量」を生み出す。それは、「まず企業家によってこれらの異なる労働階級のそれぞれに前貸しされ、毎年一定の利潤をともなって企業家の手元に還流しなければならないものである。しかし、その資本は同じ企業の継続のために再投資され新たに前貸しされる。その利潤は企業家の生計を多かれ少なかれ裕福なものにする。この前貸しとこの継続的資本還流こそ、貨幣の流通と呼ばれるべきものを構成するのであり、この有益かつ実りある流通は社会のあらゆる労働を活気づけ、政治的統一体〔国家〕における運動と活動を維持しており、したがって、動物の身体における血液の循環になぞらえてよいものである[152]」。

これは、貯蓄と投資の区別である。貯蓄とは貨幣を節約することである。しかし、投資は貨幣を支出するもの

(151) 同書、78節〔邦訳、一一二―一一三頁〕。
(152) 同書、67節〔邦訳、一〇三―一〇四頁〕。

である。一方は**資本**を蓄積し、他方は**諸資本**を「形成する」。チュルゴー曰く、

貨幣は現存諸資本の総額においてほとんど何の役割も果たさない。しかし、貨幣は諸資本の**形成**においては大きな役割を果たす。実際には、ほとんどすべての貯蓄は貨幣によってのみ形成される。まさしく貨幣というかたちで、収入は所有者のものとなるのであり、前貸しプラス利潤はあらゆる種類の企業家のもとに還流するのである。したがって、まさしく貨幣こそ彼らが節約するものであり、諸資本の年ごとの増加は貨幣でもって行なわれるのである。しかし、いかなる企業家も、貨幣を、自らの企業が依拠しているさまざまな種類の動産に**ただちに**かえる以外には使用しない。こうしてこの貨幣は再び流通のなかに戻り、諸資本のうちより大きな部分はもっぱらさまざまな種類の動産というかたちで存在する。(153)……土地の収入から、または、労働や勤勉に対する賃金から、毎年、支出に要する以上の価値を受け取る者はみな、この余剰を貯え、蓄積するであろう。これらの蓄積された価値が**資本**と呼ばれるものである。(154)

チュルゴーは、貨幣を用いて、すなわち「資本」の投資と還流を通じて「諸資本」を働かせるさまざまな方法を要約している。

「第一は一定の純所得［収益］を稼ぎ出す土地不動産を購入することである」。

「第二は貨幣を、土地を賃借することによって農業事業に投資することである。その生産物は、借地価格のほか、前貸しに対する利子、および、耕作に自らの富と労力を注ぎ込む人の労働の価格をもたらすはずである」。

491

「第三は資本を工業あるいは製造業の事業に投資することである」。
「第四はそれを商業の事業に投資することである」。
「そして第五は毎年の利子と引き換えに、資本を必要とする人々にそれを貸し付けることである」[155]。

投資についてはそれくらいにしよう。投資は、貨幣を支出することによる積極的な売買交渉取引である。しかし、貯蓄もまた積極的である。貯蓄は待忍によるサービスである。

なめし皮工場をみたことがある人ならば誰でも、皮革、石灰、タン皮、道具を調達し……建物を建て、……この革が売られるまでの数か月間生活することは、一人でも数人でも貧乏人には絶対に不可能であることに気づく。では、誰がこれらの前貸しをなすのであろうか。それは**諸資本**の、すなわち蓄積された動産の価値の、所有者の一人であろう。……彼は、革の売却によって、彼の全前貸しだけでなく、彼が貨幣を土地の購入に使用した場合それが彼にもたらしたであろう利益も、さらには彼の労働、注意、危険さらには技能に支払われるべき賃金を補償してあまりある利潤も彼に還流するのを待っているのである[156]。

(153) 同書、100節（邦訳、一二四頁）。
(154) 同書、58節（邦訳、九七頁）。
(155) 同書、83節（邦訳、一一四頁）。
(156) 同書、60節（邦訳、九八―九九頁）。

このようにチュルゴーは、資本と諸資本、資本原資と資本財、貨幣価値と資本財の価値、貯蓄という消極的行為、待忍という積極的なサービス、貯蓄された貨幣を支出する売買交渉取引、および資本財への貯蓄の投資というい くつかの概念を、一個同一の価値の総量であると認識した。利子は、待忍というサービスに対して支払われる価格になった。

これらの認識をもって、チュルゴーは、聖トマスの誤りを明らかにすることにとりかかった。

「スコラ神学者たちは」、彼曰く、「貨幣はそれ自体では何も生み出さないということから、貸し付けられた貨幣について利子を要求することは不正であると結論づけた(157)。……貨幣を物理的な実体として、つまり金属の総量として考察するならば、貨幣は何も生み出さない。しかし、農業、製造業、商業における諸企業に対する前貸しとして用いられるならば、貨幣は一定の利潤をもたらす。人は、貨幣を用いて土地を購入し、収入を手にすることができる。したがって、貨幣を貸し付ける者は、単にその貨幣の不生産的な占有を放棄するだけでない。彼は、その貨幣によって手にすることができたであろう利潤または収入を奪われるのである。したがって、彼がこの剥奪を補償する利子を不当とみなすことはできない(158)」。

こうしてチュルゴーのいう利子や利潤は、正のコストによってではなく、のちにグリーンとダヴェンポートが「機会コスト」と名づけることになる代替的な機会によって決定される。

チュルゴーは、利子と利潤を首尾一貫して区別してはいなかった。したがって、彼は、債務と購買力を、または貯蓄と投資を必ずしも区別してはいなかった。この区別は、現代でいう無体財産と無形財産の区別である。
492 マクラウドが「債務」という言葉を用いるところで、チュルゴーは「担保」（*gage*）という言葉を用いた。そして、彼は、マクラウドがしたように、債務という特殊な担保と、購買力という一般的な担保とを区別した。「各商品は」、彼曰く、「すべての交易のあらゆる対象を代表する担保［代表的担保］である」[159]。まさしくこの代表的担保から、普遍的担保、つまり貨幣が生じるのである。代表的担保は、以下の意味では担保である。すなわち商業は、「どの商品にも他のあらゆる商品に対する現行価値を与える。その結果として、すべての商品は他のすべての商品の一定量の等価物であり、その一定量を代表する担保とみなされることになる」[160]。

このように、貨幣とすべての商品に適用される、チュルゴーの「担保」は、経済学的には期待購買力であり、法学的には「無形財産」に相当するものである。「担保」は債務ではない。それは、期待される力、すなわち売買交渉取引において商品の価格に合意する力である。そして「担保」は、以下の意味で財産である。それは、ある者が市場に接近する自由、および彼が交渉によって物の価格と価値を決定する自由に対する不干渉の権利である。彼の所有地ないし有体財産は、以下のときに無形財産になる。それは、羊または小麦の期待有形所得が、貨幣と引き換えに羊または小麦を売ることで獲得されることになる期待価格になるときである。

チュルゴーの最も見事な独創性は、限界生産性という彼の概念であった。それは、百六十年後に、「自然利子率」というヴィクセルの概念になったものである。しかし、チュルゴーの限界生産性は、リカードの限界生産性の概念が普及したゆえ、その間見過ごされていた。リカードのいう限界生産性は労働生産性の概念であった。

(157)　同書、73節（邦訳、一〇六―一〇七頁）。
(158)　同書、73節（邦訳、一〇六―一〇七頁）。
(159)　同書、38節（邦訳、八九頁）。
(160)　同書、33節（邦訳、八六頁）。

チュルゴーの限界生産性とは、「諸資本」生産性の概念であった。チュルゴーは、次のサービスについて明らかにしようとするなかでこの概念にたどり着いた。それは、貯蓄の供給を増やし、それゆえ待忍への対価を減少させることによって社会にもたらされるサービスである。彼曰く、

> 貸し付けに供される貨幣に対する現行利子は、ある国において諸資本が豊富か希少かを示す、そして、その国民が従事するであろうあらゆる種類の事業の範囲を示す一種の温度計としてみなされうる。……利子の価格は、それ以下ではあらゆる労働、あらゆる農業、あらゆる工業、あらゆる商業が途絶するような利子の水準とみなすことができる。それは広大な領域に広がる海のようなものである。すなわち山々の頂上は海面から突き出ていて、肥沃な、よく耕作された諸々の島を形成する。たまたま潮が引いてしまうことがあれば、潮が引くにつれて、まず山腹が現われ、次いで平地や小谷が現われて、ありとあらゆる農産物で埋め尽くされる。広大な領域を水浸しにするにしても農業に供するにしても、一フィートの潮の満ち引きで十分である。すべての事業を活発にするものは諸資本の豊富性である。そして低い貨幣利子は諸資本の豊富性の結果であり、同時にその指標でもある。[161]

493

チュルゴーは、この例解を全体としての工業と農業から特定諸企業へと拡張する。仮に、「諸資本」の**希少性**のせいで利子が五パーセントであるとするならば、工業と農業は、その生産物が資本に五パーセントの利回りをもたらす価格で販売されるような〔五パーセントより〕高い標高に限られる。このとき、五万リーブルを生み出す土地の価値は百万リーブルになる。しかし、仮に、「諸資本」の**豊富性**のせいで利子が二・五パーセントであるとするならば、工業と農業は比較的低い標高へと進出し、同じ土地の価値は二百万になる。

　このように**諸資本**の「限界生産性」は、**資本**の外延的な「限界所得」でもあり、**資本**の内包的な「限界収入」でもある。これらは、**諸資本**間で豊富性ないし希少性が等しいときの二つの側面である。産出の側面は「あらゆる種類の生産物」である。その一方で、収入の側面は、商品市場において産出と引き換えに獲得される銀である。それらは同一の次元をもっている。なぜなら、獲得される銀は、産出の交換価値だからである。一方の側面は**物理的**生産性であり、他方の側面は「**価値**生産性」である。両者の区別は「生産性」の二重の意味によってしばしば消し去られる。後者の価値生産性は、しかしながら、所得であって産出ではない。それは最初は粗所得である。利子を、すなわちその価値の総量の使用のために前貸しされた価格を支払うために**資本**には銀の純所得が残っていなければならない。それゆえ、**諸資本**間で豊富性ないし希少性が等しいとされるときには二つの次元、すなわち将来と現在がある。将来とは、商品市場から期待される銀の純所得である。現在とは、**資本**市場においてその期待に対して支払われる、その年数分の購買価格である。例えば、彼曰く、

　土地が二十分の一ペニー［二十年分の購買価格］で売られる場合、五万リーブルの地代を得る者は、わずか百万リーブルの財産をもつにすぎない。土地が四十分の一ペニー［四十年分の購買価格］で売られる場合、彼は二百万リーブルの財産をもつ。利子が五パーセントであるとすると、前貸しの還流と耕作者の労力に対する報酬の他に五パーセントの収穫をもたらさないような開墾用地はすべて未耕地のまま残るであろう。また、製造業、商業で、企業家の労力に対する賃金プラス危険の等価物の他に五パーセントをもたらさないものはすべて持続しないであろう。隣の国で貨幣の利子が二パーセントにすぎないとすれば、その国は、五

(161)　同書（アシュレー編）、29節〔訳者注：おそらく正しくは89節。邦訳、一一七頁〕、90節〔邦訳、一一七頁〕。

パーセントの利子の国が排除するいっさいの商業を行なうばかりでなく、その国の製造業者や貿易商人は、より少ない利潤で満足できるので、どの市場においても彼らの商品の価格をかなり安くする。[162]

494
　このように、**諸資本**の豊富性ないし希少性は、**資本**を構成する価値の総量に複数の仕方で影響を及ぼすのである。それは、商品の産出量を、その産出の販売によって受け取る銀の所得量に連動して増やしたり減らしたりする。反対に、それは**資本**である不動産の現在**価値**を上昇させたり低下させたりする。

　このことの帰結は次のとおりである。すなわち、**諸資本**の減価償却と利子は、労働者の賃金や土地を耕す小作人の報酬と同じくらい強制的な支払いである。摩滅し費消された**諸資本**は、**資本**をその当初の価値の総量のまま損なわれずに維持するために、更新されねばならない。そして、利子は、**諸資本**の豊富性ないし希少性の現状に応じて支払わねばならない。これらの支払いはすべて、「自由に処分することのできない」ものであり、言い換えると、次のような意味で経済的に強制されるものである。すなわち国家は、物理的強制をもってしては、「公的な損害をもたらすことなくして公的欲求のためにそれらの一部を領有する」ことができないのである。「ある国家において真に可処分的な収益は土地の純生産物のほかには存在しない[163]」。

　それゆえ、製造業者と商人だけでなく農業と貸金〔業〕も、課税の負担を免除されるべきである。そして、負担は、チュルゴーの批判者たちがチュルゴーの主張だと思い込んでいたように農業にではなく、土地所有者および貴族階級に課されねばならない。土地所有者と貴族階級が受けとる地代は製造業者、商人、農家によって支払われる。

　たしかに、彼曰く、「動産**資本**の占有者」である資本家は「土地財産の獲得にそれを用いるか、農業階級または工業階級の事業における利益性の高い使用にそれを振り向けるかという選択肢をもっている」。しかし彼は、

495

「農業または工業のいずれかにおいて企業家になった」**あと**には、工業の労働者や土地の小作農と同じく、選ぶべき選択肢をもっていないのである。彼は「占有者または企業家」に貸したとしても、当時の労働者と耕作者とは違い、「自身の人格を処分する」ことができるとはいえ、自らの資本自体についてさらなる選択肢をもっていない。なぜなら、その資本は「企業の前貸しに埋め込まれており、同等の価値の資本によって更新されるかしない限り、そこから引き揚げられれば必ず企業の損害となる」からである。(164) 貸し手は「彼の人格に関する限りにおいて富を自由に処分できる階級に属する。［しかし］彼の富の性質に関する限りにおいて彼はその階級に属していない」(165)。

その一方で、貸し手または資本家が自らの貨幣に対して受け取る利子は、彼がそれを個人的に好きなように利用できるという意味では「可処分である」。しかし、農業、工業、または商業に限ると、利子は自由に処分することができない。なぜなら、それらは理由もなく資本家に利子を与えないからである。利子は、諸資本の一般的な豊富性ないし希少性によって規定される。したがって利子は、「これがなければ企業は存続しえないという前貸しの価格であり条件である。もしこれの還流が減少すれば、資本家は自らの貨幣を引き揚げ、その事業は活動を停止するであろう」。この利子の量は、このように**諸資本**の一般的な豊富性または希少性によって決定される限りにおいて「不可侵とすべきであり、完全な免税を享受すべきである。なぜなら、それは企業になされた前貸

(162) 同書、89節〔邦訳、一一七頁〕。
(163) 同書（フランス語版）、95節〔邦訳、一二一―一二二頁〕。
(164) 同書（アシュレー編）、94節〔邦訳、一二〇頁〕。
(165) 同書、96節〔邦訳、一二二頁〕。

しの価格であり、この前貸しなしには企業は継続できないであろうからである。これに手をつければ、あらゆる企業において前貸しの価格が上昇し、その結果、諸企業自身、すなわち農業、工業、商業が縮小することになろう」。

地主に支払われる地代については事情が異なる。これは、地主が賃金または利潤のために土地を働かせないし、また利子をとって資本の前貸しを行なわないからである。

「社会の他の階級が受け取るものはすべて、以下のように支払われる賃金と利潤にすぎない。土地占有者〔地主〕が自らの収入〔地代としての純収入〕から支払う。また、生産的階級〔耕作者〕の諸主体が、彼らの必要を充足するためにとってある部分から支払う。この必要のため、彼ら〔耕作者〕は工業階級〔職人など〕から商品を購入せざるをえない。この利潤が、労働者の賃金に分配されても、〔企業家〕の利潤に分配されても、はたまた前貸しの利子に分配されても、その性質が変わるわけではないし、また生産的階級が自らの労働の価格を超えて産出する〔純〕収入の総額を増やすわけでもない。工業階級はただその労働の価格までしか収入の総額に関与しないからである」。

「このとき、土地の純生産物以外には収入〔地主にとっての純所得または地代〕は存在しないということ、またその他の年々の利潤はすべて、その収入によって支払われるか、または収入を生み出すのに役立つ支出の一部をなすということは依然として変わりがない[166]」。

このことが生じる仕方がチュルゴーによって説明された。その説明は、ケネーの「自然権」の教義に基づくものではなく、歴史分析に基づくものである[167]。それは、歴史の経済的かつ制度的解釈であるとみなされるであろう。

496

第一は、原始的な土地耕作者たちの間での地域的分業および生産物の交換である。

第二に、ひとたび「後者〔耕作者たち〕の労働によって、その土地が彼ら個人の欲求を超えて産出する」ようになると、労働者たちが耕作者たちによって雇われるか、職人たちが自らの生産物に対する支払いを耕作者から受けるようになる。

第三に、自分の労力を売る以外には何ももたない労働者の賃金は、できる限り安く支払おうとする〔耕作者との〕契約によって固定されている。そして、その耕作者は、多数の労働者のなかから自由に選択できるので、最も安価で働く者を選ぶ。したがって、労働者は相互に争って価格を下げざるをえなくなる。労働者の賃金が生存を保障するのに必要なだけの額に制限されるということは、あらゆる種類の労働において起こるはずであり、また実際に起こっているのである。

第四に、耕作者の位置づけが異なっている。

土地耕作者に対しては、他の〔耕作者以外の〕いかなる人間ともいかなる労働契約からも独立に、土地が直接的に彼の労働の価格を支払う。自然は無理に絶対必要な水準で彼を満足させようと値切ったりしない。自然が与えるものは、彼の欲求にも、彼の労働日の価格についての契約上の評価にも比例しない。それは、彼

(166) 同書、99節〔邦訳、一二二―一二三頁〕。
(167) 同書、1‐26、44、63、98節〔邦訳、七〇―八三、九一、一〇〇、一二二頁〕。

の労苦やその土地を肥沃にするために用いた手段の成果というよりむしろ、土地の肥沃さや知識がもたらす物理的結果である。耕作者の労働が彼の必要以上に生産するやいなや、彼は、自らの労力の賃金に充てる分のほかに自然が純粋贈与として与えてくれるこの余剰をもって、社会の他の成員たちの労働を買うことができるようになる。他の成員たちは耕作者に労働を売って、彼らの生存コストを稼ぐだけであるが、耕作者は自分の最低限の生存コストのほかに、独立的かつ可処分的な富を収穫する。彼はそれを買ったのではないのに売るのである。それゆえ、彼は、その流通によって社会のいっさいの労働を活気づける富の、唯一の源泉である。なぜなら彼は、自らの労働が労働の賃金以上のものを生産する唯一の者だからである。

最後に、人口が増え、土地が希少になるとき、耕作者自身が、はじめは小作人として、次に資本家として、借地人になる。

土地はいっぱいになり、次第に開墾されていった。最良の土地がしまいには全部占有されてしまった。最後に来た人々には、もはや最初の人々によって見捨てられた不毛の土地しか残っていなかった。しかし結局、すべての土地はその所有者を見つけた。……所有権を耕作の労働から分離することもありえたし、実際すぐにそうなった。……不動産は交易対象として［いまや］売買されている。……多くの占有者〔地主〕が、……彼が耕作できるよりも多くの土地をもっている。……自らの時間すべてを苦しい労働に使わずに、彼は、……自らのために働くであろう者に自分の余剰の一部を与えることを選好する。……耕作者は［いまや］占有者から区別されている。この新しい方式によって、土地の生産物は二つの部分へと分けられる。一方は、耕作者の生計費《サブシステンス》と利潤、および、彼の資本に対する利子を含む。残りは土地が、その土地を耕す者の前貸しと労働の賃金を超える純粋贈与として彼に与える独立的かつ可処分的な部分である。そして、これが占有者の取り分ないし純所得になる。それをもって彼は労働せずに生活することができるし、彼はそれを望みの場所にもっていくのである。それゆえ、社会は三つの階級に分類される。第一に、われわれが**生産的階級**という名称をそのまま用いて差し支えない、耕作者階級である。第二に、土地の生産物から**俸給を受け取る**職人その他の階級である。［以上のどちらも、自らの労働に対する報酬より多くを受け取らない。］第三に、占有者の階級である。この階級は、生存の必要によって特定の労働に縛られるということがなく、戦争や司法行政といった社会の一般的必要のために従事しうる唯一の階級である。この階級は、個人的な奉仕によって、あるいは国家または社会がこれらの諸機能を果たすのに人々を従事させることができるようにこの階級の収入の一部を支払うことによってこれを行なう。こうした理由から、この階級に最もふさわしい名称は**富を自由に処分できる**階級という名称である。(168)

前貸しへの利子として勤労階級と資本家に対して支払われるよう経済的に強制される額を上回る、この純生産物は、すなわち、地主という富を自由に処分できる階級に属するこの純産出は、いったいどこから出てくるのか。それは、この階級の貯蓄から出てくるのではない。「占有者たちはより大きな余剰をもっているが、彼らの貯蓄はより少ない。なぜなら、彼らはより多くの余暇をもっているため、より多くの欲望とより多くの道楽をもつからである。彼らは、自分たちの富〔の入手〕がより保証されていると考え、富を増やすよりもむしろそれを快く享受することを考える。奢侈とは彼らの遺伝的性質なのである」。しかし、別の階級に属する賃金稼得者と企業

(168)　同書、10－15節〔邦訳、七五―七七頁〕。

家は、もし彼らが「自らの生計費を超える余剰」をもつならば、「自らの企業に献身し、自らの富を増やすことに専念するならば、また、勤労によって高価な娯楽と道楽から遠ざかるならば、余剰をすべて貯蓄して、これを自分の事業に再び投じて増殖させようとする」[169]。こうして、これら他の二階級は、諸資本の豊富性を上昇させ、利子率を低下させ、開墾を収穫量がより少ない土地へと広げ、地主に属する価値の総量を増大させる[170]。土地占有者たちの地代が彼ら自身の労働から、または、彼らの企業や彼らの貯蓄に対する利子からもたらされるのではなく、他の人々の労働、企業、貯蓄によって増加した生産物からもたらされるのであれば、その地代の一部は、自然資源の単なる所有権から生じる無償の贈与であり、他の一部は、土地を所有していない雇われた労働者と小作農の報酬を値切ることによって強制的に獲得される所得である。

それゆえ、こうした地主たちは、すべての税を支払うべきである。〔その場合〕資本家は不利にならないであろうが、地主は不利益を被るであろう。

498

もし土地だけが公課の負担を義務づけられるとすれば、この負担が定められるやいなや、土地を購入した資本家は、自らの貨幣利子の計算のなかに、この負担のためにとっておく収入部分を入れないであろう。これは、今日、土地を購入する場合、牧師が受け取る十分の一税、さらには、知られる限りの税を〔目当てに〕買っているのではなく、十分の一税と諸税を差し引いたあとに残る収入だけを〔目当てに〕買っているのと同様である[171]。

貴族たちがチュルゴーを、彼の理論を実行に移しているとして失脚させ、のちに小作農、労働者、資本家の革命を招き寄せたのも驚くに値しない。フランス革命は貴族の土地を没収した。チュルゴーであれば、貴族の税を増やしていたであろう。

限界生産性についてのチュルゴーの考えは、五十年後に形づくられたリカードのそれと比較すべきである。チュルゴーの考えは貨幣理論であり、リカードのそれは労働理論であった。両者は、地主、資本家、労働者に関して、同様の結論に到達した。どちらにとっても、土地財産の価値は所有権であり、単なる所有者である地主は、この所有権と引き換えに社会に何も与えないが、諸資本の価値は、社会に提供される等価の商品とサービスを表象するとされた。そして、どちらにとっても、財産をもたない労働者は、最低限の生存コストしか得ないとされた。しかし、両者は、土地財産の資本価値を左右する地代の根拠については、正反対の道筋をたどって結論に到達した。リカードの「地代」とは、耕作の限界地における自然の大きな貧弱性と、より良質な農地における小さな貧弱性との差異であり、その差異が土壌に「もともと備わる不滅の」性質から生じた限りにおいてもたらされる。チュルゴーの地代は、リカードが考えたのと同じような限界地において資本家によって獲得される収入を上回る、自然からの無償の贈与から生じる。しかし、どちらにとっても、地代は賃金水準にも依存する。賃金が低ければ地代はより高く、賃金が高ければ地代はより低い。

リカードは、収入と限界生産性が逓減するという原理を農業だけに見出した。しかしチュルゴーは、その原理を製造業、商業、産業のすべてに見出した。それゆえ、リカードは、農業における労働の限界生産性に全商品の価値を規定する力を与えた。しかし、チュルゴーは、全業種における諸資本の総体的豊富性ないし希少性に、全業種において限界生産性がどの程度の水準であるべきかを規定する力を与えた。

(169)　同書、100節〔邦訳、一二三頁〕。
(170)　同書、78、81節〔邦訳、一一二、一一四頁〕。
(171)　同書〔アシュレー編〕、98節〔邦訳、一二二頁〕。

499 彼らは、貨幣的道筋と非貨幣的道筋をたどって同じような結論に到達した。リカードは、貨幣を排除し、「資本」としての労働者の生存コストに置き換えたので、資本は「体化された労働」の量になった。チュルゴーは貨幣の流通において支払われる価格による諸資本の形成を重視したので、彼の資本は「体化された貨幣」になった。リカードの**諸資本**はマンアワーによって測定される労働力の産出であったが、チュルゴーの**諸資本**はドルによって測定される投資支出であった。

その一方で、チュルゴーの**資本**は、将来の純所得の現在価値であったが、リカードの**資本**は、資本家が労働の生存コストに充てる、過去の全生産物のうちのシェアであった。

チュルゴーとリカードが貨幣的前提と非貨幣的前提から同様の結論に到達したことは明らかであるが、彼らの推論は、以下のような時代についてのものであった。すなわち、銀行信用ではなく金属貨幣の時代、諸々のゴーイング・コンサーンの連動した行動のかわりに個人企業の時代、大勢によって操業される巨大なゴーイング・プラントのかわりに工具の時代、資本主義が封建主義または半封建主義から現われ、始まったか始まりかけたにすぎない時代である。けれども、彼らが基盤を固め、後世の者たちはそれを足場にしたのである。

われわれがチュルゴーの分析を後続の経済学者たちの相当する用語に当てはめようとするならば、彼の「価値の総量」は、やはり資本である。ただし、それは、価値の量としての資本ではなく、期待純所得の現在評価としての資本、すなわち彼の呼び方では期待純所得の「見積もり」としての資本である。この「見積もり」は、多くの名称をもっている。それは、例えば、資本、資本の価値、割引現在価値、投資された資本、投資、前貸し、債務、債権である。見積もりは、羊や麦でも、金銀でもなく、銀行債務で表わされる。流通する銀の流れのかわりに、われわれが経験するのは、まず、商品市場における現在のおよび期待される取引の反復であり、次に、結果として形成される債務を、預金債権と引き換えに銀行に対して販売することである。この預金債権が、チュルゴーのいう流通する銀の価値に相当するものであり、原資、購買力、交換価値の尺度を構成する。信用取引のこの反復は、種々のゴーイング・コンサーンの諸主体によって押し進められる。これらのゴーイング・コンサーンこそ、チュルゴーのいうところの土地財産のあとを継ぐものである。コンサーンの所有権、あるいはむしろ、期待利子と期待利潤の両方を含むそのコンサーンの期待純所得（収入）の所有権は、法人の債券と株式によって表象されるか、土地財産の債権と持ち分によって表象される。証券取引所は、チュルゴーのいう「価値の総量」になる。商業銀行は、彼のいう銀市場に取って代わる債務市場になる。そして、商品市場において、彼のいう「諸資本」の価格と総量は、個々の口座からの引き落としの反復に当たる。彼のいう**諸資本**の限界生産性、および、それに相当する、**諸資本**の対価としての限界収入は、ゴーイング・コンサーンの「債券利回
500
り」になる。商業利子率はそれを中心に変動する。彼のいう、価値の総量に対する利子の比率は、債券価格と株式価格の上昇と下落ということになる。後者は、債券利回りと株式利回りの下落と上昇に対応する。

3．待忍の希少性

カッセルは一九〇三年、「価値の総量」と「待忍の量」とを同一視することによって、および、待忍というサービスに対して支払われる価格として利子をとらえることによって、チュルゴーに立ち返った[172]。チュルゴーは、「資本」を「諸資本」から区別した。諸資本は、貨幣で表わされる諸財の価値とされた。資本は、諸財で表わされる貨幣の価値とされた。利子として支払われる貨幣は、「資本の使用」に対して支払われる。カッセル曰く、「算術的な量」に還元してみるならば、「この資本の使用は、二つの次元からなる数量であり、そ

(172)　カッセル『金利の性質と必要性』p. 20。

の尺度は、使用時間を一定額の価値で割ったものである」。

しかし、続けて彼曰く、これは「待忍の尺度と同じものである。それゆえに、われわれは、待忍と資本の使用は**同じもの**を意味すると推論できるかもしれない。実際に、それらはまったく同一の生産的サービスを意味している。「待忍」は、そのサービスを供給する者によってなされることを表わすために用いられる。「資本の使用」は、そのサービスを購入する者によって獲得されるものを表わすために用いられる[173]」。

このように、待忍は生産手段を提供するという積極的な人的サービスである。それは、労働というサービスと同じく、基本的で、原始的で、生産的である。「石炭は」、カッセル曰く、「疑いようもなく生産要素であるが、独立した要素ではない。それは他の諸要素によって、主に労働によって、生産される。しかし、待忍は、このようにより基本的な要素へ分解することはできない。待忍は、きわめて独特かつ固有の特徴をもつ人的活動の発揮である[174]」。

それゆえ、基本的な生産要素は、労働と待忍である。派生的な諸要素は物理的財である。例えば、石炭、小麦、金属、建物が、さらには土地も、しまいには消費財までもがこれに含まれる。それらは、労働と待忍という二つの基本的な人的サービスの過程が発揮する効果である。

シーニア(一八三四年の著作)は、利子を節欲に対する支払いとして正当化した[175]。節欲とは、消費財の使用の延期である。しかし、シーニアの概念は、利子の倫理的正当化にすぎず、経済量ではなかった。ケアンズはのちに(一八七四年の著作)、節欲に数量的意味づけを与えようと試みた。節欲の尺度は、彼曰く、「節欲された
501 富の数量に……節欲の期間を乗じたもの……になるであろう[176]」。しかしマクヴァン(一八八七年の著作)は、「節欲それ自体が産業〔勤勉〕の一次的要因であるのではない」としてケアンズを批判した。節欲は、何も「しない」という消極的要素にすぎない。「より根本的なことは、労働の支出から最終製品の所有までに経過しなけれ

ばならない時間の長さである」[177]。次に、マクヴァンは、節欲にかえてチュルゴーの用語である「待忍」を提示した。

　カッセルはマクヴァンを二つの見地から批判した。一つは待忍の量であり、もう一つは待たれている対象物である。彼曰く、

> マクヴァンの「「待忍」という用語は、せいぜい一つの要素しか含んでいない。それは、「一つの次元の量」、つまり時間の次元の量である。このことはもちろん許容できない。「一定時間の待忍」は、**何**が延期されているのかについて言及されていないとき、何も意味しない。おそらく、本当にマクヴァンがいいたいのは、「待忍」は何らかの**具体的な**モノないし楽しみの延期を意味すべきだということである。しかし、その場合、われわれは算術的な数量としての待忍の性質についてはあきらめなければならず、そしてこのことは、待忍をほとんど役に立たない概念にするであろう。しかし、それでもまだ、待忍のそのような定義に対してはさらに重大な批判が存在する。具体的な何かを延期することはめったにない。貯蓄する者は基本的に、その貨幣を貯蓄しない場合に、自分がそれをいったい何に使うかに関してほとんど知らない。彼は、一定額の**価値**を消費することを延期しているにすぎない。それゆえ、「待忍」は、**実際のところ**、そのような額の価値と

(173) 同書、p. 48。
(174) 同書、p. 89。
(175) Senior, Nassau, *Political Economy*（1834：一八七二年の第六版から引用）, p. 58.
(176) Cairnes, J. E., *Some Leading Principles of Political Economy Newly Expounded*（1874）, p. 87.
(177) Macvane, S. M. "Analysis of Cost of Production," *Quar. Jour. Econ.*（1887）, I, pp. 481, 483.

待忍時間との積によって測定されるのである。この尺度は、待忍の究極の定義を与える。そして、この意味での待忍は、具体的な生産費を構成するサービスの一つである[178]」。

ジェヴォンズによって考案された、貨幣的な「投資の数量」と心理学的な「節欲の数量」という二つの概念に対しても、カッセルによって同様の扱いがなされた[179]。ジェヴォンズは以下のことを見出していた。すなわち、「投資の数量」は二つの変量の関数である。その変量とは、投資された貨幣数量Ｍと投資の持続期間Ｔである。すると、投資の次元はＭＴとなる。

502

しかし、ジェヴォンズはまた、主観的効用という彼自身の独創的発見に基づいて、「節欲」の数量的次元を、最終効用において均等化される快楽強度の逓減として構築していた。それゆえ、彼のいう節欲の大きさはＵＴであった。記号Ｕは最終効用の量であり、記号Ｔは持続期間である。

しかしＵＴないし節欲の大きさは、カッセルによると、ＭＴないし投資の大きさと同じ大きさであった。それゆえ、Ｕないし効用にかえて、それをＭないし貨幣と名づけてもよいではないか。カッセルはそういった解釈をした。

「そのような「効用という」用語を使うことは」、彼曰く、「正確……とは思えない。われわれが感覚の強度を直接に測定する方法を現実に確立することができない限り、それは架空であるというほかない。経済学者が唯一利用することのできる尺度は、商品につけられた**価格**であるように思える。そして、われわれがこの尺度を受け入れるならば、ジェヴォンズによって与えられた節欲の次元において、われわれはＵをＭで置き換えなければならない。すると、この次元は、資本の投資の次元と同一になる[180]」。

こうして、カッセルは、あとに続くあらゆる理論をチュルゴーの「価値の総量」に相当する算術的な数量に還元するというやり方で、チュルゴーを土台に据えた。われわれは単に節欲するだけではない。われわれは投資によって生産に参加するのである。われわれは消費財を待忍しない。われわれは「一定額の価値の消費」を待忍するのである。

しかし、「価値の消費」のこうした待忍には、チュルゴーに由来する間違いがある。価値は、消費されないし、節約されないし、待忍されない。カッセルは、チュルゴーの「価値の総量」と自らの「一定額の価値」に相当するものとして、のちに「資本のコントロール」または「資本の処分」という用語を提案した。チュルゴーの用語が示唆するのは、債務市場と商品市場の売買交渉取引であった。それらが意味するものは法的コントロールである。この用語は債務の無体財産に相当する。一九一八年に彼はこういった。

「『待忍』が意味するのは、人が一定額の価値の処分をしばらくの間見送るということである。これによって、彼はその期間、別の人が資本を処分することを可能にしている。こうして、「待忍」は、算術的に考えて資本のコントロールと同じ大きさをもつものであるとされ、かつ、資本のコントロールと同様に、資本と時間との積によって測定される。そのため、理論において、両方の表現を用いる一般的な必要性はない。われわれは以下において、資本の処分という語を、貯蓄する人が資本市場に提供するサービスを指示するためにも

(178) カッセル『金利の性質と必要性』pp. 41, 42。
(179) Jevons, W. Stanley, *The Theory of Political Economy*（第三版 1886）, pp. 232, 233をみよ。
(180) カッセル『金利の性質と必要性』p. 49、脚注。

用いる」。

「このように「待忍」を定義するなかで、同時にわれわれは、利子が算術的な数量として支払われる対象であるサービスを定義してしまっている[181]」。

こうして、おそらく同義であろう一連の用語の意味が明瞭になる。一定額の価値〔の使用〕を見限る者は、いずれかの現在市場において行使できたかもしれない、代替的な一般的購買力〔の使用〕を見限っているのである。彼は、消費財と資本財のどちらを買うことも見送る。つまり、彼は、消費と投資の両方を見送るのである。これ
503 によって彼は、別の人が消費財ないし資本財を購入することを、すなわち、その人が消費ないし投資することを、可能にしているのである。

しかし、われわれが将来を見据えた折衝の時点に身をおいてみるならば、それら二つは同義ではない。実際には、待忍する者は二人存在する。一人は貯蓄し、もう一人は投資する。これは、無体財産と無形財産との制度的区別である。われわれが貯蓄するとき、われわれは貨幣を貯蓄し、債務者が支払うのを待つ。われわれが貨幣を投資するとき、われわれは商品や労働を買い、産出されたものを顧客が買うのを待つ。どちらの場合でも、将来を計画することによってリスクを取って移転するという意志的要因が存在する。裁判所は、取引から生じた紛争を解決するよう求められたとき、取引に参加している対立しあう複数の意志を満足させるために、さまざまな種類の財産権と自由を創り出した。このときわれわれが裁判所がするように、折衝時の自分を想い描き、その地点から参加者の意図と期待に目を向けるならば、われわれは、あらゆる取引においてなされている経済的な考慮事項を、待忍、リスク負担、予測〔先取り〕、計画として分析することができる。カッセルは、他の論者たちと同じように、この将来性の原則を「自発的意志」として、すなわち「人々の待とうとする自発的意志」と

「リスクを冒そうとする自発的意志」として区別した。この二つを切り離すことはできないが，「そうはいっても，現代社会の多くの取引において，リスクは，それが実際には考慮されないほどの最低水準へと縮減されている」[182]。

言い換えると，現代社会では，取引から生み出される，保障〔安全〕および債務からなる無体財産と自由および無保護《エクスポージャー》からなる無形財産とが区別されているのである。

どちらも，取引を確定するまさに同じ折衝から生み出される。それらは，分離することができないとはいえ，区別することはできる。それらは，現代の経済的ゴーイング・コンサーンにおいて，そのコンサーンに対して提供され，そのコンサーンが報酬を支払う責務をもつサービスとして識別されている。利子は，待忍しようとする自発的意志のために創り出された義務であり，賃金は働こうという自発的意志のために，利潤はリスクを冒そうという自発的意志のために創り出された義務である。あとから，結果として達成されたものと，表明されたか暗に示された自発的意志との合致の度合いについて争いが起きるかもしれない。しかし，意志は，特定の諸個人にとっての法的関係を創り出すのである。その法的関係は，争いが起こらない場合には暗黙裡に，争いが起こる場合には法的決定によって明示的に効力をもつようになる。この暗黙的ないし明示的な「法の作用」は，支払義務または履行義務からの解放である。対応するその経済的効果は，支払いの債務と履行の債務という次元である。

504

「資本の処分」量という資本の法的かつ意志的な貨幣的概念を，われわれは法的コントロールと名づける。この概念は，将来の生産に向けて過去に蓄えられた物理的財の蓄積という資本の古典派経済学者的な概念とは，時

(181)　Cassel, G., *The Theory of Social Economy*（1918；1924. 引用は一九二四年版から行なった。), pp. 184-185；*Theoretische Sozialökonomie*, p. 171以下（1926).

(182)　カッセル『金利の性質と必要性』p. 135。

間に関してまったく逆のものである。カッセルは、過去から将来への変化について以下のように述べる。

貯蓄する人は間違いなく、特定の商品またはサービスの消費を**見送る**。この事実から資本についてのかなり奇妙な概念把握が生み出され、その概念把握が政治経済科学における大きな混乱を引き起こしているのである。資本は単純に、こうした消費されざる商品の集計とみなされている。例えば、**アダム・スミス**が表現したように、資本は、「どこかに蓄えられたさまざまな種類の財のストック」とみなされる。それにより、資本の機能は、労働者たちの労働の果実が成熟するまで彼らを維持するために蓄えられた原資としての役割を果たすものとされる。この事柄についてのこうした見方は、完全に誤った見方である。実際のところ、「節欲される」商品またはサービスは、決して生産されない。全体として、そして大まかにいって、消費者によって要求されるものだけが生産されるのである。消費者が、貯蓄し、かつ、自らの貨幣を生産企業に投資すると決意する場合、それが意味することは、社会の産業が、即座に役に立つ事物の生産から、資本の生産へと、ある程度は振り向けられるということである。それゆえ、貯蓄は、将来の目標に向けて生産諸力を振り向けることを意味するのである。[183]

このように、自発的意志の折衝心理学がもつ経済的効果は、節欲による苦痛のコストではないし、待忍による苦痛の「コスト」でさえも決してない。その効果とは、利用可能な代替案を見送ることによる意志的コストである。そういえる理由は、代替的な買い手がより低い所得を売り手に対して提示するからであるか、あるいは、代替的な売り手がより高い支出を買い手に強いるからである。[184][d] しかし、代替案のなかからのこうした選択によって、生産は振り向けられるのである。

同じことが、人間の予測〔先取り〕および計画という別の側面にも当てはまる。期待利子であろうと、期待利潤であろうと、期待賃金であろうと、どれもみな、現在の代替案からの選択が直近のまたは遠い将来へと生産を振り向けるという社会的効果をもつ点でよく似ている。

しかし、この、代替案のなかからの選択は、選択を制限している経済的状況においては一つの名目にすぎない。これは、サービスをすぐに行なわせようとするならば、ある価格を支払わねばならないということを理由づける、希少性の原理にすぎない。

505 待忍というサービスは、価格〔対価〕が倫理的理由ではなく希少性の理由から支払われねばならないことを要求する。

> 「利子」は、カッセル曰く、「待忍の価格または資本の使用の価格である。……しかし、対価を支払われる当のサービスが一年間に使われる一定金額の貨幣によって測定されるので、サービスの価格はその金額の一定割合として規定されるであろう。このため、待忍の価格または資本の使用の価格は、「率」または一定の「百分率」で表わされる。けれども、この状況は、次の根本的事実を覆い隠しはしない。すなわち、利子は、他の諸価格と同じ土俵に位置づけられねばならない、実質価格である(185)」。

---

(183) 同書、p. 134。

(184) 前述、*p.* 307「機会コストと不機会価値」に関すること〔邦訳、中巻八四頁〕をみよ。

(d) 訳者注：原文ではここに引用終わりを示すダブルクォーテーションマークがあったが、引用始まりを示すものがない。

(185) カッセル『金利の性質と必要性』pp. 92, 93。

すべての価格に対するこの「同じ土俵」は、公共政策に関するカッセルの観念である。古典派によって発展させられた理念的価格体系の下では、重商主義による差別とは正反対である古典派の自由貿易政策と同様に、価格の社会的機能ないし価格の公共目的は、次の状況を要求する。すなわち、いかなる商品についても一個同一の品目に支払われる均一価格が存在するようにするというものである。この均一価格が存在する理由は供給の希少性であり、価格は相対的に重要でない欲求の満足を阻むことによって需要を減らす。しかし、価格上昇は、「社会の生産的サービスのより大きな部分がその商品の生産に用いられる原因となる。こうして、価格体系は、共同体の消費だけでなく生産全体の、調整因子として働く[186]」。

価格としての利子についても同様である。それは、待忍の十分な供給をもたらすのに足るほど高くなければならないが、需要抑制の原因になり、最終的には待忍の過剰供給の原因になるくらい高くてはいけない。

待忍に対する需要は、資本処分の需要と同義語なので、需要量は「特定金額の貨幣に特定の時間を乗じた積によって測定される」。百万ドルの資本をもつ会社は、「一年当たり百万単位の量の待忍を使用する」。その使用に対して支払われた価格ないし利子率は、待忍の希少性の尺度である。

こうして、カッセルの洞察によって、デイヴィッド・ヒュームの時代以降経済学のさまざまな学派によって提案された多くの概念が、貨幣に将来の時間経過を乗じた同一の算術的な数量に還元されるのであり、希少性という普遍原理に還元されるのである。そのなかには、節欲、短気、時間選好、貯蓄本能のように明らかに主観的なものもあれば、貨幣、資本、諸資本、資本財、物理的資本のように明らかに客体的なものもある。すべては、待忍と投資といった、将来性と希少性という意志的概念にまとめられる。われわれは、売買交渉取引などの活動の用語で、および、無体財産と無形財産などの制度の用語で、これらの概念を区別する。

506

カッセルはさらに、長期の待忍と短期の待忍とを区別した。

長期の待忍は、待忍の実質的かつ主要な形態である。短期の待忍は、これとの関係において、副次的な形態である。後者の待忍によって実行されるサービスは、生産過程の小さな部分だけに対応し、ほとんどの場合では分配の特定局面に対応する。それは、人為的手段のみによって、とりわけ為替手形の精巧な仕組みによって、この形態の待忍は可能になる。[187]

まさしくヴィクセルこそが、一八九八年に、待忍について長期と短期の機能的関係という考えを構築した者であった。[188]

第五節　利子割引と利潤割引

利子と割引は、将来と現在という異なる時間的立脚点から考察されるが、通常は、似たような支払いとして対照される。とはいえ、あらゆる折衝と取引は現在に行なわれるので、将来の利子よりもむしろ現在の割引こそが、あらゆる取引に普遍的にみられる事実である。数学的にみると、知ってのとおり、同一の経済量、例えば年当たり六パーセントは、利子として計算されるときのそれに比べて、割引として計算されるときのほうが大きい。心理学的にみても、割引原理はあらゆる取引において支配的である。なぜなら、将来の利子は、現在割引よりも確

(186)　同書、pp. 73, 77。
(187)　同書、pp. 135。
(188)　後述、*p. 590*「世界支払共同体」〔邦訳、下巻三頁〕をみよ。

507

実ではないからである。ベーム＝バヴェルクは、将来利子を自らの理論の基礎に据えた。したがって、彼の理論は、現在価値と将来価値を均等にするために、現在の評価に加えるべき消費財の将来の**打歩**を必要とした。しかし、これが前提とするのは、将来が**いま**知られているということである。将来は推測されたものでしかないとしても、である。より大きな現在割引は安全策となるために取引を動機づけ、そして、この割引はリスクの恐れに応じてきわめて大きな率へと上昇するかもしれない。したがって、われわれが現在の立場から出発するならば、利子割引とリスク割引のどちらもが、各取引においてなされる折衝を支配しているといえる。それ〔両者の違い〕は、ベーム＝バヴェルクの快楽経済とマクラウドの割引経済との違いなのである。前者の快楽経済は、将来のほうが豊富性が大きいことに着目する。後者の割引経済は、現在のほうが有限資源の犠牲が大きいこと、および、将来におけるより大きな豊富性〔という見方〕が疑わしいことに着目する。

労働者が就職するとき、彼は事前には支払われない。彼は支払日まで待つ。当面の間、彼はその事業への投資家である。付加的な使用価値を雇用主の原材料に引き渡すたびに、彼の側には債権が発生し、彼の雇用主の側には債務が発生する。それは、繰り返される申し出と承諾という法的過程である。雇用主のための使用価値の追加が職長によって承諾されるたびに、それと並行して、従業員に対して雇用主が支払う義務をもつ債務が追加される。債務は給料日に清算される。しかし、使用価値は次のような結合生産物の一部になる。その生産物は、商品市場や債務市場において、別の債務者に対する債権を自分に提供するであろうと雇用主が期待するものである。ここでの原理は、原材料業者が彼らの原材料に対する支払いを三十日間か六十日間待つときのそれと同じである。

労働債務は短期債務である。そして、労働市場の慣習によって、待忍のサービスに対する労働者の報酬は、別個に計算されずに、労働報酬に通算される。[189] 彼が引き受ける何らかのリスクについても同様である。彼のリスク先取りは、アダム・スミスが主張したように、彼が働きだす前に彼の折衝心理学に織り込まれ、それもまた彼の労働報酬でまとめて支払われる。慣習、法律、代替的な機会、交渉力は、別の取引でもそうであるように、その役割を果たす。そうはいっても、労働者が働きだすとき、彼はそのことによって、債権者として、労働、待忍、リスク負担に対する将来の報酬を一つの取引において割り引いているのである。この通算の過程は、先取りと名づけられるであろう。それは、労働、待忍、リスク負担に対する将来の報酬の、現在における割り引かれた評価を生み出す。

雇用主の市場についていえば、労働市場においては暗示的なことが、商品市場と債務市場においては明示的になる。ある製造業者は、彼がある製品を六十日以内に売り、その製品の価値はその販売時点で六万ドルになるであろうという見込みをもっている。彼は銀行で、六十日目に支払可能になる六万ドルの約束手形を渡して、借り入れる。銀行は、その約束手形を年当たり六パーセントで割り引く、もしくは六十日間で一パーセント割り引く。これが意味するのは、銀行が、即座に利用可能な五万九千四百ドルの預金勘定によって、その製造業者に対する債務者になったということである。

この額を用いて、その製造業者は原材料を買う。その原材料への対価として、彼は、その銀行では要求払いの

508

(189) 前述、*p.* 158「アダム・スミス」〔邦訳、上巻二四三頁〕をみよ。わたしはスミスの**リスク負担**に労働者の**待忍**を加えた。労働者たちによるこの待忍は、彼らの労働やリスク負担よりもさらに厄介であることが多い。例えば、途方もなく高い利子率の場合で述べたように、利子率が年当たり三〇パーセントや四〇パーセントへと上昇しても、二〇〇パーセントに達してもなお、彼らは「高利貸し」および「小口融資」の会社に支払うことをいとわない。「待忍」の換算は、以下のような労働者たちの自発的意志にたびたびみられる。すなわち、労働者たちは、賃金が日払いまたは週払いであるとき、半月払いまたは月払いの場合に比べて**より低い**賃金のために働こうとするのである。わたしは南部で、賃金の支払いが**日ごと**であることを賃金**率**よりも気にする黒人たちをみた。今後も彼らは、週払いの雇用主よりも日払いの雇用主のほうを選ぶであろう。前述、*p.* 307「機会コストと不機会価値」〔邦訳、中巻八四頁〕をみよ。

自行宛小切手をその原材料を売る者たちに振り出すことによって、その原材料の対価を彼らに支払う。そうでなくて、製造業者が賃金や給与と同じように現金で支払う場合には、彼は「現金」支払可能な小切手を振り出し、銀行から一定額の通貨を引き出し、次いで、それを自らが雇っている賃金稼得者の給与袋に賃金として支払う。

いずれの場合でも、以下のことが起こっている。製造業者は銀行家に対して銀行信用の六十日分の使用の対価として六百ドルを支払う約束をした。その目的は、彼、つまり製造業者が、その製品の対価が支払われるであろう時点よりも六十日前に原材料を買い、賃金と給与を支払うことを可能にするためである。

この六百ドルは、誰かによって支払われねばならない。実際にそれが支払われる仕方はこうである。製造業者がいま進んで支払う原材料の価格と労働の賃金は、六十日目にその製品の対価として製造業者が受け取る期待総額になるであろう金額よりも六百ドル少ない。言い換えると、原材料と労働の**現在価値**は、六十日目におけるその製品の**割り引かれた先取り価値**である。

しかし、ビジネスマンは、彼が銀行家に支払う六百ドルの利子だけでなく、自分自身のための利潤もまた得なければならない。彼が利潤マージンを、自らの売上全体に対する年六パーセントの平均と等しいと期待するならば、このマージンは、六十日間で一パーセントになるであろう。彼は、原材料と賃金に対して〔さらに〕六百ドル**少なく**支払うという同じ過程によってこの利潤を得るであろう。言い換えると、利子と利潤の両方に充てるマージンを得るために、彼は、製品の対価として受け取るであろうと期待する額よりも千二百ドル**少ない**金額を原材料と賃金に支払うであろう。そうすると、もし彼が六十日目に製品に六万ドル支払われると期待するならば、彼が原材料と賃金に支払う金額は五万八千八百ドルになる。この五万八千八百ドルは、先取り価値が六万ドルである商品の割引現在価値または現在の値打ちである。

したがって、現在価値は、先取り価値の二重の割引から、すなわち利子割引および利潤割引から求められる。

509

利子割引は、われわれの計算においては六百ドルである。利子・利潤割引は千二百ドルである。二重の割引の正確さは、先取りの正確さに依存する。もし期待される価値が、現在価値にしたときに六万ドルよりも小さくなるならば、**損失**が生じることになるであろう。もし期待される価値が六万ドル以上になるならば、**利潤**が生じることになるであろう。

景気循環に当てはめられた動学的分析において、これらの不確実性は、われわれの関心を大いに引く。というのも、そのような変化する状況の下では、利子割引と利潤割引は反対の動きをするからである。仮に、価格上昇と売上増大が期待されるゆえに利潤割引が小さければ、一九一九年から一九二〇年にかけて実際そうであったように、利子割引は大きくなるであろう。しかし、仮に、一九三二年のように、価格下落と販売縮小という多大なリスクゆえに利潤割引が大きければ、利子割引は小さいか完全に消える。なぜなら、借り入れが止まるからである。

これらの変化は、われわれのここでの静学的分析における関心事項にはならない。仮に、利子・利潤割引が一二百ドルのかわりに二千ドルであるならば、現在価値ないし現在の購買力は五万八千八百ドルのかわりに五万八千ドルにしかならない。より高いまたはより低い事前《フォーカスト》割引についても同様である。

同じことが、われわれが先に述べたように、長期証券についても当てはまる。仮に、株式と債券の利回りが年当たり十万ドルまたは一一パーセントになると期待されるとき、額面価格百万ドルの株式と債券が九十万ドルで売られるとするならば、現在の建設目的に利用可能な額は九十万ドルである。しかし、仮にそれらが百十万ドルで売られるとするならば、その額〔百十万ドル〕が現在の購買力であり、資本家にとって、資本利回りは九パーセントである。

フェッター教授は、期間割引と資本還元〔現在価値化〕という一般原理の下で、割引と価格についてのこうした原理を見事に一般化した。それに関して、彼はベーム＝バヴェルクの打歩と実際の割引過程との違いを認識していた。彼は、将来の地代、利潤、利子支払いを、さらには商品の将来価格すらも、すべてを**期待される純所得**という単一の概念に還元した。彼はその概念をベーム＝バヴェルクのように「使用料《レント》」と呼んだ。しかし、それを現在の使用料と考えたベーム＝バヴェルクとは違い、彼はそれを将来へと投げ込んだ。こういった将来の「使用料」は例外なく、期間割引によって現在の評価へと還元される。この割引による評価は資本還元という普遍的な原理であり、資本というときの現代的な意味はこのようなものである[190]。

しかし、フェッターの期間割引は、本来は利潤割引でもある。前者は、時間の間隔を通じての待忍の割引である。後者は、期待される時間の推移を通しての、好ましい出来事や好ましくない出来事についての割引である。待忍に対する報酬は、期待される利子の支払いである。リスク負担に対する報酬は、利潤または損失である。リスク割引は、利潤と損失の割引である。

510

利潤と利子が一緒になって動くことがよくある。仮に、比較的低いリスクゆえに利潤の見通しが良好であるとするならば、一九一九年のときのように、借り手は比較的高い利子率を支払うことができる。仮に、利潤の先取りが損失の先取りに転じるならば、一九三二年のときのように、借入金の利子や元本を支払うという新たな約束は結ばれなくなるであろう。要するに、企業は減速するか停止するのである。なぜなら、リスク割引が現在の資本価値を大きく引き下げるか、消滅させさえするからである。

第六節　貨幣と価値の取引システム

売買交渉取引の回転というわれわれの公式は、これまでは銀行家を含んでいなかった。けれども、現代のあらゆる取引は銀行家の参加を必要とする。「貨幣の流通」という語でたびたび表わされる「現金」支払いでさえ、銀行にある要求払い債務を移転するかわりに銀行から現金を引き出すというものである。この現金は、銀行に負っている債務が返済されるときに、再び銀行へと「流れ込む」。銀行それ自身は、もしこの「流通中の貨幣」が不足しているならば、準備銀行に「貨幣」を求めるので、準備銀行における彼らの預金残高は減ることになる。そうでなく、循環中の貨幣が豊富にあるならば、彼らは準備銀行に自らの「現金」を返却する。その目的は、準備銀行に対する債務を返済し、したがって、彼らの準備預金残高を増やすことである。

債務支払いの全体は、売買交渉取引における二人の買い手と二人の売り手によって成し遂げられている。前述したように、彼らの誰もが取引先銀行に口座をもっているだけでなく、支払手段の獲得を期待できるものについて銀行家に了解させなければならない。〔了解した〕銀行家はその支払手段を、取引を実行するための預金として自らの手で創造するであろう。

それゆえ、完全な売買交渉取引についてのわれわれの公式は、四人の銀行家を有していなければならない。二人の買い手と二人の売り手それぞれに対して銀行家一人ずつが充てられる。四人の銀行家が実際には**一人**の銀行家でしかないか否かは問題ではない。なぜなら、銀行は、いかなる顧客に対しても、他の顧客の口座に関する情報を提供しないからである。たとえ四人の異なる銀行家が手形交換所および連邦準備制度を通じて連動して行動していたとしても、彼らの連動《コンサーテッド》した行動には、自行顧客の口座情報の交換はいっさい含まれていない。とはいえ、銀行検査当局は、守秘を誓ってこの情報を取得する可能性があるのだが。結果として、四人の取引参加者に関

(190) Fetter, Frank A., "Recent Discussion of the Capital Concept," *Quar. Jour. Econ.* XV（1900–1901), pp. 1–45; "The Passing of the Old Rent Concept," 同誌、pp. 416–455; *Principles of Economics*, Chaps. 8, 10, 15, 17（1904); "Interest Theory and Price Movements," Proceedings *Amer. Econ. Assn.*, March, 1927, pp. 62–122.

する限り、各々の参加者は別々の個人口座をもち、かつ、個人的な取り決めを取引先銀行の一つと結んでいる。

その結果、実行可能な商業取引それぞれから、次のものが存在する可能性が生じる。それは、単名手形、商業引受手形、銀行引受手形その他を問わず、さまざまなかたちの短期商業債務である。そのすべてには、商品の販売が企業債務を創り出し、その企業債務を、銀行家がビジネスマンに自身の預金債務を販売することで購入するという一つの事実が共通している。その企業債務の期間は一日から九十日に及び、取引は、合意された期間の満 511 了時にその債務が支払われてはじめて終結する。銀行家はそれと引き換えに、その企業債務の割り引かれた将来価値を限度に、「支払期限を過ぎた」債務、つまり要求払い債務を創造する。そして、これらの預金は当座預金である。顧客は原材料と労働を購入するときに契約した別の債務を支払うために、この預金を引き当てに自らの小切手をただちに振り出す。

こうして、それぞれの貸付取引は、それ自身の貨幣を創造する。「流通する」貨幣の基金が存在するのではない。存在しているのは、譲渡された所有権の権原の割引価値に等しい額だけの、短期債務の創造、販売、返済の反復である。商品価格の予測に基づいて、二つの価値の増加が継続的に起こる。その増加とは、労働投入により付加されることになる商品の使用価値の産出の増加、および、債務が満期に近づくにつれての割り引かれた債務の価値の増加である。

前者の価値増加は、さまざまな商品市場でみられる。例えば、鉄鉱石の価格が銑鉄の価格になり、順次、圧延鋼材の価格、農業機械の価格、最終消費者によって購入されるナイフとフォークの価格になるときである。後者の増加は、貨幣市場ないし債券市場において生じる。そこでは、それぞれの短期債務が、支払いまでの時間が短縮されていくことによって、その価値を高める。

それぞれの貸付取引は、このようにしてそれ自身の貨幣を創造する。というのも、銀行家が能動的な参加者だからである。貨幣数量説および貨幣商品説をめぐる旧来の論争は、物理的な因果関係についての諸理論を生み出した。そうした理論では、時間順でみて最初の出来事があとに続く出来事の原因であると考えられていた。そして、統計に基づきながら以下のどちらかを示そうとする論証ないし反証がなされた。それは、貨幣数量の変化が価格の変化に先んじるか、それとも、そのあとに続くかである。しかし、貨幣と価格の取引理論または予測《フォーカスト》〔先取り〕理論は、財の移転ではなく、期待財の専有的コントロールの移転についての理論である。なぜなら、財はあとからついてくるからである。合意される価格は、所有権取得価格であり、この価格はつねに、直近または遠い将来についての予測〔先取り〕である。この種の原因は将来にあるのであり、過去や現在にはない。ミッチェルの研究は、以下のことを示した。たいていの場合、価格の変化が最初に起こり、それに続いて、まず引き渡し、次に支払いがある。[191] そして、このことは、価格変化の「原因」が、将来に関する共同予測《ジョイント・フォーカスト》にあるという原理と一致する。この将来には、支払義務が到来すると予想される日付けよりあとの将来も含まれる。それゆえ、原因と結果に関する適切な教義は、何十億もの取引のうちに見出される。その取引には、貨幣を創造する銀行家が、取引の先導者として参加している。エンジニアは効率性の専門家であり、ビジネスマンは希少性の専門家であるが、銀行家は将来性の専門家である。

512

どうすれば旧来の貨幣数量説または商品数量説をこうした評価過程に適用することができるのかを知るのは困難である。ここでの評価過程とは、経済量の所有権を移転する取引過程、貨幣としての役割を果たす銀行債務を

（191） Mitchell, Wesley C., *Business Cycles, the Problem and Its Setting*（1927）, p. 137〔邦訳、春日井薫訳［一九六一］『景気循環論Ⅰ　問題とその設定』文雅堂書店、一八九―一九一頁〕.

移転する取引過程、および、銀行債務が創造されることと引き換えに商業債務を消滅させる取引過程における評価の過程である。これらは、たしかに「大きさ」であるが、はたして物理的な貨幣数量はどこにあるのか。ここで大きさとは、売買交渉取引の反復のなかで合意される価格ないし価値を示す算術表現である。貨幣数量のかわりにわれわれが見出すのは、銀行債務の可変的な「回転」である。銀行債務の全量は、およそ三十日ごとに折衝され、創造され、解消され、更新されるけれども、商品、サービス、債務の期待価格と期待数量に応じて大きさを変えていく。そうした期待価格・期待数量評価は、所有権の追加的な移転によって創造される追加的な債務の大きさを広く決定する。そのような場合、物理的な類推は当てはまらない。回転率、ラグ、先取りなどについての統計的な調査と実験だけで十分である。貨幣の取引と先取りのシステムにおいては、所有権の評価から発生する各銀行家の評価が、所有権の移転のための自らの貨幣を創造するからである。

この貨幣の取引理論は、価格と取引量（PT）が貨幣の数量と流通速度（MV）に先行することを示すことによって貨幣数量説を反証しようとしたコープランドの努力を内包しており、しかも、それよりもさらに進んでいるようにみえる。[192] 彼は、「交換方程式」を計算するなかで次のことを示した。すなわち、「商品」は支払いの三分の二しか占めず、残り三分の一は、利子、配当、税、債券、株式といった「無形のもの」に対する支払いを含んでいる。彼は、これら「無形のもの」を包摂することによって、「ほとんどの場合、PTは因果的にMVに先立つ」という結論に達した。

しかし、われわれが素材と所有権という二重の意味によって商品を識別するならば、所有権の移転は、素材の生産につねに先行する。そして、この所有権は、彼が言及した他の無形のものとまったく同じ「無形のもの」である。というのも、それらはすべて、現在所有権移転によって生産されかつ獲得されることになるであろう、将来の有体の素材を期待し、当てにしているからである。現在の取引において移転されるのは素材ではない。移転

513

されるのは、将来の素材の所有権についての現在の請求権である。このことは、配当、利子、税、株式、債券の所有権に当てはまるのとまったく同じように、商品の所有権にも当てはまる。それらすべてが、生産財としてであれ、消費財としてであれ、素材の将来の所有権を期待している。もしわれわれが「交換方程式」を現在時点の取引に位置づけるならば、それはつねに、所有権の権原の交換方程式である。まさにここにおいて、すなわち取引の折衝において、価格が形成されるのである。というのも、価格は、素材に対してではなく所有権に対して支払われるからである。

　たまたま、コープランドのいう「無形のもの」は、遠い将来を見据えるものであることが多く、それ以外でも、最終的な素材が取得されるより前の仲介取引のことである。したがって、商品の所有権は、その素材が生産または消費されるまでの短期の将来を見据えるものとなるのである。このことは、所有権の移転と素材の出現との時間間隔の測定をより難しくするのであり、しかし、より必要でないものにしているわけではない。将来時間の**長さ**は、商品の所有権と、他の無形のものの所有権とを区別するための理由としては不十分である。どちらも将来のものである。現在時点のものか直近のまたは遠い将来におけるものかに関係なく、つねに交換方程式は、素材の交換ではなく、将来に向けての所有権の交換である。それゆえ、われわれは、ＰＴがＭＶに先行すると期待するべきである。

　以上のことから、貨幣が、その現代の意味において、取引から生じる債務の創造、譲渡可能性、解消という社会制度であることは明らかである。仮に測定に値する時間の経過なしに支払いがなされるならば、われわれは、それを購買または販売と名づける。そして、それは、債務の譲渡可能性という中間段階が省かれている点でのみ、

---

(192)　Copeland, M. A., "Money, Trade and Prices——A Test of Causal Primacy," *Quar. Jour. Econ.*, XLIII (1929), p. 648.

短期債務および長期債務と異なっている。このように、貨幣は、二次的には交換の媒介であるが、それは一次的には債務を創造し、移転し、消滅させる社会的手段である。

しかし、仮に、社会制度としてのそれぞれの貸付取引がそれ自身の貨幣を創造し、かつ、その全量が三十日ごとに創造され消滅させられるとするならば、貨幣の定義を、数量という静学的観念から過程という動学的観念へと転換させなければならない。その過程とは、参加者として銀行家たちも含む、数十億もの売買交渉取引である。

われわれは、動詞が名詞のかわりに用いられるときに、ある過程がより正確に記述されるものと考える。名詞は誤解をもたらしやすい。なぜなら、名詞は静学的な数量という印象を与えるからである。しかし、動名詞は、価格づけすること、価値評価すること、引き落とすことの過程にほかならない売買交渉取引に適合している。その過程は、経済量とそれを価値として測定する貨幣との両方を創造し、移転し、消滅させ、再創造する。価格、価値、債務は、合意されただけの経済量の所有権がその合意によって移転される時点で、文字通りには創造されないにしても、どれも一緒に決定される。そして、これらのものの変動性をすべて時系列でまとめたものが、取引による価格づけ、価値評価、引き落としの過程である。

514

われわれは次の二つを指摘してきた。まず、貨幣が希少性という次元を測定することである。次に、経済量の一単位を分離してこの次元を測定したものが価格であるということである。価格とは、商品、株式、債券、サービスであれ、待忍とリスク負担であれ、あらゆるものがもつ希少性の次元である。

しかし、希少性は、価値の機能的に結び付けられているいくつかの次元の一つにすぎない。それぞれの次元の変動性を確認するためには、したがって、評価される経済量全体の可変的な大きさを確認するためには、価値のそれぞれの次元が測定されねばならない。この価値の大きさおよび、無体財産の場合それと等価の債務の大きさは、おそらくわれわれがホートレーに十分注目していないことから推察されるように、単一の変数である価格の大きさではない。それはむしろ取引において合意された総価値に等しい大きさである。価値と債務のこの大きさは現代でいう短期と長期の「資本」の大きさであり、それは分析を必要とする。われわれは、それを九か十の、おそらくより独立して変動する大きさへと分解することができるであろう。それぞれの大きさは、各売買交渉取引と各債務の総体的な貨幣測定へと還元することができるが、その一方で、その測定のなかに覆い隠されている。というのも、フィッシャーが述べたように、「貨幣の重要な機能の一つは、多様性から測定の均一性を引き出すことにある」からである。[193] これらの可変的な大きさについては、われわれはそのほとんどの名を挙げることができるであろう。すなわち、扱われている商品または証券の希少性、支払手段の希少性、および、待忍、期待される時間の経過、リスク負担、商品の数量、商品の種類と質、財産権、交渉能力の希少性である。われわれは、これらを使用、希少性、将来性という三つの変数へと還元した。

したがって、これらいくつかの独立変数からなる価値の取引的な定義を構築する必要がある。こうした構築がなされるとき、価値は、それらの評価に基づく所有権移転によって創造されることになる債務自体と同じ大きさになるはずである。

古典派経済学者たちは、「使用価値」を通約不可能なものとして排除し、縮めて「価値」と呼ばれる交換価値だけを扱う。しかし、「使用価値」によってわれわれが、彼らがおそらく意図したように、有用であると信じられる財の客体的な物理的質を意味するならば、使用価値は、例えば鉄鋼のトン、砂糖のポンド、パン一斤、キロワット時といったさまざまな物理的測定の体系によってただちに測定され、かつ、絶えず測定される。それは、ますます細かくなっていく「等級づけ」の体系によっても測定される。これは、質の違いを規格化し、分類する。

(193) Fisher, Irving, *The Nature of Capital and Income* (1906), p. 15〔邦訳、大日本文明協会訳［一九一三］『資本及収入論』大日本文明協会〕。

515 これらの物理的測定において重要なのは、**単位当たりの**使用価値が、希少性にどんな変化が生じようとも、（減価償却または陳腐化は差し引かれるが）いつもまったく変わらないということである。この物理的次元は、使用価値の産出量で示される。それは、質を同じくする物理的単位の数に**正比例して**変化する。例えば小麦百万ブッシェルは一ブッシェルの使用価値の百万倍である。このように、売買交渉取引においてつねに考慮される使用価値の三つの次元は、物理的単位によって測定される、種類と等級、数量、減価償却と陳腐化である。

しかし、希少性価値は、反対方向に変化する。それは、数量と**反比例して**変化する。カール・メンガー[194]によって述べられたように、貨幣と財産を除くと、希少性は、需求量と支配可能量との間の社会的関係になる。それはもちろん、供給と需要という社会的関係の変種の一つである。希少性価値は、このように、二つの可変的な大きさの間の関係である。しかし、そのどちらも、客体的に測定することのできない大きさである。かつて、古典派経済学者は、その関係自体を人に対する自然の抵抗を表わす諸単位を用いて測定し、快楽主義的経済学者は、それを人に対して自然が与える逓減的快楽を表わす諸単位を用いて測定した。しかし、これらは擬人化というものだ。希少性の専有的な尺度は価格である。価格は、わたしの学生の一人によって示唆されたように、「希少性ラグ」である。ここで、われわれは、直接に需要も供給も測定しないし、メンガーのいう需求される大きさないし支配可能な大きさも測定しない。われわれは、各売買交渉取引において合意される価格において顕現するような、その二つの間にある関係が変化することの**効果**を測定するのである。いくらか似たような手法で、われわれは水銀の膨張と収縮によって、直接的にではなく間接的に、熱の高さを測定する。体温計は、熱の効果を正確に測定するための人為的装置である。それは、貨幣が希少性の効果を正確に測定する人為的装置であるのと同様である。前者は機械であり、後者は制度である。機械は力学的な大きさを測定し、制度は専有的な大きさを測定する。

516

けれども、どんな測定の体系においても同じであるが、測定道具は、測定される大きさの諸次元と同じ諸次元を有していなければならない。そのことは、われわれが直接その大きさを測定するのか、それがもつ効果だけを測定するのかを問わない。ヤードは長さを直接測定する。ポンドは、類似する複数の効果を比較することによって、重量を間接的に測定する。いずれの場合でも、違いと変化を数の言語を用いて数え上げ、かつ比較できるよう、恣意的な単位が設けられている。希少性についても同様である。その場合の人為的な大きさは、支払手段である。支払手段の希少性もまた、需求量と支配可能量との社会的関係である。需求量は、支払いのために必要とされるものである。支配可能量は、政府、銀行業、営利事業体三者の共同活動によって供給される。この場合も、われわれは、需求量も支配可能量も直接には測定することができない。われわれにできるのは、売買交渉取引、信用取引、「資本」取引というくつかの取引のうち、どれか二つの間にある関係変化がもたらす効果を測定することだけである。こうして、価格は、その二つの希少性関係の間の関係である。そのうちの一方、つまり貨幣には、他方を測定するための単位名称が刻印されている。

このように大きさの相対的変化が測定されるのだが、そうした測定のすべてにおいて、われわれがこれまでに行なってきたように、原因と結果についての意志的用語を用いることが適切である。なぜならわれわれは、宇宙の複合的全体を考慮しないけれども、人間の行為を迅速に誘導しコントロールするために、制限因子と補助因子の原理に基づいて、この宇宙全体から取り出される特定の因子の特定の変化を測定しているからである。

実際には、われわれが売買交渉の過程においてみることができるように、価格は希少性の結果であり、原因であり、尺度である。ここでは、意志的な過程がなじみあるものであり、当然のこととみなされる。われわれは、

(194) 前述、*p*. 378「メンガー」〔邦訳、中巻一九一頁〕をみよ。

測定の二つの体系を用いる。それは、希少性の測定と数量の測定である。一方は、希少性価値の尺度である。他方は、使用価値の尺度である。小麦の価格は、ブッシェル当たり一ドルである。希少性を測定するためには、われわれは、使用価値の数量が一ブッシェルにつき一定であると機械的に想定する。このとき、小麦を買うのに利用可能な貨幣に対する小麦の相対的な希少性は、その価格であるドルの数と割合に応じて変化する。これに対して、使用価値の数量を測定するために、われわれは、今度は価格が一定であると機械的に想定することによって希少性を除去する。このとき、使用価値はブッシェルの数と割合に応じて変化する。われわれが以上二つを一つの大きさにまとめるとき、その大きさが価値である。価値は、二つの変数、すなわち、希少性価値ないし価格、および、使用価値ないし物質の数量をもつ。

　価値のこのような意味は、先に述べたように、価格から区別される価値を用いてフィッシャーがいおうとしたことの根底にある原理に相当する[195]。その時点で、「単位」の意味に関してフェッターが行なったフィッシャーへの批判は、測定の理論それ自体に内在的なものであった。測定されることになるモノが二つまたはそれ以上の可変的次元を備えているとき、その一つを単独で測定できる唯一の方法は、他の次元が一定であると仮定することである。他の諸変数は消失しない。それらは存在したままであるが、それらの変動性が排除されるのである。売買交渉の過程においては、このことが直観的にまたは明示的に行なわれる。価格が合意され、そしてその価格において、別箇に数量が決められることになる。価格は、一単位量の価格である。価値は、その価格で、総単位量を集計したものである。
517
それゆえ、一単位量の場合、価値と価格が同じ大きさを意味するのは明らかである。

　しかし、「集計単位量」の場合では、その集計量の**価値**のことをその集計量の**価格**であるということは用語法に反する。自動車一台の「価格」は千ドルである。これは、合意されたものとしての自動車の「価値」でもある。しかし、それが二台の自動車であるならば、二つの価格が存在し、二つの価格の集計が、二台の自動車の**価値**である。同様の用語法を、単位として扱われるある農場またはあるゴーイング・コンサーン全体に適用することができる。その農場またはゴーイング・コンサーン全体に支払われる「価格」は、その農場またはゴーイング・コンサーンの「価値」でもある。しかし、それが複数の農場または複数のゴーイング・コンサーンの集計であるならば、それはその集計量の「価値」であり、その集計量の「価格」ではない。

　価値と価格のこの違いは、単に市場価値と市場価格が量的に異なるという理由だけで生じるのではない。その違いの理由とは、価値が（将来性を無視すれば）二次元の概念であり、二つの異なる因果関係をともなうからである。一つは、供給と需要によって決定される希少性価値または価格である。もう一つは、取引のあとに続く労働過程において創り出されるであろう使用価値のより大きなまたはより小さな産出である。

　同様の推論が、すべての単位がまったく相等しい代替財に当てはまる。小麦の「価格」とは、一ブッシェルにつき一定の使用価値の数量を仮定することによって合意された需要と供給、すなわち価値の希少性の次元のことである。この一ブッシェルについてのみ、価格と価値は同一である。しかし、一ブッシェルを超えるブッシェルについて、または収穫高全体については、もう一つの次元が可変的である。その次元とは、使用価値、すなわち物理的次元である。そして、諸単位のこの集計に当てはまる用語が価値である。

　それゆえ、売買交渉過程における価格づけと価値評価のすべてのケースにおいて、参加者たちは、習慣によって、明示的に、あるいはおそらく自動的に、価値の二つの次元を測定しているといえるであろう。一方は、使用価値の慣習的単位ないし法的単位を前提とする、価格によって表わされる希少性の次元である。他方は、単位当たりの合意された価格という前提に基づく、これら物理的諸単位によって表わされる物理的次元である。その二

---

(195) 前述、*p.* 378「フィッシャーとフェッター」〔邦訳、中巻一九一頁〕をみよ。

つの組み合わせが価値評価であり、希少性割引を含めたその結果は、価値、「資本」、および、それに相当する債務である。

これが、貨幣が商品とは本質的に異なる理由の一つである。貨幣は、測定の基準である。各取引は、二つの法定測定単位を包含する。それは、支払いの単位と履行の単位である。履行の単位は、取引において合意されたものとして引き渡されるべき商品の数量を測定する。支払いの単位は、支払われるべき商品単位当たりの価格を測定する。その二つの積が価値である。その価値は、その取引において創造された二つの債務と等価である。これらの法定測定単位なしに、現代のビジネスは遂行されえない。そして、国王たちが裁量的に単位を変更した時代以降、ビジネスを解釈しようとするならば、経済学者はその法定単位以外の測定単位を用いることは許されない。こういうことは家計の経済学においては行なってよいが、企業《ビジネス》の経済学においてはよくない。これ〔法定測定単位の使用〕は、「制度」経済学がそのワーキング・ルールによって、心理主義的経済学や労働経済学に取って代わる論点の一つである。というのも、測定単位は、強制的制度であり、心理学や歴史物語の空想的産物ではないからである。

フィッシャーが「数量、価格、価値」についての自らの分析を小麦一ブッシェルによって例示したとき、われわれは以下のことを理解する。すなわち、これは、諸価値を測定するためには、ある共通の単位をもつことが必要だということの一例にすぎない。なぜなら彼は、自らの実際の測定すべてに対して、貨幣単位を用いているからである。(196)

もっといえば、同じことが心理学の領域においてヴィーザーに対しても当てはまる。ひょっとするとフィッシャーは、フェッターの批判に対する回答のなかで、彼の「新提案」を支持する「先行者」としてヴィーザーを引用していたかもしれない。価値のパラドックス(197)に関するヴィーザーの有名な章は、財の数量の増加にともなって逓減する限界効用という観点以外は、まさしくフィッシャーの概念〔の説明〕である。しかしながら、フィッシャーの「限界効用」は価格の擬人化にすぎないので、彼の「価値のパラドックス」とは、二つの変数すなわち価格と数量に依拠する価値というおなじみの概念を意味するものでしかない。価格ないし「限界効用」は数量の増加にともなって逓減するので、その結果、もし価格が下落するよりも大きく数量が増加するならば、総計の**価値**は高まる。これが「価値のパラドックス」、すなわち、貨幣の観点から二世紀以上前にグレゴリー・キングによって考案された公式であり、[198]すべてのビジネスとすべての統計において、価格、数量、価値の間のよく理解された関係である。十九世紀の労働理論と心理主義的理論のせいで経済学者たちが空想と魔術に走ってしまったまさにそのときが、老グレゴリーのいうビジネス感覚からの逸脱であった。その逸脱のせいで、フィッシャーは、一九〇七年になってから、グレゴリーの公式が「経済学の用語法からいくらか外れている」といわざるをえなかった。フィッシャーの公式は、ビジネスまたは法律の用語法や常識、あるいはグレゴリー・キングから出発してはいなかった。

さらに、価値には別の意味がある。貨幣の一般的購買力の不安定性ゆえに、経済学者および日常の用語法によって要請される意味がある。というのも、貨幣は、数量を測定するためのヤードやブッシェルのような、希少性を測定するための安定した単位ではないからである。むしろそれは気圧計のようなものである。気圧の針は、海抜高度が変化するごとに補正しなければならない。貨幣補正の方法はよく知られている。そのやり方は、現行

519

(196)　フィッシャー『資本および収入論』、p. 14。

(197)　前述、*p.* 378「ヴィーザー」〔邦訳、中巻一九一頁〕をみよ。

(198)　King, Gregory, "The British Merchant," 彼の *Natural and Political Observations* に所収（一八〇二年に復刻）.

価格すべてを例えば一八六〇年や一九一三年といった基準点の水準に変換することにより、貨幣の一般的購買力の不安定性を計算によって除去するというものである。この一般的購買力の逆数は、便宜的に「貨幣の価値」と呼ばれている。それは、物価平均の上昇につれて下落し、物価平均の下落につれて上昇する。

しかし、価値のこの意味は、ミルのいう「一般的な購買力」ではない。ミルの「購買力」は、同じ種類の「購買可能な商品」（モノの所有がそれへの支配権を与えている）の一つとして貨幣を含んでいる。価値のこの意味は、「あらゆるモノの価格はつねに貨幣で表現されるけれども、価値はいかなる種類の富、財産、またはサービスの観点からでも表現されうる」[199]という陳述に含意される意味でもない。ここで、「富、財産、またはサービス」という用語は、おそらく貨幣を包含しているであろう。そして、価格は、富または財産の価値と異なる種類のものではなく、それらの特殊なケースである。そのようなものとしての価値の意味は、購買可能な商品の一つとして貨幣を含めるミルの意味と同じになる。これに対し、「貨幣の価値」という用語は、貨幣〔で表わされる〕価格の集計の逆数を言い表わす短い名称にすぎない。この用語は、測定単位としての貨幣が安定性から逸脱する度合いを示す。われわれはこれを、購買力による価値の意味づけと名づけてよい。

価値の取引的意味および購買力としての意味と緊密に結び付いているもののそれらとは異なるのが、例えばわれわれが名目収入または名目賃金と対比して実質所得または実質賃金のことを話すときのように、たいていの場合、名目価値と実質価値という用語によって表現されている区別である。実質価値のこの意味は、交換価値としての価値というミルの意味に、および、「富、財産、またはサービス」に関する価値の意味に最も接近している。しかし、それは本質的には別のものである。なぜなら、どちらの意味も貨幣自体を、購買可能商品の一つとして包含していたからである。しかし、「実質価値」は、種類の異なるものとして貨幣を完全に排除するのであれば「名目的」である。ただし、取引的意味および購買力としての意味においては、それは名目的ではない。それは、購買、販売、債務、および、現代的意味の資本と同じくらい「実質的」である。しかし、農民または賃金稼得者は、彼が売る小麦または労働に対して彼が買う商品をどれくらい獲得することができるのかを知りたいと願う。彼は、貨幣〔で表わされる〕価格を排除することによってのみその総量を計算することができる。「名目価値」のこの意味は、古典派経済学者と効用経済学者が貨幣を労働または快楽に取って代えることによって躍起になって 520 排除しようとしたものであった。現代の統計は、貨幣を排除していると思い込んでいるが、現実にはそうなっていない。そして、貨幣を排除する理由は、貨幣が名目的だからではなく、ある別の目的が意図されているからである。その目的とは、富の分配の変化を測定することである。貨幣はその〔測定の〕ための道具である。

　価値と価格の意味にはまた、「貴重価値」といった倫理的または心理学的な諸要素を含むもの、いわゆる折衝心理学に属するものがある。なぜこういえるかというと、もしいかなる折衝においても〔価値と価格が〕測定可能な諸次元へと還元されるとすれば、価値と価格の意味は貨幣的評価であろうからである。以上すべてを考慮に入れて、われわれは価値の三つの異なる意味づけを得る。それぞれの意味づけは、貨幣が、貨幣と引き換えにその所有権が売買されるモノとは種類が異なるという認識に基づいている。第一の意味は、価格、数量、および将来性割引を掛け合わせたものという、価値の取引的意味である。したがって、それは、債務および「資本」に相当する。第二は、価格の総計としての、購買力としての価値の意味である。第三は、実質価値としての、価値の分配的意味である。ここでは、貨幣と価格は富の分配のための道具とされる。これらの意味全体にわたって、価格によって測定される希少性、物理的単位によって測定される使用価値の数量、価格と数量の**積**の集計としての価値、といういくつかの原理が支配するのである。

---

(199)　Fairchild, F. R., Furniss, E. S., and Buck, N. S., *Elementary Economics* (1926), I, p. 24.

しかし、価値の次元には、上述したもののなかに含意される、もう一つの可変的な次元がある。そして、経済学はこの第三の次元、すなわち時間の測定を取り扱う。しかし、時間は、価値評価という取引的過程においては、つねに将来の時間である。将来性は、待忍と利潤獲得〔リスク負担〕の二つの次元において働いている。この二つはどちらも、割引の次元である。仮に、取引が法的効力をもつようになる現在時点とその結果が期待される将来時点との間に間隔がない場合の価値と比べて、〔間隔がある場合の〕将来の数量の現在価値が、その貨幣的大きさにおいてより小さくなるのは、これによってである。われわれは、将来性の効果を、利潤割引と利子割引として区別した。どちらも、きわめて変動しやすい。そのどちらかが一〇〇パーセントの割引に達するならば、現在価値は完全に消え失せ、産業は停止する。一九二九年七月以降にほとんどすべての産業の収縮を誘導したのは、利子割引ではなく利潤割引であった。

リスク負担と待忍は、時間の異なる二つの意味を通じて作動している。商品経済学者が利潤を利子から区別し損ねたことからわかるように、その二つの意味は、商品経済学者には識別されない。一方〔リスク負担〕は、出来事が起きると期待される時点の反復である。他方〔待忍〕は、利子がその間で生じる、二時点間の間隔である。このことが、時間の「流れ」と時間の「経過」の区別である。これらは必ずしも区別されてはいない。先取り
521 〔予測〕〔されるもの〕は期待されるリスクである。しかし、待忍〔されるもの〕は、期待される延期である。この二つが一緒になって銀行を創り出す。将来性のこの二つの次元は実際には切り離せない。というのも銀行もまた予測者だからである。しかし、その二つは、測定において切り離すことができるし、銀行家と他のビジネスマンたちとの分業において切り離すことができる。

実際には、価値をもつすべての商品は空間的には程度の差こそあれ離れているし、時間的には程度の差こそあれ将来にある。それを表わすのが、例えば「欲望」や「欲求」という言葉である。もはや欲望されないとき、例

えば「満足」によって表わされるように、商品は現在時点を通過して過去へと移動してしまっている。

価値のこの将来性の次元においては、明らかに「遠隔作用」があり、これが価値の心理学的理論をもたらす契機である。とはいえ、「効用」と「不効用」が希少性の心理学的人格化であったと経済学者たちがひとたび認識するならば、彼らが必要とする心理学は、将来性の次元のものだけである。それゆえ、価値の取引的次元は、目的のある定義になる。なぜなら、その次元は将来性を含んでいるからである。実際明白なのは、価値の全体概念が力学的〔機械論的〕な概念であるかわりに意志的な概念であるということである。なぜなら価値は、直近の将来、近い将来、遠い将来を問わず、将来において期待されるものについての現在時点での評価だからである。この心理学的機能は、可変的な要素すべてをどうにかして把握しようとする意志の統合原理である。そして、意志自体がきわめて可変的なので、意志を価値のもう一つの変数と名づけることができるかもしれない。しかし、これは余計なことである。なぜなら、心理学的変動性は測定不能だからであり、その変動性によるどんな影響も、将来性のさまざまな測定の助けを借りて行なわれる折衝においてすでに織り込まれているからである。

では、将来性は主観的心理学に基づくものでなければならないのか。将来性が拠って立つことのできる「客体的」心理学は存在するのか。哲学的ないし合理主義的な客体性理論に頼ることなく、心理学的でも客体的でもあるが、しかし商品ではないというような、経済学的対象は存在するのか。そのような対象は、価値評価をする個人の感覚や意志に依拠しないやり方で将来を現在に結び付けるものでなくてはならない。そのような対象が存在するとし、それが各売買交渉取引において個人の意志から独立して将来を現在に結び付けるようなものだとすれば、それは本来の意味の客体性《オブジェクティビティ》に含まれるものである。あるモノが「客体的《オブジェクティブ》」であるためには物理的である必要はなく、いかなる個人の意志からも独立していることだけを必要とするのである。これを理解すれば、まさしく集団的行動こそが客体《オブジェクト》であり、かつ、政治経済学の主題となりうるものである。

この主題が物理的なモノではなく財産であると最初に主張した者こそ、マクラウドである。マクラウドは、法律家の職業言語で語り、職業上の目的のためには財産を財産権と同一視すれば十分であることを発見していた。しかし、財産という用語は、経済学に当てはめるために分析してみると、三つの分離可能な概念を内包している。すなわち、希少性、将来性、および集団的行動によって創られる権利、義務、自由、無保護である。希少になると期待されない財産などない。希少になると期待されるすべてのものは、すぐさま、集団的行動によって財産権の意味が付与される。波長〔周波数〕の期待希少性が使用権をめぐる対立を引き起こすとき、電波さえも諸個人による排他的使用へと割り当てられる。

財産がもつこの次元、つまり希少性と将来性の次元は、先に述べたように、アメリカにおける公益事業の評価において、それ固有の特殊名称を獲得した。すなわち、「無形財産」ないし「無形価値」である。無形財産は、商品またはサービスの期待売上に由来する価値として測定される、期待経済量を得る権利である。だから、公益事業法人が将来において課す価格を「不当に」〔不適正に〕引き下げる法律条項は、その法人の財産の没収であると裁判所に判断される。それは、期待希少性価値を没収するものである。

この「無形財産」はマクラウドの「無体財産」とはまったく異なっている。ここで無体財産は債務として識別されるべきである。それは、債務者に特定金額の貨幣を支払わせるという、徴税力としての国家を含む債権者の権利である。しかし、無形財産はまったく異なる期待である。例えば、グッド・ウィル、特許権、鉄道評価、事業を継続する権利、労働市場にアクセスする権利がそれに当たる。それらの現在評価は、集団的行動のコントロールのもとで将来の取引から引き出される数量と価格の期待に依存している。それゆえ、無体財産も、譲渡可能性という仕掛けによって「無形財産」になる。なぜなら、いまや債務は市場価値、すなわちその債務の「価格」をもつからである。それは、長期債務、短期債務、要求払い債務の相対的希少性が変化するのに応じて上昇

523
したり下落したりする。債務の市場価値は、その債務の希少性価値ないしは価格である。そして、この市場価格こそが、債務市場における「無形財産」なのである。それは、他の市場における他の売り手にとって商品、サービス、または、労働の期待価格が無形財産でもあり無形価値でもあるのとまったく同じである。ここで商品、サービス、労働の無形性とは、それらの希少性および将来性である。希少性と将来性の期待は財産であり、それらの尺度は価格であり、それらの「客体性」は、現代的意味づけの資本と集団的行動の両方が個人の意志から独立して財産権を創り出すということである。

　このように、財産の意味というものは、有体財産であるか無体財産か無形財産かを問わず、有用性、希少性、将来性、および、権利、義務、自由、無保護という集団的な法的関係による四重の意味なのである。それは、保有《ホールド》する権利、〔供与を〕留保《ウィズホールド》する権利、譲渡する権利、〔収益を〕獲得する権利、干渉を受けない権利を意味する。こうしたことが売買交渉取引の定義となる。財産が購入されるとき、これらの専有的諸関係のすべてまたは一部が移転される。物理的なモノが交換されるのではない。物理的なモノが交換されるのは労働過程においてである。むしろ、権利、義務、自由、無保護こそが移転されるのである。そして、これらは、心理学的にいうと、将来の期待の移転である。しかし、その期待は、現在の売買交渉取引においては割引された価値をもつ。

　マクラウドは、権利が主張される対象である将来の商品または貨幣とは独立して存在する商品を無体財産と呼ぶという誤りを犯した。そして、彼は、法律家がそうであるように、グッド・ウィルや特許という無形財産を債務という無体財産から区別しなかった。その理由は、どちらも販売可能だからである。そのような無形財産もまた、それが譲渡可能であるという意味で「商品」でもあった。マクラウドの二重の誤りは彼の誤った時間の概念に起因する。しかし、仮に財産権が、法律家マクラウドをはじめすべての法律家が知っているように、将来において他者に商品の引き渡しまたは貨幣の支払いを強いることによって、あるいは市場と価格への介入を控えさせることによって将来の期待を確かなものにするための、また、それによって、将来の商品、将来の価格、将来の貨幣を現在に結び付けるための単なる制度的装置であるならば、財産権は、商品そのものと同じくらい客体的である。なぜなら、前者の財産権は、商品を引き渡し、支払いをするときの他の人々の将来の行為を示しているが、後者の商品も将来の商品だけを示しているからである。これら他者の将来の行為は、それが物理的商品であるという意味で客体的なのではなく、それがいかなる個人の意志からも独立しているという意味で客体的なのである。さらに、このように定義される財産権は、一度は商品として、一度はその商品に対する権利として、商品を二重にカウントするものではない。財産権は、商品の同じ所有権の将来と現在とをカウントする。

このように時間の機能と客体性の意味づけについて修正すると、マクラウドの基礎命題は正しくなる。工学的経済学と家計経済学から区別される制度経済学の主題は、商品でも、労働でも、いかなる物理的なモノでもなく、集団的行動である。集団的行動は、専有権〔財産権〕、義務、自由、無保護に関するワーキング・ルールを設定する。そして、これらのルールは、売買交渉者たちの次のような現在の期待である。それは、共同体が、商品、労働、貨幣、または、将来に有用性と希少性を有するといま期待されるあらゆるものに関して、交渉者たちの価値評価が彼ら自身と他の人々によって将来も維持されるよう取り計らってくれるだろうという期待である。[524]

これこそが、価値のもう一つの可変的次元である。それは、集団的行動が、その慣習、法、権利、自由を通じて行なうであろうことに対する期待である。その〔典型〕例は、発券中央銀行を含めた、裁判所、行政機関、理事会、委員会によって管理運営されることに対する期待である。たいていの場合、この価値の可変的次元は一定であるとみなされている。なぜなら、価値は名詞であり、評価過程ではないからである。しかし、ロシアがそれは可変的であることを示しただけでなく、アメリカの法制史もまた、それはきわめて可変的であることを示した。

われわれは、その次元を直接測定しない。われわれは、現在の取引においてなされる金銭評価に及ぼすその効果によってその次元を測定する。

よって、われわれは商品を売買しないのである。われわれは、商品の価値を売買するのである。そして、商品の価値は、経済量の金銭的測定であるが、物理的なモノの測定ではなく、将来のモノに対する法的コントロールに対する期待の測定である。この法的コントロールが、期待される集団的行動である。

経済学者は当然ながら、価値と価格のこれらの法的定義に対し、表面的であるとして反対する。彼が要求するものは、基底にある現実性〔実在〕である。しかし、現実性はある。現実性とは、人間が欲望するすべての「財」の**将来**現実性のことである。この期待される現実性は、交渉を通じた評価につき従う。これに加えて二つの段階が必要とされるのである。一つが、支払い、履行、不干渉を要求する法的過程、もう一つが、所有者の指揮下で商品を製造し、輸送し、引き渡すという技術的過程である。所有者による評価は、あのおなじみの折衝心理学になる。いまや折衝心理学によって価値評価過程の仕事は処理され、かつ、現在の諸取引のなかでそれは定式化される。現在の取引への参加者は、政府、産業、銀行業の期待される安定性の下で、確固とした現実性を将来獲得することを望んでいる。

価値の合意による法的コントロールの売買は高度に心理学的な過程であり、心理学の用語だけがそれを解釈することができる。なぜなら、その本質は将来性にあるからである。ただし、必要とされる心理学は、商品による快楽と苦痛の心理学ではなく、説得、強要、命令、服従、弁明、議論についての折衝心理学である。取引のどちらの参加者も、彼自身との競争者たちに、および、相手参加者の競争者たちに対峙し、かつ、自らの必要性と選択肢によって駆り立てられている。これは、予備的な折衝〔が存在すること〕を意味する。法的分析は、それを説得か強要か、公正競争か不公正競争か、平等な機会か不平等な機会か、適正価格か不適正価格かへと分解する。

それらすべては希少性、期待、および、その時その場所の慣習的・法的な規則によって支配される。もし説得、公平性、平等性、適正さというこれらの条件が満たされないか無視されているならば、集団性《コレクティビティ》を代表する裁判所が、口頭契約についての歴史的教義に従って、債務を創造する申し出と承諾を折衝のなかに読み込む。この債務は、前述した価値の次元によって規定され、測定されるものである。

このように、価値という経済学的概念、実際には現代的資本という経済学的概念は、他の科学の概念のように、それが数で表わされる純粋な相対性の教義に到達するまでに、いくつかの歴史的段階を通過している。それは、物理的に客体的なものという通俗的な原始的概念から始まり、次いで、きわめて主観的なものに切り替わった。その後、将来の時間という次元が加えられた。そして、財産という概念を引き継いだ。財産は、希少性、将来性、および、希少性の集団的な結果および原因である権利、義務、自由、無保護の、客体的等価物である。さらに、すでに受け入れられていた測定単位に基づいて数学が出現するとともに、これらの可変的次元は、直接的または間接的に、次のような数値測定へと統合され始めた、すなわち、自然に対する人の、および、人に対する人の、変わりゆく経済的関係の変わりゆく大きさの数値測定へと統合され始めたのである。測定の三つの体系がその過程において用いられる。それは、使用価値についての物理的尺度、希少性についての金銭的尺度、期待されるリスクと期待される待忍についての金銭的尺度である。まさしくこれらの期待を通じて、共同評価が形成されるのである。

価値とそれに相当する債務の評価に関するこれら九個か十個の要素は、以下の三つに還元することができる。まず、三つの側面に現われる希少性、すなわち、商品の希少性、支払手段の希少性、待忍というサービスの希少性である。次に、使用価値の種類、質、量に現われる数量である。さらに、待忍とリスク負担の割引に現われる将来の時間である。後者のリスク負担は、さらに自然のリスク、諸個人のリスク、集団的行動のリスクへと分類される。

それゆえ、われわれは価値とそれに相当する債務を、もっといえば現代的資本を、取引的に定義する。この取引的定義は、希少性、使用、割引という上述の可変的諸次元から構成される。それらの次元の可変性が組み合わさった結果は、口座貸付と口座引き落としに反映される。

こうして、われわれは、心理学から有形・無体・無形の財産へと移行した。後者が現代の資本であり資本主義である。アメリカの裁判所が無形財産という概念を構築しつつあったちょうどそのとき、経済学の心理主義者たちは、それに対応する心理学を構築していた。この心理学は、フェッターにおいてその頂点に達した。彼の心理 526 主義的経済学は、無形財産の特性の多くを備えている。しかし、その経済学は、個人主義的であるがゆえに、平等な機会、公正な競争、交渉力の平等、または、適法手続という制度的概念をもつことができない。これらはすべて貨幣の取引システム、価値の貨幣的意味、社会の集団的行動に内包されている。

第七節　利潤マージン

利潤が国民経済あるいは世界経済において果たす役割に関しては、異なる二つの問題がある。一方は、動学的な問題である。すなわち、何がコンサーンを継続させるのか。他方は、静学的な問題である。すなわち、利潤を生み出す者はコンサーンを存続させるために国民所得のうち、どのくらいの分け前《シェア》を、獲得するのか。前者をわれわれは**利潤マージン**と名づけ、後者を**利潤シェア**と名づける。

利潤についての派生的かつ二次的な二つの関係〔比率〕を、われわれは、**利潤率**と**利潤利回り**として区別する。利潤率とは、発行された株式の額面価値に対する〔利潤の〕比率である。利潤利回りとは、株式利回り、すなわち株式の市場価値に対する配当の比率である。仮に、株式の額面価値に対する利潤率が六パーセントであるとする。そのとき、もしその株式が二百で売られているならば、利潤利回りは市場価値に対して三パーセントである。もしその株式が五十で売られているならば、利潤利回りは一二パーセントである。[200]

　こうした二次的な問題は、投機家と投資家の私的な観点からみるときわめて興味深い。しかし、社会的な観点からみると、二つのことが問題となる。利潤マージン〔利潤に充てるマージン〕は、どのようにしてその国を継続または停止させているのか。社会は、このサービスに対して払いすぎているのか、払い惜しみしすぎているのか。一方は、ある過程についての問いである。他方は、その過程に対する正当化と告発の問いである。これら二つは、通常、切り離されていない。どちらも、社会的に重要な問いである。なぜなら、利潤生産者は、他のすべての階級に対する支払主だからである。はたしてコンサーンを継続させることと産出を公正に分配することのどちらがより重要であるのか。

　十九世紀と二十世紀を通じて、すなわちこの争点について意見を異にしたリカードとマルサスの時代以降、繁栄と不況が交互に生じる原因に関する二つの基本的な相対立する理論を区別することができる。われわれは、一方を**利潤シェア**理論と名づけ、他方を**利潤マージン**理論と名づける。どちらも、次の究極の事実に基づいている。すなわち、産業の法的支配《コントロール》権をもつビジネスマンは、そうした支配権に基づいて、生産と雇用を続けるか、拡大させるか、もしくは、止めるかを決めることができる者である。彼らをコントロールする唯一の動機は、利潤
527
である。いまや製造業においても全生産の約九〇パーセントを支配しているが[201]、農業を除く他の産業においては実質的に全生産を支配している会社は、利潤動機を推進するためだけに法によって創出されている。諸個人は他の動機をもっているかもしれないが、彼らが入社するとき、他のすべての動機は排除される。会社は、利潤のための制度である。それは、教会が礼拝のための制度であり、家庭が愛のための制度であるのと同様である。

この法的支配という究極の事実について、利潤シェアの理論家たちは、国民所得のうち地代、利子、利潤といった専有的所得〔財産所得〕に流れる部分は多すぎ、国民所得のうち消費者所得、とりわけ賃金と給与に流れる部分は少なすぎると主張してきた。したがって、消費者たちは、彼らが労働者としてすでに生産した生産物すべてを買い戻すことができない。それゆえ、過剰生産が生じ、続いて不況と失業が生じる。これが、マルサス主義者の理論である。

利潤マージンの理論家たちは、こう主張してきた。すなわち、不況と失業の原因は、ビジネスマンが次のような能力、すなわち、あらゆる支出を十分に上回る収益を上げることによって利潤を生み出し、損失と破産を招かずに事業を継続することができる能力をもっていないからである。これは、リカード主義者の理論である。

マルサス主義者の利潤シェア論については四つの段階を、われわれは、主張の消費段階、貯蓄段階、配当ラグ段階、販売ラグ段階として区別することにする。

その一方で、利潤マージン論には、二つの主要段階があった。第一段階では、賃金を削減することによってのみ利潤マージンは維持されうると想定した。第二段階では、価格水準が下落せず安定したままであるか、賃金よりも早く上昇するならば、賃金上昇の下でも利潤を維持することが可能であると主張した。前者はリカード主義者の理論であり、後者は、ヴィクセルの理論から推定されることである。

利潤マージンは、さまざまな目的のために負った全負債の総額と、生産物の全販売から得られる粗所得との差

(200) 投資利回りについては、Epstein, Ralph C., *Industrial Profits in the United States* (1934), 調査と出版は全米経済研究所、をみよ。

(201) National Industrial Conference Board, *The Shifting and Effects of the Federal Corporation Income Tax* (1928), I, p. 24〔以下、全国産業会議事務局『連邦法人税の推移と効果』と表記〕.

典型的な損益計算書（%）

総収入			100
総売上	98		
他の収入（利潤クッション）	2	100	
生産費			90
営業費	85		
減価償却と陳腐化	5	90	
純営業収益（98－90）			8
税			1
課税対象マージン（税と利潤に充てる）8－1＝7			
債務利子			1
金融マージン（利子と利潤に充てる）8－1＝7			
利潤（損失）マージン			6
（売上利益）8－1－1＝6			
利潤クッション（他の収入）			2

528

額である。このマージンは通常、「売上利益」や「純利益」と呼ばれているが、販売活動をするために発生した全負債の総額は、「販売される財の費用」や生産費と呼ばれることが多い。しかし、損益〔利潤と損失〕は資産・負債の変化分の差額であるから、われわれは、古典的名称である「費用《コスト》」のかわりに、「発生した負債」という制度的名称を用いる。

しかし、この点において、われわれは、営業マージンと利潤〔損失〕マージンとを区別する。営業マージンは、純営業利益である。税、利子、利潤はそこから引き出されることになる。これに対して、利潤〔損失〕マージンは、営業費、税、利子が支払われたあとに残る純粋損益としての純収入である。それゆえ、われわれは、いくつかの二次的な利潤マージンを考慮しなければならない。それら三つを、われわれは、課税対象マージン〔利子支払い後〕、金融マージン〔税支払い後〕、および、価格マージンないし利潤マージンに対する価格変化の効果、と名づける。[202]

上に提示する表は、百分率で表わされる典型的な損益計算書の表である。この表は、われわれの目下の目的に関わる限りでいえば、上記のさまざまなマージン間の関係を示すであろうし、かつ、利潤マージンについて以下に述べることの概要として少なからず役に立つであろう。利潤に充てるこれら可変的なマージンこそが、利潤のシェアと比べられるべきものである。

529

1．利潤のシェア

利潤のシェアは、われわれが利潤によって何を意味するかに左右される。共産主義者と初期の経済学者は、利潤を利子から区別しなかった。しかし、われわれは、いまその区別をする。利子は、法によって執行され、かつ、契約において約束される支払いである。法は、債務者が資金をもっているならば支払うであろうということを保障している。債務者が支払わなければ、法は、彼に破産を宣告する。利子とは、債権者と債務者の法的関係である。しかし、利潤は法によって保障されていない。利潤とは、買い手と売り手、借り手と貸し手、雇用主と賃金稼得者の関係である。彼らのうちどちらも取引するしないを自由に決めることができるから、彼らのうちどちらも、相手の取引するしないの自由のせいで、利得または損失の可能性にさらされている〔無保護である〕。これが、法によって許可され、かつ、執行される、自由と無保護の関係である。利潤は、以下の二つの取引によって獲得される。まず、低い原材料価格、低い賃金、低い利子率、低い地代による購買取引である。次に、より高い価格による販売取引である。もしその手続きが逆になれば、その結果は損失である。

それゆえ、法人および事業一般の法的支配権を有する人々は、利潤を追求し、かつ、損失におびえている。彼らのビジネス〔事業〕は二重である。それは、予測し、計画することである。しかしその一方で、純粋な利子を獲得する人々は、単に貯蓄し待忍しているにすぎない[203]。利潤は、予測と計画の結果である。そうだからこそ、私

(202)　他の利潤マージンは以下で考察される。後述、*p. 611*「自動的回復と管理された回復」〔邦訳、下巻三四頁〕、*p. 840*「労災と失業」〔邦訳、下巻三七〇頁〕、*p. 627*「戦略的取引とルーティン取引」〔邦訳、下巻五七頁〕。

貨幣所得のシェア、1925年

	項目	10億ドル	%
1.	賃金	30.8	42
2.	給与	14.9	20
3.	年金、給付金、報酬	1.1	1
4.	被用者の総シェア	46.8	63
5.	地代と使用料	5.8	8
6.	利子	3.9	5
7.	配当	4.1	6
8.	財産所得	13.8	19
9.	回収された企業家利潤	13.7	18
10.	合計	74.3	100

有財産のシステムにおいて、利潤を生み出すことのできる人々は産業の法的支配権を獲得するし、もし彼らが利潤を生み出せないならば、彼らは破産というかたちで法的支配権を失う。だから、利潤の**シェア**とは何かと問うとき、われわれは、国民は予測と計画に対していったいいくら支払うのかを問うているのである。しかし、利潤に充てる**マージン**はいくらかと問うとき、われわれは、個々のビジネスマンおよび法人が彼らの債務を支払ったあとにいったいいくら保有しているのかを問うているのである。

M・A・コープランドは、W・I・キングが行なった計算を採用して、次のように推計した。一九二五年における商品とサービスからなる全国民所得は、八百二十億ドルと評価することができる。しかし、これは、いまだ金銭システムに組み込まれていない「非現金」項目を含んでいる。例えば、持ち家の賃貸価値、見積もられたものの貨幣で支払われていない利子、家庭で消費される農産物が挙げられる。これらの非現金項目は八十億ドルと評価されたので、推計貨幣所得は七百四十億ドルになる。この貨幣所得は後述〔右の表〕のように分けられる。(204)

したがって、これらの計算について、以下のように考えられるであろう。被用者は、給与と賃金として、国民貨幣所得の約三分の二（六三パーセント）を受け取った。八パーセントが地代《レント》と使用料《ロイヤリティ》として、五パーセントが利子として受け取られた。利潤が占めるシェアは、国民所得の約四分の一であった（配当六パーセント、利潤一

530

八パーセント）。

しかし、国民所得のこの四分の一は、次の推計額を含んでいる。それは、例えば農家や非法人活動体といった、会社の株主ではない所有者が、もし被用者であったならば賃金や給与として受け取っていた**であろう**額である。キングは次のように推計する。もし彼らの利潤を、**純粋な利潤**と、彼らが賃金稼得者や法律家、または、医者や株式仲買人として受け取ったであろう**労働所得**とに分割して比較するならば、純粋な利潤はたったの四億ドルになり、彼らの労働所得は九十五億ドルになったであろう。このとき、配当を含む純粋な利潤は、約一一パーセント（配当六パーセント、利潤五パーセント）になる一方で、利潤の受取人の労働所得は全国民所得の約一三パーセントになったであろう（二四－一一＝一三）。

しかし、利潤と賃金および給与とのこうした比較はあまり顧みられていない。企業所有者《ビジネス・オーナー》は、自らの賃金および給与のため自分自身に借金をするわけではない。彼は、利潤をまったく得られないリスクを取るだけでなく、賃金も給与もまったく得られないリスクも取っている。彼は実際には、利潤というかたちで、自らが他の人々に支払う給与や賃金を上回らない額か、それよりも大幅に少ない額の所得を受け取るかもしれない。しかし、そうしたことは、数字が集められたあとに過去を振り返っているものであり、ビジネスを遂行するやり方ではない。事業主は将来に目を向けている。だから、彼が自らの賃金や給与であるとみなす可能性のあるものは、彼がそれ

---

(203)　先に述べたように、株主はリスク負担だけでなく待忍でもある。それは、債権保有者が待忍だけでなくリスク負担でもあるのとまったく同じである。もし統計の分類が十分に細かければ、われわれはその区別をより細かくすることができる。しかし、われわれは、配当を純粋な利潤とし、貸し付けに対する利子を純粋な利子とするという仮定に満足しなければならない。

(204)　Copeland, M. A., in *Recent Economic Changes*, National Bureau of Economic Research (1929), II, p. 767.

を得るとしての話だが、自らの全債務を支払ったあとに残る、期待利潤マージンに合算される。言い換えると、彼は、利潤のために自らのビジネスを遂行するからこそ、賃金、給与、地代、使用料、利子を支払うべく他人から借金をするのであり、それから、予測と計画によって、自らの賃金や給与をそういったかたちではなく利潤として将来において獲得するチャンスをつかむ。利潤マージンは、純粋な利潤であるだけではない。それはまた、531 利潤を装った、ビジネスマンの帰属賃金と帰属給与に充てるマージンでもある。

　こうした検討をふまえてわれわれはキングの計算に戻りたい。われわれは、正確さにこだわらなければ、こう推計できるであろう。すなわち、一九二五年という年に、労働者は国民所得の六〇パーセントを賃金および給与として受け取る一方で、資産家および企業家は四〇パーセントを受け取った。この四〇パーセントをさらに分割すると、地代が約九パーセント、利子が約六パーセント、利潤が約二五パーセントになる。つまり、もしドルで測定される国民所得総額が七百五十億であったとするならば、労働者のシェアは約四百五十億であり、資産家のシェアは三百億である。後者は地代七十億、利子四十億、利潤百九十億に分割される。

　労働者が生産物の六〇パーセントのみを受け取るのであれば、貨幣のかたちで賃金と給与に振り向けられる**シェア**は、明らかにその生産物すべては買い戻さないことになる。

　この明白な事実に基づいて、マシュー・ウォルは、アメリカ労働総同盟を代表して話をするなかで、以下のように推論した。

> 生産額は、大量生産が到来してからずっと右肩上がりです。……賃金の総額は落ち込んでいきました。……これらの傾向の結果、購買力総体の大きさは縮小していき、そのニーズを満たすことも、太くなっていく産出の流れを購買によって動かすことも、ますます難しくなっていったのです。……われわれは、労働者の政

532

策をわずかな言葉で言い表わすことができます。大量生産と歩調をあわせて大量消費できるようにしなければならない、と。……この国の一番のニーズは、国民大衆の生活水準をよりいっそう高めることです。単に雇用を十分に、そしてもっと多く提供するためだけでなく、社会進歩を国策として進めるためにそうするのです[205]。

このような方向の主張は、一八三七年以降のロートベルトゥスに端を発する。われわれは、その主張の二つの段階を、マルサス主義的な理論系列の社会主義者段階および労働組合段階と名づけたい。その違いは以下のとおりである。この点においてカール・マルクスよりもむしろロートベルトゥスに従う社会主義者たちは、政府による行動を通じて購買力の増加を達成しようとするであろうが、労働組合主義者であれば、労働者の自発的組織によって同じことを達成しようとするであろう。

マルサスは、一八一五年から続く不況と失業からの**回復**を図る手段として、自らの理論を打ち立てた。しかし、のちにホブソンによって継承されるロートベルトゥスその他の人々は、マルサスの理論を不況と失業の**原因**〔の理論〕に仕立て上げた[206]。ロートベルトゥスによれば、地主と資本家は、技術的生産性によって増大する産出物を貯蓄と投資のために吸収した。それゆえ、労働者たちは、自分たちが生産したものを消費のために買い戻すことができなかった。その結果生じる過剰生産、失業、価格下落は、次の方法によってのみ防ぐことができる。それ

（205）Woll, Matthew, *Annals of the American Academy of Political and Social Sciences*, CLIV（March 1931）, p. 85.

（206）以下を参照。Malthus, T. R., *Principles of Political Economy*（1821）；*Letters of Ricardo to Malthus*（1813–1823 J・ボナーによる編集）〔以下、ボナー編『リカードのマルサスへの手紙』と表記〕；Rodbertus, A. J. C., *Die Forderungen der arbeitenden Klassen*（1837 およびそれ以降の版）〔以下、ロートベルトゥス『労働者階級の需要』と表記〕；Hobson, J. A., *Economics of Unemployment*（1922）.

は、労働生産性の上昇と釣り合いのとれたシェアを労働者に保証するよう、政府を通じて標準労働日を確立すること、および、労働時間と賃金の両方をときおり再調整することである。

より近年の社会主義的著述家であるアルフレッド・ベイカー・ルイス[207]は、失業を防ぐために、財産のシェアを犠牲にして労働者のシェアを増加させるべきであるとする趣旨の社会主義的主張には三つの段階があるとした。彼の用語をいくらか修正して、われわれは、この主張のこれらの段階を、主張の消費段階、貯蓄段階、配当ラグ段階と名づける。われわれは、第一段階を主張の共産主義者段階、第二段階を社会主義者段階、第三段階を労働組合段階とみなす。われわれは、これらに第四段階を付け加えたい。それは、フォスター、キャッチングス、ヘースティングスという協力者たちによって定式化された段階である。われわれはその段階を、主張の販売ラグ段階と名づける。**利潤シェア**論の系列全体を、われわれは、マルサスからロートベルトゥスへの系列と規定する。そうするのは、われわれがソーントンからヴィクセルへの系列と規定する**利潤マージン**論からそれを区別するためである[208]。

(1) 消費と貯蓄

〔利潤シェア論の〕主張の共産主義者段階において到達した結果は、以下のとおりであった。地代、利子、利潤を含む財産所得はすべて、共有によって撤廃されるべきである。そうすると、労働者は生産物の総価値を賃金や給与として受け取ることができるようになる。この救済策は失業をなくすであろう、という主張がなされた。ルイスは、主張の共産主義者段階についてこういった。

周期的な不景気の説明として、次のような説明がしつこくなされてきた。すなわち、これらの不況の原因をたどると、われわれの産業生活における利潤の位置と存在に起因する一般的過剰生産に突き当たる。その理論は以下のとおりであった。労働者は、自ら生産したものの価値すべてを獲得することができなかった。なぜなら、賃金や給与と同じように、地代、利子、配当、利潤も、生産物から支払われるからである。その結果、労働者たちは、彼らが生産したもの全部を買い戻すことができなかった。ほぼこのようなことが初期の社会主義者たちによって述べられていたのである。賃金と給与の総計は生産されたものの全価値よりも小さいというのは、たしかにそのとおりである。なぜなら、産業の所有者たちは、財産所得というかたちでその生産物のかなりの部分を取るからである。しかし、初期の社会主義者の主張に対しては、次のような回答が即座に与えられる。地代、利子、配当、利潤というかたちで自らの所得を得た人々もまた、財を消費する。そして、産業の所有者によるそうした所得の出費は、労働者の賃金と給与の総額が買うことのできなかった

533

生産物全体の一部を買い戻すのに十分であろう(209)。

財産所有者は消費者でもあるという上記の主張に直面して、社会主義者は、ルイス曰く、「こう応答した。労働者の出費と投資に比べると、産業の所有者は自らの所得のうち、ずっと小さい割合を出費に回し、ずっと大きい割合を投資に回す傾向にある。彼らの貯蓄と投資こそが、全生産物に比べての、消費者がもつ購買力の欠如、言い換えれば、一般的過剰生産をもたらす傾向にある」。主張のこの第二段階について、ルイス曰く、

(207)『ザ・ニュー・リーダー』一九三〇年十一月九日付。
(208) 後述、*p. 590*「世界支払共同体」〔邦訳、下巻三頁〕をみよ。
(209)『ザ・ニュー・リーダー』一九三〇年十一月九日付におけるアルフレッド・ベイカー・ルイスの論文。

「この理論の根本的な難点は、貯蓄が単に異なる目的をもつ支出にすぎないということを見過ごしている点である。貨幣の出費は、まったくもって過剰生産の原因になりえないので、貯蓄をもっておくことが過剰生産ないし過少消費の原因になっているという考えには正当な根拠がないように思える。即座に、あるいは、少なくともきわめて迅速に、消費という行為のなかで消滅させられる消費財に自分の貨幣を支出する者とまったく同じように、投資と貯蓄をする者も自らの貨幣を費やす。けれども、彼はそれを資本設備に支出する。さもなければ、その貨幣は家などの耐久消費財に費やされるかもしれない。ある法人が、その資本設備を増やすという方法で貯蓄するときでさえ、その法人は自らの貨幣を、資本設備を生産・配置する産業で働く人々に支払っている。その法人は株主たちへの配当として支払うかわりにそうしたのである。その株主たちにしても、彼ら自身が買うと決めたモノを生産するそういった産業で働く人々の賃金を、もちろん間接的にではあるが支払うために、同様にその貨幣を費やすであろう。貯蓄は、言い換えると、消費財への支出にかわる、資本設備という生産財への支出にすぎない。したがって、貯蓄の純効果は、消費財を生産する産業よりもむしろ、資本設備を生産する産業へと労働者が流入する傾向を創り出すことである」。

「例えば、富豪は、自らの貨幣を支出する決定をする場合に、自分の所得の一部を使ってヨットを買うかもしれない。こうしたことが、遊覧ヨットを生産する造船所へと労働者を流入させるであろう。その富豪は、国際商船会社の証券を購入するかもしれない。このことは、遊覧ヨットよりもむしろ貨物船や旅客船を生産する造船所へと労働者を流入させるであろう。貯蓄と支出の唯一の本質的な差異は、その国の生産諸力の流れ《フロー》に対して与えられる方向の違いである。そして、いずれにせよ、この生産諸力の産出に対する総需要を低下させる必然性などない。だから、資本設備を増加させるその行為は、それ自体では、いかなる一般的過剰生産も、消費者の購買力の一般的欠如も引き起こさないことは明白であるように思える」。

「ある年に、別の年に比べて、資本設備を増加させるのに用いられる貯蓄の顕著な増加が確認されるならば、その純効果はおそらく、〔次の年に〕資本設備を生産する特定産業において活動がいくぶんか弱まる原因になるであろう。しかし、そのことは、繰り返し訪れる景気の悪い時期の特徴ではない。というのも、これら周期的不況の主要な特徴は、ある階級が不況にあえぎ別の階級が好況の恩恵を受けるというよりも、むしろ産業の全階級が彼らの通常の活動を下回る不況にあえぐことだからである」[210]。

（2）配当ラグ

次に、ルイスは、労働と資本が**同時に**被るシェアの変化が雇用者数ないし失業者数の違いをもたらすという主張を放棄して、利潤が使われるときの**時間**の違いという、われわれが主張の配当ラグ段階と名づけるものに言及した。

彼曰く、「利潤が生じるもととなる生産物が販売される前に、利潤を分け与えることはできない。なぜなら、利潤はその生産物が販売されるまでは獲得されないし、存在すらしないからである。もちろん、同じことが利潤だけでなく配当にも当てはまる。というのも、配当は、法人によって獲得される利潤（その一部は地代および利子に分け与えられるが）を分け与える方法にすぎないからである。この事実は重要である。なぜなら、それは以下のことを意味するからである。所与の年（または所与の四半期）について、その一年間で作り出された生産物のうち、その一年間で支払われた賃金が買い戻せない部分を買い戻すために、その年の事

(210)　同。

業から生じる利潤を用いることはできない。言い換えると、一九二八年に生産された生産物の半分が賃金と給与に、あとの半分が利潤と配当に回されたとするならば、そのうちの半分に含まれる利潤を、一九二八年の生産物を買うために用いることはできない。なぜなら、それは一九二九年になってはじめて分配されるからである」。

利潤が四半期または半期で分配されるとしても、同様の原則が当てはまるであろう。われわれは、その主張の妥当性に影響を与えることなく、「年」という彼の期間のかわりに「所与の期間」を用いることができるであろう。

535

しかし、ルイス曰く、この主張は以下のように反論されるかもしれない。「前年に獲得され、その獲得された年の翌年に分配される利潤は、そういった〔生産物を買い戻すという〕目的のために用いられる。言い換えると、一九二七年の利潤は、一九二七年ではなく一九二八年に支払われ、次いでその利潤は、一九二八年に支払われた賃金が買い戻すことのできない、一九二八年の生産物の部分を買い戻すために用いられる」。

ルイス曰く、ある年の産出が前年の産出と同じであり、かつ、そのシェアがその二つの年において同じになるならば、この反論は決定的なものになるであろう。

こう考えてみよ。一九二八年の生産物は五百億ドルであり、このうち二分の一、つまり二百五十億ドルが労働者に、残りの二分の一が利潤と配当に回される。その生産物はすべて販売されるであろう。なぜなら、すぐにでも市場における有効需要として機能することのできる二百五十億ドルの利潤が一九二九年になるまで支払われないとしても、一九二七年に利潤として生み出され、しかし一九二八年になってはじめて支払われた二百五十億ドルがその分を埋め合わせるからである。

しかし、この連続する二つの年の産出が同じであるという事態は起こらない。ルイス曰く、

次に、こう考えてみよう。一九二九年に生産の増加が生じたので、生産物が五百億ドルのかわりに六百億ドルになり、先のとおりその二分の一が利潤へ、あとの二分の一が賃金と給与に回される。一九二九年に六百億ドル分の産出物を購入するために利用できるのは、賃金三百億ドル、および、前年に生み出され一九二九年に分配される利潤二百五十億ドルである。このとき、五十億ドル分が売れ残る。(211)

彼は、さらに三年目の実例を持ち出して、年ごとに産出量が大きくなっていく状況で売れ残りの財が累積していくことを示し、こう結論する。

明らかなのは、前年に比べて生産が増加する限り、売れ残りの財の総量がこうして年を追うごとに増えていくということである。売れ残りの財は、小売業者の店舗および卸売業者の手元や倉庫において増えていく在庫というかたちで、ならびに、製造業者の手元で増えていく最終製品と原材料の両方の在庫というかたちで繰り越される。

(211)　同。

続けて、ルイスはきわめて正確に、小売業者の手元にある売れ残りの財がどのようにして川下から川上へと影響を及ぼしていくのかを描写する。

もちろん、手元にある売れ残りの財の在庫が増加するという結果は、最終的に以下のようになる。小売業者は卸売業者への注文を減らす。そして、卸売業者は、同様に製造業者への注文を減らす。製造業者は生産をやめ、従業員を解雇するか、その労働時間を削減し、かつ原材料の採取産業への注文を大幅に減らす。

536 そして、ルイスは一段と先に進んで、事業が再び始動するのはどうしてなのかを示した。

「もちろん、」ルイス曰く、「人員を解雇するか彼らの雇用時間を短くするという製造業者が用いる方策は、生産だけでなく購買力をも減らすことによって不況を強め、かつ、長引かせるというのは事実である。しかし、失業者でさえ食事をとるのである。仕事を失っていても、彼らはモノを消費するのである。彼らは、貯蓄銀行口座から引き出しを行ない、自らの生命保険証書を担保に借金をするのであり、そうして、ある程度の財を動かすための貨幣を何とかして得るのである。かなりの度合いで、その労働者たちは近所の商店から信用で財を得る。その結果、かなりの期間、〔支払いのための〕貨幣の逆方向の動きはないけれども、財は動かされることになる」。

「そのうえ、一部のビジネスは、利潤がなくとも、あるいは、正味の損失が発生していたとしても、不況の時期に継続して営まれる。だから、消費者に分け与えられる購買力の総計は、そのような状況の下で作り出される、生産物のその部分の価額よりも大きいのである。これらの方法すべてで、在庫は徐々に減少していく。まず日用品の購入というかたちでの購買量が増え、産業は再び活力を取り戻し始める」[212]。

最後にルイスは、先に社会主義者の主張の妥当性を自分で反駁したはずなのに、その主張の第一段階と第二段階の両方で提案されたのと**同一の救済策**で締めくくった。

「したがって、明白なのは、」彼曰く、「利潤、および、例えば配当のように利潤と同じ仕方でなされる他の支払いが、まさしく資本主義の特徴たる周期的な供給過剰の原因になるということである」。「この理屈から導かれる実践的結論は、以下のとおりである。配当と利潤に振り向けられる産業のシェアを減らし、賃金と給与として支払われるシェアを増やすのに役立つであろう、いかなる種類の政治的または産業的プログラムも、われわれの周期的な産業不況の過酷さを緩和するのに、または、その不況の合間にある繁栄の期間を長引かせるのに、あるいはそのどちらにも、役立つであろう。利潤にかかる負担をより大きくすることを目的とするわれわれの税負担の変更、利潤にかける追加的税を財源にする社会サービスの増加、利潤を減少するほうに誘導する金利調整、これらすべては失業を減らすのに役立つであろう。同様の望ましい結果が、以下の二つのいずれかによってもたらされるであろう。まず、労働組織の力を次のことを可能にするために強化することである。それは、〔その労働組織に〕好都合な賃金協約によって、賃金のかたちで支払われる産業の生産物の割合をいくらか増やすことである。次に、生産者の協同、消費者の協同、または、政府による所有と運営といったような、産業を運営するための営利によらない方法を拡大させることであ

(212)　同。

る」。

537 配当ラグ理論についての先の言明のなかで、未処分利潤と内部剰余金の処理についての説明は、ほとんどもしくはまったくなされていない。明らかに、**未だ**配当として支払われて**いない**その利潤は、貨幣の退蔵のように法人の金庫室のなかで遊んでいるわけではない。その利潤は、工場を拡張するか更新するためにその法人が商品と労働を購入する際に用いられるか、あるいは、他の企業に商品と労働の原資として貸し付けられるか、商品と労働を購入している他の企業の証券に一時的に投資されることになる銀行預金として留保されるかのどちらかである。配当が公告されるときに生じるただ一つのことは、配当分の購買力の、会社から株主への**移転**である。配当ラグ理論は誤っている。なぜなら、未処分利益は、配当として分配されたときに、同額の利潤と同じだけの商品と労働を購入するために使用されるからである。

(3) 販売ラグ

それゆえ、利潤ラグ理論の第二の公式、すなわち販売ラグ理論は、フォスター、キャッチングス、ヘースティングスの三氏が共同で発展させたものであるといえる[213]。その説明は、ヘースティングスが著した最も完全な出版物のなかで簡潔になされている。

> 全体としての営利事業体は、外部の源泉から受け取った全貨幣に加えて、自らが生産したモノの価値に相当する貨幣量を支払うわけではない。……財の生産者たちの産出物の販売総価額が増加するときに、それと同時に彼らが同じだけ支払いを増やしたとしても、この購買力の増加は、その財と同じくらいすぐに市場に姿

を現わすわけではなかろう。したがって、その貨幣の新しいフローの全額が小売市場に現われるまでは、売れ残りの財の蓄積が存在しているであろう。……利潤のために財を生産する者たちは、財を生産した時点ではこの利潤を支出することがなく、財が売れてはじめてそうするので、彼らは、増産の開始時点では、その財の販売価額と等しい額を支出しない。……生産の規模に対する利潤の規模の一時的な遅れ《ラグ》、および財の相対価値の再調整は、……売れ残りの財の蓄積をもたらす傾向にある。……原材料費は、必ずしもいま支払われるとは限らない。債権者はときおり、この事実が原因になって、自ら生産している財の全コストに全利潤を合わせたものに相当する現在の支出を行なうことができない。……組織された原材料生産者、準最終製品の生産者、流通業者、サービスと無形財の生産者もまた、現在生産された財またはサービスの価値に相当する現在支払いを行なうことができない。……こうして、……景気回復期と活動期に得られた利潤のかなりの部分を占める、利潤の不使用および利潤の「不適切な」使用は、そのような時期において売れ残りの財が蓄積する原因であり、その避けることのできない究極の帰結が商業恐慌である。たとえ同一の結果をもたらす傾向のある要因がほかにないときでさえ、そういえる。[214]

この主張は、フォスターとキャッチングスによって拡張された。

(213) Hastings, H. B., *Costs and Profits: Their Relation to Business Cycles* (1923)〔以下、ヘースティングス『コストと利潤』と表記〕; Foster, W. T., and Catchings, W., *Money* (1923)〔以下、フォスターとキャッチングス『貨幣』と表記〕; *Profits* (1925); *Business without a Buyer* (1927)〔以下、『買い手なきビジネス』と表記〕; *The Road to Plenty* (1928).

(214) ヘースティングス『コストと利潤』、pp. ix, 6, 9, 11, 14。

通常「過剰生産」と呼ばれる思わしくない結果は、「過少消費」と呼ばれるほうがよいかもしれない。どのように呼ばれようとも、それは主に以下の二つに起因する。第一に、産業が消費者たちに対して、彼らが増加した産出物を購入できるようにするほど十分な貨幣を支払っていないという事実である。第二に、貯蓄する必要に迫られている消費者たちが、産業から受け取ったのと同じ額の貨幣さえも支出することができないという事実である。しかも消費者たちは、ほかに何の収入源も有していないのである。[215]

利潤の販売ラグ理論から帰着するこの結論は、消費者の不十分な購買力についての消費理論、貯蓄理論、配当ラグ理論によってすでに指摘された結論と似ている。生産物が売れない限り購買力として利用できないビジネスマンの利潤**より前に**[216]、賃金稼得者たちの消費力を増大させることによって、全生産物を購入できるようにするべきである。

しかし、この利潤の販売ラグ理論は配当ラグ理論と同様に誤っていることが示されるであろう。そして、われわれは、販売ラグ理論にかえて、対照的に利潤の**販売予測**《フォーカスト》理論と呼べるであろうもの、あるいはそれと同義であるが利潤の**リスク割引**理論を用いる。

2. 販売予測

明らかなことであるが、賃金と給与は、あるときは生産物の販売の三十日前に、あるときはその三十年前に支払われる。では、ビジネスマンはどうやって、生産物の販売**より前に**賃金と給与を支払うための貨幣を獲得しているのか。生産物が売れない限り賃金と給与が支払われないのは、生産物が売れない限り利潤が確定されることも配当が公告されることもないのと同じではないか。

539
まさしく銀行システムこそが、生産物の販売より前に賃金と給与が支払われ、購買力として用いられることを可能にするのである。賃金、給与、利子、地代のみならず利潤もまた生産物の販売から生み出されるが、利潤が生産物の販売より前に購買力として用いられるようにするのもやはり、その銀行システムである。この銀行システムは、二つの仕組みで作動する。それは、商業銀行業と投資銀行業である。一方で、商業銀行業は産業の**操業**に融資する。他方で、投資銀行業は産業の**資本設備**に投資する。

商業銀行業は、生産物の販売**より前に**ビジネスマンが原材料を買い、賃金を支払うことを可能にする。それは、われわれが先に述べた貨幣の先取り《フォーカスト》システムによってなされる。将来の危険を考慮して、将来の利子の支払いだけでなく将来の利潤もまた、生産物の販売時に受け取られるであろう期待価格**よりも低い**現在価格を原材料と賃金に支払うという過程によって**割り引かれる**。われわれが用いてきた単純化された公式を用いると、(217) 六十日後に六万ドルで売れると期待される生産物の現在価値は、利子と利潤の二重の割引によって、五万八千八百ドルになる（利子六百ドル、利潤六百ドル、合計千二百ドル）。不確実性が存在するかもしれないが、単純化のために、われわれはそれを無視する。なぜなら、われわれがここで関心をもっているのは、財が販売された**あとで**のみ利潤が購買力になるのか、それともその財が販売される**前に**そうなるのかに関する一般原則だからである。現在の

---

(215) フォスターとキャッチングス『買い手なきビジネス』p. 167。

(216) こう主張されているようにみえる。すなわち、消費力の本質は、日または時間当たりの高い賃金**率**にあるが、しかし、同じくらい、あるいはそれ以上、安定した雇用にある。言い換えると、消費力の本質は、日ごとまたは時間ごとの収入にあるのではなく、**年間収入**にある。後述、*p. 611*「自動的回復と管理された回復」〔邦訳、下巻三四頁〕をみよ。

(217) 前述、*p. 507*〔邦訳、中巻三八五頁〕をみよ。

商品と労働に対する購買力になるのは、各取引において**実現された**利潤だけなのか、それとも、各取引において**期待された**利潤なのか。もし購買力になるのが各取引において**実現された**利潤だけならば、利潤に回されるシェアは生産に遅れをとり、蓄積された売れ残りの財が徐々に過剰になっていくのは明らかである。しかし、もし現在の購買力の大きさを決定するのが**期待された**利潤であるならば、購買力としての利潤が生産に対してもつラグはないのであり、それは購買力としての賃金にラグがないのと同じである。

しかし、二つの利潤理論すなわち利潤ラグ理論と利潤先取り《フォーカスト》理論の間にある問題を理解するために、われわれは、銀行システムの仕組みを再び考察する必要がある。われわれはこう問いたい。利子ラグもまた、存在するのではないか。いつ銀行家が彼の六百ドルの利子を得るのか。彼がそれを得るとき、彼はそれを使って何をするのか。明らかに彼は、生産物の販売よりも六十日前に割引の過程によってそれを獲得する。彼は、六十日後には生産物販売によって支払可能となっている自らの顧客に六万ドルを貸し付けた。しかし、この銀行家は、帳簿上で要求払いの五万九千四百ドルしか商品の売り手に対する負債をもたない。[218] この差額、つまり六百ドルは、ちょうどその大きさの使用されない銀行信用[219]である。銀行家はこれを他のいかなる製造業者にも貸すことができ、製造業者は原材料を購入し賃金を支払う際にこれを預金口座においてただちに利用することができる。六万ドルで商品を買い六十日後に支払可能となる最初の製造業者である〔銀行家の〕顧客は、その生産物の販売から元本と利子の返済をするが、生産物が販売される六十日前に、こうして銀行預金が割り引かれ移転される過程によって、利子、つまり六百ドルは、**別の**雇用主によって**別の**原材料と**別の**賃金の対価として支払われるのである。

それゆえ、景気が良ければ、利子ラグは存在しない。一定額の利子が、原材料と賃金の価格が、最終製品の期待価格**よりも低い**ことによって事前に提供される。そして、この利子の額は、実際には他の製造業者たちによって、直接には彼らの工場において労働需要を創造するために、間接には財に対する需要によって、他のどこかで用いられる。

同じことが利潤についても当てはまる。しかし、ここでわれわれは、ゴーイング・コンサーンという概念を導入しなければならない。先の説明において、われわれは回収期間が六十日である単一の貸付取引を取り上げた。しかし、すべての事業が通常通り継続しているならば、そして数々の他のゴーイング・コンサーンの数々の取引が行なわれているならば、この貸付取引は、継続して繰り返される多数の類似した取引の一つでしかない。とあるコンサーンが六万ドルの価値をもつ最終製品を日々産出し、販売していると仮定しよう。一年間毎日六百ドルの利潤がその六十日前になされた貸し付けと約束を基礎にして実現される。日ごとにこの六百ドルという利潤は実現する。なぜなら、六十日前、その製造業者は先に述べた利潤割引を考慮に入れて、彼が自らの最終製品の対価としていま受け取る額よりずっと**低い**額を原材料と賃金の対価として事前に支払っていたからである。

この毎日の六百ドル、すなわち日ごとの利潤マージンを用いて製造業者は何をするのか。彼はそれを支出するか貯蓄する。それは、数多くの銀行宛てに振り出された諸々の小切手のかたちで彼のところにやってきたものである。その小切手を彼は取引銀行に預け入れ自分の帳簿に債権として記す。彼が個人消費のためにそれを引き出

(218)　くわえて、借り手は、銀行業務の慣習によって、残高を維持することを期待されている。フィリップによってその残高は彼の借入金の平均二〇パーセントであると見積もられた。ここでの説明において、その残高は、合計一万二千ドルになる。借り手には四万七千四百ドルだけが委ねられ、銀行には一万二千六百ドルが残される。銀行は、その一万二千六百ドルを他の製造業者に対して貸し付けることができる。実際のところ、そのことは、製造業者が五万九千四百ドルの当座勘定をもつために、七万二千ドルを借りることを意味するかもしれない。Philips, C. A., *Bank Credit*（1920）をみよ。しかし、これらの考察は、われわれの単純化された説明には当てはまらない。

(219)　ホートレーのいう「未使用マージン」に相当する。Hawtrey, R. G., *Currency and Credit*, p. 6 諸所。

541

すとき、彼は、直接またはそれを労働者の雇用に支出する。しかし、彼は、それを貯蓄するとしても、二、三のやり方で労働者の雇用に支出するであろう。彼がそれを自分の帳簿の債権－預金としてその銀行に残しておく場合、銀行は労働者の雇用のために他のビジネスマンにそれを貸し出すことができる。もし貸し付けを受けたためにそのビジネスマンがすでに銀行に対して債務者になっているならば、彼が追加する債権－預金は、銀行に対する彼の純債務を減少させる。他方、その返済金はまた、銀行が負っている要求払い負債を同じ額だけ減少させる。そして、もしその銀行が準備金の法定限度に到達していなければ、その銀行は、最初の製造業者が自己の純債務を削減するのに用いた六百ドルを他の製造業者に貸し出す余裕をもつことになる。いずれにせよ、その製造業者は自らの利潤を**貯蓄し**、そして、商業銀行を通じて、その利潤を他の製造業者たちに貸し付けたのである。彼らはその貸付金をすぐさま用いて労働者を雇い、原材料を買うことができる。

ヘースティングスは、フォスターとキャッチングスに与して、以上のような銀行貸付の返済額は財の購入と労働者の雇用のための貨幣の支出額に等しいものであるという見方を否定した。

> そのコンサーンが銀行に返済する貨幣は、財の生産に用いる資金を調達しようとする**別の製造業者に貸し出される**（あるいは同一の製造業者に再融資されることもある）かもしれない。そのため、**最終的には、その貨幣は消費者の手に届くであろうが、その貨幣が追加的財の生産に対して支払われたあとになってはじめてそうなるのである**。**生産された財の価値**と財の**生産者によって支出される購買力**との間の不足分は、なおも存在するであろう。だからこそ、われわれは、銀行貸付金の返済を貨幣の支出とはみなさないのである。[220]

ここには、商品と労働に対する需要を創出しているのは消費であり、貯蓄ではないという誤謬が明らかに残存している。銀行による別の製造業者への貸し付けは利潤の「貯蓄」であり、かつ、この貸し付けは、その別の製造業者がのちに販売する予定の商品を生産するに際して原材料を購買し労働者を雇うときに、購買力として**即座に**使用される。貸し付けは、商品が消費者の手に届くまで待たないのである。

そのうえ、このように支出される購買力は、生産された財が将来に販売されるときの価値を割り引いた**現在価値**と（先取りの誤りはあるが）おおよそ**等しい**。例えば、われわれの例示において、現在価値は（利子割引と利潤割引の両方を差し引くと）五万八千八百ドルであった。この額は、販売より六十日前に原材料と労働に対して支払われた額であり、これにより分け与えられる購買力は、当然ながら、購入された原材料と労働の、**購入された時点での**価値と同一になる。それは六十日の間により大きな価値になるであろうが、銀行業の仕組みと事前割引がこの差を手当してくれる。

あるいは、製造業者は、〔利潤を銀行貸付金の返済にあてて〕彼の利潤に相当する額を銀行が別の製造業者に貸し出すのを可能にするかわりに、ちょうど彼が個人的な消費のために口座から金を引き出すときと同じように、彼自身の事業に関わる支払いをする目的で自分の口座から引き出すかもしれない。彼は、「未処分利益」として自分の事業に「再投資」するという仕方で口座を利用することができる。ここでいわれているのは、彼が工場の拡大その他の拡張のための工事で労働者を雇うために口座を利用するということである。つまり、彼は、作業している労働者たちに事前に支払うために銀行で借りるかわりに、その口座を利用して、彼らの生産物を販売するより前に彼らにただちに支払うことができる。その場合、彼の帳簿の資産側には、労働者に支払った額で仮評価される「仕掛品」や「棚卸資産」といった項目が表示されるであろう。

---

(220)　ヘースティングス『コストと利潤』pp. 95–96。太字は原典にはない。

あるいは、最終的に、三十日または六十日後に、彼が顧客に対して最終製品を販売したならば、彼の帳簿の資産側には「売掛金」という項目が表示されるであろう。しかし、債務側には、それに対応する額の銀行への債務は表示されないであろう。なぜなら、六百ドルという彼の日ごとの利益が実際には顧客に貸し出されているので、銀行に対する彼の債務はその分だけ減少させられるからである。しかし、彼の帳簿の債務側には、未だ支払われていない原材料の購入ゆえに「買掛金」という項目が表示される。

その製造業者の債務者たちが自らの債務を彼に対して返済することで彼の「売掛金」を減少させる場合、その債務者たちは、取引先銀行宛ての小切手を用いてそうするのである。製造業者はその小切手を取引先銀行に預け入れ、したがって、原材料と労働の購入に即時利用可能な彼自身の当座預金〔の残高〕を増加させる。その一方で、その製造業者が別の製造業者たちへの債務を返済することで自分の「買掛金」を減少させる場合には、彼も同様に、取引先銀行宛ての小切手を用いてそうするのである。その別の製造業者たちは、それを取引先銀行に預け入れることで、原材料と労働を購入するためにそれをすぐさま利用することができる。

ヘースティングスは、「買掛金」の減少分が購買力としての貨幣の支出額であるという見方も否定する。彼曰く、

ようやくわれわれは、百ドル（現金の増加）が買掛金の減少のために用いられるかもしれないという可能性をもつに至った。その貨幣の支払先となるコンサーンが、**それまでに、生産された財の全員に関するコストと利潤のために貨幣を支出してしまっている**ならば、当期の全支出額に加えてこの貨幣を支出しなくてもよいであろう。そのコンサーンは、購買力の流れと財の流れとの平衡を乱すことなく、銀行からの貸付金を償還するためにこの百ドルを用いることもできるかもしれない。しかし、債権者であるそのコンサーンが、**そ**

のコンサーンの売掛金に拘束されていたこの購買力のせいで、請求された全額を支払えなかったということはありそうにないことではない。そして、いまやそのコンサーンはそうした不足分を埋め合わせることができるけれども、それは、貨幣が財の生産と同時に支出された場合と同じではないであろう。[221]

543 ここでも再び、貯蓄の誤謬の残滓が販売ラグの誤謬を支えている。その原因は、銀行のメカニズムと事前割引を認識し損ねたことにある。製造業者が買掛金を減らすために自らの百ドルを使うとき、彼は、取引先銀行宛小切手を振り出すことによって、百ドルの預金を彼の債権者に移転する。そして、その債権者は、その小切手を預け入れることによって、取引先銀行の自分の口座を百ドル分増加させる。このことは、その債権者に対する銀行の要求払い負債百ドルを増やすことによってその者の銀行借入を百ドル分減らすことと同じである。

誤りが生じるのは次の考えからである。それは、債権者であるコンサーンは、その購買力が売掛金に拘束されていたので、それ以前には要求される全額を支出できなかったという考えである。もしも売掛金が「拘束されている」とすればその唯一の理由は、売掛金が「不良債務」だからである。売掛金が良質な債務である場合には、拘束されない。このとき、その債務は彼の資産の一部になり、取引先銀行はこれを担保にして彼に購買力を割引して前貸しするであろう。この購買力を彼は、原材料と労働を買うためにすぐさま用いることができる。

この前貸しは、たいていの場合、以下の二つの方法で獲得される。すなわち、「信用取引貸出」という方法、あるいは、売掛金を銀行に対して割引で販売する方法である。まず、アメリカの国内銀行業の大部分が行なう信用取引貸出の場合、売掛金は、銀行に販売されないけれども、銀行に認識されている。その売掛金は顧客の資産

(221) 同書、p. 96。太字は原典にはない。

を構成し、銀行はそれを担保にして、貸し付けとそれと対応する当座預金によって、その売掛金が支払われるときまで必要とみなされる額を顧客に「援助する」。このように、売掛金は、財が販売されるまでの間、購買力を「拘束」しはしないのである。売掛金は、販売される財への支払いよりも先に銀行業の機構《メカニズム》が購買力を前貸しするときの、まさしく基盤なのである。

銀行信用〔銀行による前貸し〕の別の方法は、売掛金を利子・リスク割引で本当に販売する方法である。すなわち、銀行は、売掛金の将来額面マイナス割引に等しい預金を売り手の口座に創造する。その例が、財の売り手と買い手いずれもが、支払期限の到来以降その手形の支払いに責任をもつところの、商業引受手形または「複名手形」である。ここでは、「売掛金」は、その銀行顧客の資産から消滅し、そのかわり、原材料と労働の購入に即時利用できる単なる「当座預金」の預金になる。ここでもやはり、利潤ラグも、利子ラグも存在しない。銀行業の機構は、購買力におけるそうしたラグを防止するという明白な目的のために創り出されたのである。銀行業の機構は、生産の進行中に、かつ財が販売される前に、購買力の創造を可能にする。

そのうえ、この場合もやはり、こうした購買力は、生産された諸財の**現在価値**または現在の値打ちと〔予測の誤りはあるが〕おおよそ等しい。というのも、それらの財の現在価値は、生産過程における原材料と労働の対価として、それらの現行価格で実際に支出された購買力の総額以外の何ものでもないからである。それは、生産されるものすべてを**それらの現在価値で**「買い戻す」であろう。そして、その将来価値が現在価値になるときにも、同じことがいえるであろう。事前割引と銀行業の機構は、生産物の現在価値での支払手段を提供してきたのである。

このように、ビジネスが普段通り続行しているならば、商業銀行を通じてか、それとも、ある者自身の事業における雇用を通じて、すべての利潤は、その生産物が売れるまで待忍することも、利潤が配当に変換されるまで待忍することもなく、労働者を雇用するための購買力としてすぐさま利用可能である。われわれが利潤ラグ理論に加えた変更は二つからなる。一つは、配当の支払いを**取引の完了**にかえた。もう一つは、孤立し、かつ単独で処理される単発・単一の取引を、ゴーイング・ビジネスにおける**取引の反復**にかえた。

諸取引を配当支払いのかわりに用いることで、われわれは、取引の意味について先に述べたことを再び強調できるようになる。[222] 取引は、時間の流れのなかで始まりと終わりをもつ。われわれは、始まりを、〔取引の際の〕譲渡を終結させることとして識別する。われわれは、終わりを、取引を終了させることとして識別する。

始まりとは、〔取引の際の〕譲渡が二つの所有権の移転に対して効力を発するとみなされる日時である。取引の終わりとは、履行または支払いが、どちらがあとになろうとも、完結する日時である。このあとのほうの日が、取引の終了日である。というのも、取引は二つの債務を創造するからである。一つは、履行の債務である。それは、商品が物理的に引き渡され、受け取られたときに解消される。もう一つは、支払いの債務である。それは、支払いが受容されたときに解消される。

どちらの債務もすぐさま支払われる場合、取引はすぐさま終了させられるかもしれない。これが「現金」販売である。ここでは、履行と支払いの間隔があまりに短いので、それは通常、債務としてみなされないが、それでもやはり債務なのであり、それは、間隔があまりに短いので割引ないし利子率を計算するという目的では測定するに足らないような債務なのである。あるいは、取引は、履行と支払いとの時間の間隔が経過しない限り終了しないかもしれない。そのような債務は譲渡可能なものであり、われわれの例において、取引は六十日目に終了した。合衆国におけるそのような商取引の平均回転期間は約十五日であると、もしくは、その回転数は年当たり二

(222) 前述、*p.* 432「譲渡の終了と取引の終了」〔邦訳、中巻二六八頁〕をみよ。

十六回であると推計された。[223] これが意味するのは、平均すると十五日ごとに、利潤マージンがその期間中の取引で認識されうるということである。その間、利潤マージンは、他の製造業者への貸し付けに用いられる預金に変換されているか、規模拡大に再投資されているか、更新を含む操業コストに使われている。いずれの場合でも、それらは「貯蓄され」、そして、この貯蓄は利潤を貯蓄することの継続的な反復であり、それによってまた、生産または建設のために労働者を雇うことの継続的な反復も生み出される。

同じことが、建設目的や機械を購入する目的で発行される長期債にも当てはまる。そのような取引は、場合によっては十年目、二十年目、三十年目まで終了しない。ここで、もし適切に計算されるならば、次のことが予想される。すなわち、貸し付けの持続期間は、その操業から生産物が作り出される生産設備の耐用期間におおよそ対応するであろう。その生産設備はまた、短期の商業貸付取引によって資金調達されることになる。この新しい生産設備が減価し、仮にその寿命が例えば十年であると期待されるならば、十年債は、その元本の十分の一に相当する年払いの利子を生み、かつ、長期債のための年次減債基金ないしその生産設備のための減価償却基金によって補填されるものであり、その生産設備が摩滅するか陳腐化するときまでにその貸借取引を終了するであろう。

ある巨大な自動車生産組織は、その組織の機械を、五年目の末に完全にその機械が「償却される」ことになるよう、年率二〇パーセントで「帳簿から抹消する」方針をとっているといわれる。陳腐化がその主な理由である。競争相手が新しくより効率的な機械を導入しているときに五年前の機械を使っていては、その会社は競争することができない。もしも五年債で資金を借り入れるならば、その会社は、その元本のうち二〇パーセントの年次減債基金を確保することになるであろう。[224] しかし、その会社は、その資金を借り入れないので、摩滅と陳腐化という理由で機械を年率二〇パーセントで会社の資産から「抹消する」。いずれにせよ、その会社は、次の方法で自ら〔の資産〕を取り戻すはずである。それは、各車にかかる間接費である陳腐化と摩耗の両方を補填することを見込んで車に価格をつけるという方法である。もし機械の原価のうち二〇パーセントずつ償却することによってこうしたことがなされるならば、この額は、貸借対照表において資産から差し引かれ、同時に、損益計算書において収益《プロフィット》から差し引かれる、その大きさの控除額となって表わされるであろう。もしそれが減債基金勘定によってなされるならば、この勘定は、五年債のせいで発生した負債からその大きさ〔機械原価の二〇パーセント〕を差し引く資産として表わされるであろう。しかし、この減債基金資産は、利潤引当金を減らすことによって獲得される。

どちらのケースにおいても起こっているのは、利潤が、株主に対する配当として移転されるかわりに、留保さ 546 れるということである。単に「会社の機械を償却すること」が、その額だけ会社の利潤を「貯蓄すること」なのである。この過程は、時間間隔としての期待持続期間を除くと、商業貸付や利潤再投資と違わないのである。現在価値へと割り引かれる車その他の生産物の将来の価格と数量こそが、銀行業の機構と一緒になって、現在の利潤を「貯蓄する」ことを可能にする。一般的に、それは、より少ない原材料を買い、より少ない機械または建物を建設し、より少ない量の労働力を雇うかより少ない価格と賃金を支払い、そうすることで、現在の債務または負債の総額を、将来の最終製品の販売から得られるであろう将来の期待粗貨幣所得よりも小さな額に抑え続けておくという過程である。利潤は、稼がれるとすぐに「貯蓄」される。そして、貯蓄された利潤は、最終製品の販売より前に労働に支出され、貯蓄されなかった残額が配当として支払われる。その配当は、株主によって「使われる」か「貯蓄される」ことになる。

それゆえ、われわれは、利子についての銀行システムおよび利潤についての事前割引《フォーカスト》が存在することにより、

(223) 前述、*p. 294*「循環から反復へ」〔邦訳、中巻六七頁〕をみよ。

(224) 複利ではこれは幾分か修正される。

購買力としての賃金のラグが存在しないだけでなく、購買力としての利潤のラグもまた存在しないと結論づける。利潤は生産と時を同じくして利用可能であり、購買力として利用される。それは、賃金が生産と時を同じくして利用可能であり、商品の購入に利用されるのとまったく同じである。

利潤の販売ラグ理論は、貨幣の「循環」理論のおかげでもっともらしくなった。その理論は、われわれがすでにみたように、フランスにおけるケネーに端を発する。その一七五八年の時点では、商業銀行は知られておらず、金属貨幣だけが「通貨」を構成していた。貨幣は、ケネーにとって、トウモロコシや小麦と同じように商品であった。そして、貨幣は、生産物を取得するための交換において買い手から売り手へと「流れた」。紙幣が金属貨幣に取って代わりはじめたとき、それは同様に、商品が反対方向に流れていくのを可能にする「循環する媒体」として人々の手から手へと「流れた」。

この類推は十分に妥当である。ケネーは、その類推を血液の循環から着想した。明らかに、金属または紙の貨幣だけしかなければ、消費者は、物理的な硬貨やドル紙幣を実際に財布のなかに入れていない限り、購買することができない。法人の株主もまた、配当が硬貨や紙幣のかたちで支払われない限り、自らの利潤を購買力として利用できない。そして、製造業者は、彼の生産物が実際に売られ、彼が硬貨や紙幣を獲得しない限りは、自らの売上利潤をもって何も買うことができない[225]。金属貨幣の時代から存続するそのような貨幣理論を用いるとき、仮にそれを極限まで推し進めるならば、賃金稼得者たちだけが、彼らが生産物を生産した**時点で**自らの生産物の購買者であることになる。そして、彼らは、消費財という最終形態でのみその生産物を購入するので、消費財を生産するなかで用いられる原材料のすべてをとうてい購入できない。しかも、彼らの消費財購入は、他の労働者たちが原材料を生産している**時点**で、原材料だけを生産したその者たちへの賃金すべてをとうてい支払うことはできない。

循環というこの物理的概念の現代的形態は、ケネーから数世紀続いてきたし、商業銀行業と投資銀行業のメカニズムを把握していないすべての者たちの常識的経験である。それは、フォスターとキャッチングスからの以下の引用文に現われている。百七十年前におけるケネーの有名な経済表によく似た「貨幣の循環」の図を描いたあとで、これらの著者たち曰く、

いくらかの貨幣はその循環を即座に終え、またいくらかの貨幣はより時間をかけて終える。図に示されたように、ある一部の消費者所得は個人サービスにただちに使われ、ある一部は中古車その他の「中古品」を獲得するために諸個人に対して支払われ、そのようにしてある消費者から別の消費者へと直接流れていく。しかし、消費者によって使われる貨幣のほとんどは、消費者に還る道を見つける前に、より長い道のりを歩む。例えば新品の一足の靴などに費やされる貨幣の一部は、卸売業者に向かう。その分の貨幣の一部は、製造業者に向かう。その分の貨幣の一部は、なめし革工場に向かう。その分の貨幣の一部は、畜産農家に向かう。その分の貨幣の一部は、工場にある機械に向かう。そうして、貨幣は、消費者のもとに戻る。消費者に始まり消費者に戻る循環の間、一足の靴に使われたいくらかの貨幣は、われわれの例よりも多くの人の手を経る。またいくらかの貨幣は、より少ない人の手しか経ない。靴の小売業者が彼の販売員に対して週給として即座

(225)　これは、トマス・マンが、債務の譲渡性を支持した一六二八年に行なった主張である。商人は自らの販売〔で獲得された硬貨〕を利用して追加の購買を行なうことができるようになるが、トマス・マンが債務の譲渡性を支持した理由は、その硬貨が獲得されるまでの待機時間の必要性をなくすためであり、かくして回転率を高めるためであった。Mun, Thomas, *England's Treasure by Foreign Trade* (1664)（おそらく一六二八年より前に書かれた）〔邦訳、渡辺源次郎訳［1971］『外国貿易によるイングランドの財宝』第二版、東京大学出版会〕をみよ。

に支払ったいくらかの貨幣は、その循環を急速に流れる。靴製造業者の未分配利潤として現金のかたちで残された一部の貨幣が一周するのには、長い時間がかかるであろう。消費におけるある使用から消費における別の使用までの流れにおいて貨幣すべてによってとられる時間の平均こそが、われわれが貨幣の循環時間と呼んできたものである。[226]

この物理的類推は、金属や紙の貨幣の時代に対してのみ適用されるものであり、商業銀行業とその当座預金に当てはまるものではない。それが当てはまるのは、「現金払い持ち帰り」の産業計画に、つまり、給与袋と財布に対してなのである。この「流通する貨幣」は、驚くほど多様な硬貨と紙幣からなる。どちらもその供給を制限することによって金平価が維持され、どれも特殊な研究テーマとされ、過去七十年の法令のなかに探ることが可能なそれ自身の歴史がある。

この「流通する貨幣《マネー・イン・サーキュレーション》」はどれも、商品の購入と債務の支払いにおいて手から手へと物理的に渡る。しかし、おかしなことに、流通する貨幣というこの四十から五十億ドルが占めるのは、全購入額のうち一〇パーセントから二〇パーセントもない。一国における売買の取引総額のうち八〇から九〇パーセントを超える割合が、銀行宛ての預金振出小切手という手段によってなされている。[227] そうであっても、この流通する貨幣はすべて銀行から来ており、預金者の勘定の借方にすでに含まれている。こうした「預金」は、銀行家が負っている支払期限を過ぎた債務であり、したがって、要求払いのものである。それは、**未だ支払期限を過ぎていない**が特定の将来時点で支払可能になるビジネスマンの債務を買い取るという特別な目的のために、銀行家によって創り出されたものである。これらの預金振出小切手は、裏書という方法によってのみ流通する。それは、銀行家の帳簿上で、銀行家の要求債務（預金）をもう一人の銀行家の貸方へ移転させよという、銀行家に対する指図である。そして、この単なる指示が、実際には、すべての取引のすべての価値における購買力なのである。普通、小切手は、一日か二日しか存在していないが、その小切手を可能にする貸し付けまたは割引は、一日、三十日、九十日、あるいはそれ以上の存在期間をもつ。

549

それゆえ、各貸付取引は、それ自身の貨幣を創造する。例えば、商業引受手形と、一組の売り手と買い手を相手にする単一の銀行を取り上げてみよう。鉄鋼製造業者が、農機具製造業者に対して圧延鋼材千トンを一トン当たり四十ドル、六十日の支払期間で販売するとしよう。農機具製造業者によって「引き受けられた」債務は四万ドルである。銀行家は、この債務を六パーセントの割引すなわち六十日間で一パーセントの割引で買い取り、彼の帳簿上で、鉄鋼製造業者の貸方に三万九千六百ドル分の預金を記帳する。六十日目に、同じ銀行に預金口座を開設している農機具製造業者は、銀行に支払うことのできる自分の口座に宛てた四万ドルの小切手によって債務を支払う。これで、取引は終了する。

この取引は、銀行家（自らに課される法定準備の限度内であると仮定しよう）が他の製造業者に対して即時使用のために貸し付けることのできる四百ドルに加えて、農機具製造業者が支払えるようになる時点より前に鉄鋼製造業者のために三万九千六百ドルの購買力を創造した。六十日の間に、鉄鋼製造業者の預金は購買力として引き出されるが、その銀行に戻ってきて銀行口座に入金されるので、再び小切手振出に使われる。しかし、〔以下に説明するプロセスを通じて、〕六十日目に、農機具製造業者は、自らの預金を同額だけ減らすことによって四万

(226)　フォスターとキャッチングス『貨幣』p. 306。
(227)　Carl Snyder は彼の著作 *Business Cycles and Business Measurements*（1927）, p. 134において、それを八〇パーセントと見積もった。他の者たちは、それが九〇パーセントあるいは九五パーセントに達すると見積もっていた。

ドルの借入金を消滅させてしまうし、銀行は自行の預金者たちの債務を清算してしまう。すなわち、そういう取引が進行していく限り、取引の開始時点において銀行の帳簿には、四万ドルの貸し付け、三万九千六百ドルの預金、四百ドルの剰余が示されるであろう。そして、その貸付金が支払われる直前までは、同じ貸借が示されるであろう。しかし、それが農機具製造業者によって支払われると、貸し付けと預入金の両方が消滅し、銀行に自らの剰余四百ドルが残される。この取引は、それ自身の貨幣を創造していた。「流通」など見当たらない。価格と数量の期待に依拠する、購買力の創造、持続、消滅が、要するに還流が、存在しているのである。

ある仮定された単一銀行による過度に簡略化されたこのような取引に、一年間の数十億もの、さらには何兆もの類似の取引の反復を掛け合わせよう。そして、すべての銀行にそれぞれの手形交換所を足し合わせよう。すると、われわれは、貨幣の**流通**システムを得るのではなく、貨幣の**先取り**と**反復**のシステムを得る。それぞれの貸付取引または割引取引は、生産と販売によって付加されるであろう価値の増加を期待するなかで、それ自体の貨幣を創造し、消滅させる。あるいは、それを逆さまに述べると、当の取引による生産物の現在価値は、**生産の時点**における取引未完の状態において、その生産物が**販売の時点**においてもつであろう将来価値を割り引いたものである。基礎産業である農家、鉱山所有者、製材業者は、製粉工場、溶鉱炉、家具製造業者に売ることを期待している。後者は、同様に、卸売業者に売ることを期待し、卸売業者は小売業者に、そして、最後に小売業者は最終消費者に売ることを期待する。この道筋にずっと沿いながら、彼らは、最終消費者に到達するまで、原材料を次の生産過程へと提供している。そして、この道筋にずっと沿いながら、これらの原材料の**期待される**価格と数量は、生産の将来の道筋にいる次の人々によって購入される。将来の生産の道筋が割り引かれることによって、先行する非最終財の生産において支払われる価格と賃金は少なくなる。

この生産過程の傍らにいる銀行産業は次のことを可能にしている。すなわち各生産者が、借り入れることなく

550

自らによって前貸しされた原資に加えて、必要とされる購買力を、**これら原材料の将来価値を見越したそれらの現在価値において事前に**獲得することである。消費者の貨幣は流通しない。消費者の貨幣は、自然資源という起源にさかのぼる各取引において、先取りされ、割り引かれ、そして消滅するのである。そして、その各取引は、銀行システムの助けを借りて、それ自身の貨幣を創造し、消滅させている。

したがって、以下のいずれかの理由から、購買力が、作り出される生産物すべてを買い戻すのに不足するなどということはないのである。その理由とは、賃金稼得者たちが、自らが生産したものの総価値を賃金として得ていないから、貯蓄では消費のために使用される貨幣量と同じだけの雇用が与えられないから、配当は支払われるまでは購買力にならないから、もしくは、各販売の利潤はその財への支払いがなされるまでは購買力にならないから、というものである。失業をともなう売れ残り財の蓄積の原因は、利潤に回される国民所得の**シェア**があまりに大きいことにあるとするこれらの主張はすべて、誤っている。われわれは、過剰生産と失業の原因を見つけるために、別のところに目を向けなければならない。われわれは、その原因を、利潤の**シェア**にではなく、利潤**マージン**に、および、貨幣の先取りシステムの計算間違いに求めるつもりである。

3. 雇用ラグ

われわれは、いまや、不十分な購買力の雇用ラグ理論と呼べるであろうものを検討することができる。もし労働者たちが技術的失業によって仕事からあぶれているならば、国民生産物のうちの労働者のシェアは、彼らが雇用されていたときに支払われていた額で、彼らが継続して雇用されていたならば受け取ったであろう賃金総額分だけ減少する。したがって、効率性の改善は労働者たちを解雇するだけでなく、雇用されている労働者が生産しているものを購買する、階級としての彼らの力をいっそう弱める働きをする。

ポール・H・ダグラスは、永続的な技術的失業と一時的な技術的失業を区別した。[228] これは重要な区別であった。前者に関して、彼は「永続的な技術的失業は起こりえない」と結論づけた。「長期において」、彼曰く、「改良された機械と管理のより大きな効率性は、労働者を雇用から永続的に追い出しはしないし永続的な技術的失業も生み出さない。そのかわり、それらは国民所得を増加させるので、給与および個人所得の水準を引き上げることが可能となる」。

もし技術進歩が永続的失業の原因ではなく、むしろ全階級の生活水準を高めるというのが本当であるとしても、よくいわれてきたように、「長期には」人は生きていない。人は、その日その日で生活しているのであり、そうだとすれば、改善された技術的効率性ゆえの一時的失業は生活水準を引き下げるのである。

しかし、二つの問いを分けねばならない。一方の問いは、より高い生活水準はそれ自体として望ましいものか、というものである。もう一方の問いは、より高い生活水準を支えるために必要とされるより高い賃金は、労働に対して、より低い生活水準にともなうより低い賃金が提供するよりも多くの雇用を提供するのか、というものである。われわれは、資本と労働がとる**シェア**についての先述の議論において、これらの問いに答えてきた。より高い生活水準は、政治的および社会的理由から、それ自体として望ましい。しかし、高い賃金は、低い賃金に比べて労働者により多くの雇用を提供するわけではない。なぜなら、低賃金の場合において、地代、利子、利潤が占めるより大きなシェアは、同じシェアが賃金として支払われるときに雇用するであろう労働と同じ分だけ雇用するからである。しかし、ここでわれわれは、これら二つの問いを別の観点から考察する。それは、一国の効率性の上昇である。

一人当たりの産出は、ダグラスによって引用された連邦準備制度理事会の計算によると、一九二九年には一九一九年に比べておおよそ四五パーセント増加した。効率性の平均上昇率は、一年当たり四・五パーセントである。

「この増加は、」ダグラス曰く、「製造業において雇用されていた賃金稼得者数の一〇パーセントの減少をともなった。というのも、一九一九年には九百万人もが就業していたのに対して、一九二九年末の不況の前でさえ、およそ八百十万人しか雇用されていなかったからである。……製造業者だけがそうであったのではない。採掘業における一人当たりの産出が四〇パーセントと四五パーセントの間で増加し、……加えて、瀝青炭産業の雇用には、それよりもずっと大きな程度の遅れがみられた。われわれの鉄道の労働者の効率性は、労働者当たりのトン・マイルという尺度で測定されるならば、この十年間で目に見えて向上した。とはいえ、雇用者数は、およそ三十万人または一五パーセント減少した。最後に、トラクター、コンバイン、その他の種類の農業機械が導入され、かつ、より良い収穫方法や家畜の餌やりの方法が用いられたおかげで、農業における労働者一人当たりの産出は二五パーセント以上増加した。とはいえ、これらの年の間に、農務省の推計によれば、およそ三百八十万人が農場を去って都市に向かい、そのうち百五十万人は雇用に適した男女であった。

したがって、これら四つの基幹産業における雇用者数は、おおよそ二百八十万人減少した。この期間、もしこれら四つの産業が一九一九年と同じ人口比率で雇用し続けていたとするならば、四つの産業において二百万人超の人々が雇用されていたであろう[229]」。

(228) Douglas, Paul H., "Technological Unemployment," *American Federationist* (August, 1930)〔以下、ダグラス『技術的失業』と表記〕; あわせて彼の論文 "Technological Unemployment," *Bulletin of the Taylor Society*, December, 1930もみよ。

(229) ダグラス『技術的失業』。

もし生産の効率性向上を理由に三百万人の労働者たちが解雇されるとするならば、そして、もしその労働者たちが一日当たり四ドルまたは一年当たり千二百ドルの平均賃金を受け取っているとするならば、明らかに、雇用された労働者たちが生産しているものを購買する労働者階級の力は、一日当たり千二百万ドル、一年当たりおよそ三十六億ドルの大きさで減少していることになる。この購買力の不足は、拡大中の産業に労働者たちが仕事を見出すまで続くであろう。しかし、新産業が出現し、新しい仕事が創出されるには長い時間がかかるために、引き続き雇用されている人々の増加した産出を購入するには階級としての労働者の購買力が不十分である期間においては、ずっと雇用ラグがみられる。

ダグラスは、この雇用ラグに四つの理由を与えた。(1)工場でのより低い財価格がより低い小売価格というかたちで顧客に届くまでには時間がかかるから。(2)新たに拡大する産業が、収縮中の産業によって解雇された人数を雇用するのに十分な仕事を創出するまでに時間がかかるから。(3)労働者が収縮中の産業から新たに拡大する産業へと移動するのに時間がかかるから。(4)労働者が拡大中の産業におけるこれまでとは異なる種類の仕事へと移りたくないか、移ることができないから、および、自分の住居を移したくないか、移すことができないから。そして、ダグラスは五番目を付け加える。それは、失業の原因ではなく、より低い生活水準の原因である。すなわち、(5)たとえ労働が拡大中の産業に最終的に移されたとしても、そこでの仕事は、従前の仕事よりも支払われる賃金が低く、満足度が低いことが多いから。

最後に、ダグラスは、一時的な技術的失業による損失を減らすための七つの方法を提案する。(1)より良い予測。(2)より良い計画。(3)労働のあまり急速でない配置転換。(4)公共職業紹介所。(5)職業訓練。(6)退職賃金。(7)失業保険、ここに公共事業を付け加えてもよい。近年、正当にも、これらの救済策に多大な注目が集まっている。それらの目的は、雇用ラグを短くすることであり、かつ、労働者たちを可能な限り迅速

553

に新産業または拡大中の産業に就職させることである。すると、彼らの生活水準が回復されるだけでなく、大きくなった彼らの購買力が商品と労働に対する需要を創出するであろう。

しかし、**雇用ラグ**は、**生産ラグ**でもある。われわれの例に立ち戻ると、もし労働者三〇〇万人の技術的失業によって労働の購買力が一年当たり三十六億ドル減少するならば、しかも、新産業における労働者のシェアが六〇パーセントのままであり、財産所有者のシェアが四〇パーセントのままであるとわれわれが仮定するならば、完全雇用を復活させるために、これら新産業または拡大中の産業から、六十億ドルの販売価値をもつ新たな生産物が作り出されねばならない。もしわれわれが計算した一九二五年時点において、全生産物の総販売価値が七百五十億ドルであるならば、これは、販売が八百十億ドルへと増加することを意味するであろう。しかし、**シェア**は労働に六〇パーセント、財産所有者に対して四〇パーセントというように、同じままであろう。前者は、四百五十億ドルにかえていまや総額四百八十六億ドルである。後者は、三百億ドルにかえていまや総額三百二十四億ドルである。新たな生産物は全部、以前と同様、賃金、地代、利子、利潤の合成されたシェアによって購入されるであろう。しかし、次のようなことがいまや起こるであろう。すなわち、効率性が増大し、同じ人数が完全雇用されることで、全階級の生活水準が上昇する。労働者の一時的失業は消滅する。なぜなら、資本の一時的不稼働が消滅するからである。しかし、労働者の一時的失業は、より高い生活水準に基づいて消滅するのである。なぜなら、国民的効率性が上昇しているからである。

このように、「雇用ラグ」は「利潤ラグ」とまったく異なっている。利潤ラグは、利潤は生産物を生産された時点で買い戻すのには利用できないという誤った理論である。しかし、雇用ラグは、支払われる賃金におけるラグであるだけでなく、生産物の量それ自体におけるラグでもある。ここでは実は、労働者たちは購買力をもたないのである。なぜなら、彼らは、購買されるものを何も生産していないからである。しかし、まったく同じ理由

554

から、購買力として用いることができる利潤も存在しない。そうなると、銀行からの商業借入には増加がみられない。だから、それに対応して、同じように購買力をもつであろう商業利子の支払いもラグがみられることとなる。言い換えると、技術的改善ゆえの雇用ラグとは、単に産業自身が十分に速く拡大できていないということにすぎない。失業がみられる一方で、利潤の減退もまたみられるのである。

もちろん、こうした一時的失業は機械の発明の大波ゆえに急速に到来するので、本当は一時的なものが何かしら永続的なものにみえるのかもしれない。なぜなら、労働者は、適応するための時間をもたないからである。そのような時期における困難は十分に深刻なものであるが、それは、労働の**シェア**が小さすぎるからではなく、新産業が十分には速く拡大しないからなのである。これはもう一つの問題である[230]。

問題は、いまや再び、利潤マージンへと移行する。なぜ、一全体としての産業は、新製品を導入しながら、拡大を続けないのか。新製品を導入すれば、解雇された失業者を収縮産業から吸い上げることができるし、賃金に加えて利潤、利子、地代を得るための新たな拡大する機会を提供することができる。われわれは、まず、いわゆる供給と需要の「法則」がもつ二重の意味を検討する。

4. 供給と需要

先行の諸節において、われわれは、産業と銀行業を一全体として検討した。しかし、ここでわれわれは、個々の諸産業へと下降し、かつ個々の諸商品に対する供給と需要を検討する。それは通常、「供給と需要の法則」として知られるものであるが、より正確には、供給関数と需要関数との関係についての専門用語でいえば、「需要と供給の弾力性」として知られるものである。どちらの用語法であろうと、われわれは二つのものを区別する。すなわち、「企業《ビジネス》の供給と需要の法則」または「企業の供給と需要の弾力性」を、「消費者の供給と需要の法則」

または「消費者の供給と需要の弾力性」と区別する(231)。この区別を明確にするために、まず、すでに参照したダグラス論文から、われわれが消費者の供給と需要の法則と名づけるものを要約したい。次に、われわれは、投機的法則が支配的である企業の領域へと転換されたときに、どのようにその〔消費者の〕法則がきれいに反転させられるのかについて言及することにする。

（1）消費者の供給と需要の法則

ダグラスは、彼の説明に印刷業を用いた。彼は、以下のように仮定する。労働者たちのマンアワー効率性が二倍になるとする。そうなれば、千人の労働者が雑誌を六十万部生産していたところが、同数の労働者が、いまや同じ時間数で百二十万部を生産する。

彼は、次いで、三通りに仮定される「需要の弾力性」の下で、すなわち、この消費者の供給と需要の法則の異なる三つの側面の下で起こるであろうことを説明している。需要の弾力性が「一《ユニティ》」であるとき、その意味はこうである。価格が半分に低下すると（十セントから五セントへ）、続いて、需要される量が二倍になるであろう（六十万部から百二十万部へ）。だから、週当たりの総収入は六万ドルのままであろう。（そこまでになされた一時的失業の処理を除けば）同数の労働者千人が週当たり六十ドルという同じ平均額で雇われ続けるであろう。需要の弾力性が一《ユニティ》であるならば、技術的失業は生じないであろう。というのも、一《ユニティ》は、**同じ総売上**、つまり六十万ドルを意味するからである。

（230）後述、*p. 789*「価格」ならびに「適正価値」〔邦訳、下巻二九五頁〕。

（231）Working, Holbrook, "The Statistical Determination of Demand Curves," *Quar. Jour. Econ.*, XXXIX（1925）, pp. 503, 519を参照せよ。

しかし、ダグラス曰く、需要の弾力性が一《ユニティ》よりも大きいときを仮定しよう。価格が一部当たり五セントに引き下げられたとき、販売量は三倍（百八十万）になると仮定しよう。すると、価格が六十万部それぞれについて十セントであったときの六万ドルから、価格が百八十万部それぞれについて五セントであるときの九万ドルへと、総売上は**増加する**のである。一労働者当たり六十ドルで、労働者数は千人から千五百人へと増加する。需要の弾力性が一《ユニティ》よりも大きいとき、もちろんその産業において技術的失業はみられない。むしろ、労働者に対する需要の増加がみられる。

しかし、第三に、需要の弾力性が一《ユニティ》よりも小さいときを仮定しよう。価格が一部当たり五セントに下がったとき、売上が九十万部にしか増えないとしよう。総売上は、六万ドル（六十万部が十セントで販売されたとき）から四万五千ドル（九十万部が五セントで販売されたとき）へと減少し、労働者数は、六十ドルで千人から六十ドルで七百五十人へと減少する。

しかし、その雑誌の読者たち、つまり最終消費者たちは、かつては読み物に費やしていた一万五千ドルを、いまや財布に残している。彼らがこの一万五千ドルを「支出する」か「貯蓄する」かを問わず、この一万五千ドルは、ちょうど相当する数の失業者すなわち二百五十人（同一の個人ではない）をまったく同じく週当たり六十ドルで雇うであろう。彼らが一万五千ドルを「支出する」とき、彼らは、自動車、飛行機、チューイングガム、映画、ダンスホールその他の無数の拡大中の会社からなる「拡大中の」産業を動かすなかで、同等の二百五十人の失業労働者を週当たり六十ドルで雇っている。彼らがその貨幣を「貯蓄する」とき、彼らの貯蓄銀行は、新たに発行された一万五千ドルの価値の社債にそれを投資する。その社債は、鉄道の複線敷設、溶鉱炉の建設、工場の建設といった同じく「拡大中の」産業において、同数の二百五十人を週当たり六十ドルで雇うであろう。それゆえ、たとえ需要の弾力性が一《ユニティ》より小さいとしても、また、消費者が彼らの貨幣を「支出する」か「貯蓄する」

556

かを問わず、技術的失業は存在しないのである。

ここで、もちろんダグラスによる永続的失業と一時的失業の区別を忘れてはならない。前述の彼の説明は、永続的な技術的失業だけに当てはまる。彼の説明は、先に述べたように、永続的な技術的失業は「起こりえない」ことを示している。しかし、それでも、こうした技術的変化に起因する一時的失業がある。その理由は単に、より少ない労働者を雇用する「収縮中の」産業から、より多くの労働者を雇用する「拡大中の」産業への移動に時間がかかるというだけである。一時的失業は無視されているが、これは原理を説明するためであり、救済策が異なるからである。

（2）企業の供給と需要の法則

ここで、小売価格で雑誌を買う最終消費者から、利潤のために印刷業を営んでいるビジネスマンへと例を変更しよう。いまや明らかなのは、需要の弾力性の二つの法則、すなわち消費者の法則と企業の法則がみられるということである。それらは、反対の方向に作用している。

雑誌の価格が上がるとき、一般的にいって消費者は**より少ない**数量の雑誌を買い（需要の弾力性は一《ユニティ》よりも小さい）、彼らは、価格が上昇していない別のモノを**より多く**の数量、購入する。それゆえ、この説明のなかで、価格が十セントから十五セントへと上がるとするならば、消費者たちは、より少ない数量の雑誌を買い、かつ、価格が上昇していない新聞をより多くの数量、買うであろう。反対に、価格が十セントから五セントへと下がるならば、消費者たちは、**より多くの**雑誌を買うであろうが、彼らの需要の弾力性が一《ユニティ》よりも小さいとき、ダグラスが示すように、彼らは一万五千ドルの余剰を残すであろう。彼らは、この余剰を、雑誌以外のモノに支出するか、それを買うために貯蓄することができるであろう。

これが、消費者の需要弾力性の法則である。それは、最終消費者が**限られた量の購買力**しかもっていないという事実から生み出される。購買力は、賃金、地代、利子、または利潤として**それまでに**受け取ってきたものから引き出される。彼らは、自分の限られた購買力を可能な限り活用するために、価格が上昇しているような財を**より少なく**買い、かつ、価格が下がっているような財を**より多く**買う。

この傾向は、代替原理と名づけられており[232]、機会の選択に相当するものである。この原則は、諸々の類似した商品の価格が同じ方向に動く傾向にあるという興味深い事実を説明する。雑誌の価格が上がると、消費者は、雑誌に対する彼らの需要を減らし、新聞に対する彼らの需要を増やす。その結果、雑誌の価格の上昇は需要減少によって抑制され、新聞の価格の上昇が需要増加によって促進される。代替原理は、二つの価格をともに上がるようにするかともに下がるようにする傾向にある。

この代替原理は、普遍的に適用することができる原理である。リンゴの価格が上がると、人々は一般に、リンゴをより少ない数量購入し、価格が上がっていない代替品をより多い数量購入する。このように、その傾向は、需要を減少させることによってリンゴの価格上昇を抑制し、需要を増加させることによって代替品の価格を引き上げることである。反対に、リンゴの価格が下落するとき、その傾向は、より多くのリンゴを買い、したがってその価格下落を抑制すること、およびより少ない代替品を買い、したがってその価格下落を促進することである。こうしたことから、諸々の代替品は、それらの価格について、ともに上昇するか下落する傾向にあり、代替原理の普遍性は、上昇または下落する消費財または生産財の一般価格水準について語ることを可能にするのである。この一般価格水準は、それぞれの財がそれ自体の特定の供給弾力性、需要弾力性、代替弾力性をもっている、数百の財の価格の平均にすぎないけれども。

この点について、供給と需要の投機的法則は、消費者の法則と同じようなものである。類似する財の価格は、

557

代替原理によって同じように上がったり下がったりする傾向にある。しかし、投機的法則は、消費者の法則とは動きの**方向が**反対である。価格が上がると**期待される**とき、ビジネスマンは、〔将来において〕より高い価格で売ることによって利益を生み出すという意図をもって、〔現在において〕より少なく買うかわりに**より多く**買う。しかし、価格が下がると**期待される**とき、彼は、より低い価格での予想される損失を回避するという意図をもって、多く買うかわりに**より少なく**買い、しかも可能な限りすばやく売る。

このように、消費者は上昇中の市場〔上げの市場〕において、価格が**これまで上昇してきた**ことを理由により多くではなくより少なく買うのに対して、ビジネスマンは同様に上昇中の市場において、価格の上昇が**期待される**という理由でより少なくではなくより多くを購入する。消費者は、**売ろうとは思わない**。彼は、自らの限られた購買力を、自身の欲求を満足させるためにどこかほかへ振り向けようとするだけである。ビジネスマンは、**売ろうとする**。彼は、上昇中の市場において儲けようとする。

下落中の市場〔下げの市場〕においては反対のことが起きる。消費者は**より多く**買う。なぜなら価格は**これまで下落してきた**からである。そして彼の限られた資源は、彼の欲求を満足させるために振り向けられる。しかし、ビジネスマンは**より少なく買い**、**より多く売る**。なぜなら、価格は下落すると期待されるからである。彼がより多く買うほど、彼が売るときに彼の損失はより大きくなるであろう。彼が**いま**、より多くを売るほど、のちの彼の損失はより小さくなるであろう。

さて、価格上昇が予想されるものを買うことから他人を締め出すために、みなが上昇中の市場において**最初に買う**ことを競っている場合、または、価格の下落が予想されるものを買い手に「売り払う」ことによって「この

(232) 前述、*p.329*「代替の法則」〔邦訳、中巻一一八頁〕をみよ。

状況を切り抜ける」ためにみなが**最初に売る**ことを競っている場合、利害対立が利己心に付け加わることにより、上昇を「活況《ブーム》」に向かわせるか、下落を「沈滞《スランプ》」に向かわせる。

　これは、利潤〔獲得〕のための私有財産に基づいて営まれる資本主義システムの特性である。それは、邪悪な特性であり、多くの人々に、このシステムが続く限り繁栄と不振の循環を防ぐことはできないと確信させる。だからこそ、私有財産と利潤の廃止という社会主義者と共産主義者の要求が有力となる。社会主義者であれば、利潤のためにではなく、消費のために生産をするであろう。もし資本主義がこの生来の邪悪さを抑制するために「ワーキング・ルール」を受け入れることができなければ、おそらく、共産主義のほうが好ましいであろう。しかし、この代替案は、調査と実験を必要とする。

　そもそも、消費者の供給と需要の「法則」と、資本主義システムにおける企業または投機的な需要と供給の「法則」は、希少性の一般原理がもつ二つの異なる側面である。両方とも、個人に対して強制的であり、希少性および行動の類似性が強制される。最終消費者は、限界効用原理に基づいて、自らの限られた資源を有益に使うよう**強制される**。彼の家庭は、彼が受け取った所得から彼が支払う価格に依存している。ビジネスマンは、上昇中の市場においてすばやく買うよう**強制される**。さもなければ、彼が得るはずのものを他の誰かが買うであろう。加えて、彼は、損失や破産から自らを守るために、下落中の市場においてすばやく売るよう強制される。それゆえ、供給と需要の「法則」について語ることは単なるたとえとしてではない。それは法則なのである。なぜなら、諸個人は、従わざるをえないからであり、さもなければ没落してしまうからである。この種の強制的法則をわれわれは「慣習」と名づける。

　もちろん、最終消費者もまた、限られた程度においてであるが、**期待される**価格変動によって影響を受けることが認められるであろう。彼らは、石炭価格の上昇を予想するとき、もし購買力または信用が得られるならば、冬に備えて石炭を備蓄するであろう。彼らは、価格の下落を予想するとき、それを備蓄しないであろう。しかし、そうであっても、彼らの「投機」は、自らの期待される消費欲求に限られており、彼らが買ったものの販売を経由しての利潤または損失の見込みによるものではない。

では、ビジネスマンは、彼が消費者の供給と需要の法則を超え、かつ、その法則のうえに投機的法則を築くのに用いるその貨幣をどこで得るのか。彼は、それを銀行から得る。商人は、千トンの鉄鋼を他の商人にトン当たり三十ドルで売る。その結果、三万ドルの債務が創り出される。それは、売買交渉取引の二つの可変的次元から創り出される。一方は鉄鋼のトン数であり、他方はトン当たりの価格である。その二つの積は、将来価値である。この価値こそ、相当する債務、つまり三万ドルを創り出す。

しかし、その債務は三十日後まで支払期限にならないし、その間、それは譲渡可能である。銀行家がそれを買う。年当たり六パーセントで三十日で支払期限を迎えるならば、それは三十日目に三万ドルの価値をもつであろうが、現在は二万九千八百五十ドルの価値しかない。銀行家は、自らの帳簿に「貸し付け」として三万ドルを記入するが、預金として二万九千八百五十ドルを記入する。差額百五十ドルは、銀行家の資産に加算される。しかし、三万ドルは、鉄鋼の売り手または鉄鋼の買い手のどちらか一方、または、その両方が銀行に対して抱える債務（商業引受手形）であり、他の銀行家に転売可能なものである。その場合、他の銀行家には、最初の銀行家に二万九千八百五十ドルプラス未払い利子を支払う義務がある。

しかし、銀行家は、二万九千八百五十ドルの信用を鉄鋼の売り手に与えていた。信用とは、鉄鋼商人に対して、要求次第でその貨幣量を支払うという銀行家の約束である。この銀行債務が、現代の貨幣である。その商人は、それをもとに小切手を振り出すことができる。それもまた、譲渡可能である。この小切手をもって、彼は、原材料、労働、利子のための債務を支払うことができる。

しかし、鉄鋼事業が好調であると仮定しよう。商人たちは、価格が上昇し、より多くの量が需要されると期待する。彼らはトン当たり六十ドルで二千トンを売買する。いまや価値は、三万ドルから十二万ドルになる。それは、四倍に増加した。なぜなら、価格と数量の両方が倍になったからである。対応する債務も、同じく四倍になった。銀行家がそれを買い取る。ここで彼は、例えば八パーセントの手数料を課すことができる。なぜなら、商人たちは好調であり、彼自身の準備金は少なくて済んでいるからである。もし商人が支払うことができるならば、それは三十日後に十二万ドルの価値をもつであろう。銀行家は、八パーセントで割り引いた現在価値、つまり十一万九千二百ドルでそれを買い、その額に相当する購買力を商人に対して創出する。二つの取引を通じて創出される貨幣は、四倍に増えている。他のどの産業もその効果を実感する。供給と需要の投機的法則が働いている。それは、価格が上昇することへの希望である。

さて、ある理由で、鉄鋼価格が二十五ドルへと値下がりし、それはさらに下がると期待されるとする。商人は、五百トンしか買わないであろう。その価値とそれに相当する債務は、いまや一万二千五百ドルしかない。銀行家は、それを四パーセントで買う。それは三十日経てば一万二千五百ドルの価値になるはずであるが、その現在価値は、一万二千四百五十七・六六ドルにすぎない。これが、商人にとって購買力として利用可能な銀行債務の額である。この場合もやはり、供給と需要の投機的法則が働いている。それは、価格が低下するという恐れ、支払不能への恐れである。

いかなる貸付取引または割引取引も、それ固有の貨幣を創造している。そして、その貨幣の数量は、これから販売されるであろう、かつ、同様に創造された他の貨幣によってこれから支払われるであろう商品の、期待される価格と数量によって決まる。というのも、破産の恐れがあるため、期日通りの支払いは強制的だからである。そして、支払いは、貨幣ではなく、同じまたは別の銀行家に対して別の商人が振り出した別の小切手によってなされるであろう。この別の小切手は、銀行家の帳簿上で彼の個人勘定にある単なる債権によって、その銀行家に負っている原初の債務を消滅させているにすぎない。しかし、この別の小切手自体は、同じまたは別の銀行家の帳簿上で、さらに別の商人に対する債務となっている。こうして、債務は債務によって相殺され、銀行小切手は債務支払いの通貨になる。その理由は、主権者が銀行小切手を通貨にしているからではなく、商慣習が銀行小切手を通貨にしているからである。われわれは、これを、法定通貨のかわりに、慣習通貨と名づけた。

それゆえ、債権者たちが受領するよう強いられ、結果として債務者たちをさらなる支払義務から解放する二種類の「通貨」がみられる。一方は、法定通貨であり、それは単なる主権の命令であるにすぎない。他方は、法定外のまたは慣習的な通貨である。それは、ビジネスマンたちの慣習的行動である。この商慣習に違反する者はビジネスマンではいられない。

こうして、信用システムによってつなぎ合わされる二つの市場が存在する。その網からは、ビジネスマンはもちろん、農民や賃金稼得者でさえ、誰も逃れることはできない。その二つの市場とは、商品市場と債務市場である。商品市場とは、小売および卸売店舗、商品取引所、不動産取引所であり、労働市場もこれに当たる。そこでは、人々は合意された価格で財とサービスの所有権を移転する。債務市場とは、一つには、商業銀行である。そこでは、このようにして商品市場において創り出された短期債務が売買される。債務市場にはまた、株式取引所といった、将来貨幣への長期的権利を扱う証券市場もある。証券市場は、債務の譲渡可能性によって商業銀行と結び付いている。鉄鋼市場における取引についてのわれわれの例に、まず、すべての市場における何百万、何十億もの取引を掛け合わせてみよう。それらの市場は、その全体が信用システムによってつなぎ合わされ、その多くが代替原理によって同じ方向に動く。そのうえでわれわれの例を統計によって修正しよう。そうすれば、われわれは、株価、地価、商品価格の動きを得る。

銀行債務すなわち預金は貨幣に相当し、そのうえときおり驚くほど弾力的でもあるので、拡張的な購買力として働くことになる。ビジネスマンは、もし価格が上昇しているならば、その購買力を用いて商品と労働に対する彼の需要を増やすことができる。もし価格が下落しているならば、彼は自らの需要を減らすことができる。働いているのは、消費者の法則とはちょうど逆さまのものである。信用制度は、価格が上昇しているときにビジネスマンが**より多く**買うことを可能にする最大の要因である。他方、価格が上昇しているときに消費者は**より少なく**買う。そして、信用制度は、価格が下落しているときにビジネスマンに**より少なく**買うよう**強制する**最大の要因である。他方、将来の販売に基づく事業をしない消費者は、価格がそれまでに下落したあとに**より多く**買う。

このように、消費者の需要弾力性は、彼が賃金、地代、利子、利潤として**これまでに**獲得**してきた**購買力の量によって制限されるのに対して、ビジネスマンの需要弾力性を制限する購買力には限度がない。彼が将来の価格で販売するときに生み出される将来利潤が期待されるとき、銀行は、彼に対して購買力をその場《アウトライト》で創り出すか他者の貯蓄から彼に移転することが**できる**のである。

5. マージン

「シェア」についての先の議論においては、国民所得の総額は、四つのシェアに分割されていた。すなわち、地代、利子、賃金、利潤である。しかし、これは、ビジネスが行なわれるやり方ではない。ビジネスマン（われわれは利潤と配当を受け取っている者に限り、この名称を付与するであろう）は何よりもまず、他の全階級に対する債務者になる。彼は、賃金については賃金稼得者に対して、利子については銀行家と社債保有者に対して、地代については地主に対して、税については政府に対して、加工され彼の完成品として他のビジネスマンに販売されることになる原材料については他のビジネスマンに対して、債務者になる。シェアの計算のなかには、これ

561

らの売買交渉が債務を創り出しているということが織り込まれている。ビジネスマンは、他のビジネスマンから**原材料**を買う。こうした原材料に支払われる価格のなかには、森林、農民、鉄道、製造業者、仲買人、銀行家といった、先立つ全参加者たちの賃金、地代、利子、利潤が織り込まれる。そのビジネスマンは**税**も支払うが、この税は、シェアとしてみれば、主に政府職員の賃金と給与である。

諸々のシェアをこのように計算するとき、経済学者が国民全体に対して行なっているのは、まず国民全体を把握すること、その全所得を四つのシェアに分けることである。こうすることによって、すべての**原材料**とすべての**税**が消失し、地代、利子、賃金、利潤からなるシェアへと還元される。つまり、これは、統計が集計された**あとで**なされる。

しかし、統計が利用可能になる**前の**個別のビジネスマン（または法人）の観点からそれをみてみよう。彼は、賃金、利子、地代についての債務者になり、**加えて、原材料**と**税**についての債務者にもなる。これらすべての目的による彼の債務と彼の総収入との間の**マージン**が、彼の利潤になるであろう。

彼の債務と彼の総収入との間のマージン〔利鞘〕に関するこうした分析により、われわれが以下で検討する（*p. 627*〔邦訳、下巻五七頁〕）戦略的取引とルーティン取引の区別がいかに重要であるかが明らかとなるだろう。ビジネスマンのこれらさまざまな債務とマージンとの関係は、変化していくであろう。そうした変化のなかに、ビジネスマンの直面する問題が見出されよう。変化しゆく因子は、彼が取り入れるさまざまな債務のうち、まずはある債務であるが、次には別の債務であるだろう。そのとき、いずれかの時点においてある因子の変動がかなり重要であるとき、その時点ではその因子が戦略的因子になる。戦略的因子とは、この利潤マージンが薄いためにビジネスマンが取り組まなければならない因子のことである。

この区別立てを得るために、われわれは、まったく異なるところから出発する。われわれは、ある単一のコンサーンの損益計算書と貸借対照表から話を始める。一九二七年、食肉加工業者のスウィフト&カンパニーは、全製品の売り上げから得られた総収入を九億二千五百万ドルとして報告した。これだけの総所得を得るために、彼らは何よりもまず四億七千万ドルを家畜に支払った。**原材料**に対して支払われるこの大きな額からは、**それ以前の**すべての利潤、利子、地代、賃金が原材料提供者に支払われる。スウィフト&カンパニーは、次に、四百二十五万七百五十五ドルの利子を自らの債権者、社債保有者、銀行家に直接支払った。彼らの計算書は、彼らが賃金稼得者に支払った額を示していない。しかし、このことは、ここでの目的に無関係である。彼らの総生産費、すなわち彼らの債務総額は九億千三百万ドルであり、これには賃金、利子、税、原材料、減価償却、その他すべてのものについての債務が含まれている。たった千二百万ドルだけが利潤のために利用可能な額として残されていた。

しかし、この千二百万ドルという利潤額は、以下の三つの方面において現われる。すなわち、（1）利潤**率**、（2）利潤**利回り**、（3）利潤**マージン**である。利潤**率**としては、それは、株式の額面価値二億ドル**当たり**で表わされる配当である。それゆえ、利潤**率**は六パーセントである。利潤利回りまたは「株式利回り」としては、それは、株式の**市場**価値に対する率である。市場価値が三億ドルであったならばそれは四パーセントであり、あるいは、市場価値が一億二千万ドルであったならば一〇パーセントとなっていたものである。

しかし、利潤**マージン**としては、同じ千二百万ドルが総売上九億二千五百万ドルと比較される。それゆえ、利潤マージンは、たったの一・三パーセントである。[233]

利潤**率**および利潤**利回り**はわれわれの現在の目的にとって重要ではないが、利潤マージンは重要である。このマージンについて別の言い方でいうと、顧客によって支払われた総所得の各一ドルに対して、会社は、その一ドルを得るために自らの債務九十八・七セントを負い、かつ、返済したことになる。利潤に充てるマージンとして

464

残されたのは、所得の一ドル当たりでたったの一・三セント、あるいは、総売上のわずか一・三パーセントであった。

この事例は、原材料に支払われた額が大きいから、極限的ケースのようにみえるかもしれないし、簿記、回転〔一定期間の売上高〕、隠れた利潤などにかなり左右される。マージンがより大きい年もあれば、利潤のかわりに損失が生じる年もある。ある会社ではマージンがとても大きい一方で、競合会社では利潤マージンのかわりに**損失マージン**が生じている。

全産業における利潤マージンの平均を推計するために利用することができる適切な調査など一つもない。製造企業について利用することのできる最良の情報源は、**純利益**（われわれはこれを利潤マージンと呼ぶ）に所得税を課す目的で財務省内国歳入庁によって集計される「所得統計」である。こうした統計に基づいて、われわれは製造企業におけるマージンを推計しうる。製造企業は製造された生産物すべての約九〇パーセントを販売向けに生産していると推定される。個人と合名会社が占めているのはたったの一〇パーセントである。[234] われわれは五つ

---

(233)　一九二五年『スウィフト&カンパニー年鑑』(p. 17) において、会社は、畜牛および肉牛一頭当たりの利潤が利子を課す**前**では一・九五ドルであったと推計した。畜牛に支払った平均価格は六十・〇八ドルであった。総経費は、輸送コストを含めて十二・六三ドルであった。副産物からの純利益は一頭当たり十一・二五ドルであった。その結果、一九二四年における利潤と利子**両方**に充てるマージンは、生産の営業費の二・七パーセントであり、一頭当たり収入の二・六パーセントであった。もし利子が差し引かれたならば、利潤にのみ充てられるマージンはより小さくなっていたであろう。この会社は比較表も提示した。後述するように、そこからわれわれは、畜牛と肉牛一頭当たりの金融マージン、あるいは、利潤と利子**両方**に充てるマージンを計算する。

財政年度	利子支払前損益
1915	1.64ドル
1916	1.65
1917	1.29
1918	1.02
1919	0.70（損失）
1920	0.06（損失）
1921	1.13
1922	2.52
1923	1.10
1924	1.95

表1　製造業企業、細目別の額[(235)]（100万ドル）

	1918	1919	1920	1921	1922	1923	1924	1925	1926	1927	1928	1929
1．総収入	44, 167	52, 290	56, 649	38, 442	44, 763	56, 309	53, 995	60, 921	62, 584	63, 816	67, 368	72, 224
2．総売上	44, 167	52, 290	56, 082	37, 645	42, 576	53, 889	51, 436	57, 084	59, 863	60, 932	64, 361	69, 236
3．営業費 a	38, 782	46, 557	52, 295	37, 488	40, 752	51, 293	49, 801	55, 661	57, 148	59, 023	61, 605	65, 814
4．減価償却	1, 272	1, 017	1, 155	1, 151	1, 339	1, 425	1, 409	1, 507	1, 757	1, 819	1, 922	2, 018
5．営業マージン b	5, 385	5, 733	3, 787	157	1, 824	2, 596	1, 635	1, 423	2, 715	1, 909	2, 756	3, 422
6．税	2, 424	1, 769	1, 384	793	860	986	937	1, 078	1, 139	1, 065	1, 118	1, 161
7．利子	539	470	633	633	622	611	608	622	657	677	710	712
8．総費用 c	41, 745	48, 796	54, 312	38, 914	42, 234	52, 890	51, 346	57, 361	58, 944	60, 765	63, 433	67, 143
9．利潤（損失）マージン d	2, 422	3, 494	1, 770	−1, 269	342	999	90	−277	919	167	928	2, 093
10．課税対象マージン e	4, 846	5, 263	3, 154	−476	1, 202	1, 985	1, 027	801	2, 058	1, 232	2, 046	2, 710
11．金融マージン f	2, 961	3, 964	2, 403	−636	964	1, 610	698	345	1, 576	844	1, 638	2, 251
報告製造業企業の数	67, 274	67, 852	78, 171	79, 748	82, 485	85, 199	86, 803	88, 674	93, 244	93, 415	95, 777	96, 525

a 減価償却を含む。1925年の数字からは、その年の内国税を差し引くために、5億3100万ドルを原資料から減額してある。5億3100万ドルは、1925年の税の数字に含めてある。b 2行目引く3行目。c 3、6、7行目の合計　d 2行目引く8行目。e 5行目引く7行目。f 5行目引く6行目。

表２　製造業企業、細目別の比率(236)

比　率	1918	1919	1920	1921	1922	1923	1924	1925	1926	1927	1928	1929
1．総収入に対する総売上	100.0	100.0	99.0	97.9	95.1	95.7	95.3	93.7	95.2	95.5	95.5	95.9
2．総収入に対する総売上以外の収入			1.0	2.1	4.9	4.3	4.7	6.3	4.8	4.5	4.5	4.1
3．総売上に対する営業マージン	12.2	11.0	6.7	0.4	4.3	4.8	3.2	2.5	4.5	3.1	4.3	4.9
4．営業費に対する減価償却	3.3	2.2	2.2	3.1	3.3	2.8	2.8	2.7	3.1	3.1	3.1	3.1
5．総売上に対する利潤（損失）	5.5	6.7	3.2	3.4[a]	0.8	1.9	0.18	0.5[a]	1.5	0.27	1.4	3.0
6．総収入に対する売上利潤（損失）	5.5	6.7	3.1	3.3[a]	0.76	1.77	0.166	0.45[a]	1.46	0.26	1.37	2.89
7．総収入に対する最終利潤（損失）	5.5	6.7	4.1	1.2[a]	5.6	6.1	4.9	5.8	5.8	4.8	5.8	7.0
8．課税対象マージンに対する税	50.0	33.6	43.9	∞[b]	71.5	49.7	91.2	134.6	55.3	86.4	54.6	42.8
9．営業マージンに対する税	45.0	30.9	36.5	505.1	47.1	38.0	57.3	75.8	42.0	55.8	40.6	33.9
10．総費用に対する税	5.81	3.62	2.54	2.37	2.36	1.86	1.82	1.88	1.93	1.75	1.76	1.73
11．金融マージンに対する利子	18.2	11.8	26.3	∞[b]	64.6	37.9	87.1	180.3	41.6	80.2	43.3	31.5
12．営業マージンに対する利子	10.0	8.2	16.7	403.1	34.1	23.5	37.2	43.7	24.2	35.5	25.8	30.8
13．総費用に対する利子	1.29	0.96	1.17	1.63	1.47	1.16	1.18	1.08	1.11	1.11	1.12	1.06

a 損失。b 無限大、（課税対象マージンと金融マージンをゼロとみなす）。

図8　総売上と総収入の額

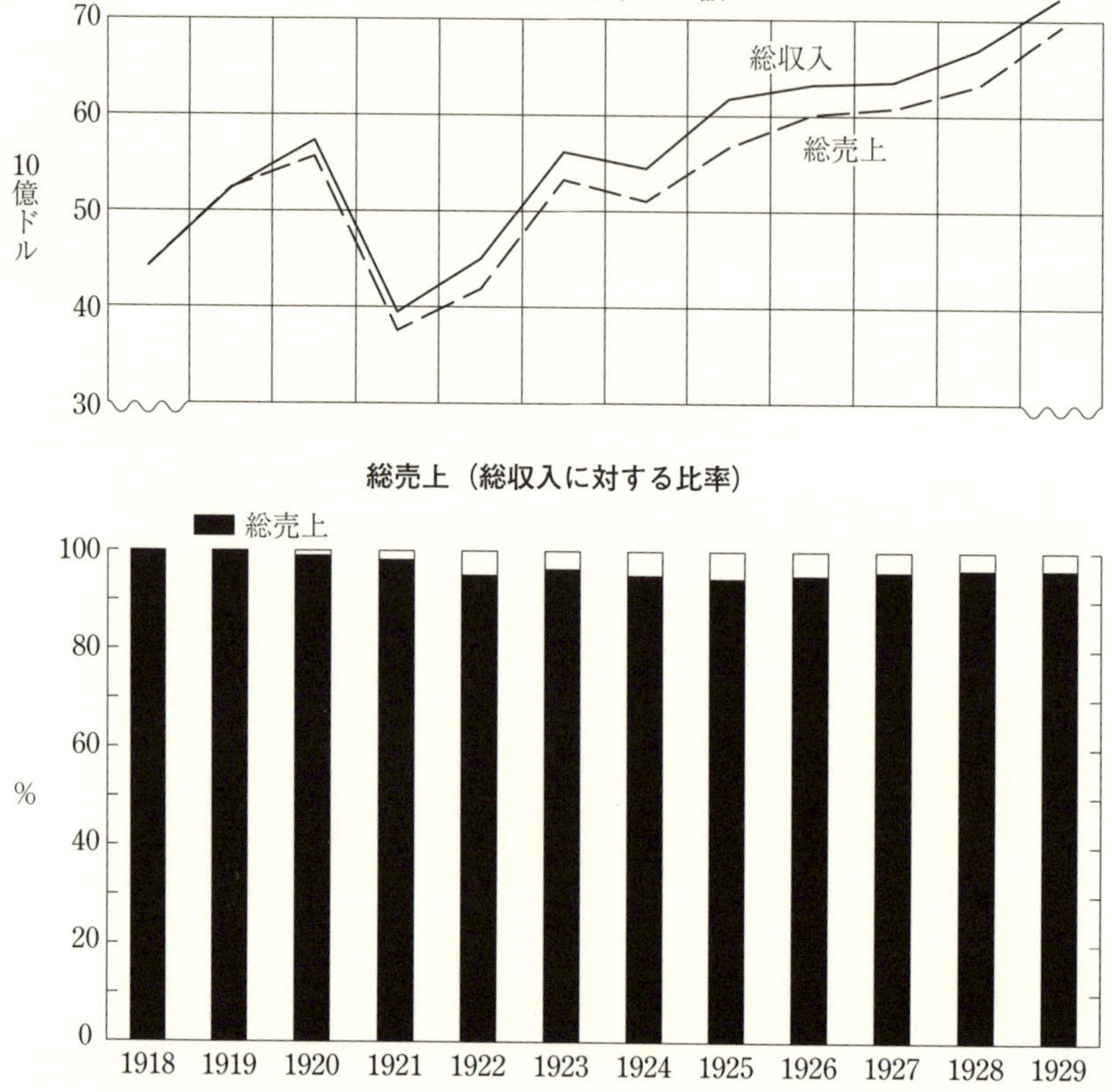

表1および2より。

565

の種類のマージンを区別したい。われわれはそれらを、営業マージン、利潤（損失）マージン、課税対象マージン、金融マージン、価格マージンと名づける。

表1と2では統計データが提示されており、以下でのマージンに関するわれわれの分析は、これらのデータから引き出されたものである。

(1) 総収入と総（粗）売上

会社の総収入または総（粗）所得は、主にその生産物とサービスの販売に由来する。しかし、過去十年間、会社は、他の会社の株式と社債から、および政府証券、定期性預金、地代、使用料からだけでなく、営業外所得〔営業外収益〕

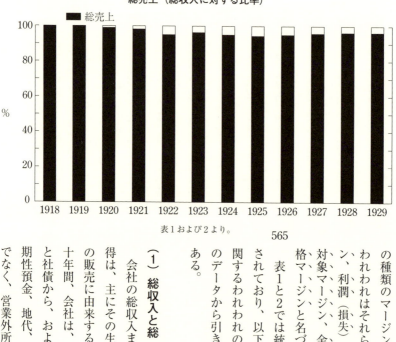

566

いる。

この図は、その上の部分において絶対量を示し、下の部分において総収入に対する売り上げの比率、および、同じく総収入に対する他の所得の比率を示そうとしている。一九二二年の報告書より前には、総収入の数字だけが財務省報告書に掲載され、売り上げと他の所得源泉との間の区別はなされていなかった。しかし、一九二二年以降、総収入の六・三パーセント（一九二五年）もの割合が、売り上げとは別の所得源泉に由来するものとなった。一九二二年より前の総売上と他の所得の額については、全国産業審議会の推計値に従っている。[237] ここで「他の所得」の一部は、売上収入の予期せぬ落ち込みに備えてのクッションとみてよい。その影響は、「利潤クッション」についての以下の分析のなかで示すつもりである。われわれは、まず、売り上げからの所得を検討する。

（234）全国産業審議会事務局『連邦法人税の推移と効果』Ｉ、p. 172。

（235）出典はアメリカ財務省が出版した『所得統計』。これらの数値〔がとられた期間〕は暦年に代表されるとみても差し支えないだろう。〔というのも〕会計年度を採用する企業報告は暦年のものほど多くない〔からである〕。このことは、ここでの目的でこの値を使用することにおそらく実質的な影響を及ぼさない。

（236）表１から計算された。

（237）全国産業審議会『連邦法人税の推移と効果』Ｉ、p. 173。「総売上以外の源泉からの所得の増大する比率に最大の比重を与えるために、一九一九年の総売上は、その年の総所得と同じであると見積もられた。一九二一年の総売上は、他の源泉からの所得の比率を一九二三年におけるその比率の半分とすることによって挿入された。」同書、Ｉ、p. 173。一九一八年について、われわれは総売上を総所得に等しいものとした。一九二〇年について、総所得の一パーセントが売り上げ以外の源泉からのものとされる。

図9　営業マージン

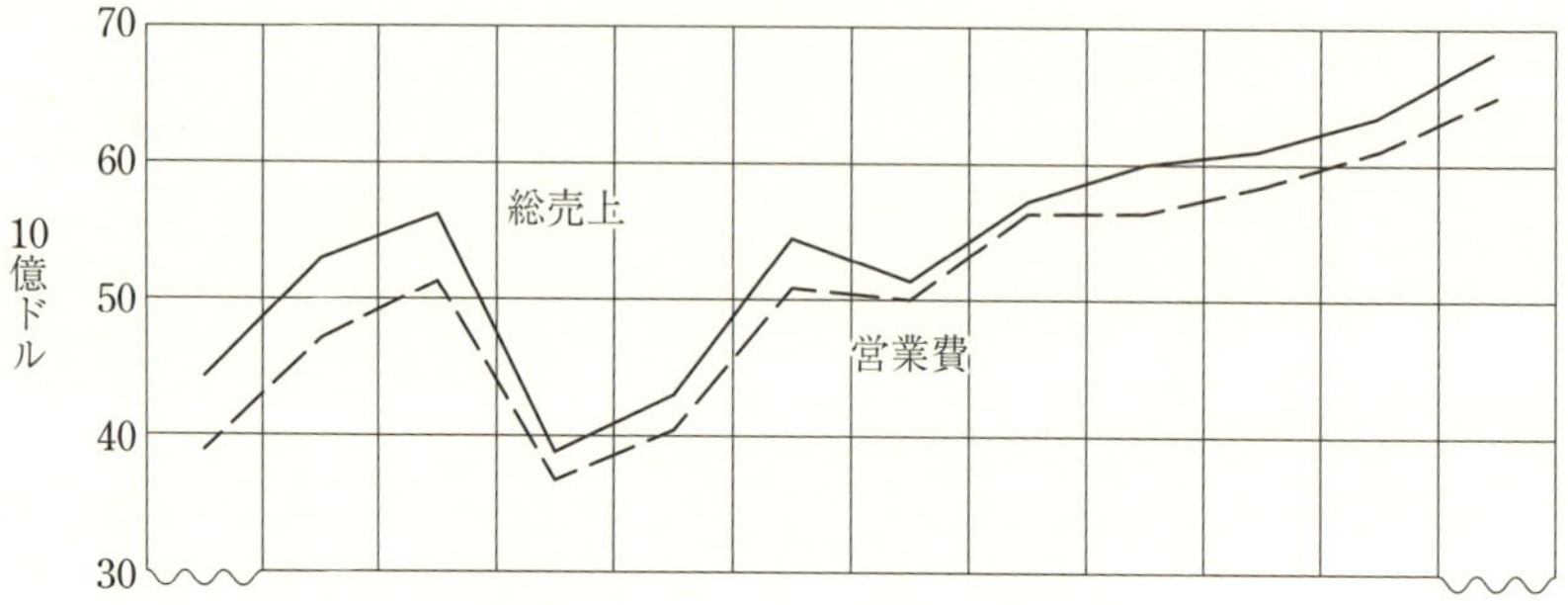

営業マージン（総売上に対する比率）

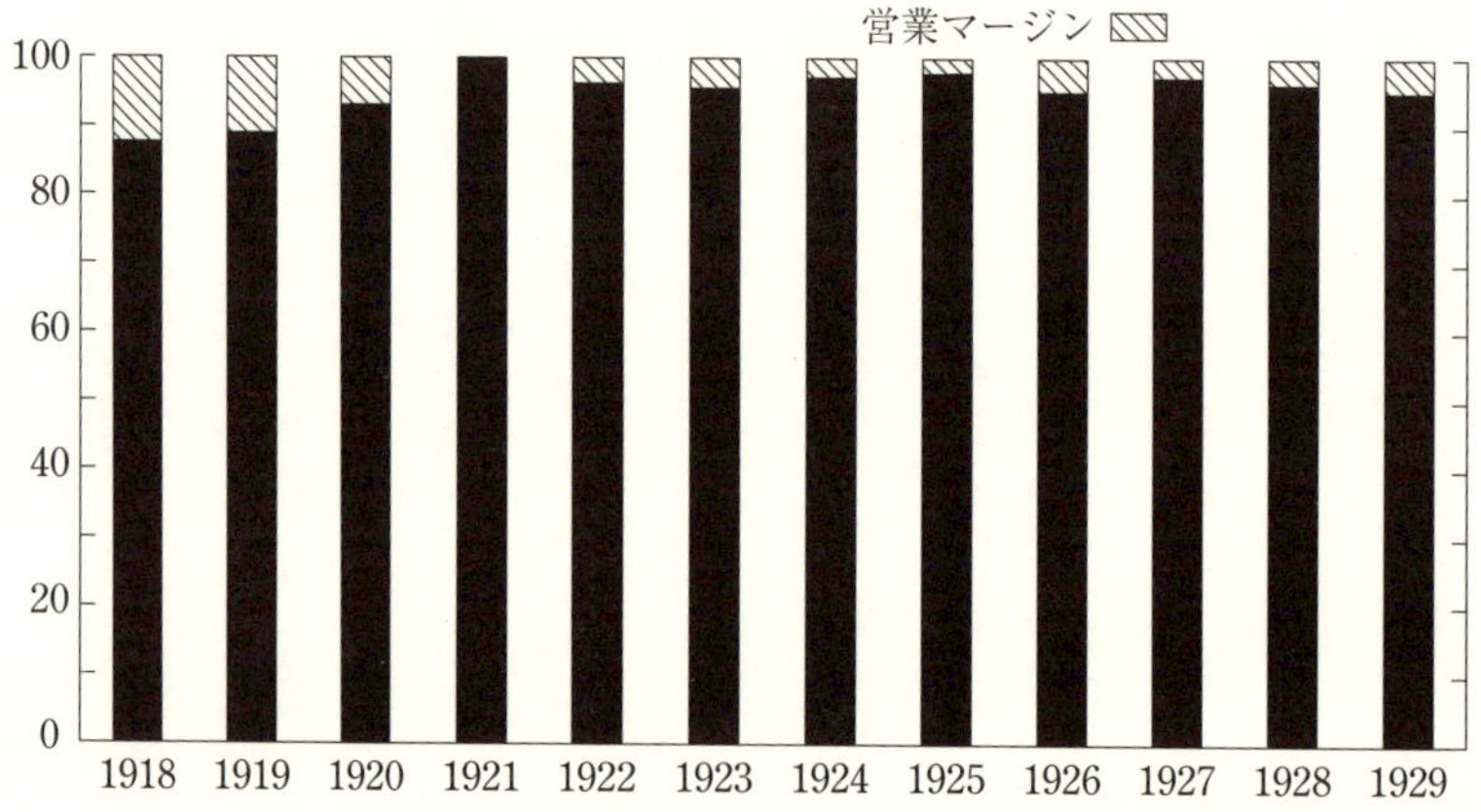

表1および2より。

(2) 営業マージン

図9と10は、一九一八年から一九二九年にかけての製造企業の平均営業マージンを示すために描いたものである。それらは表1と2から引き出されている。

ここで営業マージンとは、減価償却と陳腐化を含む営業費すべてが支払われたあとの、利子、税、利潤に充てるマージンを意味する。図9の上の部分から以下のことがわかるであろう。製造された生産物の総売上は、貨幣価値でみて大きく変動している。それは、一九一八年の四百四十億ドルから一九二〇年の五百六十億ドルへと増加し、一九二一年に三百七十億ドルにまで減少し、一九二三年に五百四十

図10　減価償却

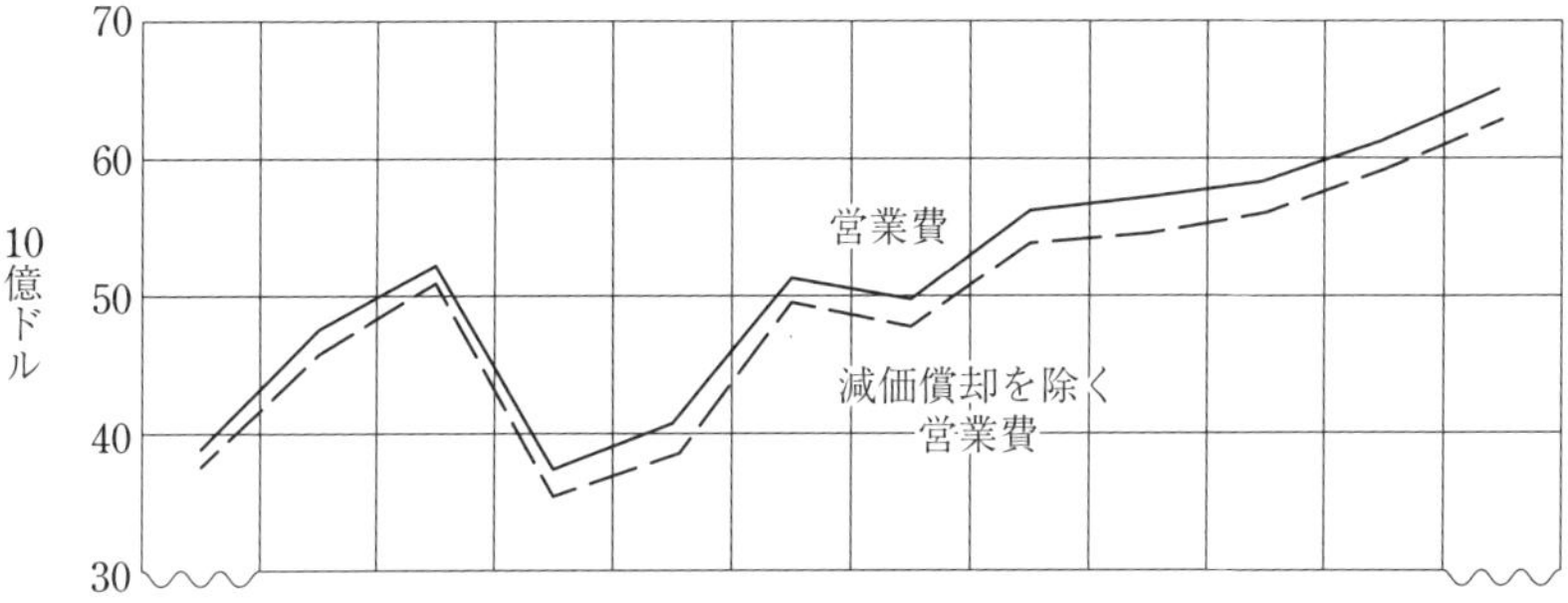

減価償却（営業費に対する比率）

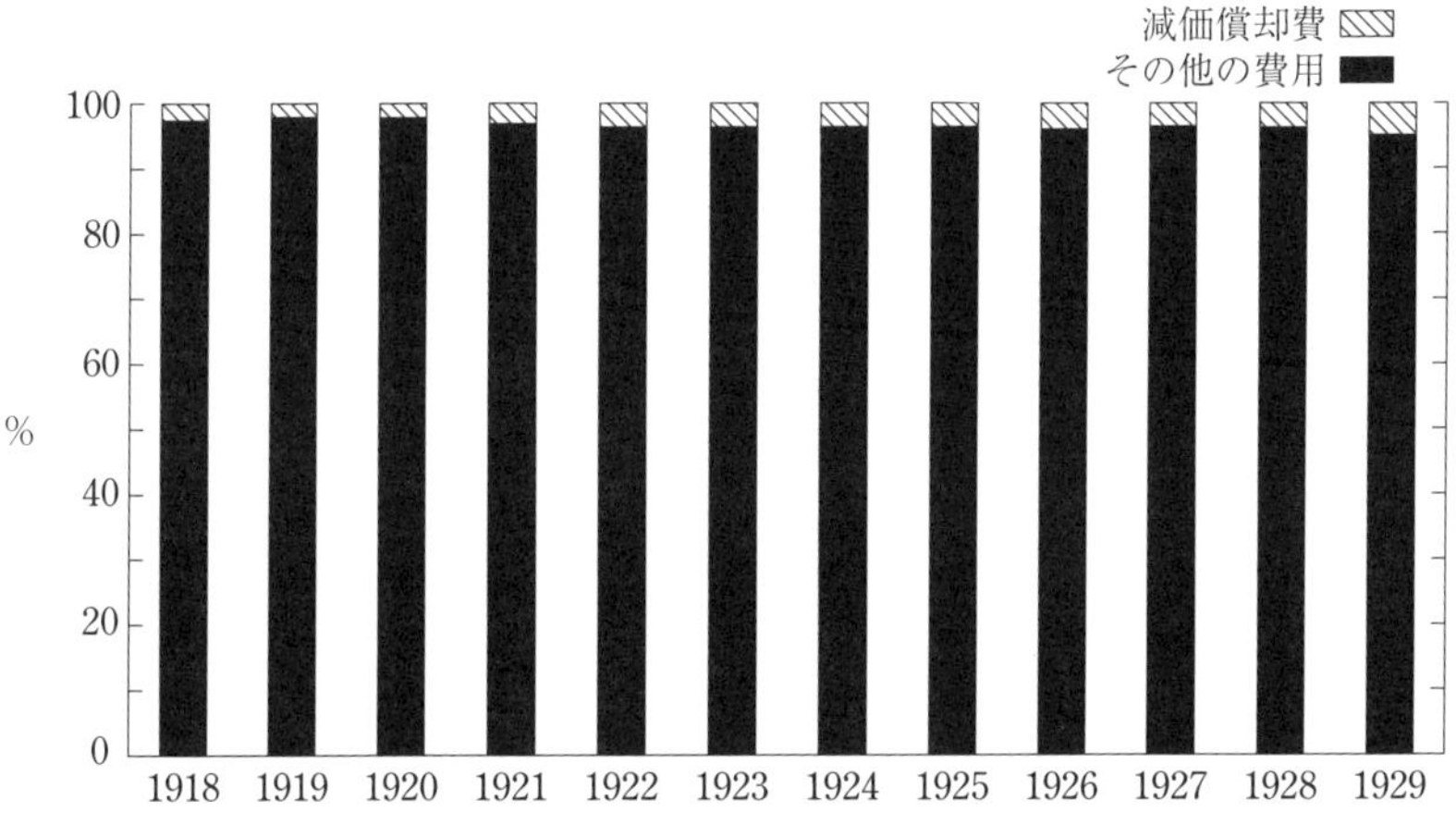

表1および2より。

億ドルへと急増したあと、一九二四年にいったん落ち込むが、一九二九年には六百九十億ドルで頂点に達した。

これらの総売上こそ、われわれが「価値」または「生産物の価値」と呼ぶものである。なぜなら、それらは、価格と販売数量という二つの変数からなっているからである。「価値」という用語は、このように、経済学の貨幣的要因と非貨幣的要因の両方を、一つの金銭的数字のなかに含んでいる。ビジネスの言語において、それは「総売上」である。経済学の用語で、それは「価値」である。

その一方で、総営業費は、賃金、給与、原材料、加えて固定資本の維持管理、修理、減価償却、に対して支出された貨幣を含む。総売上と総営業費の差であるマージンは、図9の下半分において、総売上のパーセントによって示されている。総売上が各年ごとに百で表わされるとき、利子、税、利潤のための営業マージンは、一九一八年では総売上の一二パーセントであった。しかし、それは一九二一年に〇・四パーセントまで低下し、一九二二年に四・三パーセントへと上昇し、一九二三年に追加でわずかに上昇して四・八パーセントになった。次いで、それは一九二五年に二・五パーセントまで低下し、一九二六年に再び上昇し、一九二七年に三・一パーセントへと低下したあと、一九二八年に四・三パーセントになり、一九二九年に四・九パーセントになった。

567 図10は、減価償却費の影響を受ける限りでの営業費をさらに分析するために描かれた。減価償却は通常、税および利子とともに間接費として記述される。なぜなら、それら三つは、営業費によって変動しないからである。しかし、われわれは、技術的間接費（減価償却）、政府間接費（税）、金融間接費（利子）を区別する。さらに、われわれは、真の減価償却（維持管理と修理によって手入れされない施設の摩滅、減価償却、陳腐化により生じる技術的間接費）を偽の減価償却から区別する。後者は、真の減価償却による実際のコストに加え、隠れた利潤ないし余剰を含んでいる。この区別はどの機関にとっても検討課題であるので、われわれは、連邦所得税の執行における引当金が「真」、すなわち技術的減価償却であると仮定する。とはいえ、結局その一部が偽の減価償却であると判明するかもしれないが。

568 真の減価償却は、営業費における間接費要因であるとみなしてよい。それは、図9と10においてそうみなされた。しかし、真の減価償却は営業のための賃金と原材料に帰着するのであり、それゆえ、それは営業費の一部とみなされる。しかし、図10からわかるように、減価償却間接費は営業費のうちの小さな割合でしかなく、その比率は一九一八年と一九二二年の三・三パーセントから一九一九年と一九二〇年の二・二パーセントの範囲に収まっている。

(3) 利潤（損失）マージン

前述のもの〔営業マージン〕は、減価償却を含む営業費に関連しており、ビジネスにかかる総費用には関連していなかった。ここで総費用とは、三つの項目を含むものとする。すなわち営業費、税、利子である。そして、われわれは、すでに減価償却を営業費に含まれる間接費であるとみなしたのに続いて、税と利子を総費用に含まれる間接費とみなしたい。われわれは、図9において、営業費と総売上の関係をみた。図11は、総費用と総売上 569 との変化する関係を示し、かつ、結果として平均の利潤と損失に及ぼす効果を示したものである。

図11における総売上の曲線は、先に図9で示された曲線と同じである。しかし、総費用の曲線は、表1の八行目で示されるように、営業費に間接費である税および利子を足した合計である。その結果が、総売上に対する比率として表わされる利潤（損失）マージンである。そうすると、一九一八年には、売上収入一ドルに対して、平均五・五パーセントの利潤があったことになる。言い換えると、その一九一八年中、製造企業は一ドルの所得を獲得するために平均九四・五セントを支払ったのであり、その利潤マージンの平均は、販売からの総所得の一ドルについて五・五セントであった。

しかし、最も悪い年である一九二一年では、その純損失は、売上収入一ドルに対して平均三・四セントであった。その年に、製造企業は、売上収入百セントを得るために平均百三・四セントを支払ったのである。他の年について、その利潤（損失）マージンは、図11と表1および2に示されている。

570 図11から明らかなのは、「正常利潤」など存在しないということである。とはいえ、われわれは、「年平均の利

図11　利潤（損失）マージン

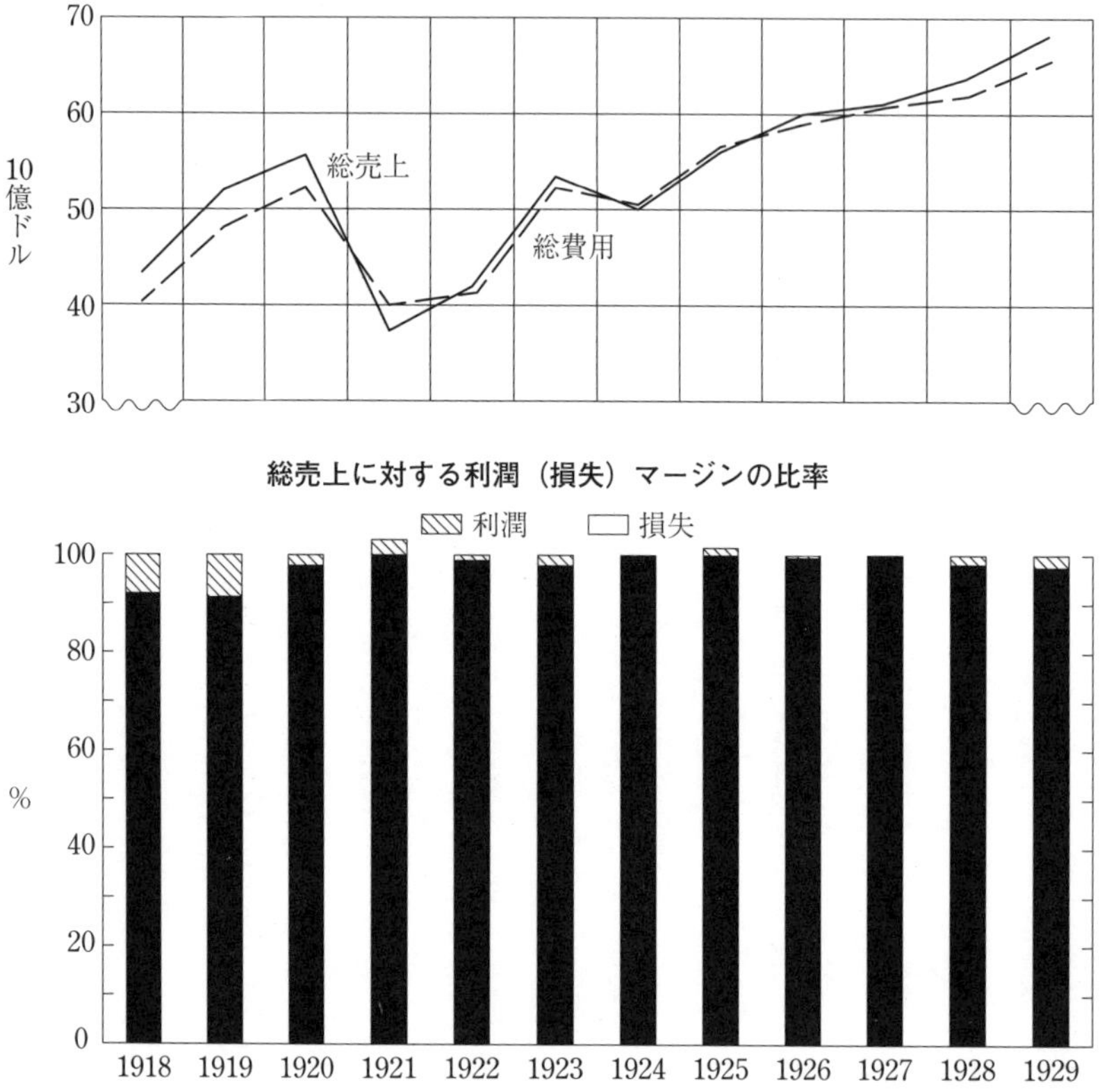

表1および2より。

潤売上比率」について語ることはできるであろう。これは、「年平均の利潤マージン」に相当するものである。そうすると、われわれは、年平均の、売上ベースでみた利潤マージンの「中央値」について語ることはできるであろう。すなわち、最も高い利潤マージン平均は一九一九年における売り上げの六・七パーセントであり、最も高い損失マージン平均は、一九二一年における売り上げの三・四パーセントである〔表2の六行目〔表頭を除くと五行目〕および図11〕。利潤マージンの中央値は、売り上げの一・七パーセントであり、一九二三年（一・八五パーセント）と一九二六年（一・五パーセント）の平均マージンにかなり近いものである。十二年間の加重平均を計算するならば、売り上げの一・六パーセントの利潤マージンとなる。

これは、先にわれわれがスウィフト&カンパニーについて行なった、利潤マージンの算定にずいぶん接近していることがわかる。こうしてみると、同社にみられる約十億ドルの売り上げにかかるこれほどに薄い利潤マージンについて、われわれはそれを例外かもしれないと疑ったが、六万七千社から九万六千社の製造企業の、三百七十から六百四十億ドルの売り上げにかかる利潤マージンの中位平均をよく代表しているといえる（表2の九行目(e)および図11）。

とはいえ、さまざまな理由で、そして、精度の高さは問題にしていないので、われわれは、最高の平均利潤マージンと最低のそれとの間の中央値を、所得税申告書から計算される上記の一・七パーセントにかえて、売り上げの三パーセントと推計したい。これはつまり、製造企業の売り上げにかかる三パーセントという利潤マージンの中位平均が基準線になるということである。この基準線から、われわれは、好況期の比較的高い平均と不況期の比較的低い平均だけでなく、繁栄している企業の高いマージンと「限界」企業の低いマージンをも、この基準線から比較することができる。

この推計の意味は以下のとおりである。繁栄の絶頂と景気の底との中間の時期において、製造企業の利潤マージンは、平均で売り上げの約三パーセントである。しかし、一九一八年や一九一九年のような異例の好況期においては、利潤マージンは二倍を超えていた可能性がある。(238)また一方、一九二一年や一九二四年のような不況の年では、利潤マージン平均は、損失マージンになっていた。年によっては、「利潤なき繁栄」について語ることが

（e）　訳者注：なお、表2の九行目とは「営業マージンに対する税」である。もしかすると、正しくは表2の五行目かもしれない。

図12　課税対象マージン

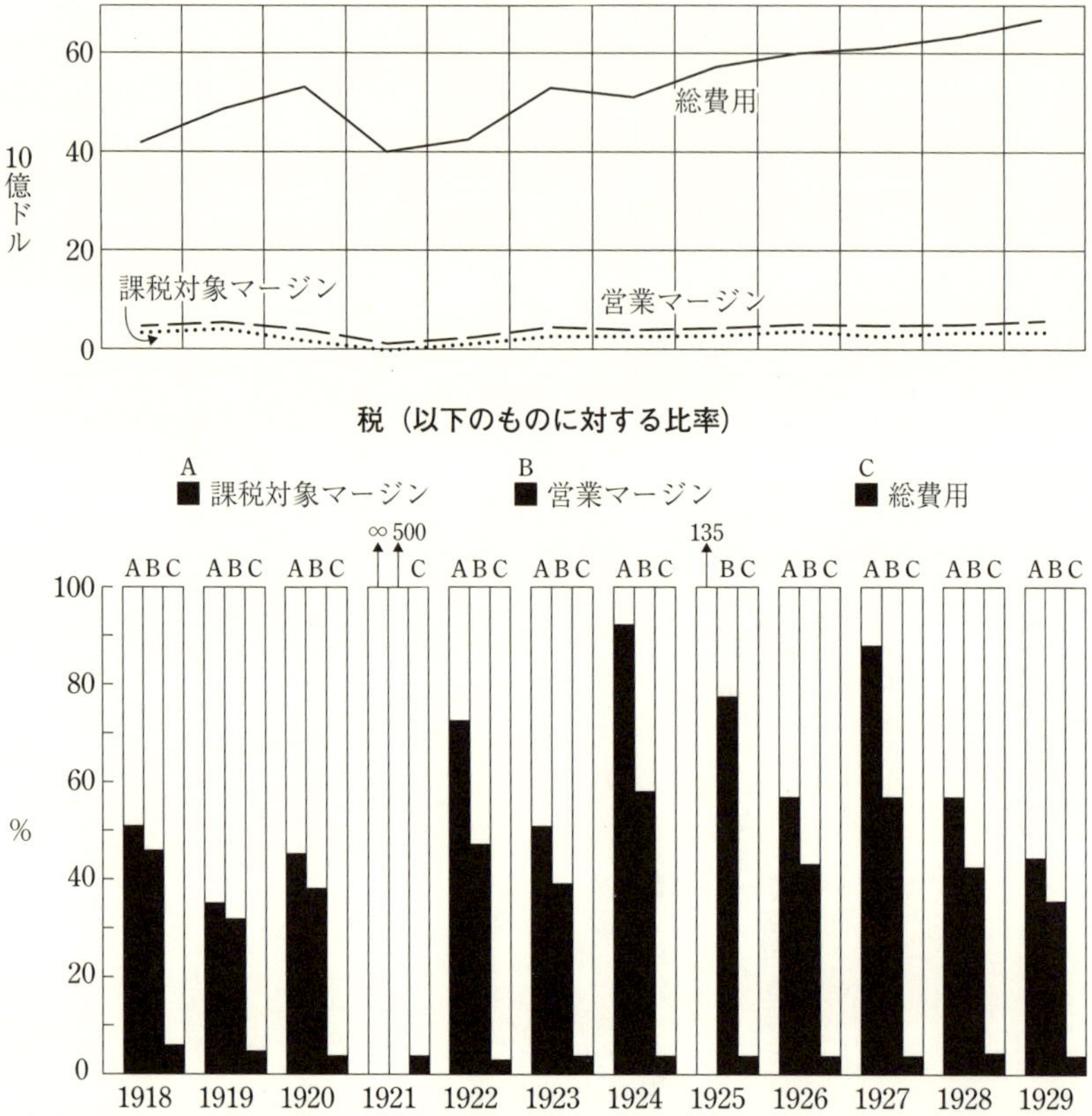

表1および2より。

571

もっともらしかった。

　われわれは次に、課税問題に関係する課税対象マージン、および銀行業と債券に関係する金融マージンを考察する。

（4）課税対象マージン

　所得税であれ資産税であれ、より高い価格を顧客が支払うことによって転嫁されようがされまいが、あらゆる種類の税は、各民間企業から当然こう思われている。すなわち、税は、政府によって強制される、固定された間接生産費である。利子についても同様である。利子は、債券保有者と銀行家に対して支払うべき相対的に固定された負担である。われわれはこれを金融間接費と名づける。次に、税と利子のためのこうした二つの間接費負担を分けるために、なおかつ、先述した利潤のための最終マージンに及ぼすそれぞれの効果を見積もるために（図11）、われわれは、それぞれを別個に扱う必要がある。このとき、われわれは、**利子が支払われたあとに**計算される利潤を表わす課税対象マージンと、このとき、**税が支払われたあとに**計算される利潤を表わす金融マージンを得る。

さらに、すべての税は、利子と同じように、経常所得から支払われねばならない。この例では、それは総売上である。したがって、われわれは、計算すべき異なる四つの比率を得る。（1）総売上に対する税の比率、（2）総生産費（営業費、利子、税）に対する税の比率、（3）（利子、税、利潤のための）営業マージンに対する税の比率、（4）（税と利潤のための）課税対象マージンに対する税の比率。表1において、われわれは、何年にもわたる税の総額を提示した。この表からわれわれは、図12と表2において、税が総費用に対して、営業マージンに対して、（利子が支払われたあとの）利潤と税に充てる課税対象マージンに対して有するさまざまな関係〔比率〕

---

(238)　マージン分析の例は、ボリス・エメットの *Department Stores*（1930）〔以下、『デパートメント・ストア』と表記〕においてみられるであろう。使われている専門用語は商業会計のそれであるが、エメットの分析（それは全国織物業協会の会計監査役会議の専門用語に従っている）は、われわれが製造企業に関するマージン分析において使っている専門用語と似通っている。エメットの「純利益」はわれわれのいう利潤マージンである。百万ドルを超える売り上げをもつ百貨店について、この数字は、売り上げに対する比率として、上は一九二三年の三・六パーセントから下は一九二八年の一・五パーセントまでの幅に収まっている。（表16、p. 94 および図2、p. 96 をみよ。）こうして、われわれは、百貨店の利潤マージンが、われわれによって推計された製造業会社にとっての「中央値」マージンよりも低いことがわかる。エメットが示したのは、例えばより速い回転が売り上げに対する営業費の比率を減少させるように、百貨店の利潤マージンが回転に大きく左右されるということである。彼の『デパートメント・ストア』、表37、p. 135 をみよ。

を計算した。

われわれは、総売上に対する税の比率を除外する。なぜなら、（図9にみられるように）総売上と総費用は、接近したまま推移しており、重なることとさえあるので、図において、売り上げに対する税の比率の曲線が総費用に対する税の比率を表わす曲線から大きく離れることなどありえないからである。

総費用に対する比率で表わした税の曲線は、総生産費に占めるすべての税のシェアが実際にどれほど極小であるかを表わしている。一九一八年では、過剰利潤に対して課せられる高い戦時税を含むすべての税（二十四億ドル）は、総生産費の五・八パーセントであった。しかし、戦後の減税と一九二一年における利益から損失への転換（図11）を受けて、すべての税負担（七億九千三百万ドル）は、総生産費の二パーセントにまで落ち込んだ。
572 一九二六年、さらなる所得税減税と売り上げの増加を受けて、税は、十億ドル超まで増えたけれども、総費用の一・九パーセントといういっそう小さな比率になり、一九二八年には総費用のわずか一・八パーセントになった。全体として、戦時を除いて、内国税[239]は、総売上または総費用のいずれかの約二パーセントしかなかった。

しかし、この二パーセントは、産業と利潤にかかる税の**負担**を測定していない。産業の負担は、営業マージンに対する税の関係〔比率〕によって測定されるべきであり、利潤にかかる負担は、課税対象マージンに対する関係によって測定されるべきである。

営業マージンは、**純営業所得**〔**純営業利益**〕である。表1から、それが、一九一八年の五三億八千五百万ドルから一九二一年の一億五千七百万ドルまでの範囲にあることがわかる。この純営業所得または営業マージンは、利潤、利子、税が引き出される所得源泉である。図12に示されるように、戦時の一九一八年において、税負担
573 （二十四億ドル）は、営業マージンの四五パーセントであったが、一九二一年では営業マージンの約五〇〇パーセントであった。つまり、後者の場合、一九二一年において税負担は、税、利子、利潤のための平均純営業所得

の五倍であった。

図12および表1と2によって示されるように、一九二五年における税負担は、（利潤、利子、税に充てる）平均営業マージンの七六パーセントであったが、十年間で最も低い税負担（一九一九年）は、純営業所得の平均の約三〇パーセントであった。その中間に位置する税負担は、一九二三年の三八パーセントから一九二四年の五七パーセントまでの間で変動した。しかし、税負担の極限的な範囲は、一九一九年における平均営業マージンの三〇パーセントから一九二一年の五〇〇パーセントまでであった。

しかし、このような営業マージンに対する税の関係〔比率〕は、税負担の重さを完全には明るみに出していない。われわれが営業マージンに対する税の関係によってだけでなく、営業費**プラス**利子を差し引いた**あとの**、利潤と税に充てるマージンに対する税の関係によっても税負担を推定するならば、税負担の重さはかなり強調される。これ〔利子を差し引くこと〕は、利子が税よりも優先的に徴収されるからではない。というのも、利子の徴収は優先的ではないからである。つまり、あるコンサーンが「ゴーイング・コンサーン」であるならば、そのコンサーンは利子と税の両方を支払わなければならないのである。

利子を支払ったあとのこのマージンこそ、われわれが課税対象マージンと名づけるものである。なぜなら、営業支出と利子支払いが行なわれたあとで、このマージンにおいて利潤（損失）と税とが対峙するからである。

図12が示すのは、利潤と税両方に充てるマージン（すなわち純所得）の観点からみるとき、負担が最低の時点（一九一九年）における課税が、平均して、**利子を支払ったあとの**この純所得の三四パーセントだったということである。一九二一年には、税が支払われる前に損失が出ていた。利潤と税に充てるマージンが消失していたの

(239)　輸入に対する「対外」税または関税は、材料価格に吸収されてきたのであり、したがって、生産の営業費に隠される。

で、われわれはこういえるであろう。すなわち、税支払い（利子はその前に支払われている）に利用できる所得にかかる税負担は、この年には、平均すると無限に大きかった。別の観点からみると、われわれはこういえるかもしれない。すなわち、税は、この不況の年において、売上損失の六二パーセントを説明する。この年は「異常」である。残りの年のなかで最も重い負担を取り上げるとすると、われわれは、一九二五年に最も重い負担があったことを見出す。このとき、税は、税と利潤のために利用可能なマージンの一三四パーセント〔図12では一三五パーセント〕であった。この年（一九二五年）において、売上損失が発生した理由の一つは、財産税が不況期にまったく調整されなかったことに求められる。

このように、製品の九〇パーセントを生産する製造企業に課される**税**は、通常、平均である総生産費の二パーセントよりも少ないのに対して、利潤の税負担は、税と利潤の支払いに利用できる純所得の平均三四パーセントから平均一三四パーセントに及んでいる。そして、税間接費が支払われる前でさえ平均損失が生じていた、最悪の年（一九二一年）においては、課税対象マージンは存在せず、その年における税は、図12においてすでに示されたように、平均すると損失の六二パーセントを説明していた。

（5）金融マージン

先の推計でみたように（前述、*p.* 528〔邦訳、中巻四一四頁〕）、利子のシェアは、アメリカの人々のあらゆる所得の総額の約六パーセントであり、一九二五年においてその額は約三十九億ドルであった[f]。表1からわかることは、連邦所得税について報告されているように、製造企業が銀行家と社債保有者に支払う利子は、一九一八年の五億三千九百万ドルを下限に一九二八年の七億一千万ドルまでの狭い範囲にあるということである。好況か不況かに関係なく、全産業にのしかかるこのかなり固定された負担ゆえに、われわれは利子支払いを金融間接費と名

図13　金融マージン

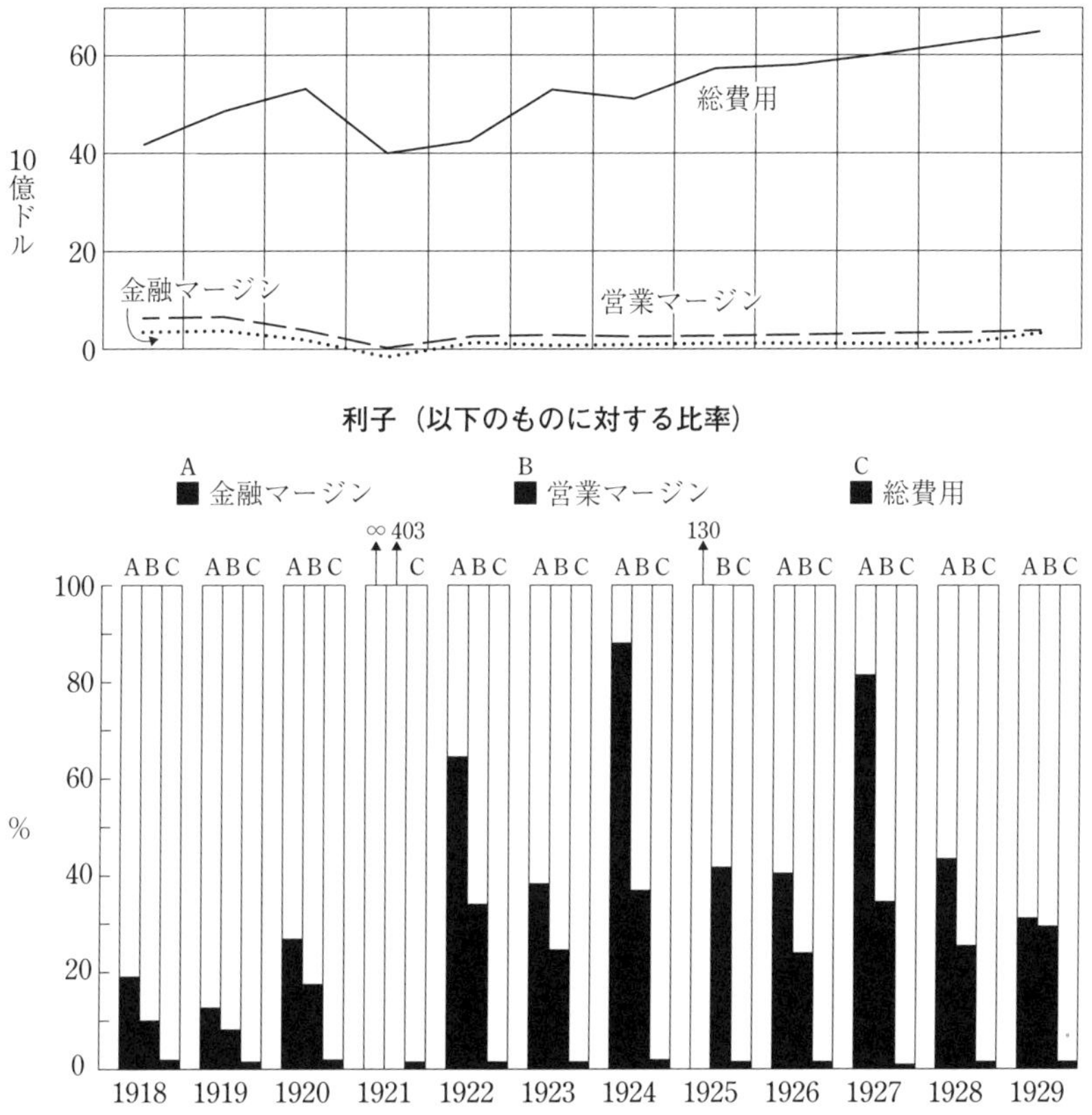

表1および2より。

づける。われわれが、総所得に占める利子のシェアから税支払い後の利潤マージン、すなわちわれわれが金融マージンと名づけるものへと注意を向け直すとき、税の場合にそうしたように、以下の四つに対する利子の比率を計算しなければならない。それは、（1）総売上、（2）総生産費、（3）営業マージン、（4）（利子と利潤に充てる）金融マージンである。表2の十一行目から取り出された図13は、これらの割合を示している。

税の場合と同様、ここでもわれわれは、総売上に対する利子の割合の計算を省略して、ほとんど同じもの、すなわち総営業費に対する利子の割合（図9）に対してのみ関心を払う。

図13からわかるのは、利子支払いが総生産費（営業費、税、利子）のごく一部を占めるにすぎないので、それらを表わす曲線は、利子の金融的負担を表わすのに必要とされる規模においてほとんど識別できないということである。生産費としての利子は、平均的にみると、生産費平均の一パーセントという一九一九年における下限から一九二一年における総生産費平均の一・六パーセントまでしか変動しない。データが利用可能な直近の四年間、総生産費に対する利子の平均比率は一・一パーセントであった。

税の議論のときと同様、営業マージンに対する利子の関係〔比率〕は産業にかかる利子の負担として理解されるが、利潤にかかる負担は、金融マージンに対する利子の関係によって測定される。

575 （利潤、利子、税のための）営業マージンに対する利子の比率について、平均的にみると、一九一九年の八パーセントという最低水準から一九二一年の四〇三パーセントという最高水準まで変動していたことがわかる。このことが意味するのは、一九二一年における利子が利潤、利子、税に利用可能な売り上げからの純所得の四倍超であったということである。図13は、一九二一年から一九二九年にかけてのもっと普通の年をとったときのこの比率の変動が二四パーセントから三七パーセントまでであったことを示している。荒っぽく一般化すると、利子は、平均的にみると、営業マージンの四分の一から三分の一を占める。

576 「どのような影響を利子は利潤に与えるのか」を問うとき、われわれは、金融マージンに対する利子の比率に目を向けなければならない。われわれは、金融マージンを得るために営業マージンから税を差し引いてしまえば（または税を営業費に加えると）、表1の十一行目に示されるようなドルの数値が残る。われわれが見出すのは、負担が最低水準であった一九一九年における利子は、税引後の純所得の一二パーセントを占めるということである。負担が最高水準であった一九二一年について、われわれは、利潤と利子に充てるマージンが消滅したことを見出す。そしてわれわれは、税の場合と同様にこういえるであろう。すなわち、利潤にかかる利子の負担は無限に大きいが、平均すると利子と利潤に回る純所得はなくなる。なおここでの利潤とは、むしろ損失である（税は先に支払われたものとして考えられている）。しかしながら、この年における売上損失の観点からすると、われわれは利子が損失のおよそ五〇パーセントを説明するといってよいであろう。この年（一九二一年）は異常なので、負担が最も大きい年に目を転じよう。それは、利子が金融マージンの一八〇パーセントであったときの一九二六年であることがわかる。

このように、われわれは、（税を差し引いたあとの）利子と利潤に利用可能な所得に対して一二パーセントから一八〇パーセントを占める利子負担、つまり、われわれのいう金融マージンを見出す。最悪の年（一九二一年）において、われわれは、純所得をではなく損失を見出す。

こうして、われわれは、ビジネスマンの債務と彼の期待収入との間の薄いマージンが、なぜ何らかの債務の何らかの変化がもつ重要性を強めるのかを知る。債務のどれか一つの微小な変化として現われるであろうものでも、ビジネスマンの利潤に及ぼすその潜在的効果と比較考量するとき、大きな重要性をもつものとなるのである。(240) こうした重要な効果があるので、融資の折衝が行なわれる時点で利子率は制限因子となるのである。

（f）　訳者注：*p.* 530〔邦訳、中巻四一六頁〕では、一九二五年の利子シェアは約六パーセントではなく約五パーセントとされている。

(240)　もちろん、ビジネスマンは、次のことを正確には知ることはできない。それは、彼が対処している一つの要因の変化によって、彼の利潤マージンにどのような変化が引き起こされることになるのか、ということである。しかし、十分確かなのは、彼の利潤マージンは将来において非常に薄いであろうから、彼は、いかなる変化も自らの利潤マージンを減少または増加させるのにきわめて重要であると認識するであろう、ということである。

(6) 価格マージン

課税対象マージンよりもずっと重要なのが、価格マージンである。というのも、変化しやすい課税対象マージンと金融マージンを規定しているのは、変化しやすい価格マージンだからである。前掲の図[241]は、百四十年にわたる卸売物価の変化を示している。この図は、フランス革命が開始したあとに起こった、イギリスとアメリカにおける二十五年間の物価上昇を、次いで、若干の持ち直しをともないながらも一八四九年まで続いた急激な崩落を示している。一八一〇年から一八二〇年までの間の時期には、シェア対マージンという争点をめぐるマルサスとリカードの論争が起こった。もう一つの世界大戦〔第一次世界大戦〕のあと下がり続けたのと同じように、商品の価格は下落していた。価格の下落は失業をともなった。マルサスはこう主張した。すなわち、失業の原因は、あまりに多くのものが生産されたために、労働者たちが自らが生産したものを消費することができなかったことにある、と。このことが原因となって価格下落が起きたのである。彼は、労働者が競争的市場にやってきて、価格を押し下げることがないよう、公共事業のための課税を、および、地主による自らの地所への多額の支出を提案した。

577

しかし、リカードは、ビジネスマンが利潤をほとんどあるいはまったく生み出していない、まさしくそのときに増税をするという提案に驚かされた。そして、彼は、適切にもこう主張した。すなわち、労働者への税支払いによって雇用されるであろう労働量とちょうど同じだけの労働は納税者たちによって雇用されるであろう。失業の原因は、彼が主張するに、その当時まったく組織されていなかった労働者たちの、より低い賃金で働くことを拒否する頑迷さにあった[242]。もし労働者たちがより低い賃金を受け入れるならば、雇用主は、たとえ低い販売価格であっても利潤マージンを得るであろう。すると次に、雇用主は失業者を雇うであろう。加えてリカードは、マルサスに反対して以下のように主張した。一般的過剰生産のようなものは存在しえないだろう。なぜなら、いずれか一商品の生産増加は、他のあらゆる商品に対する需要を増加させるだろうからである。しかし、価格下落の割合と同じ割合で賃金が引き下げられなければ、利潤マージンの一般的減少は起こりうる。

百年以上も前のリカードの時代から、共産主義者、社会主義者、労働組合主義者はマルサスを支持していた。彼らは、シェアの視点から主張した。その一方で、リカードとビジネスマンは、マージンの観点から主張した。ロートベルトゥスは一八三七年、労働者のシェアが不十分であることが産業の不振の原因であるという社会主義の主張を後述のようなかたちで最初に主張した。[243] 同じ時期、マルクスは、一八四八年革命のときの『共産党宣言』を端緒とし、自らの理論を構築した。

しかし、一八四九年の金発見にともない、世界物価が再び上昇し始めた。合衆国では、物価はわずかな下落をはさみながらも、紙幣インフレに支えられて一八六三年まで上がり続けた。次に、物価は世界中で下落し始め、今度は小さな持ち直しをともないながら、一八九七年まで下がり続けた。そして、一九二〇年まで続くもう一つの上昇があった。さらに、一九二九年の不況まで持ち直しをはさみながらのもう一つの下落が続いた。

平均卸売物価の水準の、こうした世界規模の動きを用いて、われわれは価格マージンの問題に接近する。先に行なった、印刷業における一つの法人による例を思い起こそう。一部当たり十セントで六十万部が売られて、六万ドルまたは労働者一人当たり週六十ドルの売り上げをあげた。しかし、いま、この六十ドルがすべての生産コストに分解されるとしよう。すべての生産コストとは、賃金、利子、地代、原材料費に体化される他のビ

---

(241) 前述、*p. 122*〔邦訳、上巻一八六頁〕をみよ。
(242) ボナー編『リカードのマルサスへの手紙』pp. 187–192.
(243) ロートベルトゥス『労働者階級の需要』。

図14　1919～1933年の合衆国における卸売物価

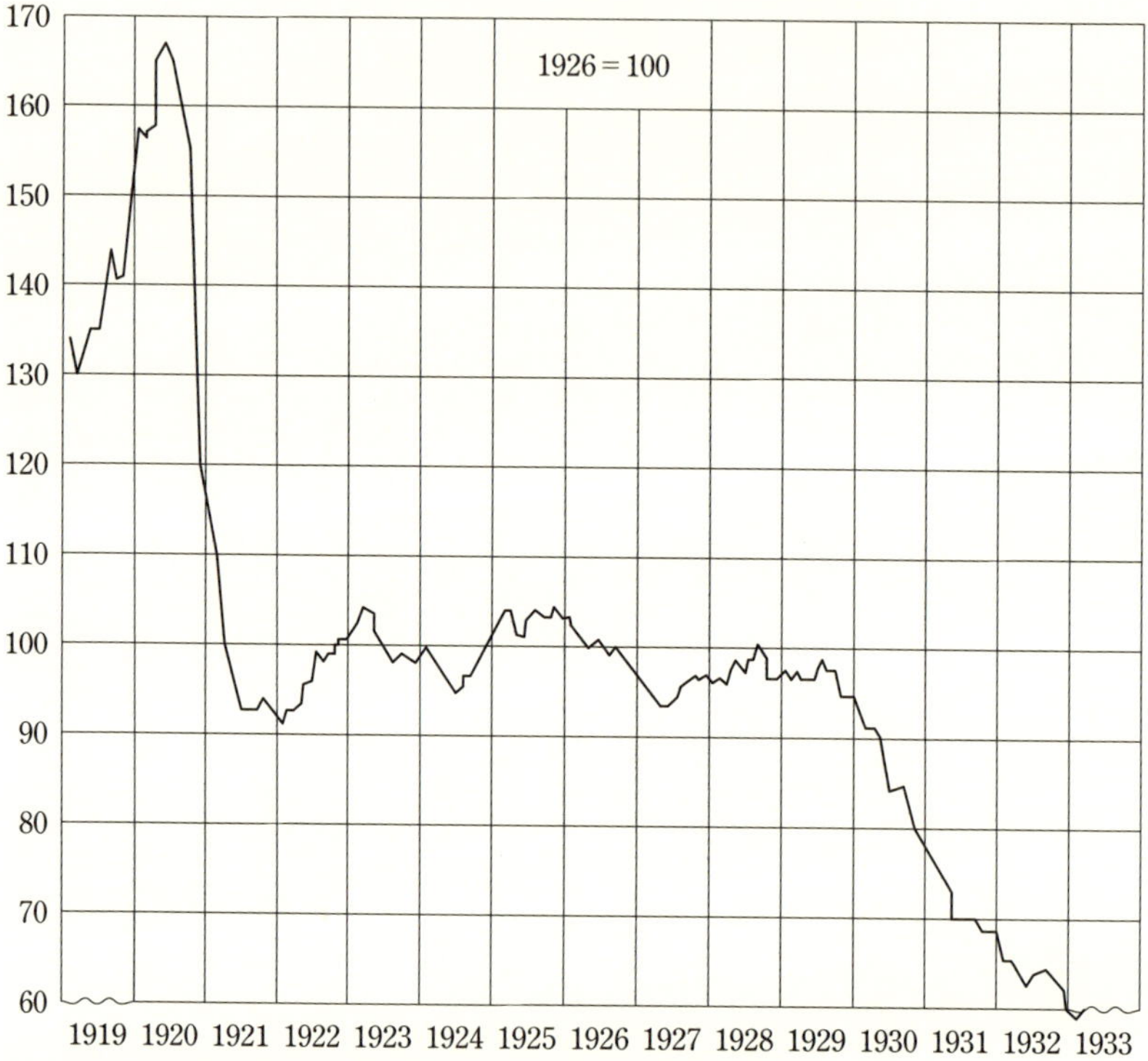

合衆国労働統計局発表指数、550品目。784品目の新指数は、1931年度のそれぞれの平均の比率を適用することによって、550品目の基礎指数に換算してある。『連邦準備制度理事会年報』*Report of the Federal Reserve Board*, 1931；『連邦準備報告』*Federal Reserve Bulletin*, January 1932 – May 1933より。

578

ジネスマンの先行的な利潤、税などのすべてである。次に、この個別法人があげる利潤マージンの中位が販売価格の三パーセントであると仮定したい。その額は千八百ドルになり、五万八千二百ドルが週当たりの総生産コストとして残される。この総生産コストは、週当たり六万ドルの総所得を得るために、および、千八百ドルを利潤に充てるマージンとして残すために取り入れた新規債務の総額である。

　販売価格の三パーセントである利潤マージンは、どれだけの額面の株式が発行されたかによって、株主たちの株式の額面価値に対しては一〇

579

パーセント、二〇パーセント、または、三〇パーセントの利潤率でありうる。そういうことは簿記の問題であり、われわれの関心ではない。しかし、貨幣の平均購買力が世界規模で上昇し、かつ、全商品の価格が月当たり一パーセント下落しているとする。これは、図14に示されるように、一九二〇年夏以降、そして再び一九二九年以降、商品価格が下落していたときの比率に近い。われわれの例を当てはめるためにこう考えてみよう。すなわち、五万八千二百ドルの債務が月初に形成され、生産物が月末に販売されたとする。これは、通例顧客に認められる三十日信用に対応するものである。その一方で、世界の物価水準は、一パーセント下落するとする。

それゆえ、例示中のひと月の間に、技術的な効率性上昇を除けば、販売からの所得は六万ドルから五万九千四百ドルへと減少する。しかし、この六百ドルは、利潤マージン（千八百ドル）の三分の一すなわち三三パーセントである。このように、価格の一般的下落は、実質的に全商品に同じように影響を与えながら、販売価格の一パーセント下落を通じて利潤マージンを三三パーセント減らす。

マージンが二パーセント、すなわちたったの千二百ドルである別の企業があったとすれば、そのマージンは、販売価格の一パーセント下落を通じて五〇パーセント減少したであろう。それは、個別企業ではコントロールを及ぼすことができない、世界レベルの原因によるものである。あるいは、より栄えている企業においてマージンが一〇パーセントであったならば、販売価格の一パーセント下落は利潤マージンを一〇パーセント減少させたであろう。

以下のように論じられるかもしれない。価格が一パーセント下がり、その結果、総売上が六万ドルから五万九千四百ドルへと減少するならば、消費者は、その分の大きさの追加の貨幣（六百ドル）を得るであろう。彼らは、それを他の商品に支出することができ、したがって、その分の大きさの追加の雇用を労働者に与えることができるだろう、と。

ここで、利潤**マージン**のかわりに国民所得の**シェア**に注意を払うという、先に述べた思い違いのもう一つの側面に立ち入りたい。雑誌の買い手たちは、別の商品にも支出できたであろう、彼らの六万ドルあるいは五万九千四百ドルをどこで獲得したのか。彼らは、その額だけ彼らの債務者となったビジネスマンからそれを得たのである。彼らはその一部を、賃金、地代、利子として**直接**受け取った。さもなければ、彼らはその一部を、販売される原材料または支払われる税に体化された、賃金、地代、利子、利潤として**間接的に**受け取った。したがって、全商品の販売価格が平均で一パーセント下落することによって全商品の利潤マージンが三三パーセント減少するならば、雑誌の買い手たちは、彼らの購買力をまったく得られそうもない。彼らは雑誌の**消費者**であることをやめる。なぜなら、彼らは**失業中**だからである。つまり彼らは、利潤マージンに起こったことのせいで、失業しているのである。

物価の一般的な上昇と下落というこの普遍的事実は、世界中のすべてのビジネスマンにおけるすべての利潤マージンに対して、ほぼ同じように影響を及ぼす。彼ら全員が、ほぼ同時に雇用を削減する。その普遍的原因は、需要弾力性が一《ユニティ》のとき、一《ユニティ》より大きいとき、あるいは一《ユニティ》より小さいときのいずれであっても、ほぼ同じように影響を及ぼす。

580

「ほぼ同じように」、「ほぼ同時に」というときにわれわれが意味するのは、異なる企業と異なる商品における時間や場所のばらつきを許容するということである。ここで、われわれは、これらのばらつきやラグについての詳細に立ち入る必要はない。こうしたばらつきやラグがあるため、価格が下落し始めたとしても、その後数か月経たないと、失業への影響は明らかにならないのである[244]。

ここでの重要な点は、平均からのこうしたばらつきでもないし、ラグのばらつきでもない。重要な点は、われわれの資本主義システムが、驚くほど薄い利潤マージンの下で動かされているということである。だから、すべての価格の平均に変化が生じるならばという言い方は次のことを述べたにすぎない。すなわち、ここでは原因が貨幣によるものかそうでないかはどうでもよく、仮に販売価格に対するマージンの平均がたまたま三パーセントであるとする場合に、世界中の利潤マージンに及ぼすその影響が、商品の卸売価格に及ぼす影響のおよそ三十三倍であるとだけ述べているのである。利潤に向かう諸々の**シェア**は、完全に考慮の対象外である。利潤**マージン**がすべてである。

そして、この利潤マージンに、われわれの雑誌の買い手たちは雑誌を買うための自分たちの貨幣を期待しなければならない。彼らの誰もが、ビジネスマンから自分の貨幣を手に入れる。ビジネスマンたちはまた、それを銀行から手に入れる。そして、ビジネスマンは、現代的条件の下では、薄い利潤マージンの下で操業している。事業と雇用を継続させるか、拡大させるか、減速させるか、停止させるかは、期待される利潤マージンによって決まる。人々の雇用を維持するために重要なのは、利潤に向かう**シェア**でもなければ、賃金に向かう**シェア**でもない。それらは、他の目的にとっては十分重要である。しかし、技術進歩にもかかわらず、資本と労働の雇用を維持するという目的にとっては、ダグラスが明らかにしたように、労働者が彼らの**シェア**として半分か、三分の二か、五分の四を手に入れるか、資本家が彼らの**シェア**として半分か、三分の一か、たった五分の一しか手に入れないかは、何ら違いをもたらさない。ダグラスのいっていることはシェアに関しては正しい。しかし、肝心なのはシェアではなく、**マージン**である。

この論点を真正面から論じるために、こう問いたい。仮に一九二三年から一九二九年にかけて効率性上昇に対応する賃金上昇があったならば、一九三〇年から一九三三年の世界規模の失業は防がれていたであろうか。仮に

(244)　後述、*p. 611*「自動的回復と管理された回復」〔邦訳、下巻三四頁〕。

世界の主要な中央銀行が、一九二六年の卸売物価水準で貨幣の購買力を安定させるために一九二五年以後に協力していたならば、失業は防がれていたであろうか。(われわれは、この点について、実行可能性の問題を考慮の対象から外すが、いずれかの予防の方法を実施できたと仮定してみたい。)

第一の問いに対する答えは、ダグラスによって正しく示された。利潤、地代、利子が占める**シェア**を犠牲にして賃金が占める**シェア**を増やしたとしても、一九二九年以後の失業を防ぐことができなかったであろう。

しかし、注意すべきは、ダグラスの答えが、**収縮中の**産業によって解雇された失業者を引き受ける**拡大中の**産業が将来的に存在する可能性にかかっているという点である。

産業拡大の可能性を規定するものは何か。それは、**投機的な、利潤マージン**である。すべての価格が下落しており、しかも、下落すると期待されているならば、どの産業における利潤マージンも、価格における下落の十**倍**、二十**倍**、二十五**倍**、あるいはそれ以上、下落する。それゆえ、諸産業は拡大しない。技術的失業のようにみえるものは、それらの諸産業が拡大できないことの結果なのである。

その一方で、すべての価格が上昇しているならば、利潤マージンは、価格の上昇の十**倍**、二十**倍**、二十五**倍**、あるいはそれ以上、上昇する。物価上昇にともない、諸産業は拡大し、ダグラスが一時的なものとして描写したものを除くと技術的失業はまったく見出されない。

しかし、すべての労働者が完全に雇用される状況に到達したとき、さらなる物価の上昇はいかなるものであっても、単なるインフレーションである。なぜなら、物価上昇によって利潤マージンがさらに上昇したとしても、労働者たちがすでに雇用されている場合には、彼らのより多くを仕事に就かせることはできないからである。

それゆえ、貨幣の購買力を安定化させるという提案は、諸産業のそれぞれが、その産業に特異な、需給の投機的弾力性に従って拡大ないし縮小できるようにするものである。しかし、それは、一般的な過剰拡大を防止する。

582

なぜなら、それは、すべての投機的な、利潤マージンに影響を与えるからである。リカードであれば、価格下落時に賃金を引き下げることによって慣習的な利潤マージンを維持しようとしたであろうが、それに対して一般的購買力の安定化は、効率性上昇とともに賃金を上昇させることによって、利潤マージンを維持しようとするものである。

初期の理論において正しく認識されていない他の要因がある。それは、生活水準の向上、および技術的効率性の上昇である。リカードはこう提案した。すなわち、利潤マージンを拡大させるために賃金は引き下げられるべきであり、したがって、より低い生活水準が賃金稼得者たちに課されるべきである。より低い生活水準を課すことを支持するリカードのただ一つの理由は、一八一五年以降の商品価格の一般的下落だけであったことは明らかである。彼が安定的物価水準という可能性を考慮していたならば、彼のいう利潤マージンが、生活水準を下げることなしに維持できることはわかっていただろう。

想定された印刷業についてのわれわれの例は、図14を参照することによって、全産業に関する統計的平均へと変換されうる。ここでの卸売物価の平均は、製造業者、農家、鉱山所有者その他が受け取る価額に等しいとする。彼らは、自らの利潤が引き出される産業をコントロールする者たちである。われわれはここでの商品が平均すると三十日の期間で売られると仮定し、かつ、ここでの変化に限界原理と投機原理を適用するとし、加えて、利潤マージンの中央値が販売価格の三パーセントであると仮定する。その場合、販売価格百三十ドルでの一九一九年二月の売り手は、百二十六・一〇ドルの生産コストをかけ、三・九〇ドルの利潤マージンを得たことになる。しかし、その時点での物価はひと月当たり二パーセントの割合で上昇していたので、三十日目に期待される価格は百三十二・六〇ドルであった。それは、販売価格（百三十ドル）の二パーセント上昇にすぎないが、利潤マージンにおいては、六六パーセントの上昇であった。

あるいは、平均価格が百六十八ドルであった絶頂期に販売が行なわれた場合、そして、平均価格がひと月当たり三・六パーセントの割合で下落し始めた場合（実際そうだったが）、三十日目の価格は百六十三ドル〔約百六十二ドル〕へと下落した。すなわち、六ドルの下落である。そして、生産コストが百五十八・〇一ドルへと上昇し、先の例と同じように、利潤マージンとして販売価格の三パーセントが残された場合、価格下落は、販売価格の三・六パーセント下落にすぎないが、利潤マージンにおいては一二〇パーセントの下落であったことになる。

これらの計算は、あくまで例であり、かつ、物価が上昇または下落しているという普通ではない期間をとっている。そうはいっても、計算は、コストまたは価格いずれかの小さな上昇または低下に対してビジネスマンが付与する大きな重要性についての観念をわれわれに与えてくれる。このようなことになる理由は、ビジネスマンが商品の総費用または価格についてではなく「正味資産《エクイティ》について取引」しているからである。支払われた価格または受け取られた価格いずれかの平均二パーセントの変化は、利潤マージンの三〇パーセント前後の変化を意味するかもしれない。変化が上向きであれば、利潤はその分だけ増える。しかし、変化が下向きであれば、それとともに利潤は消滅し、赤字が残るかもしれない[245]。

（7）利潤クッション

ここまで、われわれは、製造諸企業の**売り上げ**に基づく利潤マージンを考察してきた。われわれはいまや、利潤マージンの有害な変動による衝撃を和らげるために製造諸企業が発展させた手段を取り扱う。図8において、総売上と総所得（総収入）の関係が示された。わかったことは、そこでの売り上げが総収入の九三・七パーセントを決して下回らなかったこと、および、それが通常ならば総収入の九五パーセントと九六パーセントの間に収まっていたということであった。他の諸源泉から引き出される相対的に小さな収入を、われわれは利潤クッショ

584

ン」と呼ぶ。それは図15において示される。

一九一九年より前、製造企業の一般的実践であったのは、利潤を生み出す手段として、自らの営業収入または売り上げに依存し、他の源泉を実際上排除することであった[246]。一九二〇年ごろ、ある実践の急速な成長が始まった。それは、配当として支払われない資金を投資することによって、他の所得源泉を発展させることであった。われわれは、総売上と総収入の項において、こうした新しい所得源泉に言及した（前述、*p*. 565〔邦訳、中巻四六八頁〕）。それは、他の会社の株式と債券、政府証券、定期性預金、地代、使用料その他である。これらの所得源泉に関する最初の数字は、合衆国内国歳入庁の報告書に載っており、一九二二年から始まっている。その年、総収入の四・九パーセントが、販売以外のこれら他の源泉に由来していた。図11の下部の曲線によって示されるように、販売に基づく利潤マージンは、一九二二年において、〇・八パーセントという低さであった。しかし、他の所得によって提供されるクッションが加えられるとき（図15の斜線部分）、最終利潤は、上部の曲線によって示されるように、総収入の五・七パーセントとなる。一九二一年についてわれわれが用いているクッションの推計が示すように、その年の損失は、総収入の三・二パーセントから一パーセントへと縮小した。すなわち、販売に基づく損失は約三〇パーセント縮小した。クッションの活用は、一九二五年には損失を防ぎ、かつ一九二二年から一九二八年にかけて、平均最終利潤を販売の四・八パーセントと七・〇パーセントの間にとどめた。こうして、

(245)　間接費の規則のせいで、欠損が実際に生じる可能性がある。ゴーイング・コンサーンとしての組織を維持するために、製造コストの大部分は、生産がなされているかいないかにかかわらず、かかり続ける。これらを支払うために、たとえ利潤マージンが消し去られており、かつ、販売が間接費の対価になるだけであったとしても、生産は制限された量で実行されるであろう。

(246)　全国産業会議事務局『連邦法人税の推移と効果』。

図15　利潤クッション

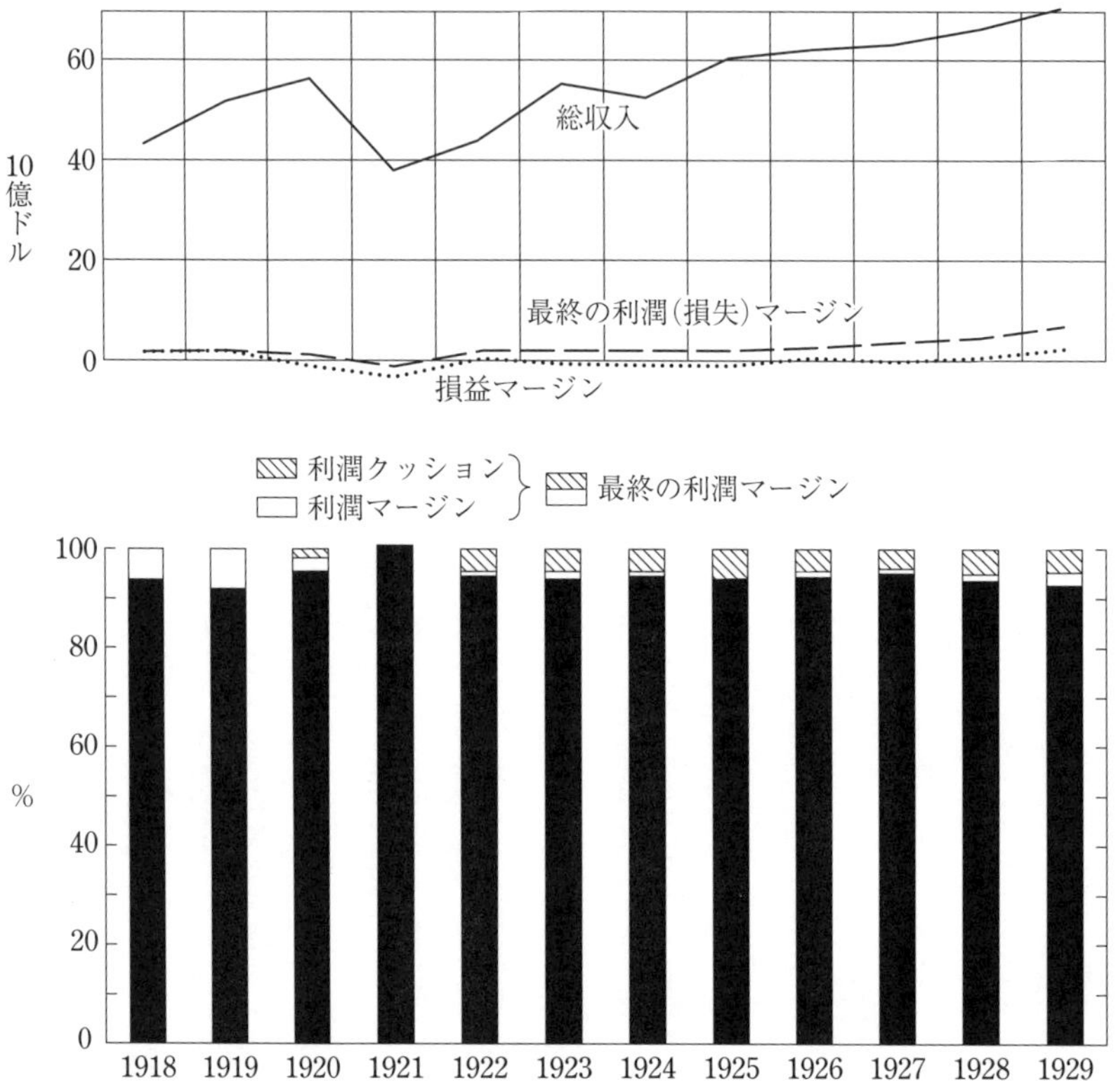

表1および2より。

われわれのいう売り上げに基づく利潤（損失）マージンの変動はかなり弱められている。

こうした関係は、図15に示される。そこでは、売り上げに基づく利潤（損失）マージンと最終損益とが、年間総収入に対する比率として示されている。利潤クッションは、これら二つの曲線の間にある領域として示される。利潤クッションは、売り上げの変動に対する緩衝材として作用している。

この実践によって、企業は事業が好調な年においても不調な年においても、株主に向かう配当の流れ《フロー》をある程度の堅調さをもって維持すること

585

ができるようになった。それゆえ、われわれは、その実践を指して、**利潤クッション**という用語を使用する。

このように利潤クッションという用語を使用することによって、利潤（損失）マージンの変動が雇用と生産量に与える効果に関する先のわれわれの推論が大きな修正を迫られることはない。というのも、ビジネスマンまたは製造企業は、自らの営業《オペレーション》が損失という結果をもたらしていると確信するとき、先に示したように、雇用と生産を削減する傾向があるからである。こうして、われわれは以下のことを見出す。利潤クッションは、損失を防いだり小さくしたりすることによって株主に便益を与え、事業を金融的により健全なものにする。しかし、利潤クッションが物価下落の期間に失業を防ぐ効果は、相対的にはほとんどない。

（8）既得権と利潤マージン

以上述べたことは、平均的にみると、利潤にとってかなり悲惨な結果を意味している。実際、利潤は、自由と無保護の関係なのである。驚くには当たらないことであるが、賢いビジネスマンであれば、自らの利潤が逃げうせる前に、それをできる限りすばやく既得権に変換しようとする。しばしば彼は、他の人々に「押し付け《アンロード》る」こと、そして、「窮地を脱する」ことによってこれを行なうのである。つまり彼は、自分は価格下落を予期しているが他の人々はよく知らないという商品や証券を、適切な時点で他の人々に売りつけるのである。

事業上の大成功の多くはこれに由来している。公衆は、一般には以下の二つを区別しない。それは、効率性によって富を得ることと、死んだ馬を他の人々に押し付け《アンロード》ることによって富を得ることである。どちらも、ビジネスの慣習および適法的な買い手危険負担に照らして、等しく称賛に値する。

通常、この押し付け《アンロード》るの本質は、薄い利潤マージンにさらされていないものを取得することにある。こうしたもののなかで最も確実なのは、安全性の高い債券と成長地域の上昇する地価である。バンダービルト不動産は前者の例であり、アスター不動産は後者の例である。

自らの脆弱な利潤が減失してしまう前に、それをうまく既得権に変換することができる者は、二つのことを成し遂げる。すなわち彼は、自分自身と自分の子孫を将来にわたって救済し、かつ、将来のビジネスマンたちに、彼らの利潤マージンのためにもっと熱心に努力するよう強いる。なぜなら、彼らは、自らに回された固定負担を支払うよう強いられるからである。利潤マージンは増加しない。むしろ、債券と地代にかかる利子を支払う義務は増大する一方で、利潤マージンは、大幅な変動にゆだねられる。

バルーン方式の債券による負担を負う会社の利潤マージンは、そのような負担のない会社に比べて小さいであろう。過去の乱痴気騒ぎ《アビュース》によって固定費負担のツケを払わされることになった会社の利潤マージンは、自由な状態から起業した会社に比べて小さいであろう。いずれも重大な社会的意味をもつ問題であり、一般に、マージンと過去から継承した既得権との違いが理解されていないがゆえに、これらの問題はいっそう重大である。このことは、シェアをマージンから区別し損なっていることの別の例である。正当か不当かがシェアのすべてであるが、コンサーンを継続させたり停止させるものは、まさしくマージンなのである。

このように、利潤マージンは、資本主義文明に対して多くの社会的含意を有している。その重要性と測定可能性は、企業金融に関する科学的研究の近年の勃興とともにはじめて注目されるようになった。(247)「正味資産の取引」または「マージンの取引」は、あらゆる形態の株式投機においてずっと以前からなじみのあるものである。しかし、それがより深く、私有財産のシステム全体にわたるあらゆる生産過程に拡張されたのである。

われわれは、製造企業のみを参照することによって、利潤マージンの計算を例示しようと試みた。そして、われわれは、平均だけを取り上げた。しかし、利潤マージンの重要性は、〔会社間の〕差異に当てはめられない限り完全に明らかになったとはいえない。五百億ドルから六百億ドルの売り上げに対する平均マージンは三パーセ

586

ントにすぎないかもしれないが、この平均のなかに、おそらく時には五〇パーセントのマージンをもつ会社や、明らかに三パーセントよりも下で操業している別の会社が含まれているのである。これらの差異は、累進課税という複雑な問題、および個人所得への累進課税と法人所得へのそれとを区別することの重要性を示唆している。個人所得と既得権《ヴェステイッド》に基づく所得に対する強い累進課税は、現代における分配の不平等の下では正当化される。これらの所得は、相互に競合しないさまざまな源泉から引き出されている。しかし、同業他社との競争という単一の源泉から引き出される法人純所得に対する累進課税は、資本主義文明がもつ社会的目的を破壊するかもしれない。その目的とは、利潤動機を活用することによって生産の効率性を増大させることである。配当による個人純所得は、法人のすべての支出が支払われたあと諸個人に残る残余である。それは、競争にさらされる利潤マージンではない。同じく重要なのが、過去から蓄積される長期債と既得権についての公共政策である。それらは、来たるべき世代の産業に固定費を課し、そのことによって利潤マージンを減らす。社債は単一の世代よりも長い償還期限で発行すべきではないということが主張されてきた。しかし社債の償還期限が、減価償却と陳腐化によって減少する現代の資本設備の耐用年数よりもずっと長いことは明らかである。加えて、「死者の手」によって課されるこうした負担が増大しつつあるといわれてきた。しかし、それはともかく、利潤マージンは、資本主義文明の進行を保つ、生者の手、頭脳、感情である。

---

(247)　とりわけ以下をみよ。Lyons, W. H., *Corporation Finance* (1916), Gerstenberg, C. W., *Financial Organization and Management of Business* (1924).

（9）マージンと生産費

古典派経済学者の古い理論は、変動する価格を正常な費用へと引き戻す傾向をもつ自動的均衡という発想に支配されている。この理論が関心を向けているのが、「生産費」である。現代の制度経済学理論は、利潤マージンに関心を向ける。利潤マージンは、何かしらの「正常」なものを有しておらず、断崖の間を振り子のように揺れ動くのである。平均のまやかしはこうしたひどい状態のほとんどを均してしまうが、そうすることで少なくとも、生産費の理論を利潤マージンの理論から分離する量《マグニチュード》の秩序というアイデアを与えてくれはする。かくして、費用理論家《コスト・セオリスト》であれば、こういうであろう。人件費に対する一パーセントまたは二パーセントの労災保険または失業保険の掛け金は、労災を予防したり雇用を安定化させるよう雇用主を誘導する効果を、ほとんどあるいはまったくもたない、と。なぜなら、掛け金が生産費に占める割合は、一パーセントよりも小さいからである。しかし、雇用主たち自身がとてもよく知っているマージン分析は、その掛け金が、彼らの生産費を増やす十から三十倍も、彼らの利潤マージンを減らすことを明らかにする。労災を防ぐまたは失業を防ぐよう誘導しようとする戦略〔が着目するの〕は、分厚い生産費ではなく、薄い利潤マージンなのである。[248]

587

　また、費用理論家は、中央銀行の再割引率の一パーセントまたは二パーセントの変化がもつ社会的効果をまったくといっていいほど理解していない。[249] しかし、貨幣市場と株式取引市場における全取引のなかで競争の最も激しい領域での薄い利潤マージンが、販売価格の一パーセントより小さい場合、生産費の一パーセントの変化は、利潤マージンの一〇〇パーセント〔の変化〕であるかもしれない。

　同様に、激しい競争が利潤マージンをかつてないほど小さくしている資本主義文明においては、公益企業によって競争相手に課される価格における、または、政府によって徴収される税における、微少な差別や払い戻しが、一企業を破産に追い込むかもしれない。その理由は、その会社の費用が少々高いからでも、その会社の効率性が比較的低いからでもなく、その会社の利潤マージンが消失するからである。合衆国最高裁判所が差別を用いたこの新しいてこの原理を認識し、コモン・ローの意味をそれに見合うように拡張したのは、利潤マージンが狭まっているここ三十年における出来事にすぎない[250]。

明らかに、独占企業のケースには異なる原理が適用されるであろう。その論点は、おおむね次のようになる。すなわち、会社はその利潤をその効率性の上昇によって得たのか、競争にさらされていないことによる独占的または差別化された優位性を享受することによって得たのか。これは、利潤が「効率性利潤」と「希少性利潤」のどちらであるか、という論点である[251]。この問題は、変動しやすい価格マージンにより世界規模で発生している。

(10) 時系列と弾力性

薄い利潤マージンに関心を向けるこのような種類の分析は、まやかしであるとしてときおり攻撃を受けてきた。なぜなら、諸因子のどれか一つをほんの少し変化させることによって、明らかにわれわれは利潤を消し去ることができるからである。われわれは、利子と税に支払う固定的経費および販売価格〔の変化〕によって利潤を消し去ってきた。しかし同じことは、賃金の変化または購入原材料の価格変化によっても行なえるかもしれない。費用価格を構成する何らかのものの価格が一から二パーセント上がるならば、利潤マージンは、その十倍から三十倍も減少さ

(248) 後述、*p. 840*「労災と失業」〔邦訳、下巻三七〇頁〕をみよ。
(249) Lawrence, J. S., *Stabilization of Prices* (1928), XXII 章.
(250) 後述、*p. 773*「希少性、豊富性、安定化」〔邦訳、下巻二七三頁〕をみよ。
(251) Foreman, C. J., *Efficiency and Scarcity Profits* (1930). 彼の指数をみよ。

せられるかもしれない。それゆえ、この分析全体がまやかしであり、まったくの循環論であるといわれるのである。

この批判は、時系列とさまざまな需給の弾力性を見落としている。諸因子すべてが同時に同じ方向に変化することはないし、もしそうなったとしても、いくつかの因子は、より高いもしくはより低い度合いの変化弾力性で変化する。

これらの問題すべてが、ビジネスマンまたは政治家に対していちどきに生起することはない。どの因子が変化しているのか、どの因子が最も大きく変化しているのか最も小さく変化しているのか、あるいは、その時点でどの因子が最もコントロールし易いのか最もコントロールし難いのかに照らしてみると、それらは異なるときに生起する〔といえる〕のである。それらは、一挙に押し寄せる諸因子の問題ではなく、制限因子と補助因子の問題である。制限因子がその時点と場所において他の因子すべてを現実に制限していると判断されるときには、制限因子にのみ注意が払われる。諸々の補助因子は将来にあるものであり、場合によっては、その一つが制限因子になるかもしれないし、次には、別のものがそれになるかもしれない[252]。

この原理は、民間ビジネスだけでなく、公共ビジネスにも適用される。行動人にとってすべての人間資質のなかで最も偉大なものとは、間違いなく、われわれが適時性《タイムリネス》の資質と呼ぶものである。それは、最も優れた戦士、最も優れた政治家、最も優れたビジネスマンがもつ傑出した資質であり、これにより取り越し苦労《フラッターバジェット》する人たちの国[g]がコントロール下におかれているのである。政治家にとって、あるときには税こそが制限因子かもしれないし、またあるときには物価かもしれず、あるときは過度な楽観主義、あるときは過度な悲観主義、あるときは外国貿易、あるときは国内交易、あるときは健康と信頼、その他驚くほど多様なもの〔が制限因子〕かもしれない。われわれがここで強調したいのは、次の点である。すなわち、現代資本主義においては、それら数千もの因子の一つひとつが、それ固有の適切な時点において、実に繊細にして戦略的かつ薄っぺらな利潤マージンに対して、それ固有の強制力を発揮するのである。

集団的行動のこの新たな移行段階にあって経済理論は、その数学および統計学を用いて、繰り返される経済的苦境を創り出したり解消したりする、変わりゆく制限因子を発見することにますます集中している。

Ｆ・Ｃ・ミルズは、全米経済研究所に協力するなかで、この時系列調査を大きく発展させた。[253] 彼は、統計が利用できる限りで、物価、生産、信用、証券の動きを、それらが最終消費者に近いか遠いかに従って分類した。これは、ベーム＝バヴェルクのいう迂回過程の諸段階に相当する。しかし、ベーム＝バヴェルクのように利子の問題だけに注目するのではなく、ミルズは、四十年にわたる諸因子すべてを考慮に入れ、ひいては、景気循環の上昇期と下降期におけるそれら因子の時系列上の変化と変動性の大きさに従って、それらを相互に関連づけた。

われわれは、前掲の表と図において、ミルズが用意してくれた手がかりに従い、一九一九年から一九二九年の期間に関してこれらの変わりゆく諸因子のほとんどを集約することを試みた。彼が、価格と生産の「変動性」と呼んでいたものを、われわれは供給弾力性と呼ぶ。これによっていおうとしているのは、小売価格と消費された

(252) 後述、*p. 627*「戦略的取引とルーティン取引」〔邦訳、下巻五七頁〕、ならびに、後述、*p. 840*「労災と失業」〔邦訳、下巻三七〇頁〕をみよ。

（g） 訳者注：Ｌ・Ｆ・ボームの児童文学『オズの魔法使い』（一九〇〇年初版）シリーズの六作目『オズのエメラルドの都』（一九一〇年初版）に登場する「取り越し苦労をする人の村（フラッターバジェット・センター）」のこと。ないとうふみこ訳（復刊ドットコム、二〇一一年）では「トリコシ人」の村（「トリコシ村」）と訳されている。彼らは、起こってもいないさまざまな可能性に目を向けては取り越し苦労ばかりしている人たちである。コモンズが表現したいのは、無数の因子に気をもんで取り越し苦労に終わってしまう人たちの集団が、政治家やビジネスマンがもつ、「いま対処すべき因子（制限因子）はこれである」と指し示すことができる資質のおかげで、ゴーイング・コンサーンとして動いている、という状況であろう。

(253) Mills, F. C., *The Behavior of Prices* (1927); *Economic Tendencies in the United States* (1932). 計算は一九二九年で終わっている。

数量によって測定される消費者需要の変化が、〔消費者から〕程度の差こそあれ距離のある生産の諸段階において価格と生産物に反映されると予測される度合いである。

われわれは、先に述べたように、価格と価値を区別する。生産者の産出の価値は二つの要因からなる。それは、価格、およびその価格で販売される産出の数量である。生産者はこの組み合わせから、総価値または「総売上」を導き出す。彼は、そこから、費用を構成するいくつかのもの〔いくらかの原価要素〕を支払うことができる。販売される生産物が増加することなしに、また、時には産出の減少をともないながら物価が上昇する場合、あるいは、生産物が物価の上昇をともなわずに増加する場合、彼のいう総売上または生産物の価値は増大する。逆もまたしかりである。このことを、われわれは、前掲の図でみてきた。そこでは、総売上（生産物の価値）が総収入および営業費と比較される。そして、**価値**のこうした変化こそが、われわれが供給の弾力性と呼ぶものなのである。それは、二つの向きにおいて、すなわち価格と数量において弾力的であり、その組み合わせはつねに貨幣タームに還元される。

消費者物価は、他のすべての価格（最も離れている価格でさえ）を方向づけている。その消費者物価から出発するとき明らかなのは、小売業者の側の産出の弾力性が、消費者の側の貨幣需要の弾力性に正確に対応しており、実際にはまったく同じものだということである。ミルズは、消費者需要指数として、小売物価のかわりに卸売物価を用いている。ここで卸売物価は、卸売業者によって小売業者に課せられる価格であることを含意している。われわれは、卸売物価を、卸売業者に課される製造業者の価格の指標として用いる。

(11) 要約

われわれは、以下のように結論づけることができる。国民貨幣所得の**シェア**理論が急成長と恐慌の交替をなぜ

590

説明しないかといえば、ある階級のシェアの上昇は別の諸階級のシェアを減らしても、全階級の購買力の総計を変えないからである。この、全階級の購買力は、貯蓄として支出されようと消費に支出されようと、一時的な調整の困難を別とすれば、労働者階級に同じだけの雇用を提供する。労働者の購買力を高めるためには、失業者を仕事に就かせるべきである。その方法は、**新規貨幣《ニューマネー》の創造**であり、マルサスが提案したように納税者たちの現存の購買力を労働者たちに**移転する**ことでも、政府が貨幣を借りることでもない。後者二つの方法は、投資を**移転する**が、増やしはしない。

この新規貨幣は、商業銀行、投資銀行、中央銀行のいずれの銀行家たちによっても、創造・発行されえないものである。なぜなら、不況期には、利潤マージンは消失してしまっているからであり、かつ、銀行家が新規貨幣を創造することに進んで協力して借り入れる事業者などいないからである。会社が販売のために頼りにしている**消費者需要**を創造するためには、政府自らが新規貨幣を創造しなければならないし、銀行システム全体の頭越しに失業者にそれを直接支払わなければならない。その新規貨幣は、戦時期にそうされるように、困窮者救済金としてか、または公共事業の建設のためか、どちらかによって支払われる。加えて、この新規貨幣は、賃金稼得者にだけでなく、農民、事業所、そして実質的にすべての企業にも流れなければならない。というのも、彼らみなが一緒になって、消費者需要総体を作り上げているからである。

銀行信用のインフレーションまたは政府紙幣の発行のいずれかによって消費者需要を創造することのこうした困難は、中央銀行政策の理論と実践を取り上げるようわれわれに要求している。これは、一八九八年にヴィクセルによって新しく定式化され、そして、〔第一次大戦の〕戦後期に、全世界のいろいろな国々の中央銀行によって程度の差こそあれ実行されたものである。われわれはこれを、利潤マージン論のソーントンからヴィクセルへの系列と名づける。

訳者あとがき

本書は、John Rogers Commons, *Institutional Economics: Its Place in Political Economy*, New York: Macmillan, 1934、全十一章のうち、第8章と第9章第七節までを訳出したものである。翻訳については宇仁宏幸が第8章全体を、高橋真悟が第9章第三節までを、北川亘太が第9章第四節以降を担当した。第9章全体の監修を坂口明義が行なった。また訳稿のチェックについては、邦訳上巻を担当した中原隆幸氏と、塚本隆夫氏と徳丸夏歌氏の助力も得た。このあとがきでは、この二つの章の概要と現代的意義について、簡単に説明したい[(1)]。

コモンズと同時代のアメリカ制度派経済学者であるW・C・ミッチェルは、このコモンズの主著『制度経済学』を次の三つの部分に分けている[(2)]。第一の部分は、「集団的活動のルールをこれまでの経済学者たちがどの程度認識していたのかを知るために、その諸理論を入念に検討した」第1~7章である。第二の部分は、効率性(efficiency)と希少性(scarcity)という考え方を分析したうえで、経済行動における将来性(futurity)の役割を詳細に検討した第8章と第9章である。第三の部分は、適正価値(reasonable value)という概念を検討し、資本主義の未来に関する問題を論じた第10章と11章である。中巻で訳出したのは、この第二の部分である。

複数的因果連関

『制度経済学』には、一九二〇年代に書かれたいくつかの草稿の存在が知られているが、一九二五年の草稿のタイトルは *Reasonable Value* であり、一九二七年の草稿のタイトルは *Reasonable Value / A Theory of Volitional Economics* であった[(3)]。このことが示唆するように、『制度経済学』の中心的な主題は、価値である。つまり、商品の価格、賃金率、利潤率や利子率の決定原理を説明することである。さらに、適正価値を実現するための制度的諸条件を明らかにすることも目指されている。第8章は、コモンズ自身の価値論が明示的に語り始められる章である。

価値論としては、すでにリカードやマルクスの労働価値論があり、またメンガーなどによる限界原理に基づく価値の説明も存在した。コモンズによると、彼らは「労働や欲望といった、因果関係に関する単一の原理を選び出そうとした。だが実は現代の諸理論は間違いなく複数的因果連関（multiple causation）の諸理論である」（邦訳上巻一五頁）。言い換えると、古典派や限界学派の考え方は、「経済学の全体系を、さらには社会哲学の全体系さえをも、労働あるいは欲望といった単一の原理に基づいて構築するという考え方であった。しかし、重要なことは、多数の諸原理の複合（complex）という考え方である」（本書一八七頁）。第8章と第9章では、効率性、希少性、将来性という三つの原理の複合を通じて、商品の価格、賃金率、利潤率や利子率などの諸価値がどのように決定されるかが説明される。(4) まず第8章では、商品価格に焦点を絞って、効率性と希少性という二つの原理から

(1) 以下、第8章については宇仁宏幸個人の見解であり、第9章については高橋真悟個人の見解であり、訳者全員が共有するものではないことを付言しておく。

(2) Mitchell, W.C., *Types of Economic Theory: From Mercantilism to Institutionalism*, ed. by Joseph Dorfman, New York: Augustus M. Kelley, 1969, vol. 2, p. 726. ミッチェルが区分したこれら三つの部分は、それぞれ邦訳の上巻、中巻、下巻に当たる。

(3) 一九二七年草稿は、宇仁宏幸が京都府立図書館で新発見したものである。その来歴や概要については、宇仁宏幸「J・R・コモンズの累積的因果連関論――『制度経済学』と一九二七年草稿の比較分析」『季刊経済理論』第五一巻第二号、二〇一四年を参照されたい。

(4) コモンズが重視する原理としては、効率性、希少性、将来性のほかに、慣習、主権がある。第8章と第9章でもこの二つの原理は考慮されているが、この二つの原理に関する詳細な説明は第10章（邦訳、下巻）で行なわれる。

図A　効率性と希少性からなる因果連関の構図

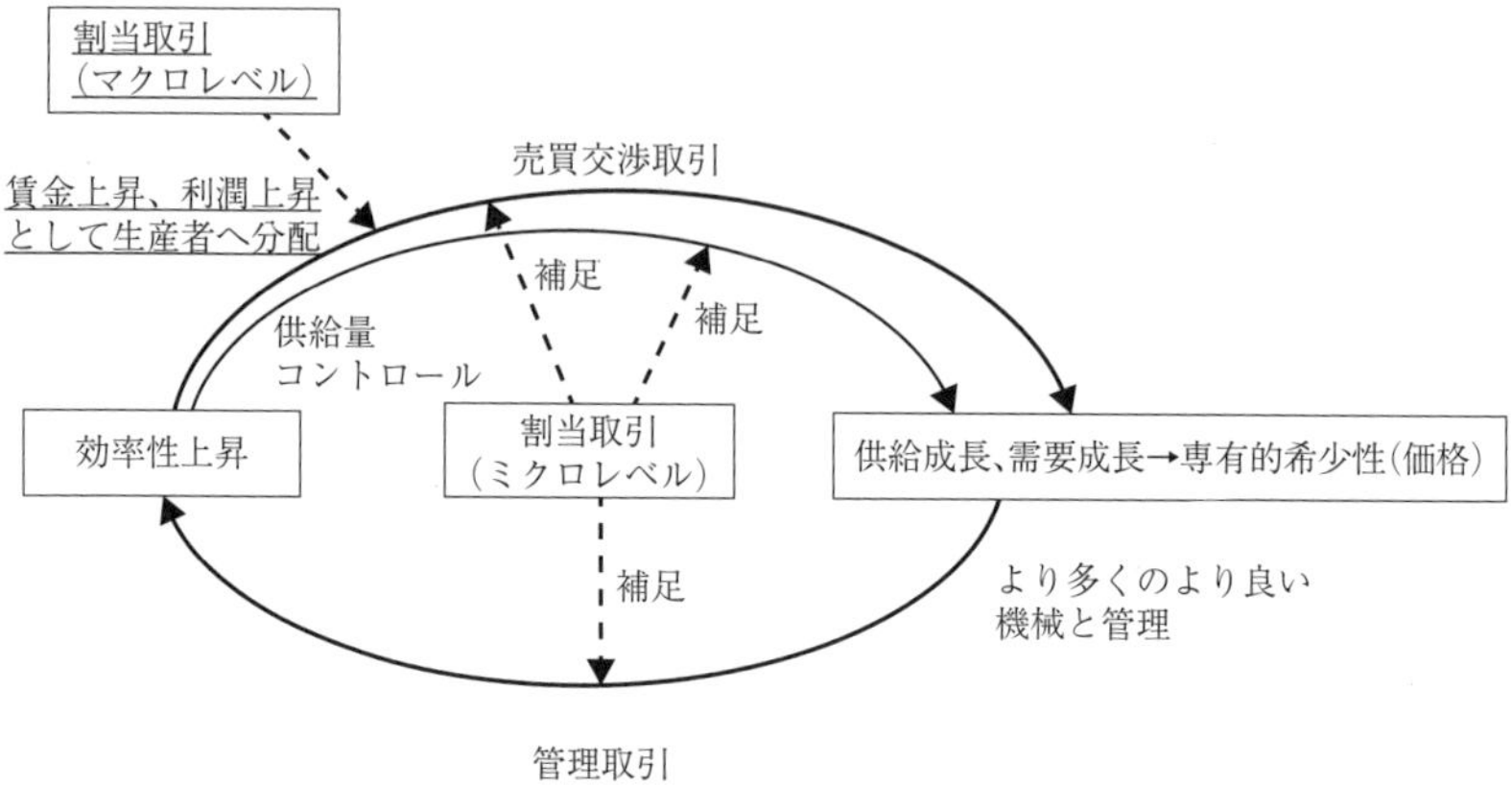

出所：注3に記載の宇仁の論文における図1を加筆修正。
注：アンダーラインを付した要素は、『制度経済学』第8章で暗黙裡に考慮されているが、明示的には第10章で説明される。

なる「複数的因果連関」の構図が説明される。

主に第8章と第10章で展開されている因果連関を図式化すると、図Aのような累積的な因果連関になる。この図には、左にある効率性と右にある希少性とが、売買交渉取引（bargaining transaction）、管理取引（managerial transaction）という二種の取引によって結び付けられている構図が示されている。第8章では暗黙裡に考慮されている割当取引も、ミクロレベルとマクロレベルで、この因果連関に影響する。[5] G・ミュルダール[6]やK・W・カップ[7]によれば、累積的因果連関（cumulative causation）の原理は制度経済学の核心であり、この原理によって、制度経済学は、過去および現在の非制度主義的な諸アプローチ、とりわけ機械的な均衡分析とは区別される。コモンズの『制度経済学』は、累積的因果連関の原理を使って、価値について体系的に論じた最初の書物といえるだろう。

効率性と希少性

効率性が意味するのは、投入量に対する産出量の比率である。効率性は、主に管理取引を通じて高められ、それをコントロールするのは主にエンジニアの役割である。投入量を労働量とするならば、効率性は、物的労働生産性と同じである。しかし、コモンズは、生産性（productivity）という用語は、次のような混同につながるとして、効率性（efficiency）という用語にこだわる。労働生産性には、付加価値額を産出量とみなす付加価値労働生産性と、上記の物的労働生産性とがあり、混同される可能性がある（本書一九〇頁）。付加価値の算定には価格が使用されるが、コモンズによれば価格は、希少性を扱う売買交渉取引を通じて決定される。他方、効率性は管理取引を通じて決定される。両者は結び付いてはいるが、概念としては区別すべきであるというのがコモンズの主張である。このように効率性については、コモンズはいくつかの混同を正したが、概念そのものを革新したわけではない。[8]コモンズが、制度経済学者として、独自の定式化を行なったのは、希少性という概念についてである。コモンズは自身の希少性概念を、専有的希少性（proprietary scarcity）と名づけた。専有的希少性と他の諸学派の希少性とは次のように異なる。スミスや限界学派の希少性は、人間が感じる苦痛や快楽に基づいており、心理主義的で

（5）ミクロレベルの割当取引の例としては司法判断による紛争解決などがあり、マクロレベルの割当取引の例としては、完全雇用の維持という目標を共有する中央銀行、政府、労働組合、経営者団体などの連動した集団的行動が挙げられる。

（6）Myrdal, G., "Institutional Economics," *Journal of Economic Issues*, 12(4), 1978, pp. 771–783（藤田菜々子訳『ミュルダール　福祉・発展・制度』ミネルヴァ書房、二〇一五年、第十章所収）.

（7）Kapp, K. W., *The Foundations of Institutional Economics*, ed. by S. Berger and R. Steppacher, London : Routledge, 2011, p. 170（大森正之訳『制度派経済学の基礎』出版研、二〇一四年、二一五頁）.

（8）効率性概念の定式化については、コモンズは古典派経済学の成果を高く評価し、それを引き継いでいる。例えば「マルクスは、効率性の現代的概念にとって、必要な諸要因のすべてを定式化し、必要ではない諸要因を排除した最初の経済学者である」と述べている（本書四〇頁）。

主観的な希少性であった。またリカードなどは、希少性を、土地の貧弱性など自然の人間に対する抵抗の強さに基づいて説明したので、客体的ではあるが自然的な希少性であった。これに対し、コモンズの希少性は、ある特定の時点の、ある特定の社会全体の需要量と供給量との関係として定義される客体的な希少性である。さらにリカードなどの自然的な希少性では、供給量が自然によって絶対的に制限されているが、コモンズの専有的希少性では、売り手側の独占性や団結に基づいて、売り手が市場への商品の供給量を人為的に制限する（limit）、あるいは留保する（withhold）点が重視される。それは、過剰供給による希少性（価格）の低下を防止するためである。一般商品にせよ、労働力商品にせよ、その売り手が有する供給を制限し留保する力は、所有権制度や労働権制度の拡充を通じて、歴史的に強化されてきた点もコモンズは強調する。

効率性（労働生産性）の上昇は、労働投入量が不変であれば、商品供給量の増加をもたらす。需要量が不変である場合、過剰供給状態となり、商品価格の低下あるいは供給量の減少と失業の発生という事態に至るかもしれない。このような事態を回避する手段の一つは、需要量の動きをみながら供給量をコントロールし、希少性価値（価格）の維持を図ることである。このプロセスは「売買交渉取引」として概念化され、それを主に担うのはビジネスマンである。この供給量コントロールは、図Aの上半分において、細線で示されている。しかし、失業を回避するためには、供給量コントロールだけでは不十分であり、需要量のコントロールも必要である（図Aの上半分にある太線の矢印）。需要量をコントロールするための、所得分配および再分配に影響を及ぼす集団的行動については、第10章で分析される。

売買交渉過程の重要性

リカードやマルクスなど古典派の労働価値論とコモンズの考え方の大きな違いは、コモンズは生産や交換

（exchange）や引き渡し（delivery）という物理的過程とは別のものとして、交渉（bargaining）あるいは折衝（negotiation）の過程を識別する点にある。「売買交渉は、引き渡しと交換の物理的過程ではないからである。売買交渉は、価格と量に関する折衝というビジネスの過程である。そのあとで、この価格と量が、労働過程によって物理的に引き渡されることとなる。売買交渉というこのビジネスの過程のなかで引き渡されるモノは、物理的商品ではなく、所有権という法的権利である。それゆえ、われわれは、労働による物理的な引き渡しと売買交渉による法的引き渡しとを区別してきた」（本書一七二頁）。したがって、コモンズによれば「資本主義は、他人のための使用価値を創造するプロセスと、希少性価値を創造するためにその供給を制限《リストリクト》するプロセスからなる二重のプロセスである」（本書五三頁）。しかし、古典派経済学者は、この二重のプロセスを明確に識別していなかった。

「価格と量に関する折衝というビジネスの過程」は、次のような資本主義の歴史的な変容によって、重要性を増したと考えられる。十九世紀末から二十世紀はじめにかけて、部品の標準化やベルトコンベア方式などの新技術が登場し、いわゆる大量生産システムが普及し、また過剰生産能力が一般化した。また、企業の合併や集中が進展し、寡占企業体制が成立した。このような技術的変化と組織的変化に基づいて、多くの市場は寡占的競争に移行し、そこでは価格調整にかわって数量調整が一般化した。数量調整においては、供給量の調整は生産者が予測する需要量に基づいて生産者が行ない、価格の調整も原価に基づいて生産者が行なう。この需要予測、生産量決定、価格決定に際して、生産者はマーケティングのさまざまな手法を用いて、原材料供給者、労働者、需要者、競合他社、当該製品市場全体に関する質的量的情報を収集し分析し、場合によっては取引条件に関して交渉を行なう。この交渉の結果については、当事者間での交渉力の違いと、交渉力を規制する制度的枠組みが影響する。このようなプロセスこそ、コモンズが「価格と量に関する折衝というビジネスの過程」として、識別し明示しようとしたものであるといえる。

価値論において売買交渉過程を重視するコモンズの視点は、J・K・ガルブレイスの「拮抗力（countervailing power）の理論」などに受け継がれている。ガルブレイスは「売手が少数の典型的な現代の市場では、〔企業の支配力に対する〕効果的な抑制力は競争者によってではなく、市場の反対側に立つ強力な買い手によってもたらされる」[9]と述べ、その例としては、チェーン・ストアの台頭などを挙げている。しかし、これまでのポストケインズ派のマークアップ価格理論などにおいては、寡占企業の価格支配力が絶対視され、この拮抗力や、価格や数量をめぐる交渉は捨象されてきた。とはいえ、経済のグローバル化や情報通信技術の発展などを通じて、今日では、売り手である寡占企業の価格支配力の低下と、量販店など買い手の交渉力の上昇とがあらわになっている。このような今日において、売買交渉過程を重視するコモンズの視点は再評価されるべきであろう。

集団的交渉力の承認と規制

寡占的競争への移行は、カルテルなどを通じた取引制限や、原価から大きく乖離した価格設定などの社会的問題も引き起こした。このような寡占企業の破壊的な戦略に対処するために、当時のアメリカでは、裁判所、国会、「連邦取引委員会」などの行政機関が大きな役割を果たし、世界に先駆けて、「適正な交渉力」を定義するための制度形成を行なった。例えば、マーシャルは『産業と商業』第三篇の第七章「トラストとカルテル、アメリカの経験」において、アメリカの歴史的事実をふまえて次のように述べている。「今日のアメリカは、競争の基盤を狭めることを目的とするような競争方法を抑止するという、きわめて困難な仕事において、世界の先頭に立っている。そのような競争の方法のほとんどすべては「不公正《アンフェア》」競争禁止の対象範囲に含まれる。この文脈での「不公正」という用語の解釈には、多くの困難があり、助力なしでは裁判所はこの困難に対処できない。ここで必要な助力とは、永続的な権威ある諸委員会による、組織的で体系的な調査によって提供できる」[10]。

この諸委員会のいくつかにコモンズは参画しており、そこでの実際の経験や、膨大な判例や行政資料の分析に基づき、『資本主義の法律的基礎』（一九二四年）という著書を書いている。その成果は『制度経済学』第8章においても生かされており、「連動した《コンサーテッド》」交渉力の承認と規制とが同時並行的に進行する過程として、アメリカの制度形成を説明している（本書一三八―一四七頁）。つまり、コモンズが主に着目するのは、第一に、連動した経済活動が法的に正当化された時代における、法人や労働組合などの集団的交渉力の承認であり、第二に、ルール、法、規制を通じた交渉力の制限である。具体的には、前者は「企業統合、合併、持ち株会社という法人形態」の承認であり、後者は「購買、販売、貸付、雇用、競争の排除についての個人的かつ法人的取り決めのための最大ないし最小標準を固定するという規制」の発展である。前者の制度的変化がもたらす帰結のうちでコモンズが重視するのは、「他人が必要とするが所有していないものを他人に対して与えないでおく《ウィズホールド》という権利」の法的承認である。つまり、特定の条件の下で、供給者が商品や労働の供給を制限する行為が適法となった。その結果、供給を制限するこの力は、交渉力の主な基盤となる。他方、後者の制度的変化を通じて「第一は個人的交渉での差別あるいは機会の不平等、第二は自由競争にかわる公正な競争、第三は標準的ないし自然的競争価格にかわる適正な価格、第四は労働者と雇用主、農場主と資本家等々の間での交渉力のような、多種の交渉力の平等ないし不平等な取り扱い」が、かなり明確に定義されるようになった。

（9） Galbraith, J. K., *American Capitalism*, Boston : Houghton Mifflin Co., 1952, p. 88（新川健三郎訳『アメリカの資本主義』ＴＢＳブリタニカ、一九八〇年、一三六頁）. 引用文中の〔 〕内は引用者による補足。
（10） Marshall, A., *Industry and Trade*, third edition, London : Macmillan, 1920, p. 512（永沢越郎訳『産業と商業』岩波書店、一九八六年、第三分冊、一五四―一五五頁）.

P・シロス＝ラビーニの参入阻止価格論[11]などでは、新規参入が起きる潜在的可能性を寡占企業の経営者が察知して、新規参入を事前に阻止するために、過大な利潤をもたらすような価格設定を自制するという説明がなされる。しかしコモンズによれば、適正な価格への実際の価格の収斂は、経営者の自制というような個人的活動を通じてだけではなく、「適正な交渉力」を定義するための制度再編（集団的行動）を通じて、実現される。つまり、「価格と量に関する折衝というビジネスの過程」としての売買交渉過程は、個別企業が自由に競争する過程ではなく、「適正な交渉力」を定義する諸ワーキング・ルールによって、個別企業による「強要の限度」（本書一二一頁）が集団的にコントロールされている過程である。

将来性の「概念」

コモンズは、経済活動を理解するには「主権」、「希少性」、「効率性」、「将来性」、「慣習」の五つのキーワードがあると考えた。このなかで第9章「将来性」には、『制度経済学』の全九百七頁中最大の二百五十九頁もの分量が充てられているものの、その内容はわかりにくく、全体像がつかみにくいものとなっている。しかし、この将来性こそ、金融制度や企業組織を考えるうえでのキーワードであるといえる。以下では、『制度経済学』における将来性の意義を考察していくことにしたい。

一般的に「futurity」という言葉には、未来の状態や出来事、将来の可能性、さらには後世や来世といった意味があるが、コモンズは将来性の「概念」とは、「期待された事象」であると述べている（*p.* 738邦訳下巻二二一頁）。これは経済学においては、一定量の商品が生産されて市場に供給されるであろうという「期待」、そしてその商品が売れれば代金が支払われるであろうという「期待」、さらに債務（debt）市場において、相手に貸したカネが支払期日までに支払われるであろうという「期待」を指している。

　これが将来性の概念であるが、将来性は経済学、法学、倫理学、心理学とも関係している。例えば、市場での企業による経済活動は、法学においては将来時点で「支払いを受ける権利」と「支払いをする義務」の履行が期待される。倫理学においては、企業という組織のなかで規則正しく業務を行なう、あるいはその市場における商慣行に従って業務を行なうことが継続されれば、企業内および市場全体での秩序の形成が期待される。そして心理学においては、欲望に基づいた現在の感情で行動を決定するのではなく、将来的な利益や報酬といった、将来に対する期待に基づいて行動を決定することを指す。このように、個人や企業といった経済主体の行動が「期待」されること、これが将来性の「概念」である。

将来性の「原理」

　コモンズは将来性の概念が「期待された事象」であるとする一方で、将来性の「原理」は「反復の類似性」であると述べている（*p.* 738邦訳下巻二二一頁）。彼は第2章（邦訳上巻）で「概念」と「原理」を区別し、概念は最も単純な観念で、仮定された「属性」の類似性を意味する一方、原理は仮定された「活動」の類似性であると定義している。そして「概念はいかなる時間の要因も含まないが、原理という観念にとっては、時間の流れは本質的要素である」とした（邦訳上巻一四五―一四六頁）。つまり、原理には時間の要素が入り、将来へ向けての経済活動が繰り返し行なわれることを意味している。

（11） Sylos-Labini, P., *Oligopolio e progresso tecnico*, Torino : G. Einaudi, 1956（安部一成訳『寡占と技術進歩』東洋経済新報社、一九六四年）.

将来性と科学方法論

そしてこの将来性の原理は、単なる経済理論における一つのキーワードではなく、人間活動全般に関わる「将来性の科学」になりうるとコモンズは考えた。彼にとって、科学の役割は人間活動を分析することであり、そのためには時間の要素を入れることが不可欠だということになる。

彼は「もしかすると、将来性の科学は実現できないかもしれない。そうはいっても、失敗と成功を観察することによって検証される、取引と予測の行動に関する科学は、人間活動の科学である」という。そして、「物理科学でさえも、無知、偏見または誇張をともなう多くの周辺的学説を抱えているが、それらは許容されているはずである。というのは、予測の**方法**が科学的であるがゆえに、それらは科学的なのである」と述べている（邦訳上巻一三二頁）。ここでいう「取引」は、コモンズが自身の制度経済学において、経済学・法学・倫理学を相関させる最小の分析単位としたものである。

すなわち、「将来性」は、「取引」と同様、コモンズの方法論におけるキーワードであるのだが、それは単なる経済学における方法論にとどまらず、彼の科学観を反映した社会科学方法論を示している。この点について、彼は自伝でも「……わたしは将来性を経済学の主要な原理にすることを長年研究してきた。それは、理論が過去の労働に基づいたり、現在の感情に基づいたりする経済思想の学派とは異なっている。……将来性は、わたしにとって法学、倫理学、心理学、そして経済学との間をつなぐものになった[12]」と説明している。

以上のように、コモンズにおける「将来性」は、単なる未来の状態や将来の可能性を表わすだけではなく、経済学・法学・倫理学・心理学をつなぐ学際的要素と、従来の経済学説との方法論的相違が含まれている。後者については、学説史家のグルーチーが「経済を静態的ではなくて動態的にさせるのは、この将来性の事実である。……経済を均衡水準へ向かわせる閉じられた体系から解放するのは、この将来性の事実である[13]」と述べているように、コモンズの制度経済学にとって「将来性」が方法論としても重要な働きをしていることが理解できる。

コモンズが理解する有体財産と無体財産

第9章でコモンズが注目したのは、彼が「最初の法律家兼経済学者」と呼んだマクラウド（H. D. Macleod）による財産の分析である。コモンズによると、マクラウドは『銀行業の理論と実践』（一八五六年）で、債務市場の考えを最初に発展させた人物であるという。コモンズがとくに重視したのは、市場で売買するのは、モノではなく、その「所有権」だという考え方である。そしてマクラウドは、モノの所有権を「有体財産」（corporeal property）、債務の所有権を「無体財産」（incorporeal property）として区別した。彼は法律家であったため、譲渡と獲得に関する法的過程で売買されるのが、物質ではなく所有権であることを意識していたのであろう。コモンズはマクラウドが両者を区別したことを高く評価する。このことによって、商品は商品市場における有体財産だけでなく、債務市場における無体財産をも含んだものとなり、両者はともに所有権の交換として認識された。

この考えをもとにコモンズは、有体財産と無体財産はともに現在の時点で生まれ、「将来」の獲得を「期待」する現在価値であると考えた。そしてさらに分析を進め、有体財産は、物理的存在としての物質が過去の労働に基づいてつくられたという意味で過去にあるが、物質の所有権と価値評価は将来を向いているとした。一方、無体財産について、債務は債務市場で譲渡可能であるので、債務市場を通して世界と結び付くことが可能になると考えた。そして債務市場は、過去に支払期日が来た債務を扱う「貨幣市場」と、支払期日が来ていない債務を扱

（12） Commons, J. R., *Myself*, New York：Macmillan, 1934, p. 125. 中略は引用者。
（13） Gruchy, A. G., *Modern Economic Thought：The American Contribution*. New York：Prentice-Hall, 1947, p. 226.

う「資本市場」に分かれるとした（本書二九四頁）。

コモンズは、マクラウドによる経済活動の法的考察に少なからぬ影響を受けた。彼にとってこのことは、現代の資本主義を理解するのに欠かせない「無体財産における法と経済の関係」を論じるうえで、重要な意味をもつことになった。コモンズが示したその象徴的な例を一つ挙げると、法的な「権利と義務」の関係と経済的な「信用（債権）と債務」の関係の密接なつながりがある。例えば、六十日で千ドル受け取る「債権者の権利」が発生したとき、それと同時に六十日で千ドル支払う「債務者の義務」が発生する。コモンズは第9章で、この債権－債務関係と権利－義務関係の二つが、同時に発生し、同時に消滅することを説明する。そしてこれは、前述した有体財産と無体財産の両方を含めた、商品市場全体に当てはまることだとした。

無体財産と無形財産の区別

このように、債務が譲渡可能になることで、現代資本主義の基礎が築かれたとコモンズは理解し、その示唆を得たのがマクラウドの学説であった。ところが、マクラウドは非物質的な財産を一括して「無体財産」としたが、コモンズはこれを批判する。コモンズは非物質的な財産を二つに分け、信用と債務または債権－債務関係といった支払いの約束に関する所有権を「無体財産」、そして営業権、特許、著作権など、あらゆるものの交換価値を含んだ所有権を「無形財産」（intangible property）として区別する。

コモンズによると、マクラウドは信用を三つの形態に分けているという。第一はすべての有体財産の現在価値を表わす「商品信用」、第二は将来の金属貨幣の現在価値を表わす「金属信用」、そして第三が指定の債務者に対して行なっている特定の信用の現在価値である。コモンズはこれに対して、「この最後のものだけが信用の本当の意味であり、われわれは無体財産、すなわち債務として区別する」（本書二五一頁）と述べており、残りの二つを無形財産としてとらえていく。

彼が考える無形財産は、営業権、著作権、特許などを指すが、これらは生産物の将来の販売から引き出されるものであり、優先的ないし独占的な販売収入の期待である（本書二五二頁）。そして無形財産は無体財産と同様に時間の要素が入るが、彼は時間のとらえ方にも両者の違いが現われると考えた。それが時間の「流れ」（flow）と時間の「経過」（lapse）である。彼のいう時間の「流れ」とは、取引が繰り返し行なわれていく期待を指し、時間の「経過」とは、期待された債務支払いのための待忍を表わしている。そして、「時間の流れと経過の区別を考慮すると、無体財産は時間の期待される経過〔時が過ぎること〕であるが、無形財産は時間の期待される流れ〔時が流れていくこと〕である」（本書二五五頁）と述べている。

さらにコモンズは、この区別が利潤と利子の区別につながると考えた。すなわち、「以前はつねに混同されていた利潤と利子の区別を最終的に可能にするのは、取引が連続して発生する、時間の期待される「流れ」と、待忍が発生する、時間の期待される「経過」の区別である。利潤と損失は、連続した時点での取引の反復のなかで生じるが、利子は二つの時点の間隔を通じて発生するのである」（本書二三二頁）。

『制度経済学』における無体財産と無形財産

これらは次のように整理できる。まず無体財産は、期待された時間が「経過」するという、二つの時点での間隔によって利子が発生する。それは現在においては「期待された債務支払いの現在価値」としてその価値をとらえることができる。これは、コモンズの「債務としての貨幣」の役割と、前述した本当の意味での「信用」を表わす内容であり、それらはコモンズの信用管理論や金融政策論につながるといえる。

一方、無形財産について整理すると、期待された時間の「流れ」は、取引が反復されることによって将来時点での利潤ないし損失を生み出すことになる。それは現在においては「期待された純所得の現在価値」としてその価値をとらえることができる。このことは、コモンズのゴーイング・コンサーン（going concern）としての企業分析につながるといえる。

本書の第9章「将来性」は二百五十頁以上もあって内容がとらえにくいと前述したが、その内容と重要性をとらえる一つの方法が、ここで示した無体財産と無形財産の区別から生じる二つの内容、すなわちコモンズの信用管理論（金融政策論）とゴーイング・コンサーンとしての企業分析である。

コモンズの信用管理論と将来性

まず、コモンズは現実のビジネスが信用（債権）と債務で行なわれていることから、貨幣を債権・債務関係から生じた無体財産、すなわち債務としてとらえた。彼は本書で「経済学者は「貨幣の量」あるいは「貨幣数量説」について語る。だがそれは貨幣の量ではなく、債務の量であり、この債務の量はどこかで同量の信用をもっている。貨幣の量は債務の量であり、債務の量は信用の量である」（本書三三〇頁）と述べているが、この考え自体は『制度経済学』の執筆以前から彼のなかにあった。そして、銀行債務というかたちで信用通貨を供給するのが銀行の機能であり、これをふまえたうえでの信用管理が必要であると考えていた。

一九二〇年代前半のアメリカにおいては、公開市場操作による積極的な信用管理の有効性は十分に認識されていなかった。コモンズは中央銀行が公開市場操作を通じた物価の安定、とくに卸売物価の安定に責任をもつべきだと主張した。なぜなら、卸売物価は公開市場操作に敏感に反応するのに加え、賃金・小売物価への影響を通じて雇用や失業と直結しているからであった。このような考えに対しては、中央集権的な政策を望まない根強い反対論があった。しかし、連邦準備局によって監督され、十二の準備銀行によって導かれた多くの加盟銀行の協調行動は、専断的な命令によるものではなく、連邦準備制度内の慣習であるワーキング・ルールが機能するとコモンズは考えた。

こうしてコモンズは、とくに一九二〇年代、中央銀行の物価安定化政策の有効性を強調し、一九二五年の論文では、公開市場投資委員会（Open Market Investment Committee：ＯＭＩＣ）が一九二三年に創設されたことも取り上げた。彼によると、一九二三年は一九一九年以上にインフレになったが、準備銀行の公開市場操作と利子率引き上げの警告が効果を発揮したという。ところが、一九一九年はこれらのことをタイミングよく実施できなかったので、もし一九二三年の決断を採用していれば、一九一九〜一九二〇年の極端なインフレや信用崩壊は緩和されていただろうと述べている。[14] そして彼は、このような物価安定化政策は、生産者の市場参加の機会を確保するので適正な政策だと認識していた。

しかし、不況下では企業の利潤が消失して、ゴーイング・コンサーンの存続危機が生じる。コモンズは本書第9章において、不況下では銀行が新しい貨幣を創造しても借り手不足に陥るので、その場合は購買力の移転にすぎない所得再分配政策や、投資の移転にすぎない公共投資ではなく、企業が販売上依存する消費者需要の創造が必要だと考えていた。だが、残念ながら、その政策に関する詳細な説明はされていない。

債務市場の法的関係と金融行政

コモンズは需給の安定化につながる政策を提案する一方で、債務市場（金融市場）の法的関係も示している。ここで債権 - 債務関係に注目すると、市場における債権者と債務者の二者だけの存在では単なる期待にすぎず、

(14) Commons, J. R., "The Stabilization of Prices and Business," *American Economic Review*, 15 (March), 1925, pp. 46–47.

図B　法的権力をもつ集団を含めた取引の法的関係(15)

役人C	債権者A	債務者B	役人C
権能	権利	義務	責任
無権能	無保護	自由	免責

債務が返済されない恐れがある。そこでコモンズは、支払義務を執行する行政官の義務が、裁判所によって管理されることが必要だと考えた。これを図に表わすと図Bのようになる。

いま、債権者Aと債務者Bがいたとする。この二者の関係のみだと、債務者Bが義務を守らず「自由」になり、その結果、債権者Aが「無保護」の状態に陥る可能性がある。そこで役人Cに、Aの権利を守る「権能」（power）とBの義務を強制する「責任」（liability）を与える。これらの横のつながりは相関関係にあり、Aの権利が増大すれば、他の権能・義務・責任も増大する関係にある。しかし、役人Cが「権能」や「責任」を発揮しなければ、Bは「義務」を怠って「自由」を増大させ、Aは期待された「権利」が実行されずに「無保護」となる可能性がある。このとき、役人CはAに対して何もできない「無権能」（disability）の状態であり、なおかつBに対して法的強制力を行使せずにすむ「免責」（immunity）の状態となる。よって、ここでいう役人C、すなわち行政による集団権力の行使が必要となる。

ただし、コモンズが述べているように、行政官の権力行使が行きすぎたものとならないように、裁判所による行政官の義務が管理されることが重要となる。このように、コモンズにおける信用管理論（金融政策論）と将来性の関係は、無体財産の分析から、とくに債務としての貨幣の重要性を認識し、これを適切に管理するうえでの金融行政につながっていく関係となっている。

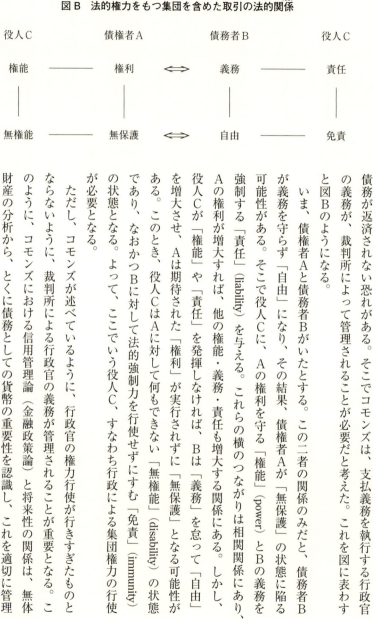

ゴーイング・コンサーンとしての企業と将来性

次に、ゴーイング・コンサーンとしての企業と将来性との関係を整理していく。本書第2章（邦訳上巻）の内容になるが、まずコモンズは、個人の「自発的意志」（willingness）や「取引」を基礎にした集団・組織をゴーイング・コンサーンと定義し、これが「制度」を形成していくとした。ゴーイング・コンサーンは一般的に企業（株式会社）のことを指す。しかしコモンズが示すゴーイング・コンサーンは企業だけではなく、目的や「期待」をもった個人が結合した活動体すべてを指し、労働組合、家族そして国家をも含んでいる。

ゴーイング・コンサーンは、個人の集合体としての継続的な活動体であると同時に、活動体内部の統治機構でもある。これがゴーイング・コンサーンの有形的な意味である。また、個人の主観的な「自発的意志」の集合体であると同時に、集団内の客観的な「取引」の集合体という無形的な意味をもっている。このような多面的な意味をもったゴーイング・コンサーンは、その内部で「ワーキング・ルール」と呼ばれる行為準則が作用し、慣習の人為的淘汰によって秩序が形成されていく。それは義務をともなうが、個人の自由・権利を保障するものである。したがって、ゴーイング・コンサーンは「個人の行動を抑制し、解放し、拡張する集団的行動」（邦訳上巻一一六頁）という、コモンズの「制度」概念そのものを意味する。

将来性との関連でいうと、コモンズはコンサーンを構成する人々の自発的意志を重視し、これによって集団・組織が将来に向かって継続する（going）ことを強調した。そしてゴーイング・コンサーンは「期待」が存在する限りにおいて存在し、それがなくなれば継続することをやめるか、単なるグループ（group）になってしまうと考えた。本書でコモンズが言及しているのは、ゴーイング・コンサーンとしての企業の場合、その「期待」は

（15） Commons, J. R., *Legal Foundations of Capitalism*, New Brunswick and London : Transaction Publishers, 1924, p. 124, 図17をもとに作成。

将来の利潤にあり、とくに利潤を総売上で割ったものである「利潤マージン」(a margin for profit) が重要であると考えた。

無形財産としてのグッド・ウィルとビジネス倫理

その一方で、ゴーイング・コンサーンが継続するには、利潤とともにコンサーン内の倫理も重要であると述べている。彼がいうには、「債務者たちは、自分たちのビジネスを継続することで、将来における債務の支払能力を維持しなければならない。その方法は、自分たちの商売における具体的な人間、つまり労働者や顧客との関係を保持し続けることであり、そのすべては「グッド・ウィル」という用語で適切に要約される。グッド・ウィルは無形資産であるが、現代のビジネスでは最も重要な資産である。……これが現代の「ビジネス倫理」の一端となる」(*p.* 788邦訳下巻二九三頁、中略は引用者)。

ここで無形財産としてグッド・ウィル (goodwill) が出てくる。グッド・ウィルは営業権や暖簾《のれん》という意味でも使用されるが、ここでは信頼関係という意味で使用されている。これは現在でも、従業員との関係 (Employee Relations：ＥＲ)、顧客との関係 (Customer Relations：ＣＲ) として当てはまり、さらに「ビジネスを継続することで、将来における債務の支払能力を維持しなければならない」というのは、投資家との関係 (Investor Relations：ＩＲ) を表わしているといえる。そして、無形資産であるグッド・ウィルを「現代のビジネスでは最も重要な資産」と位置づけているのは意義深いことであり、これはそのまま今日の株式会社経営においても当てはまることである。したがって、ゴーイング・コンサーンと将来性との関係は、単に将来に向かって継続するという意味にとどまらず、現代企業における経営の本質を考えるうえで欠かせないものとなっているといえよう。

『制度経済学』における将来性

以上の内容をまとめると、『制度経済学』における将来性は、財産概念を有体財産、無体財産、無形財産に分けることから始まり、とくに無体財産と無形財産の区別をすることに意味があるといえよう。どちらも「期待」された事象という意味で将来性の概念と関係するのだが、無体財産は期待された債務支払いの現在価値、無形財産は期待された純所得の現在価値としてとらえられ、それが前者は信用管理論、後者はゴーイング・コンサーンとしての企業分析論につながっていく。こうした、法の分野で生じた財産概念の変化を組み入れることは、法学的な考えを経済学に適用しようという『制度経済学』の主旨と合致する。つまり、コモンズにとっては、財産概念の変化によって新たに生じた信用管理や企業経営のあり方が、二十世紀の資本主義を考えるうえでとくに重要なものであったのではないだろうか。それゆえに、九百頁以上ある『制度経済学』のなかで、二百五十九頁もの分量を割いたのだといえる。

最後に、コモンズ『制度経済学』の意義をご理解いただき、本訳書の出版をお引き受けいただいた、ナカニシヤ出版および編集部の酒井敏行氏に御礼申し上げたい。

二〇一八年十二月吉日

宇仁宏幸・高橋真悟

〈訳者紹介〉

宇仁宏幸（うに　ひろゆき）
1954年生まれ。大阪市立大学大学院経済学研究科博士課程後期課程単位取得退学。博士（経済学）。京都大学経済学研究科教授。『制度と調整の経済学』（ナカニシヤ出版、2009年）、*Contemporary Meanings of John R. Commons's Institutional Economics : An Analysis Using Newly Discovered Manuscript*（編著、Springer, 2017年）、他。

坂口明義（さかぐち　あきよし）
1959年生まれ。一橋大学大学院経済学研究科博士後期課程単位取得退学。東北学院大学経済学部助教授を経て、現在、専修大学経済学部教授。『現代貨幣論の構造』（多賀出版、2001年）、『貨幣経済学の基礎』（ナカニシヤ出版、2008年）、他。

高橋真悟（たかはし　しんご）
1974年生まれ。京都大学大学院経済学研究科博士後期課程修了。博士（経済学）。同大学研修員、非常勤講師等を経て、現在、東京交通短期大学教授。「コモンズ『集団行動の経済学』」（根井雅弘編『経済学（ブックガイドシリーズ　基本の30冊）』人文書院、2014年）、「ヴェブレンとコモンズ——制度学派と良き社会論」（小峯敦編『福祉の経済思想家たち』ナカニシヤ出版、2007年）、他。

北川亘太（きたがわ　こうた）
1986年生まれ。京都大学大学院経済学研究科博士後期課程修了。博士（経済学）。関西大学経済学部准教授。"Cumulative Causation in J. R. Commons's Institutional Economics from the Perspective of Instrumental Pragmatism"（*Cahiers d'économie politique*, No. 70, 2016）, "The Driving Forces of Diffusion in John R. Commons' Institutional Economics"（*Revue de la régulation*, No. 20, 2017）、他。

制度経済学　中
政治経済学におけるその位置

2019年1月31日　初版第1刷発行　（定価はカヴァーに表示してあります）

著　者　ジョン・ロジャーズ・コモンズ
訳　者　宇仁宏幸　坂口明義
　　　　高橋真悟　北川亘太
発行者　中西　良
発行所　株式会社ナカニシヤ出版
〒606-8161　京都市左京区一乗寺木ノ本町15番地
TEL 075-723-0111　FAX 075-723-0095
http : //www.nakanishiya.co.jp/

装幀＝白沢　正
印刷・製本＝亜細亜印刷

＊落丁・乱丁本はお取替え致します。
ISBN978-4-7795-1311-4　C3033